公路水运工程比对试验技术及范例

刘 静　刘 璐　耿 雷　编著

人民交通出版社股份有限公司
北 京

内 容 提 要

实验室间比对是用以确定实验室检测、校准能力的一条重要途径,同时也是对不易进行量值有效传递的仪器设备进行量值溯源的一种方式。本书系统阐述了比对试验工作的发展历程,着重介绍了其在交通行业的开展情况。通过举例的方式,从源头分析了包括样品制备、均匀性及稳定性检验、统计量计算等关键问题。同时对交通运输部近十年的多参数比对试验中的关键技术给予详尽的论述。最后给出了比对试验的完整案例。

本书可供从事实验室间比对工作的人员、实验室管理人员及相关研究人员参考,同时也可为从事相关检测工作的技术人员提供参考。

图书在版编目(CIP)数据

公路水运工程比对试验技术及范例 / 刘静,刘璐,耿雷编著. —北京 : 人民交通出版社股份有限公司, 2022.9(2024.4 重印)

ISBN 978-7-114-18162-7

Ⅰ.①公… Ⅱ.①刘… Ⅲ.①道路工程—工程施工—实验室管理②航道工程—工程施工—实验室管理 Ⅳ.①U415.1-33②U615.1-33

中国版本图书馆 CIP 数据核字(2022)第 152565 号

Gonglu Shuiyun Gongcheng Bidui Shiyan Jishu ji Fanli

书　　名: 公路水运工程比对试验技术及范例
著 作 者: 刘　静　刘　璐　耿　雷
责任编辑: 刘　彤
责任校对: 赵媛媛　魏佳宁
责任印制: 刘高彤
出版发行: 人民交通出版社股份有限公司
地　　址: (100011)北京市朝阳区安定门外外馆斜街 3 号
网　　址: http://www.ccpcl.com.cn
销售电话: (010)59757973
总 经 销: 人民交通出版社股份有限公司发行部
经　　销: 各地新华书店
印　　刷: 北京市密东印刷有限公司
开　　本: 787×1092　1/16
印　　张: 22.5
字　　数: 530 千
版　　次: 2022 年 9 月　第 1 版
印　　次: 2024 年 4 月　第 2 次印刷
书　　号: ISBN 978-7-114-18162-7
定　　价: 150.00 元

重印说明

本书自出版以来，得到了读者的广泛好评，在此向各位读者表示衷心的感谢。从读者的反馈来看，已达到了本书出版的目的，即普及能力验证相关的理论知识，同时通过实际案例总结提炼不同参数检测过程中的难点以及比对中的关键点，提高广大质量检测机构的检测水平和开展机构间比对的水平。

为了方便各检测机构实施比对试验统计计算工作，同时也是响应广大读者的需求，本次重印增加了**“Q 法和 Q_n 法”计算程序**。本程序按照《利用实验室间比对进行能力验证的统计方法》（GB/T 28043—2019）附录 C 中 C.5（计算密集型稳健估计量：Q 方法和 Hampel 估计量）进行编制，为广大从业者提供了方便。计算程序的使用说明见附录 2。

此外，本次重印按照《公路水运工程质量检测管理办法》（中华人民共和国交通运输部令 2023 年第 9 号）等文件进行了修订，同时对 2022 年 1 版 1 次中的个别笔误和疏漏进行了订正。

我们将随着时间进程，不断增补和修正内容，请广大读者将意见或建议及时反馈给我们，地址：交通运输部公路科学研究院北楼 115（100088），以便修订时参考。

作　者

2024 年 4 月

序

自2010年10月10日开展“全国公路水运工程试验检测机构基桩检测比对试验”至今，交通运输部已连续十年组织了各类专业多个参数的比对试验，在促进试验检测机构健康发展、提升试验检测能力方面发挥了重要作用，同时也促进了检测行业的技术进步和创新。在多年为部服务的基础上，2021年1月，交通运输部公路科学研究院所属的中路高科交通检测检验认证有限公司（国家道路及桥梁质量检验检测中心）取得了行业内首家能力验证提供者（PTP）资格，这为今后由行业组织的比对试验结果获得中国合格评定国家认可委员会（CNAS）认可采信创造了必要条件，也进一步增强了交通运输行业在国家试验检测领域的影响力。

2021年是开启全面建设社会主义现代化国家新征程的第一年，是加快建设交通强国的第一年，是全面实施“十四五”规划的第一年。《交通强国建设纲要》要求建设一流交通基础设施，提出“构建现代化工程建设质量管理体系，推进精品建造和精细管理。强化交通基础设施养护，加强基础设施运行监测检测，提高养护专业化、信息化水平，增强设施耐久性和可靠性。”试验检测机构必须适应交通强国建设和高质量发展新要求，提高自我发展创新能力，全力提升检测行业的技术水平和管理水平。各级交通运输管理部门将依照《公路水运工程试验检测管理办法》等规章制度，持续健全试验检测行业的治理体系，持续改进试验检测业务的监管能力，有力推进相关工作。

比对试验为衡量试验检测机构技术能力提供了公正、科学、直观与可量化的依据。凡取得满意结果的试验检测机构，其技术能力可获得普遍认同和广泛采信。交通运输行业开展的比对试验不仅是工程建设发展进程的需要，也是试验检测工作专业化和规范化的需要，还是与国家试验检测领域协同并轨的重要措施，为提升和彰显行业的总体实力提供了重要支撑。

希望各试验检测机构和广大从业人员能够百尺竿头更进一步，为推动交通运输试验检测事业的发展更加努力，多做贡献。

张继顺

2022年3月

前　　言

比对试验是指按照预先规定的条件，由多个实验室对相同或类似被测物品进行检测的组织、实施和评价。通过衡量各实验室间数据结果的一致性，从而检验各参与机构的检验检测水平，是对检验检测机构技术能力和管理能力综合验证的一种可靠方法。

自2010年始，交通运输部开始采用比对试验这种方式对等级实验室的综合能力进行验证，至今已经先后组织了全国范围内的公路水运工程基桩检测比对试验，公路工程试验检测机构桥梁板式橡胶支座比对试验，公路工程平整度、车辙检测比对试验，公路水运工程试验检测机构钢筋、钢绞线比对试验，公路水运工程试验检测机构锚具静载锚固性能比对试验，公路工程试验检测机构沥青针入度及软化点比对试验，公路工程试验检测机构交通标志反光膜逆反射系数比对试验，水运工程试验检测机构水泥氯离子含量及凝结时间比对试验，公路水运工程试验检测机构混凝土外加剂 pH 值及氯离子含量比对试验，公路工程试验检测机构防水材料片材拉伸强度及拉断伸长率（断裂伸长率）比对试验，水运工程试验检测机构水泥三氧化硫含量及氧化镁含量比对试验，公路水运工程试验检测机构预应力塑料波纹管环刚度及局部横向荷载比对试验等，涉及了公路工程专业和水运工程专业领域。比对试验组织、数据统计分析等采用的标准从《利用实验室间比对的能力验证　第1部分：能力验证计划的建立和运作》（GB/T 15483.1—1999）更新到《合格评定能力验证的通用要求》（GB/T 27043—2012）、《利用实验室间比对进行能力验证的统计方法》（GB/T 28043—2019），通过十年的历练、总结、研究，形成了有交通行业特色的比对试验模式，同时也培育出交通行业第一家能力验证提供者——中路高科交通检测检验认证有限公司（国家道路及桥梁质量检验检测中心），为交通行业的能力验证工作奠定了坚实的基础。

本书是在上述工作基础上的总结和凝练，旨在给交通行业广大从事比对试验研究、组织等工作的同行提供参考。全书共5章。第1章简要介绍了比对试验的目的、意义和作用以及工程检测领域对比对试验的需求；第2章介绍了国际、国内交通行业比对试验发展情况；第3章结合标准介绍了比对试验组织和数据统计等方法；第4章总结了比对试验技术在公路水运工程中的应用情况；第5章详述了9个行业内开展的比对试验实例。

本书由刘静、刘璐、耿雷编写，徐磊、程炳莉、王成林、耿美薇、蔡嘉程、陈磊负责稿件的整理,何玉珊、张智勇、高俊元、王海峰等对组织、技术工作进行指导。

感谢十年来交通运输部安全与质量监督管理司领导对比对试验工作的指导,感谢参与行业内比对试验工作的专家和同仁,感谢人民交通出版社股份有限公司的编辑们,感谢您们的支持、鼓励与信任!

由于作者的水平所限,时间仓促,书中难免会存在疏漏和不足之处,敬请广大读者批评指正。

作者

2022 年 9 月

目　　录

第1章　概　　述

1.1　比对试验的目的、意义和作用

1.1.1　比对试验的目的和意义

比对试验是指按照预先规定的条件，由多个实验室对相同或类似被测物品进行检测的组织、实施和评价。通过衡量各实验室间数据结果的一致性，从而检验各参与机构的检验检测水平，是对检验检测机构技术能力和管理能力综合验证的一种可靠方法。比对试验不仅是用以确定检测机构（实验室）能力的一条重要途径，同时也是对不易进行量值有效传递的检测仪器设备进行量值溯源的一种方式。如中国合格评定国家认可委员会（CNAS）对于没有量值溯源途径的仪器设备，认可三家以上通过实验室认可的机构对该设备进行比对的结果；此外，很多国际、国内的基标准也是通过比对的方式进行量值溯源。

一般来说，比对试验有以下十个方面的目的：

（1）评定实验室从事特定检测或测量的能力及监视实验室的持续能力。

（2）识别实验室从事特定检测或测量的能力及监视实验室的持续能力。

（3）建立检测或测量方法的有效性和可比性。

（4）增强实验室客户的信心。

（5）识别实验室间的差异。

（6）根据比对的结果，帮助参加的实验室提高能力。

（7）确认实验室声称的不确定度。

（8）评估某种方法的性能特征，通常被称为协作试验。

（9）用于标准物质/标准样品的赋值，以及评定其应用于特定检测或测量程序时的适用性。

（10）支持由国际计量局（BIPM）及其相关区域计量组织，通过“关键比对”及辅助比对所达成的国家计量院间测量等效性的声明。

能力验证是利用实验室间比对确定实验室的校准/检测能力或检验机构的检测能力。任何用于监视实验室能力的实验室间比对和测量审核活动均称为能力验证活动。国家资质认定与实验室认可均对检验检测机构提出了参加能力验证计划的要求。能力验证作为重要的外部质量保证手段，是检验检测机构质量保证体系的重要组成部分，也是主管部门监管检验检测机构的一种重要手段。一般来说，能力验证的目的涉及比对试验目的中的前六项。

测量审核是由实验室对被测物品采用标准方法或约定方法进行实际测试，将测试结果与

参考值进行比较的活动。典型的测量审核活动是将一个已校准、具有参考值的样品寄送给实验室,将实验室结果与参考值进行比较,从而判断该实验室的测量结果是满意结果、可疑结果,还是不满意结果。

实验室间比对、能力验证、测量审核三个活动之间的关系如图1-1所示。

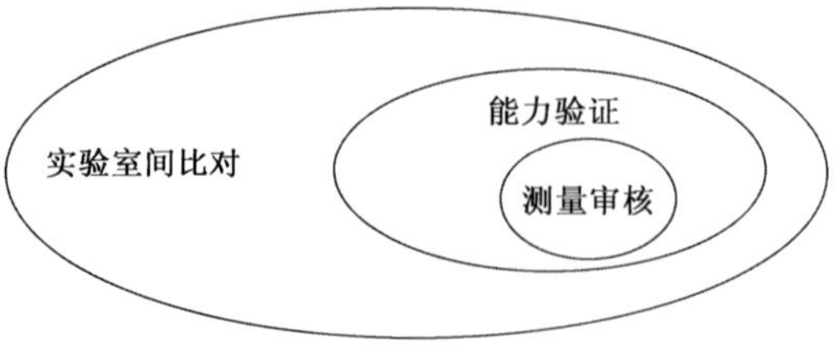

图1-1　实验室间比对、能力验证、测量审核关系图

1.1.2　比对试验的作用

基于比对试验的十大目的,总结起来,比对试验对于检测实验室有以下六个方面的重要作用:

(1)确定检测机构(实验室)能力的一条重要途径。

(2)对不易进行量值有效传递的检测仪器设备进行溯源的方式。

(3)实验室为了验证自己的设备仪器与其他实验室拥有的设备仪器在某特定试验项目中测试结果的一致性,可以就此特定项目在实验室之间展开比对试验。

(4)在某些场合下,实验室会使用到非标准方法、实验室设计制定的方法等经过扩充和更改的标准方法,必须对这些方法进行验证,比对试验就是其中常用的方法。

(5)目前,国内外都把能力验证和比对试验活动作为实验室保证检测质量的有效方法。《能力验证规则》(CNAS-RL02)规定,申请认可和获准认可的实验室必须通过参加能力验证活动证明其技术能力。

(6)行业不少专用设备没有编制检定规程、校准规范,只有通过比对试验来验证仪器设备的有效性。另外,对于现场检测的项目,只有采用行业内比对试验的方式才能确定检测机构的检测水平,衡量整体行业水平。

1.2　工程检测领域对比对试验的需求

1.2.1　建设工程领域

随着建设工程需求的不断扩大,检测实验室的检测任务量日渐增大,范围也越来越广。建设工程试验检测和评价数据对工程建设质量起监督保证作用,所以要求检测实验室提供的数据必须准确、稳定。检测实验室为了验证自己的设备仪器与其他实验室拥有的设备仪器在某特定试验项目中测试结果的一致性,可以就此特定项目在实验室之间展开比对试验。一般情况下,实验室会执行标准规定的试验方法。但是,不能排除在某些场合下,实验室会使用到非标准方法、实验室设计制定的方法、超出其预定范围使用的标准方法,以及经过扩充和更改的标准方法。为确保这些方法能适用于预期的用途,必须对这些方法进行验证。进行验证可以采用的技术手段有许多种,比对试验就是其中常用的措施之一。参加比对试验的检测实验室数量、试验内容(包括检测的产品以及项目等)及结果,都受到相关认可机构、实验室自身及广大客户的重视和关注。

国际上,通常是通过有资质并相互认可的组织来开展比对试验。在国内,中国合格评定国家认可委员会下设专门机构授权一些质监机构开展此类活动,并规定了通过认可的检测机构参加这种活动的频次。建筑行业逐渐申请建立了若干个能力验证提供者,如中国建筑科学研究院有限公司建筑工程检测中心、中国建材检验认证集团股份有限公司等,它们开展的能力验证活动多数集中在建材领域:物理性能方面,建筑材料放射性、水泥胶砂流动度等;力学性能方面,混凝土试块的抗压强度、防水材料的拉伸性能、水泥的胶砂强度、钢筋的拉伸性能等;化学性能方面,水泥、粉煤灰等化学成分分析;有害物质方面,胶黏剂和涂料中的苯、甲苯、二甲苯、水泥和混凝土外加剂中的氯离子等。近年来,开始对现场检测参数的能力验证进行探索,出现了新的能力验证领域:现场检测类能力验证,混凝土结构钢筋保护层厚度、混凝土结构回弹法检测混凝土抗压强度的能力验证提供者;工程制品类检测,建筑门窗气密性的能力验证提供者等。

但这些活动主要局限于对检测能力的确认,方法上也不够规范。通过比对试验解决工程检测仪器量值溯源问题的活动是比较少的,我国建设工程行业现有的标准、规范在某些细节上还是不够完善,且有些工程专用仪器设备不能溯源,只有通过比对试验才能验证仪器设备的有效性。另外,建设工程领域能力验证活动起步较晚。因此,开展这方面的研究,进一步完善工程仪器检定/校准体系,是保证检测质量的基础工作。

1.2.2 公路工程领域

《建设工程质量管理条例》第 2 条规定:凡在中华人民共和国境内从事建设工程的新建、扩建、改建等有关活动及实施对建设工程质量监督管理的,必须遵守本条例。交通建设属于土木工程,属于建设工程范畴。交通建设从管理和技术方面相比房屋建设等又有自身特点,检测周期长、现场项目多、检测技术难度大、存在母体实验室和工地实验室等形式。如何保证这些实验室在检测过程中的一致性,是行业主管部门需要研究的课题。交通行业开展比对试验已有十余年的历史,本书仅对交通运输部组织的比对试验进行梳理。自 2010 年起,交通运输部先后组织了 10 余次规模较大的比对试验活动,专业领域涉及公路工程、水运工程等领域,参加机构和规模情况见表 1-1。

比对试验组织情况表 表 1-1

序号	年份	内　　容	参加机构资质情况	依托实验室	考核方式	机构数量
1	2010	公路水运工程基桩检测比对试验	公路综合甲级、水运结构甲级	江苏省交通职业技术学院	实操打分 + 考试 + 结果评价	87
2	2011	公路工程试验检测机构桥梁板式橡胶支座比对试验	公路综合甲级、桥隧专项以及有板式橡胶支座增项的试验检测机构	国家道路及桥梁质量监督检验中心	数据评价	108

续上表

序号	年份	内　　容	参加机构资质情况	依托实验室	考核方式	机构数量
3	2012	平整度、车辙检测比对试验	公路综合甲级、乙级	国家道路与桥梁工程检测设备计量站	数据评价	39
4	2013	全国公路水运工程试验检测机构钢筋、钢绞线比对试验	公路综合甲级、桥隧专项、水运材料甲级	国家道路及桥梁质量监督检验中心	数据评价	260
5	2014	公路水运工程试验检测机构锚具(夹片)洛氏硬度比对试验	公路综合甲级、桥隧专项、水运材料甲级	国家道路及桥梁质量监督检验中心	数据评价	178
6	2015	部分公路水运工程试验检测机构锚具静载锚固性能比对试验	公路综合甲级、桥隧专项	国家道路及桥梁质量监督检验中心	数据评价	78
7	2016	公路工程试验检测机构沥青针入度及软化点比对试验	公路综合甲级以及部分乙级	道路结构及材料交通行业重点实验室(北京)	数据评价＋视频及资料评价	155
8	2017	公路工程试验检测机构交通标志反光膜逆反射系数比对试验	公路综合甲级、交通工程专项及部分乙级	国家交通安全设施质量监督检验中心逆反射实验室	数据评价＋视频及资料评价	103
9	2017	水运工程试验检测机构水泥氯离子含量及凝结时间比对试验	水运材料甲级、部分水运材料乙级	厦门捷航工程检测技术有限公司水泥检测实验室	数据评价＋视频及资料评价	55
10	2019	公路水运工程试验检测机构混凝土外加剂 pH 值及氯离子含量比对试验	公路综合甲级、水运材料甲级	苏交科集团股份有限公司混凝土外加剂实验室	数据评价＋视频及资料评价	144

从机构覆盖情况来看，历年的比对以公路工程综合甲级为主体，仅有五次涉及了水运工程，其中水运结构甲级一次、水运材料甲级四次。从参数设置来看，对桥梁工程关注力度较大，道路工程次之，交通工程仅涉及一次，水运工程结构甲级机构除 2010 年首次参加了一次比对后再未能覆盖。从开展的形式上看，只有 2010 年、2012 年开展的是现场比对活动，其余 8 次都是采用室内比对的方式，操作技能比赛以及行业技术比武活动还未曾开展。近年来在交通行业，一些省级机构也结合行业的特点开展了具有专业性或区域性特色的比对试验，多数集中在水泥、钢材、沥青等材料检测，对检测能力的确认，从统计方法上也各有特色。如国家道路及桥梁质量监督检验中心从 2000 年起就着眼于设备的比对问题，解决了车载式路面激光平整度仪、车辙仪、单轮式横向力系数测试系统、前插式自动弯沉仪等路基路面检测中关键设备的量值溯源问题，同时，也研究了检测结果一致性问题。2019 年，国家道路及桥梁质量监督检验中

心组织了“2019 年公路工程试验检测机构锚具(夹片)洛氏硬度比对试验”。本次比对在行业内开创性地为每个参加单位发送双样品,在考察实验室间一致性的同时对实验室内的差异进行了分析,为参加的实验室提供了更多的改进机会。

通过比对试验解决工程检测仪器校准问题的活动是比较少的,而我国交通行业现有的标准、规范在某些细节上还是不够完善,且有些公路水运工程专用仪器设备不能溯源,只有通过比对试验来验证仪器设备的有效性。因此开展这方面的研究,对于进一步完善公路工程仪器检定/校准体系、保证检测质量也是基础工作之一。只有加强交通行业实验室间的比对,解决仪器设备的校准问题,才能确保量值的准确传递,从而确保我国公路水运工程试验检测的质量。

第 2 章　比对试验的发展

2.1　国内外比对试验理论发展情况

2.1.1　国外比对试验理论发展概况

目前，在实验室认可领域中，比对试验越来越受到国际实验室认可合作组织及各国实验室认可组织的重视，成为实验室认可活动中不可缺少的一项重要内容，且有关政策更新也更快。

（1）ISO/IEC 导则 43：1984。

1984 年，国际标准化组织（ISO）和国际电工技术委员会（IEC）为了指导实验室的能力验证工作，制定了第一部关于能力验证活动的文件 ISO/IEC 导则 43：1984。这是一部关于制定和实施实验室能力验证的指南，在相当长的一段时间内对规范能力验证活动起到了积极的促进作用。但它对认可机构使用能力验证的结果强调不够，因此经过十余年的应用与研究，合格评定委员会专家组（ISO/CASCO Ad HOC）对其进行了修订。

（2）ISO/IEC 导则 43：1997。

对 ISO/IEC 导则 43：1984 修订的初稿先在合格评定委员会（CASCO）成员及 IEC 国家委员会中传阅和征求意见。终稿经 ISO/CASCO 批准，由 IEC 委员会将其作为 ISO/IEC 导则出版。

《利用实验室间比对的能力验证》（ISO/IEC 导则 43：1997）的第 1 部分：能力验证计划的建立和运作和第 2 部分：实验室认可机构对能力验证计划的选择和使用取代了 ISO/IEC 导则 43：1984，与 1984 版相比，无论在形式、内容、格式以及要求上都更加详细、严谨，并具有可操作性。在以下三个方面为能力验证活动提供指导：

①如何区别能力验证的实验室比对和用于其他目的的实验室间比对。

②利用实验室间比对的能力验证计划的建立和运作。

③实验室认可机构选择赫尔使用能力验证计划。在 ISO/IEC 导则 43：1997 的附录中，对能力验证计划数据的处理提供了统计上的指导，并为编制能力验证计划运作文件（质量手册）提供了指导。

2010 年，ISO/CASCO-WG28 对 ISO/IEC 导则 43：1997 进行修订，修订后变更为国际标准，代号为 ISO/IEC 17043：2010，该标准规定了能力验证提供者应满足的治理管理要求和技术要求，是对能力验证提供者能力进行认可的基本依据。该标准的附录在能力验证计划的分类、统计方法,以及各利益相关方选择和利用能力验证等方面提供了信息。这些资料虽然不是要求,但对能力验证提供者的技术运作及服务具有积极的作用。

(3)《对能力验证试验组织者能力的要求》(ILAC-G13)。

继 ISO/IEC 导则 43:1997 正式公布后,国际实验室认可合作组织(ILAC)花费了一年多的时间,于 1998 年 12 月底完成了《对能力验证试验组织者能力的要求》初稿。2000 年,《对能力验证试验组织者能力的要求》正式发布,进一步推动了能力验证(PT)活动的规范化进程,也促进了能力验证提供者(PTP)认可制度的诞生。英、美等国家的认可机构,纷纷依据 ILAC-G13 开展能力验证计划提供者认可,拉开了能力验证提供者认可的序幕。

《对能力验证试验组织者能力的要求》是基于 ISO/IEC 导则 43:1997 形成的,但对形式和内容进一步给予了改进和完善,对组织者的要求分为"质量体系要求"和"技术要求"两大块,同时引进 ISO/IEC DIS 17025 及 ISO 9000 族的相关内容,对能力验证组织者提出了更为严格的要求。

(4)《APLAC PT 001 校准实验室间比对》和《APLAC PT 002 检测实验室间比对》。

亚太实验室合作组织(APLAC)同时也着力开展了比对试验的技术研究,在 ISO/IEC 导则 43:1997 的基础上,于 1998 年制定了《APLAC PT 001 校准实验室间比对》和《APLAC PT 002 检测实验室间比对》两个文件。相对于 ISO/IEC 导则 43:1997 和《对能力验证试验组织者能力的要求》,APLAC 的文件更为细化。《APLAC PT 001 校准实验室间比对》给出了典型的校准实验室间比对的程序,《APLAC PT 002 检测实验室间比对》给出了典型的检测实验室间比对的程序。

(5)《互认评审 APLAC 能力验证的要求》。

APLAC 在其能力验证委员会第四次会议上发布了《互认评审 APLAC 能力验证的要求》,能力验证在该要求中被作为达成 APLAC 互认协议的重要技术保障,并在其互认评审中得到了采用。打个比方来说,ISO/IEC 导则 43 是质量手册,ILAC 的《对能力验证试验组织者能力的要求》则是介于质量手册与程序文件之间的层次,而 APLAC 的文件更像是作业指导书,因而更具普遍可操作性。

此外,《互认评审 APLAC 能力验证的要求》中也专门规定了比对试验的要求。由此表明,实验室认可机构比对试验的政策及其实施状况将直接影响实验室认可的国际互认。

(6)《利用实验室间比对的能力验证中的统计方法》(ISO 13528)。

该标准在 2005 年实施,规定了在能力验证计划中数据分析的统计方法,并且对能力验证计划参加者和认可机构在实际工作中使用上述方法提出建议,适用于通过实验室的测量结果验证其不存在明显的不可接受的偏倚,适用于定量数据,而不适用于定性数据。该标准对能力验证数据统计处理起到了极大的指导作用,规范了能力验证活动。经过了十年的应用,标准存在的一些问题和局限性也逐渐显现。2015 年,《利用实验室间比对的能力验证中的统计方法》(ISO 13528:2015)出版,它取代第一版标准,使其与 ISO/IEC 17043:2010 更为协调,后者替代了 ISO/IEC 导则 43:1997。《利用实验室间比对的能力验证中的统计方法》(ISO 13528:2015)可以更好地描述设计、分析和报告能力验证方案的过程。该版本同时也减少了某些过程,这些过程已不再认为是合适的,同时增加或修订了一些其他的章节,以便与 ISO/IEC 17043 一致,并且进行了校验和错误修正。另外,还增加了一些新的章节,如用于定性的数据和其他更加稳健的统计学方法,其引入的 Q 法、Q_n 法等统计算法的稳健程度进一步增加,但是需要编写相应的程序,采用计算机进行计算。

另外,ILAC 和 APLAC 针对能力验证活动还出台了很多要求和政策,如:《建立和保持APLAC 多边互认协议的程序要求》(APLAC-MR001)规定,签署互认协议认可机构能力验证工作必须符合《参加国家和国际能力验证活动的政策》(ILAC-P9)的要求,同时,也要求认可机构符合相应的能力验证要求;《参加国家和国际能力验证活动的政策》(ILAC-P9)给出了能力验证的频次和子领域划分的相关指导;《能力验证提供者的能力要求指南》(ILAC-G13)和《应用能力验证作为对检测能力认可的手段》(ILAC-G22)从实验室如何参加能力验证的角度提出相关要求等。国际要求的增加、国际互认协议的启动等都标志着国际能力验证政策的发展一直在持续。

2.1.2　国内实验室间比对试验理论体系

我国从 1994 年中国实验室国家认可委员会(CNACL)成立伊始,便积极参加国际性的比对试验计划。到目前为止,CNACL 已经组织和推荐了国内近百家实验室参加了数十项APLAC、欧洲认可合格组织(EA)等区域性组织及其他国家认可机构组织的比对试验计划,并在 1999 年制定了接受 APLAC 同行评审继而签署互认协议的目标。

(1)《利用实验室间比对的能力验证》(GB/T 15483—1999)。

1999 年 3 月 8 日,国家质量技术监督局批准并颁布了国家标准《利用实验室间比对的能力验证》(GB/T 15483—1999)[包括两个部分:《利用实验室间比对的能力验证　第 1 部分:能力验证计划的建立和运作》(GB/T 15483.1—1999)、《利用实验室间比对的能力验证　第 2 部分:实验室认可机构对能力验证计划的选择和使用》(GB/T 15483.2—1999)],并于 1999 年 9 月 1 日起实施。该标准是对《实验室能力比对检验的开发与运作》(GB/T 15483—1995)的修订,它强调了以能力验证为目的的实验室间比对的操作(其中,大部分原则亦适用于其他目的的实验室间比对的能力验证)。与 1995 年版标准相比,1999 年版标准在以下方面做了修改和补充:分为两个部分,增加了处理能力验证数据的统计方法、能力验证计划的质量管理等,使标准更加细化并具可操作性。

《利用实验室间比对的能力验证　第 1 部分:能力验证计划的建立和运作》(GB/T 15483.1—1999)等同采用《利用实验室间比对的能力验证　第 1 部分:能力验证计划的建立和运作》(ISO/IEC 导则 43-1:1997)。虽然实验室间比对的用法很多,而且在设计和实施方面有所不同,但仍有可能制定组织比对需要考虑的基本原则,该标准规定了这些原则,并描述了在组织和运用能力验证计划中应考虑的因素。此标准包括范围、引用和标准、定义、能力验证的类型、组织和设计、运作和报告、保密/道德的考虑等七个部分。同时,该标准还包括了两个附录:附录 A“处理能力验证数据的统计方法举例”,介绍了确定指定值及其不确定度、能力统计量的计算、检测物品均匀性的初步确定四部分内容;附录 B“能力验证计划的质量管理”,强调了应就确保能力验证计划的质量,建立和保持一个文件化的质量管理体系,以及质量文件应包含的内容。

《利用实验室间比对的能力验证　第 2 部分:实验室认可机构对能力验证计划的选择和使用》(GB/T 15483.2—1999)描述了评价实验室技术能力的实验室认可机构如何选择和使用

能力验证计划。该标准的目的是建立用于实验室认可计划中选择能力验证计划的原则，协助实验室认可机构协调使用能力验证结果。此标准包括范围、引用标准、定义、能力验证计划的选择、参加能力验证计划的政策、实验室认可机构对能力验证结果的使用、实验室的行动和反馈等七个部分。该标准在国内能力验证的数据统计处理方面起到了极大的指导作用，直到今天，标准中提到的稳健四分位间距法在一定程度上还在应用。

（2）《利用实验室间比对进行能力验证的统计方法》（GB/T 28043—2011）。

2011 年，《利用实验室间比对进行能力验证的统计方法》（GB/T 28043—2011）出版。该标准等同采用《利用实验室间比对的能力验证中的统计方法》（ISO 13528:2005），同时对其中的错误做了修正和更正。其在引言中指出，"本标准是 GB/T 15483.1 的补充，给出了能力验证中统计方法使用的详细指南。本标准很大程度上是基于分析实验室能力验证的协调草案而设计，但对于所有的测量方法都适用。"该标准在附录中给出了能力验证数据统计的一种方法即迭代法，相比《利用实验室间比对的能力验证　第 1 部分：能力验证计划的建立和运作》（GB/T 15483.1—1999）中的稳健四分位间距法，降低了指定值的不确定度。《利用实验室间比对的能力验证中的统计方法》（ISO 13528:2005）目前已经修订为《利用实验室间比对的能力验证中的统计方法》（ISO 13528:2015），《利用实验室间比对进行能力验证的统计方法》（GB/T 28043—2011）已经修订为《利用实验室间比对进行能力验证的统计方法》（GB/T 28043—2019）。

（3）《合格评定　能力验证的通用要求》（GB/T 27043—2012）。

《合格评定　能力验证的通用要求》（GB/T 27043—2012）等同采用《合格评定　能力验证的通用要求》（ISO/IEC 17043:2010），代替了《利用实验室间比对的能力验证　第 1 部分：能力验证计划的建立和运作》（GB/T 15483.1—1999）和《利用实验室间比对的能力验证　第 2 部分：实验室认可机构对能力验证计划的选择和使用》（GB/T 15483.2—1999），与 1999 年的两版标准相比较，2012 年版的标准结构发生了重大变化：

①标准的体例发生了根本性变化，主体部分分为管理要求和技术要求两大部分，强化质量管理体系的作用。

②适用范围发生了变化，该标准既适用于能力验证计划的运作，也适用于能力验证提供者建立管理体系。

③内容变化较大，无论是能力验证相关定义、分类、管理要求还是技术要求，都发生了较大变化。

④能力验证利用对象从认可机构拓展为利益相关方。

⑤在标准的附录 B 中给出的能力验证相关统计方法原则，与《利用实验室间比对进行能力验证的统计方法》（ISO 13528:2005）密切相关，但在《利用实验室间比对进行能力验证的统计方法》（ISO 13528:2005）中描述更为详细，建议各方在使用该标准时，同时参考《利用实验室间比对进行能力验证的统计方法》（ISO 13528:2005）。

（4）《能力验证规则》。

2002 年，CNACL 制定了《能力验证规则》（CNAL/AR 07:2002）。在此基础上，CNAS 将能力验证与现场评审作为 CNAS 对合格评定机构能力进行评价的两种主要方式，为了确保 CNAS 认可的有效性，保证 CNAS 认可质量，促进合格评定机构的能力建设，制定了 2007 年版《能力验证规则》。之后，几经修订，直到现在形成了《能力验证规则》（CNAS-RL02：2023），规定了CNAS能力验证的政策和要求，包括对合格评定机构的要求和对CNAS的要求。

（5）其他相关政策要求。

在严格遵守国际相关要求的前提下，考虑我国实验室工作的现状，且兼顾实验室的利益，使《合格评定　能力验证的通用要求》《能力验证规则》的这些政策具有适用性和可操作性，以确保比对试验在我国的推行和开展，许多比对试验政策和程序相继出台，主要包括《能力验证机构备案要求》（AL08-CNAS）、《能力验证工作程序》（CNAS-PD21-A1）、《能力验证提供者认可规则》（CNAS-RL06）、《能力验证计划设计方案》（CNAS-WI21-0101-A1）、《能力验证结果的统计处理和能力评价指南》（CNAS-GL002）、《能力验证样品均匀性和稳定性评价指南》（CNAS-GL003）、《检测和校准实验室能力认可准则在软件和协议检测实验室的应用指南》（CNAS-GL11）、《最佳测量能力评定指南》（CNAS-GL16）、《标准物质及标准样品生产者能力认可准则》（CNAS-CL04）、《能力验证的选择核查与利用指南》（CNAS-GL032）等，标志着我国的比对试验理论体系已经建立。

2.2　国内外比对试验开展情况

2.2.1　国外比对试验开展及组织实施的情况

最先开展能力验证的是医学领域。国外临床实验室的能力验证，可以追溯到20世纪40年代。1945年，在美国费城地区，以桑德曼（Sunderman）为首的一些临床实验室主任开会研究，为什么相同的血液样本在不同的实验室之间分析结果的差异会如此之大，于是决定制备若干未经定值的血清样品，分发给相关实验室，并要求以匿名的方式提交各自的检测结果，然后进行分析研究，这可能就是最初形式的能力验证。美国病理学会（CAP）成立于1946年，从1949年开始为国内外临床实验室提供能力验证服务。目前，全世界已有将近30000家实验室参与CAP的能力验证计划，我国也有不少实验室参加。例如，北京和睦家医院医学检验中心免疫组于2005年开始参加CAP组织的肿瘤标记物和激素类检测项目的能力验证活动，已连续参加了三批测试，实验室收到标本后，在10天内检测完毕，将检测结果返回给CAP，CAP在同方法组内对检测结果进行评估，并提供所有参与实验室的结果统计报告。

欧洲几十个国家在1996年联合建立了一个能力验证数据库，名为欧洲能力验证信息系统（EPTIS）。ILAC、APLAC、澳大利亚国家监察机构协会（NATA）为当前国际上公认的提供能力验证服务的权威机构。

（1）英国的开展情况。

有很多商业化能力验证方案被运作，并覆盖了化学及生物检测方法，如英国政府化学实验室管理的CONTEST计划测试土壤中毒素，WRC（Medmenham）管理的AQUACHECK计划包括水、土、淤泥及废水，约克郡环境中心管理Laboratory Environmental Analysis Proficiency Scheme

覆盖水及工业排水。另外，为了促进欧盟食品法规实施和执行的有效性，英国农业部、渔业部、粮食部启动了评价分析实验室技术水平的计划。此计划由英国中心科学实验室（CSL）的能力验证小组（PTG）执行，并被称为“食品分析能力评价体系”（FAPAS），2009 年 CSL 正式更名为英国环境与科学研究院（FERA）。FAPAS 在 1990 年开始运行，此计划可以作为评价实验室能力的典型范例，目前 FAPAS 已经成为注册商标。英国强力推荐食品分析实验室的认可需要参加一个合适的实验室能力验证以作为其认可的一部分。

（2）加拿大的开展情况。

加拿大的能力验证由标准委员会负责操作和管理，其由实验室负责小组（Task Groups Laboratories，TG Labs）组成，并将结果报告验证评估咨询委员会。TG Labs 负责实验室认可、进行实验室评估、复审、认可实验室参与的控制计划，提供建议给验证评估咨询委员会（Advisory Committee on Conformity Assessment，ACCA）。能力验证工作组是 TG Labs 的组成部分，能力验证工作组负责能力验证程序的所有工作，包括为 TG Labs 提供建议。加拿大标准的对校准测试实验室的认可以 ISO/IEC 17025 为基础，部分验证实验室被要求参加各个领域的能力验证，此准则建立了评估能力验证方法的标准。能力验证计划以 ISO/IEC 43 及 ILAC 对能力验证提供者能力的要求为基础。当实验室进行认证时，加拿大标准委员会将使用能力验证作为评估实验室水平的一部分。当要求其作为认可程序的一部分时，能力验证非常适合通过专业技术对实验室进行评估，并为实验室认可决策提供信息。

（3）APLAC 的开展情况。

APLAC 成立于 1992 年，作为区域实验室认可合作组织，拥有来自 20 多个国家和地区的 30 多名成员。主要活动包括制定有关的培训计划、政策及能力验证、实验室认可活动、互相承认协议等方面的政策、程序，出版相关的新闻公报，安排对申请加入相互承认协议的成员的同行评审。APLAC 提供了一系列的能力验证计划，每一计划都是通过 APLAC 成员认可并组织协调的，在其网站有详细的关于能力验证专栏，在 APLAC 官网具有详细的英文版的关于能力验证程序的文件。并且在网站上可以查到相关报告的列表，无法得到报告原文，但是对于能力验证计划有很详尽的要求，包括校准实验室比对，测试实验室比对及详细的验证实验室名录。APLAC 通过区域内认可机构间的相互承认协议，亚太实验室认证联盟（APLAC MRA）可促进一个国家/地区获准认可的实验室所出具的检测或校准的数据与报告被其他签署机构所在的国家/地区承认和接受。APLAC 的第一项能力验证计划是 1995 年的“砝码比对”的校准计划。

（4）美国的开展情况。

美国国家公路及运输协会（AASHTO）规定，实验室必须经过比对试验才能通过 AASHTO 的实验室认证。美国试验与材料学会（ASTM）每年都在不同专业领域内选取特定的样品组织两到三次国际范围内的比对试验，目的是让参加项目的实验室通过将自己实验室中测试的数据与世界范围内其他实验室中的测试数据进行比较，从而对自己实验室的测试能力进行评估。其能力验证项目包括：金属材料测试、塑料测试、发动机冷却液测试、水泥及混凝土测试等，项目每年根据社会的关注情况增减。ASTM 验证的步骤大致为：注册、汇款、样品接收、参数选择、数据提交等。

(5)检验领域的开展情况。

检验医学领域的PTP认可在欧美国家方兴未艾,自2010年以来发展尤为迅速。来自英国皇家认可委员会(UKAS)的数据显示,2014年UKAS收到总计19个PTP认可申请,其中大部分为检验医学领域。值得注意的是,正在申请认可和新近获得认可的机构中不乏资历深厚、经验丰富的老牌质量评价组织,如2015年获PTP认可的谢菲尔德教学医院信托基金会,该机构1967年即开始组织英国的凝血计划,至2014年,其组织能力验证计划(PT计划)参加者已逾4500家。国外检验医学行业对PTP认可的重视程度可见一斑。

国外检验医学领域的PTP除政府授权的质量管理机构,还包括大学的医学中心、医院和商业化的PTP。欧洲认可的34家检验医学领域的PTP中,政府授权的质量管理机构16家,约占总数的47%,商业化PTP 11家,约占总数的32%,大学的医学中心3家,约占总数的9%,医院4家,约占总数的12%。亚太地区认可的28家检验医学领域的PTP中,政府授权的质量管理机构15家,约占总数的54%,商业化PTP 11家,约占总数的39%,大学的医学中心1家,约占总数的4%,医院1家,约占总数的4%。

参加能力验证计划为实验室提供了一个客观评估和证明数据准确可靠的方法,尤其体现在国际贸易方面,通过参加国际性的能力验证活动,按照实验室间结果的一致性评价可以有效地减少国际贸易技术壁垒,因此能力验证活动越来越受到各国实验室及管理机构的重视。

2.2.2 国内其他行业开展比对试验的情况

在国内,CNAS开展能力验证计划至今,能力验证活动蓬勃发展,涉及食品领域、国土资源领域、医学领域、建工建材领域等。

(1)食品领域。

从1999年开始,CNAS已组织和实施了超过60个食品类能力验证计划。1999年,CNAS策划并实施了我国第一项完全满足国际要求的能力验证计划——白酒中甲醇和杂醇油检能力验证计划。其后,我国的认可机构不断加大能力验证力度,积极推进该项工作的开展。2001年以前,我国食品实验室只能参加国外组织的国际水平测试和协同实验。从2001年起,我国的能力验证计划提供者成功申请到APLAC的能力验证计划。例如,2001—2003年度,CNAS指定辽宁出入境检验检疫局组织了APLAC T030食品微生物学能力验证项目,来自45个经济体的117个实验室参加了该计划,辽宁出入境检验检疫局组建了专家团队,克服道道难关,成功组织了该项能力验证计划。这是我国首次在APLAC层面组织PT计划,该项计划的成功实施翻开了我国组织国际实验室间能力验证活动的历史新篇章。自此,我国的能力验证开始在国际上崭露头角,能力验证计划也开始快速推广与发展,并开始成体系地运用于食品安全领域。2005年5月1日,国家认证认可监督管理委员会(国家认监委,CNCA)开始实施《实验室能力验证实施办法》,同时,国家认监委不断加大对获证实验室的监管力度,着力提高实验室的管理水平和检测能力,尤其是食品领域,组织能力验证活动。至此,更加科学的实验室能力验证计划也随着全国食品安全实验室建设进程进入了一个新的阶段。迄今,国家认监委紧密结合国内外食品安全形势发展,已经组织过多个能力验证,能力验证活动日益成为实验室认可现场评审技术、评价和监督实验室能力维持状况的有效手段。

（2）国土资源领域。

国土资源领域从2000年开始开展行业内的能力验证计划，截至目前，累计比对参数（检测项目）数百个。2021年自然资源能力验证计划项目共5项，标准计量中心负责“海水中铜的测定”“海水中锌的测定”“海水中pH值的测定”3个计划项目的组织实施工作，实验测试中心负责“土壤六价铬的测定”和“水中六价铬的测定”2个计划项目的组织实施。

（3）医学领域。

我国在医学领域认可范围主要为国内医学实验室常规开展的实验室检测项目，认可的项目主要集中在临床血液体液检验、生化检验、免疫检验、微生物检验等医学实验室常规开展的检测项目。

目前，我国检验医学领域PTP的发展较为平稳，获准认可的PTP均为卫生行业的临床检验中心，但CNAS已收到来自出入境检验检疫系统和医药企业的PTP申请，虽尚未正式受理，但认可机构类型的多样化发展方向已经形成。

（4）建工建材领域。

建工建材领域的比对试验已有了近20年的发展，CNAS认可的能力验证提供者已有数家，如中国建筑科学研究院建筑工程检测中心、中国建材检验认证集团股份有限公司等。以中国建筑科学研究院建筑工程检测中心（国家建筑工程质量监督检验中心）为例，其自2001年起开始承担CNCA、CNAS、北京市建委等政府主管部门委托的能力验证计划，主要涉及建工建材领域。于2006年获CNAS认可，该中心成为建工建材领域第一家能力验证提供者，获准能力范围包括保温材料、混凝土试块、混凝土结构、防水材料、水泥、粉煤灰、建筑材料放射性、水泥、钢筋、建筑涂料、建筑门窗、塑料、预应力钢绞线等41类产品的86个参数。目前，该中心开始对混凝土强度的评定、房屋结构的安全性评定、房屋节能效果评定、建筑幕墙工程安全性、建筑能耗模拟、桥梁支座检验等检验领域开展能力验证的可行性研究，同时已经实施了混凝土强度的评定检验领域的能力验证计划，走在了行业的前列。

CNAS已签署了APLAC检测实验室、校准实验室、检查机构、医学检测实验室、标准物质/标准样品生产者、能力验证提供者等6项相互承认协议，加入了APLAC的全部互认制度。2015年1月8日，中国合格评定国家认可委员会（CNAS）在中国香港正式签署了亚太实验室认可合作组织（APLAC）能力验证提供者（PTP）相互承认协议（MRA）。该协议的签署，标志着获CNAS认可的PTP运作的能力验证计划获得了亚太区域正式承认。这为我国PTP走出去开拓国际市场做好了准备，并将进一步促进相关领域的互信和贸易。

CNCA每年下达能力验证计划，要求通过资质认定的机构必须参加相关参数的能力验证活动，作为评价实验室能力的重要依据。

随着国内对质量监督工作的日益重视，各行各业各级监管部门都根据各自行业特点、监管要求，开展了不同形式、不同规模的实验室之间的比对试验。

2.3 交通行业比对试验开展情况

2.3.1 公路工程试验检测比对试验开展现状

目前,一方面我国交通行业仪器设备的计量检定/校准规程体系尚未形成,当前使用的计量检定/校准规程仅占公路工程所用仪器的极少部分,绝大多数检测设备没有检定/校准规程。随着公路建设市场的快速发展,大量高科技的自动化检测设备被应用于公路工程试验检测中。由于这些检测设备的设计较为复杂,国家或行业还没有此类设备的检定规程,检定或校准机构仅对仪器设备的个别部件进行的检定或者校准,无法综合反映设备在正常工作状态下测量结果的准确性,量值溯源较为困难。另一方面,交通行业涉及的检测项目和检测参数大多为现场项目,涉及结构安全,难度较大,影响因素多。交通行业对从事公路水运工程试验检测工作的检测机构,依据其检测水平、主要试验检测仪器设备及检测人员的配备情况、试验检测环境等基本条件对检测机构进行能力划分。而检测机构等级的划分仅是能力范围的差别,而各等级的同一参数试验检测结果准确度应当属于同等水平,这是交通运输部检测机构等级划分的核心要义。如何衡量检测机构的检测能力也一直是未解决的问题。因此,行业内开展的比对试验一直围绕这两个方面,解决这两方面的问题。

《公路水运工程质量检测管理办法》(中华人民共和国交通运输部令 2023 年第 9 号)第四十四条规定:交通运输部、省级人民政府交通运输主管部门应当组织比对试验,验证检测机构的能力,比对试验情况录入公路水运工程质量检测管理系统。检测机构应当按照前款规定参加比对试验并按照要求提供相关资料。这对交通运输各级主管部门开展比对试验提出了要求。

(1)为专用设备提供量值溯源的途径。

为检验 2005 年全国公路养护大检查检测设备的准确性与稳定性,2005 年 5 月,交通部公路科学研究所在北京某科技园组织 ARRB 手推式断面仪比对试验;2010 年 3 ~4 月,为解决路面横向力系数测试系统的量值溯源困难问题,国家道路及桥梁质量监督检验中心在浙江和北京分别举办中国南部和北部区横向力测试系统比对试验,共有近 30 家检测单位参加,取得了满意结果。迄今,国家道路及桥梁质量监督检验中心开展此类仪器设备的比对更加规范化和规模化,每年按照全国不同片区进行,解决了路基路面检测中关键设备(包括车载式路面激光平整度仪、车辙仪、单轮式横向力系数测试系统、前插式自动弯沉仪等)的准确性问题,同时也解决了检测结果的准确性问题。

(2)为检测结果准确性提供保障。

交通行业着手比对试验的应用研究已有 20 余年的历史。交通部公路工程检测仪器计量检定站在 1999 年、2000 年为探索交通系统公路实验室检测能力评价方法,在交通部质监总站的协助下,组织了两次行业内检测机构的比对试验,这是交通行业首次进行的实验室能力评价的尝试。为验证试验检测机构的能力,进一步提升全国公路水运工程试验检测机构基桩检测水平,2010 年 10 月 10 日,交通运输部质监总站在南京组织了全国公路水运工程试验检测机构基桩检测比对试验。自 2010 年始,交通运输部安全与质量监督管理司(原交通部质监总站)先后组织了 10 次规模较大的比对试验活动,包括材料试验、产品检验、工程质量检测等多个类型。从统计分类,包括半定性比对试验,为 2010 年开展的“公路水运工程基桩检测比对试验”;定量比对试验,分别为:2011 年开展的“公路工程试验检测机构桥梁板式橡胶支座比对试验”,2012 年开展的“平整度、车辙检测比对试验”,2013 年开展的“全国公路水运工程试验检测机构钢筋、钢绞线比对试验”,2014 年开展的“公路水运工程试验检测机构锚具(夹片)洛氏硬度比对试验”,2015 年开展的“部分公路水运工程试验检测机构锚具静载锚固性能比对试验”,2016 年开展的“公路工程试验检测机构沥青针入度及软化点比对试验”,2017 年开展的“公路工程试验检测机构交通标志反光膜逆反射系数比对试验”及“水运工程试验检测机构水泥氯离子含量及凝结时间比对试验”,2019 年开展的“公路水运工程试验检测机构混凝土外加剂 pH 值及氯离子含量比对试验”。这十次比对试验的开展方式和采用的方法一直在与时俱进地发生变化,从开始的《利用实验室间比对的能力验证　第 1 部分:能力验证计划的建立和运作》(GB/T 15483.1—1999)到后来的《利用实验室间比对进行能力验证的统计方法》(GB/T 28043—2019),交通行业一直紧跟技术进步的脚步,2013 年之后的比对试验数据处理均采用了《利用实验室间比对进行能力验证的统计方法》(GB/T 28043—2011)算法 A,降低了指定值的不确定度,使对结果的评价更加客观。

2011 年,由交通运输部质监总站组织,国家道路及桥梁质量监督检验中心承办,交通建设监理协会试验检测工作委员会协办的板式橡胶支座(抗压弹性模量、抗剪弹性模量)比对试验,是交通运输部层面第一次组织全行业的定量比对试验。参加本次比对的单位达到 108 家,规模大,难度高,橡胶支座自身的稳定性和均匀性都较差,如何保证结果评价科学准确一致是首要问题。因此在全国比对试验开展之前,在 2009 年 10 月先期开展了十余家机构参加的小规模比对试验,摸索了相关的经验,为全国公路桥梁板式橡胶支座比对试验的顺利开展积累了经验。

与此同时,我国许多实验室也在自觉地组织、参与国内外行业或部门间的相关活动。在交通行业内,江苏省交通科学研究院、天津市政工程研究院在 1996 年参加了加拿大沥青比对试验,这是交通行业内较早参加国外比对试验的单位。2019 年,国家道路及桥梁质量监督检验中心组织了“2019 年公路工程试验检测机构锚具(夹片)洛氏硬度双样品比对试验”,这次比对试验邀请了境外机构乌克兰国立航空大学参加,是交通行业首次开展的国际比对试验,并对返回的样品重新做了试验,分析了原因,为硬度检测技术提高和寻找实验室内的问题提供了很有价值的建议。

交通行业对比对试验的重视程度也是逐年提高,2023 年修订了《公路水运工程质量检测信用评价办法》,在公路水运工程质量检测机构(母体机构)信用评价标准中考虑比对试验参加情况,设置了扣分项:JJC1025　不按照要求参加省级以上交通运输主管部门组织的比对试验的;或在参加比对试验活动中弄虚作假的。在公路水运工程质量检测工地试验室及现场检测项目信用评价标准中也考虑了比对试验参加情况,设置了扣分项:JJC2019　不按照要求参加省级交通运输主管部门组织的比对试验的;或在参加比对试验活动中弄虚作假的。交通行业也和认证认可行业联合发布了关于能力验证方面的技术标准,如《建设工程用金属制品力学性能检测能力验证实施指南》(RB/T 146—2018),《混凝土结构实体强度能力验证实施指南》(RB/T 145—2018)。

绝大部分省级交通质监机构也结合地区特点开展了具有专业性或区域性特色的技能比武或者比对试验,各有特色、各有所长,目前多数集中在水泥、钢材、沥青等材料类的检测比对,也有一些省级质监机构对现场类检测开展了比对研究,如浙江省交通工程管理中心(原浙江省交通建设工程监督管理局)在2019年组织了全省范围内的混凝土回弹强度比对试验,同时在2019年制定发布了《浙江省公路水运工程试验检测机构比对试验活动指南》,有力地规范了省内比对活动,也为其他省区市开展此类活动提供了很好的借鉴。

这些比对活动,既提高了行业对于某一参数的技术能力,同时也为一些无法进行量值溯源的设备提供技术手段。另外,通过比对技术的研究,也拓展了思路,研发了一些新型的设备或者工装,为工程检测提供了更加便捷的技术手段。

2.3.2 公路工程试验检测行业的特点

公路工程行业涵盖了多种专业的综合技术,是一个涉及面非常广的行业。公路工程检测试验作为保证公路工程质量的主要载体,伴随着公路工程行业多年的发展,已经具有了很强的专业性。现场临时试验检测的存在,是公路工程试验检测与其他试验检测的最大区别,而现场临时试验检测的可控性又是最难保证的。具体地说,公路试验检测具有以下七个方面的特点。

一是,公路工程试验检测的条件比较复杂且各不相同,如现场临时实验条件简陋,设备情况差异大,人员水平参差不齐。行业内存在工地实验室这种特有现象,这种实验室只为某项工程服务,不对外承接业务,在母体的授权范围内,可以单独出具报告。工地实验室的检测能力是否和母体的检测能力一致,是一个待解决的问题。目前还未组织过此类比对试验。

二是,公路工程试验检测试验涉及的检测指标多,据《公路工程质量检验评定标准　第一册　土建工程》(JTG F80/1—2017)的不完全统计达1300多个。这么巨大的检测项目体量中,如何筛选能够代表不同等级实验室能力的检测项目、检测参数,如何确定做比对的参数,如何保证样品的均匀性稳定性,都是每一次要进行研究的课题。如2011年开展的"公路工程试验检测机构桥梁板式橡胶支座比对试验"、2017年开展的"公路工程试验检测机构交通标志反光膜逆反射系数比对试验"都是此种情况。

三是,公路工程试验检测涵盖的领域多,基本涵盖了光学、力学、热工学、电磁学等通用计量检定、校准领域,相关规范和标准出自多个行业,另外采用的样品也是根据行业不同形式各异。在比对试验开展之前要清晰地梳理出作业指导书,应按照最贴近公路工程行业的要求进行编制,和大多数机构日常的操作方法、使用的样品相符。如2014年开展的"公路水运工程试验检测机构锚具(夹片)洛氏硬度比对试验"。CNAS认可的能力验证提供者中有多家可以提供硬度比对的机构,如北京中实国金国际实验室能力验证研究有限公司,此类能力验证的样品为一定规格尺寸的扁平金属片,和交通行业的样品是有一定差异的。所以该项比对试验采用了交通行业中常用的夹片作为样品,更加贴近工程实际。

四是,公路工程试验检测项目所涉及的对象繁杂,包括材料、构件、桥梁、成品、隧道、路基路面等,很多方面都从未开展过比对试验,大多数项目在国际、国内都没有进行过相关的比对,因此可以借鉴的经验很少,需要不断地进行摸索、探讨和总结。如2015年开展的“部分公路水运工程试验检测机构锚具静载锚固性能比对试验”,提供了复杂的一套装置,包括了锚具和夹片,组装后进行试验检测。

五是,公路工程试验检测过程受被检测对象的影响大,大部分的检测参数为现场检测,影响因素众多且复杂,如被测对象的均匀性、稳定性、检测环境条件的一致性、现场操作条件的局限性等。开展现场检测类比对试验,重要的是做好前期的策划,重点在于参与者的组织和样品的设计等,2010年开展的“公路水运工程基桩检测比对试验”和2012年开展的“平整度、车辙检测比对试验”就属于这种情况,因此此类比对试验在行业内开展较少。

六是,公路工程试验检测采用的仪器设备情况参差不齐,某些检测对于工装的要求非常高,大型集合型设备不能保证得到有效的计量检定。如2017年开展的“公路工程试验检测机构交通标志反光膜逆反射系数比对试验”发现不同厂家的设备对结果的影响非常大;2014年开展的“公路水运工程试验检测机构锚具(夹片)洛氏硬度比对试验”发现,硬度工装对检测的影响非常大,实验室的工装没有统一的要求;2016年开展的“公路工程试验检测机构沥青针入度及软化点比对试验”发现所用设备的关键参数检校不全的现象很突出。

七是,公路工程试验检测的标准规范不全,有些试验还是参考资料教科书中的规定进行,不同的操作人员对其理解存在差异,导致检测结果无法比较。在《公路桥梁荷载试验规程》(JTG/T J21-01—2015)发布实施前,有些地区开展的荷载试验的比对试验,会造成参加者由于理解或者是操作习惯不同,导致结果无法比较的现象。

综上所述,结合公路工程试验检测的特点,开展比对试验应该有的放矢,真实地反映试验检测机构的能力。

2.3.3 公路工程试验检测比对试验开展的特点

(1)行业主导。

有别于其他社会组织提供的自愿性能力验证,具有一定的强制性。

(2)重点突出。

在参数的选择方面,更关注与工程质量安全密切相关的参数与指标,前述几次比对所选择的参数就分别体现了交通行业对隐蔽工程、关键产品、竣(交)工验收指标、结构安全等高度重视。

(3)技术与管理相结合。

一方面,交通行业比对试验的目的不单纯是从技术层面评价机构的能力水平,同时也是管理部门强化监管、调查研究的重要措施。另一方面,交通行业比对活动,既有现场试验类的,又有制品检验类的,也有工程质量检测类的,与其他行业或部门组织的室内试验类比对活动居多的情况存在明显区别,是试验与检测(检查)多方面能力的有机结合。

(4)综合素质的考量。

比对试验活动反映出机构整体素质和水平,包括设备管理、人员能力、环境条件、体系运行等各个方面。交通运输部组织的公路水运工程基桩检测比对试验、公路工程试验检测机构桥梁板式橡胶支座比对试验、公路工程试验检测机构平整度、车辙检测比对试验、全国公路水运工程试验检测机构钢筋、钢绞线比对试验等十余次比对活动过程,反映出部分机构的应急处置能力不强，如，因断电、设备故障、样品失效等造成无法完成比对工作。

(5)样品管理的特殊性。

交通行业比对试验样品制备与一般能力验证有较大区别，且样品数量较多。为保证比对试验结论的正确性和可靠性，需要在比对活动开展之前考虑周详并不断完善。一般需关注以下几方面：

①样品传递过程中出现的异常，比如样品发送失败的处理程序。

②样品异常，比如样品损坏的确认、补救或重新发送的处理程序。

③不可抗力对试验过程的影响，比如突然断电造成试验过程中样品异常的处理程序。

④数据统计过程中的异常情况处理。

2.4 公路水运工程试验检测行业比对试验存在的问题

比对试验在国内已有将近20余年的发展，近年来，在各个行业的实验室中有了一定的应用基础。公路水运工程试验检测行业也在以证实实验室检测能力和为检测仪器量值溯源为目的的基础上积极地开展比对试验。结合国内检测行业的现状，对交通检测行业的比对试验进行分析，发现其主要存在以下五个方面的问题：

(1)对比对试验的认识有待提高。

一是比对试验组织者的认识不够准确，许多比对试验组织者对比对试验的前提工作(检测方案的设计、样品的选择、检测方法的确定)重视程度不够高，而错误地把大部分的精力都放在了数据处理和检测结果统计上，导致了很多比对试验从整个项目的开始就埋下了失败的隐患，等到处理结果和分析实验室能力时，失败已经成为定局，无法补救，造成了许多比对试验到最后只能不了了之，不仅造成了资源的浪费，也给各参加的实验室留下了不好的印象。其次是比对试验参加者的认识还不够深刻，很多检测实验室参加比对试验仅仅只是出于资质认定和认可的要求，并没有认识到其深层次的意义。这不仅违背了比对试验的初衷，同时也促使了串通作弊和伪造检测数据等行为的发生。还有些单位千方百计地找原因不参加此类活动，规避可能产生的不符合发生。不管是比对试验的组织者还是参与者，对比对试验工作的认识不到位，把比对试验看得过于肤浅、简单或者是过于高超、神秘，都是不利于比对试验的发展和完善的。

二是公路水运工程试验检测实验室中只有少数实验室成为了CNAS认可的实验室，按照要求主动地定期参加能力验证提供者组织的能力验证活动，绝大多数检测实验室都是被动地参加交通运输部或省级交通运输主管部门组织的比对试验，无法达到按照质量控制计划有选择地参加需要的能力验证。

交通行业这些年一直在着力推动比对试验工作的研究和开展，行业内对这种活动的认识也在逐年提高。从2016年开展的“公路工程试验检测机构沥青针入度及软化点比对试验”来看，有80多家单位自愿参加此次比对试验，希望以此为契机，寻找自身与其他检测机构的差距。

(2)比对试验的开展存在一定困难。

目前，由于CNAS仍未成立公路水运工程专业的能力验证工作组，公路水运工程试验检测行业还没有一个统一有效的比对试验信息平台，而比对试验的各组织方之间的沟通联系也不多，导致了公路水运工程试验检测实验室同时参加CNAS、CNCA等管理部门开展的实验室比对试验。这不仅容易造成相同或相似项目在同一年重复组织，造成不必要的行政资源浪费，也让公路水运工程试验检测实验室抱怨重复参加的项目过多、负担太大，因而不愿意参加比对试验。此外，由于现行公路水运工程检测实验室比对试验的不完善，组织管理上的不一致和宣传的不到位，使得比对试验工作在某种程度上、某些地区还未能引起部分公路水运工程检测实验室、其上级主管部门和检测市场中检测结果使用方的充分重视和理解、支持，在比对试验经费问题上，有关单位也难以获得上级主管部门的有力保障，直接影响了比对试验的顺利开展。

(3)比对试验的统一性不强，开展不规范。

从全国范围来看，当前公路水运工程试验检测行业依然没有符合自身行业特点的比对试验标准和要求，比对试验的组织者只能照葫芦画瓢，各自参照通用规范开展，在组织程序上各有特点，缺少可比性，比对试验的开展欠规范。另外，还存在同一个机构在不同省区市进行试验检测工作，需要参加不同省区市的同一参数比对，互相结果不能采信，无法做到整个行业一盘棋。

比对试验在技术和研究上的交流较少，许多组织者都认为，规范上的规定已经比较明确了，或者仅仅看比对试验方面的文献，对比对试验的实际操作过程与其他组织之间缺少交流，比对试验的统一性不强。行业内已经意识到这个问题，试验检测工作委员会在2016年沥青比对试验之前，对所有参加者进行比对试验理论和相关组织问题进行宣贯，又在当年的年会上对开展比对试验所遇到的问题进行交流，有效地促进了业内对于比对试验的认识。

目前，行业内还缺少及时对公路水运工程检测实验室的比对试验进行总结和指导的平台，没有形成一个科学的机制来总结公路水运工程试验检测的比对试验工作的经验和推广，造成了比对试验的开展不统一，结果的利用率不高，采信度偏低，无法成为客户比较和选择实验室的依据。

(4)比对试验的覆盖面不广，技术的研发有待加强。

近年来，交通行业主管部门都在积极地组织实验室比对试验，但基于公路水运工程试验检测工作的特殊性，公路水运工程试验检测的比对试验的项目和参数范围依然不广。主要体现在两个方面：一是某些公路水运工程试验检测项目的结果测量不确定度评定至今还未曾有人涉足，根本无法通过不确定度的比较开展这些项目及参数的比对试验，这也就制约了只有两三家实验室参加的小规模比对试验开展；二是工程检测参数开展的难度很大，尤其是现场类检测比对试验，其所需的费用也比较高，另外对样品均匀性和稳定性检验缺少手段，或者受限于现场环境不能保证所有参加者在同一条件下进行比对，因此目前开展的比对试验大部分还是集中在产品及材料类参数。因为存在前述原因，公路水运工程试验检测领域有条件开展比对试验的参数，相比所有检测参数，是非常少的，需要进一步加强对比对试验的研究，拓宽开展领域，把一些真正代表机构能力的参数引入比对试验当中。目前，公路水运工程试验检测实验室的比对试验技术仍停留在初级阶段。第一，现行的比对试验标准和准则并不能完全适用于公路水运工程检测行业，比对试验的项目组织、样品分发、性能检测和防串通作弊等工作的开展无法得到有效控制，无法确保比对试验结果可用。第二，比对试验开展过程中的数据处理工作很烦琐，目前还没有开发出用于这类计算的软件，造成了比对试验的开展费时费力。比对试验既是确保试验检测仪器量值溯源准确的有效途径，也是公路水运工程检测实验室提供准确检测数据、提高和维持实验室能力的保证。我国交通行业通过资质认定的实验室有数千家，只有从根本上解决这些问题，才能有效地促进公路水运工程试验检测实验室比对试验的发展，保证公路水运工程试验检测的质量。

(5)对实验室内的差异关注不够。

交通运输部从2010年起组织了大规模比对试验，就是通过衡量各实验室间数据结果的一致性，从而检验各参与机构的检验检测水平，综合验证检验检测机构技术能力和管理能力，从而促进试验检测机构能力持续保持，提高试验检测工作质量。这些比对试验开展的着眼点都是关注实验室间的一致性，而对实验室内的差异一直没有采用有效的方法进行分析。2019年，国家道路及桥梁质量监督检验中心组织了公路工程试验检测机构锚具(夹片)洛氏硬度比对试验，本次比对在行业内开创性地对每个参加单位发送双样品，在考察实验室间一致性的同时对实验室内的差异进行了分析，其中出现了个别实验室实验室间结果满意，而实验室内差异较大的情况，说明实验室内的一致性需要进一步完善，提高一个实验室的整体水平。

第3章　比对试验的方法

3.1　术语和定义

《合格评定　能力验证的通用要求》(GB/T 27043—2012)界定的下列术语和定义适用于本书。

(1)指定值 Assigned Value。

对能力验证物品的特定性质赋予的值。[来源:GB/T 27043—2012,定义3.1]

注:在某些定性或半定量计划中,能力验证物品的特性不是以量值来表示。

(2)协调者 Coordinator。

负责组织和管理能力验证计划运作中所有活动的一人或多人。[来源:GB/T 27043—2012,定义3.2]

(3)客户 Customer。

通过合同性协议获得能力验证计划的组织或个人。[来源:GB/T 27043—2012,定义3.3]

(4)实验室间比对 Interlaboratory Comparison。

按照预先规定的条件,由两个或多个实验室对相同或类似的物品进行测量或检测的组织、实施和评价。[来源:GB/T 27043—2012,定义3.4]

(5)离群值 Outlier。

一组数据中被认为与该组其他数据不一致的观测值。[来源:GB/T 27043—2012,定义3.5]

注:离群值可能来源于不同的总体,或由于不正确的记录或其他粗大误差的结果。

(6)参加者 Participant。

接受能力验证物品并提交结果以供能力验证提供者评价的实验室、组织或个人。[来源:GB/T 27043—2012,定义3.6]

注:在某些情况下,参加者可以是检验机构。

(7)能力验证 Proficiency Testing。

利用实验室间比对,按照预先制定的准则评价参加者的能力。[来源:GB/T 27043—2012,定义3.7]

注:在本标准❶中,术语“能力验证”具有极为广泛的含义,包括但不限于以下类型:

①定量计划 Quantitative Scheme。

该类计划是确定能力验证物品的一个或多个被测量的量值。

❶　本标准指 GB/T 27043—2012。

②定性计划 Qualitative Scheme。

该类计划是对能力验证物品的一个或多个特性进行鉴别或描述。

③顺序计划 Sequential Scheme。

该类计划是将检测或测量的一个或多个能力验证物品按顺序分发,并按期返回能力验证提供者。

④同步计划 Simultaneous Scheme。

该类计划中,分发能力验证物品,在规定期限内同时进行检测或测量。

⑤单个计划 Single Occasion Exercise。

该类计划中,为单一需求提供能力验证物品。

⑥连续计划 Continuous Scheme。

该类计划中,按规定间隔持续提供能力验证物品。

⑦抽样 Sampling。

该类计划是针对分析前的抽样环节。

⑧数据转换和解释 Data Transformation and Interpretation。

该类计划中,提供成组的数据或其他信息,要求参加者通过处理这些信息给出解释(或其他结果)。

(8)能力验证物品 Proficiency Test Item。

用于能力验证的样品、产品、制品、标准物质/标准样品、测量标准、数据组或其他信息。[来源:GB/T 27043—2012,定义 3.8]

(9)能力验证提供者 Proficiency Testing Provider。

对能力验证计划建立和运作中所有任务承担责任的组织。[来源:GB/T 27043—2012,定义 3.9]

(10)能力验证计划 Proficiency Testing Scheme。

在检测、测量、校准或检验的某个特定领域,设计和运作的一轮或多轮能力验证。[来源:GB/T 27043—2012,定义 3.11]

注:一项能力验证计划可以包含一种或多种特定类型的检测、校准或检验。

(11)稳健统计方法 Robust Statistical Method。

对给定概率模型假定条件的微小偏离不敏感的统计方法。[来源:GB/T 27043—2012,定义 3.12]

(12)计量溯源性 Metrological Traceability。

通过文件规定的不间断的校准链将测量结果与参考标准联系起来的特性,每个链接点均对测量不确定度有贡献。[来源:GB/T 27043—2012,定义 3.15]

注 1:本定义中,参考标准可以是通过实际复现的某个测量单位的定义,或是包括非序量测量单位的一个测量程序,或是一个测量标准。

注 2:计量溯源性要求建立校准等级图。

注 3:参考标准的技术要求中必须包括利用参考标准建立校准等级图中首次进行校准的时间。

注 4:对于测量模型中含有一个以上输入量的测量,其每个输入量的量值在应能溯源,相关的校准等级图可以形成支岔结构或网络状。为每个输入量的量值建立计量溯源性,所做的努力应与对测量结果的贡献相适应。

注5:测量结果的计量溯源性不能保证测量的不确定度适用于某个特定的目的,或不存在差错。

注6:当两个测量标准间的比对是用于核查,以及必要时对其中一个测量标准的量值及其不确定进行修正时,则该比对可以视为校准。

注7:国际实验室认可合作者组织(ILAC)认为,确认计量溯源性的要素有:与国际测量标准或国家测量标准相联系的一条不间断的计量溯源链、形成文件的测量不确定度、形成文件的测量程序、认可的技术能力、对SI的计量溯源性以及校准的间隔(见ILAC P-10:2002)。

注8:简称的术语"溯源性",既可表示"计量溯源性",有时也可表示其他概念,诸如"样品溯源性""文件溯源性""仪器溯源性"或"材料溯源性",这些都代表了一件物品的历史(溯源)。所以,如有产生混淆的风险时,最好采用术语的全称"计量溯源性"。

(13)测量不确定度 Measurement Uncertainty / Uncertainty of Measurement。

根据所用到的信息,表征赋予被测量的量值分散性的非负参数。[来源:GB/T 27043—2012,定义3.16]

注1:测量不确定度包括源自系统影响的不确定度分量,诸如与修正值和测量标准指定量值相伴随的不确定度分量,以及定义的不确定度。有时,并未修正估计的系统影响,而是当作不确定度分量处理。

注2:参数可以是称为标准测量不确定度的标准差(或其特定的倍数),或是具有规定包含概率的区间半宽度。

注3:测量不确定度一般由若干分量组成。其中一些分路口可根据经验或其他信息假设的概率密度函数,按测量不确定度的B类评定,也用标准差表征。

注4:通常,对于给出的一组信息,测量不确定度应伴随被测量所宣称的量值,该值的改变也会造成与其相伴的不确定度的改变。

(14)重复性测量条件 Repeatability Condition。

相同测量程序、相同操作者、相同测量系统、相同操作条件和相同地点,并在短时间内对同一或相类似被测对象重复测量的一组测量条件。[来源:JJF 1001—2011,测量结果5.14]

(15)评价准则 Evaluation Criteria。

对参加者进行能力评价的标准依据。

(16)z值。

由能力验证的指定值和标准差计算的实验室偏倚的标准化度量。[来源:GB/T 28043—2011,定义3.5]

注:有时也称为z比分数。

3.2　比对试验开展的过程

比对试验计划的建立和运作应由能力验证提供者承担。该提供者应具有实施实验室间比对的能力,并能获得与特定类型物品相关的专业知识。

3.2.1　人员准备

和任何项目一样,比对试验的初始步骤,即计划设计,是非常重要的。比对试验计划方案的设计队伍中,应含有熟悉试验标准、熟悉统计学、熟悉量值传递和溯源的人员。通常配备一名专业技术专家,一名统计学专家,一名熟悉试验组织的协调人员(当然,如果技术专家熟悉统计学,而且有组织经验,又有足够的协调能力,则更好)。由他们组织比对试验计划的设计,并且监督计划的实施。当然,可以由他们组成比对试验领导小组,负责组织并指导整个比对试验的全过程。人员的要求应该符合《合格评定 能力验证的通用要求》(GB/T 27043—2012),要求各个领域应符合相关要求。

3.2.2 设施、设备的准备

比对试验的组织者应该能提供或确保与比对计划相适应的设施和设备,主要包括用于比对试验样品的制作、检测、存储和分发,以及数据处理、资料和记录的设备。

比对试验的组织者应对影响计划质量的区域的进入和使用加以控制,这以现场类能力验证最为明显。

比对试验的组织者应该尽可能地识别出显著影响比对试验的样品、检测的环境条件,包括规范和测量程序所要求的条件。有些时候是基于经验的。

同时,若加工样品或其他步骤对环境条件有要求,比对试验的组织者应该对这些条件加以控制和检测,并应记录所有相关监控的活动。同时应将不相容活动的相邻区域进行隔离,并防止交叉污染。

比对试验的组织者应该保证确定样品含量、均匀性和稳定性的试验方法和设备的性能特征得到适当的确认。

3.2.3 组织与设计

3.2.3.1 策划

(1)在开展比对试验前,应编制比对计划,说明本次比对试验的目标、目的以及基本设计情况,同时对比对试验的规模有所判断,在方案设计阶段需配备技术专家、统计专家以及至少一名计划协调者。比对试验需要技术专家和统计专家相互配合完成,数据收集之后,技术专家应做技术判断,哪些值为错误值,不应参加统计计算。统计专家应根据数据分布情况作出统计判断,如是否为单峰分布、是否符合统计规律。

(2)通过与专家的商议,协调者应制定适用于公路工程检测参数比对的计划,比对计划一般应包括下列信息:

①实施比对计划组织的名称及地址。

②协调者以及参加设计和实施验证计划的专家的姓名、地址、联系方式。

③分包的活动以及参与比对试验分包方的名称和地址。

④比对计划应满足的条件。

⑤比对计划的参加者的数量和类型。

⑥所选用样品的性质和检测参数,以及检测样品的获取、处置、校核和运送等方式,若检测样品需要自行制作,还应包括样品制作方法及均匀性检验方式。对比对试验物品预期的量值范围和/或特性的描述。

⑦合理防范参加者串通或伪造结果的措施，以及当怀疑串通或伪造时刻执行的程序。

⑧比对计划的报名、领取样品、试验、提交报告、数据处理、报告发送、异议申诉、结果公布等日程安排。

⑨为参加者准备检测材料以及进行检测或测量所使用的方法或程序的有关信息。

⑩所用统计方法的概述，检测结果判别方法。

⑪为参加者准备的所有标准化的结果报告格式。

⑫所使用统计分析的详细描述。

⑬所有制定者的来源、计量溯源性和测量不确定度。

⑭参加者能力评价的准则。

⑮返回给参加者的数据、中期报告或信息的描述。

⑯对比对结果所做结论的公开程度的说明。

⑰样品丢失或损坏时应采取的措施。

⑱比对试验所需费用。

(3)如有必要，协调者可成立一个或多个适当人选组成顾问小组。尤其是开展新项目的比对试验，出现的问题可能会更多。顾问小组的作用包括：

①参与比对计划的制订。

②就比对计划所获得的结果，以及如何将这些结果和实验室其他方面结合运用。

③向遇到问题的参加单位提供咨询。

④定期召开会议，讨论本阶段中所遇到的问题，及时反映给组织者，以预防下阶段会出现的偏差。

(4)应固定输入及统计方式，并通过统计分析提供有效的结果。在可能的情况下，设计编制计算机统计程序，并经过可靠验证。

3.2.3.2　比对试验计划的确认与完善

比对试验计划的内容，只要有可能，计划组织者都应该在比对试验开始之前与参与试验的各方充分沟通，使他们都清楚组织者的意图、方案和步骤以及注意事项。比对试验计划的方案应该经过充分的论证。经过相互交流，改进原比对试验计划不够完善之处，使它更科学、更具可操作性。这是比对试验能按计划顺利完成的重要一步。

3.2.3.3　比对试验的过程控制环节

参加者报名后按要求展开试验，如实记录试验结果，如实记录所有要求记录的一切信息，并按时上报，防止串通的发生。当试验过程中出现了原比对试验计划未曾预料到的意外情况，甚至参与试验的多人/多方出现了意料之外的状况，以致有可能影响到最终比对试验结果的统计分析时，比对试验组织方应分析所有各种情况条件，作出是否调整试验实施方案的建议。

(1)协调者应保证比对按计划运作。

(2)参与制订计划的人员在实验室间比对设计、实施和报告等方面应具有足够的资格和经验，或能与具有这种能力的人紧密合作。

(3)对于每项比对计划项目，协调者都应制定指导书，指导书一般包括以下内容：

①所给被测样品的性质及检测参数。

②对所给被测样品的检测产生误差影响的主要因素。

③被测样品的保管方式。

④比对试验日程及具体试验方法。

⑤其他需要注意的事项。

在第5章的每一节中均给出每一类比对试验的作业指导书。

(4)若被测样品需制备,可由分包方进行,分包方应具有相应的资质,确保物品均匀、稳定。协调者应验证样品的均匀性和稳定性。

(5)要考虑样品的包装和运输,保证样品在传递过程中,均匀性和稳定性不被破坏。

(6)当采用由参加单位得到公议值作为指定值时,应采用稳健统计法,通常采用稳健 z 比分数进行比对结果评价。

(7)当测试数据无法量化时,可以采取评分的形式,应事先制定完善的评分标准,该评分标准应由该领域专家制定。采用专家打分制,兼顾公平科学,保证对每个机构的评判由不少于两名专家进行。

(8)每项比对结束后,应根据比对试验开展的目的向参加单位提供比对结果报告或通报。比对结果报告通常应包含下列信息:

①实施和协调比对计划的组织名称和地址。

②参与计划设计和实施的人员姓名及单位。

③报告的发布日期。

④报告的编号和清晰的计划标识。

⑤统计数据,包括指定值和结果判别标准。

⑥无法量化的测试结果,给出评分标准。

⑦用于确定指定值的程序。

⑧参加单位的编号和检测结果。

⑨协调者对于实验室能力的评价。

结果通报根据行业惯例进行发布。

(9)协调者应加强与参加单位之间的沟通,应当给参加单位提供比对计划的详尽信息(保密信息除外)。

关注并解答比对试验进行的全过程中参加者所提出的各种问题,包括技术问题、流程问题以及统计问题,因此协调者中应配备技术专家和统计专家。对于新开展的比对计划,协调者内部应分阶段对所出现的问题进行研究讨论,完善比对试验过程,预防下一步问题的发生。常规计划应制定完善的程序文件。

3.2.3.4 结果公布及处理

比对试验的组织者按既定计划汇总所有试验结果数据并进行统计分析。适用时可作出各种相应的图示。

比对试验结果报告除了必须包括所有试验结果数据以及各种示图(需要时)、所有统计计算过程和数据、样品均匀性数据与统计评价数据外,还应该包含对试验结果数据一致性的分析、对有可能影响试验结果的各种条件的分析、对异常/离群数据的分析，并探讨出现异常/离群可能的原因，以利改进。比对试验结束后应该编制结果报告。

(1)一般情况下，每项比对结果都应在组织方网站上公布或发布纸质文件。

(2)若对比对结果有异议，参加单位在比对计划规定时间内向协调者或组织者提出。

(3)比对结果不满意的参加单位，应当认真查找原因，总结经验教训，开展有效的纠正措施，并向比对试验组织者递交书面说明或报告。

3.3　比对试验统计方案的设计

公路工程试验检测覆盖面极广，检测类型多样，包含产品检测和工程检测。因此，从结果上来看有两种类型，一类是定量判断，另一类是定性判断。

3.3.1　定量计划

公路工程领域中，大部分试验检测工作结果为具体数值，结果处理可参照现行有效的国家标准进行，同时考虑公路工程行业特点。

比对试验的效果不仅取决于比对试验条件环境的控制，人员、设备的控制，还取决于结果数据的处理方法是否合理。为了保证单个实验室内数据的可靠性，必须对试验数据进行离群值的判断。在对离群值进行剔除后，运用适当的统计技术对数据进行分析，从而得到相应的统计量。

在统计设计时，所选取的统计模型均基于数据服从正态分布的假设。实际上，日常的公路工程检测结果理论上都服从正态分布或趋于正态分布。

3.3.1.1　离群值的判断

离群值按产生的原因分为两类：

第一类离群值是总体固有变异性的极端表现，这类离群值与样本中其余观测值属于同一总体。

第二类离群值是由于试验条件和试验方法的偶然偏离所产生的结果，或产生于观测、记录、计算中的失误，这类离群值与样本中其余观测值不属于同一总体。

对离群值的判定通常可根据技术上或物理上的理由直接进行，例如当试验者已经知道试验偏离了规定的试验方法，或测试仪器发生问题等。但是现实中很多情况往往不能直接判定。

对于公路工程试验检测项目，大部分试验数据都属于未知标准差的情形，也很难判定。为确保检测极端值对比对试验结果的影响，根据《数据的统计处理和解释　正态样本离群值的判断和处理》(GB/T 4883—2008)的要求，可采用拉依达检验法、狄克逊检验法、格拉布斯检验法等。

(1)拉依达检验法(3σ 准则)。

通常，样本量 $n>50$，判断标准为 $|x_d-\bar{x}|\geqslant 3s$。

(2)狄克逊检验法。

当使用狄克逊检验法时，样本量 $n\geqslant 3$，分为单侧限和双侧限情形，具体可以查阅《数据的

统计处理和解释 正态样本离群值的判断和处理》(GB/T 4883—2008)。

(3)格拉布斯检验法。

下面简单介绍格拉布斯法则的计算过程。

①针对上侧情形：

$$G_n=[x_{(n)}-\bar{x}]/s \tag{3-1}$$

$$s=\left[\frac{1}{n-1}\sum_{i=1}^{n}(x_i-\bar{x})^2\right]^{1/2} \tag{3-2}$$

式中：$\bar{x}$——样本均值；

s——样本标准差。

确定检出水平 $\alpha=0.05$(公路工程试验置信概率一般取 95%，以下同理)，查表得出$G_{1-\alpha}(n)$。

当 $G_n>G_{1-\alpha}(n)$时，判定 $x_{(n)}$为离群值，否则判定未发现 $x_{(n)}$为离群值；

②针对下侧情形：

$$G'_n=[\bar{x}-x_{(1)}]/s \tag{3-3}$$

$$s=\left[\frac{1}{n-1}\sum_{i=1}^{n}(x_i-\bar{x})^2\right]^{1/2} \tag{3-4}$$

式中：$\bar{x}$——样本均值；

s——样本标准差。

确定检出水平 $\alpha=0.05$，查表得出 $G_{1-\alpha}(n)$。

当 $G'_n>G_{1-\alpha}(n)$时，判定 $x_{(1)}$为离群值，否则判定未发现 $x_{(1)}$为离群值。

3.3.1.2 比对试验的常用统计技术

国际上比对试验的常用结果统计方法主要有三种：ASTM E691 的 h、k 检验法，稳健统计 z 分值法，以及归一化偏差 E_n 数法，以下对这三种检验方法进行简要介绍。

(1)ASTM E691 的 h、k 检验法。

ASTM E691 的 h、k 检验法是美国材料与试验协会提出的针对实验室间比对数据的分析方法。实验室间一致性统计量 h、实验室内一致性统计量 k 是该方法中最重要的两个参数，根据测量方法与结果的准确度(ISO 5725)，h、k 参数计算方法步骤如下：

①实验室内试验结果平均值：

$$\bar{x}=\frac{\sum_{1}^{n}x}{n} \tag{3-5}$$

②实验室间试验结果平均值：

$$x=\frac{\sum_{1}^{p}\bar{x}}{p} \tag{3-6}$$

③实验室内标准偏差：

$$s=\sqrt{\frac{\sum_{1}^{n}(x-\bar{x})^2}{n-1}} \tag{3-7}$$

④实验室内重复性标准偏差：

$$s_{\mathrm{r}} = \sqrt{\frac{\sum_{1}^{p} s^2}{p}} \tag{3-8}$$

⑤实验室间标准偏差：

$$s_{\mathrm{XAVE}} = \sqrt{\frac{\sum_{j=1}^{p} (\bar{x} - \bar{\bar{x}})^2}{p-1}} \tag{3-9}$$

⑥实验室内一致性检验统计量：

$$k = \frac{s}{s_{\mathrm{r}}} \tag{3-10}$$

⑦实验室间一致性检验统计量：

$$h = \frac{\bar{x} - \bar{\bar{x}}}{s_{\mathrm{XAVE}}} \tag{3-11}$$

k 值只能为正值，其数值越小，说明该实验室内重复性越好；而 h 值可以为正值或负值，其绝对值越小，说明该实验室与其他实验室的一致性越高。

(2)稳健统计 z 分值法。

稳健统计 z 分值法是当前国际上实验室能力验证对结果评价时最常采用的方法，其原理是以稳健统计为基础，用中位值和四分位差(IQR)值替代了传统的平均值和标准偏差，从而使极端测值对平均值估计值和标准差估计值的影响降至最小。该统计方法采用 z 分值来评定参加比对试验的实验室的检测能力。

与传统的标准差方法相比，稳健统计 z 分值法具有以下几个优点：

①数据的计算分析较为简单，透明度高。

②不受极端值的影响，不必进行离群值的剔除。

③利用实验室间偏差 z_{B} 和实验室内变异 z_{W} 替代“复现性”和“重复性”的概念，更为直接明了。

(3)归一化偏差 E_n 数法。

在比对试验中，E_n 数也是一个常用的能力统计量，它常用于校准实验室的能力验证评定。其计算公式见式(3-12)。

$$E_n = \frac{x - X}{\sqrt{U_{\mathrm{lab}}^2 + U_{\mathrm{ref}}^2}} \tag{3-12}$$

式中：x——参加比对实验室的检测结果；

X——参考实验室的测量结果(指定值)；

U_{lab}——参加比对实验室测量结果 x 的不确定度；

U_{ref}——参考实验室指定值 X 的不确定度。

3.3.1.3　结果评价技术

比对试验的结果评价包括两方面的工作：计算能力统计量和作出技术评定。对于比对试验方案，求取稳健 z 比分数。技术评定是基于能力统计量基础上的，有技术专家参与的工作，在充分听取具有丰富经验的技术专家的意见的基础上，最终形成检测项目的技术评定。以下就前面三种常用统计技术进行结果判定技术的简要介绍。

(1)ASTM E691 的 h、k 检验法结果评价技术。

经查 ISO 5725-2:1994 表 7 得,在实验室个数为 p、试验次数为 n 的情况下,实验室内一致性指标临界值 k_{crit} 及实验室间一致性指标临界值 h_{crit},判定标准如下:

$k \leqslant k_{crit}$,试验数据可靠,否则离散性过大,不可靠;

$|h| \leqslant h_{crit}$,试验结果可靠,否则复现性偏差过大。

(2)稳健统计 z 分值法结果评价技术。

判定标准:

$|z| \leqslant 2$　　满意结果;

$2 < |z| < 3$　　结果可疑,须核查;

$|z| \geqslant 3$　　离群结果,须纠正。

(3)归一化偏差 E_n 数法结果评价技术。

判定标准:

$|E_n| \geqslant 1$　　不满意结果;

$|E_n| \leqslant 1$　　满意结果。

3.3.2 定性计划

公路工程试验检测不同于其他领域,很多检测工作和检验工作密切相关,出具的结果是定性值,基于定性结果的比对计划在数据处理、指定值的确定、结果评价等方面均不同于定量计划,需要针对每次比对试验的特点进行分析研究。

定性计划的指定值、能力评价准则、最终的能力评价都需要由专家组来制定。

3.3.2.1 指定值

定性计划的指定值应为技术专家公议产生。

(1)根据比对试验的目的,对专家进行选择。专家组的构成应充分考虑到比对试验的客观性、公平性以及保密性。

(2)对专家意见不能达成完全一致的方案,分析原因、谨慎使用,避免原则性错误。

(3)可选择一定数量的检测或检验机构预先实施该项能力验证计划,通过对回收到的结果进行分析,进一步验证公议值的有效性和适用性。

3.3.2.2 能力评价准则

以参与能力验证计划的技术专家在项目设计阶段共同确定的结果为能力评价准则,技术专家的数量不应少于 5 人。能力评价准则可由控制项、评分项以及评价标准三部分构成。

(1)控制项:是对返回结果是否出现颠覆性结论的判定,如出现颠覆性结论,直接判为不满意结果。

(2)评分项:针对检测检验的关键指标,设置不同的权重,进行量化评分。

(3)评价标准:给出专家公议的设定值,即满意结果、基本满意结果以及不满意结果所对应的评价分数。

3.3.2.3 能力评价

定性计划对参加者的能力评定结论一般分为“满意”“通过”“不满意”三种:

(1)满意:参加者在本次比对试验计划中的表现满意,其评定结论及核心计算过程正确、报告完整、基本概念清楚、分析说明科学合理、判定结论符合要求、综合评分大于或等于专家公议的设定值。

(2)不满意:参加者在本次比对试验计划中的表现不满意,其出现颠覆性评定结论错误、核心计算过程错误、报告信息不足、综合评分低于专家公议的设定值等问题。

(3)基本满意:参加者在本次能力验证计划中的表现介于“满意”和“不满意”之间,表明参加者具有一定评定能力,但产生了警戒信号。

研究认为,对测试结果采取评分制,将结果量化,是定性计划。评分标准由协调者事先组织相应专家按照比对试验的性质及内容制定,根据此评分标准预先或试验后划分满意、基本满意、不满意分值范围。现场打分应保证对应于评分标准的每一项不少于两名专家。

3.4 样品的制备与管理

3.4.1 样品的制备

比对试验是根据参加者对样品检测的结果来评价其能力的。为了真实反映参加者的检测能力,计划中分发的检测物品或材料,在性质上通常应与参加实验室日常检测的物品或材料相类似。

交通行业选择的比对样品通常是人工制样的,样品的数量应该与比对试验计划的目的和要求相适应,通常要考虑均匀性和稳定性检验的数量,传递过程中遗失或损坏的数量,以及进行复核比对或后期测量审核所需要的数量等。

原则上说,比对试验组织者应负责试验样品的加工、制备、存储、分发、运输,并充分估计到这些过程对样品稳定性的影响,从而采取适当的相应措施。为此,比对试验组织者必须提供材质均匀的材料制作被测样品,在分发给各参加实验室前必须进行均匀性检验。样品在均匀性检验之前应该进行粗选,尽量减小样品之间的差异,另外样品的制备通常都需要进行分包,制备检测样品的组织应证明其具备该能力,任何与检测物品有关的、可能影响实验室间比对完好性的条件(例如均匀性、稳定性等)均应予以考虑。

3.4.2 样品的管理

试验人员接到样品后,应按比对试验计划的规定妥善保管试样。在规定储存和使用条件下,还必须定期进行稳定性检验,以确保被测样品在比对试验期间是稳定可靠的。如果对样品的处置会影响试验结果,则比对试验的组织者应在比对试验计划的试验实施方案中说明清楚。也可以用特殊说明的方式提请试验人员加以关注。

如果参与比对试验的各方对所接到样品的完好性有疑问,应立即向比对试验组织方反映,可以以照片、文字等方式进行说明，组织方有责任研究、分析并加以解决，并及时将意见告知参加方，务必保证在比对试验开始之前，参与试验的各方所持试样是一致的、对试验结果是无影响的。

不同的实验室可能会有不同的样品管理程序。但不管如何不同，都要按 ISO/IEC 17025 的要求保证样品的完好性和样品的性状不发生改变。也应按 ISO/IEC 17025 的要求给比对试验的每一个样品贯以唯一性标识和检验状态标识。对于不可分割、不可传递的、需各机构现场测试的样品，应对其状态进行有效确认，确保比对试验方案可行。要对参加比对试验机构的数量有所估计，初步确定样品数量，保证比对试验过程中，不会发生由于意外导致样品数量不足现象的出现。

3.5　样品的均匀性和稳定性检验

比对试验的组织者应该保证各批次的比对试验样品，对于比对试验方案来说，是足够均匀且稳定的。组织者应该使用一定标准，在比对试验开展前评价样品的均匀性和稳定性，确保比对试验样品的不均匀和不稳定现象不会对性能评价产生不利影响。均匀性和稳定性的评价应该采用下列方法中的一个或多个：

(1)按照现行 GB/T 28043 中描述的试验方法，或者其他的实验方法，能够提供相同或更可靠的均匀性和稳健性的保证。

(2)根据先前轮次能力验证计划使用相似能力验证样品的经验，在本轮能力验证中使用相同的方法进行均匀性和稳定性检验。

(3)如评价当前轮次的能力验证中参加者的数据，证明与前几轮的一致性，应该考虑由于报告时间的变化或生产顺序的变化，或是其他不均匀性和不稳定性带来的波动。

如果先前轮次能力验证计划所使用的样品，经测试证明具备充分的均匀性和稳定性，且参加者与先前轮次能力验证计划相同，在本轮能力验证计划中实验室间标准差不大于先前轮次能力验证标准差，即证明能力验证样品具备充分的均匀性和稳定性。目前行业内还没有可供参考的经验。

3.5.1　样品的均匀性检验

3.5.1.1　均匀性检验样品选择

(1)破坏类测试：先从同批次样品中分别随机抽取≥10 份样品，每份样品包括 n 个试样(n 为标准要求测试数量)，样品测试值为 n 个试样的平均值。如钢筋原材，按照方法标准要求，每份样品为两个测试样本，结果为两个测试样本的平均值。

(2)非破坏类测试：从同一批次样品中随机选择≥10 个，每个样品可进行 n 次重复性测试($n \geq 2$)，将若干个样品随机排序，得到 $10n$ 个测量结果，整个测量在重复性条件下完成。如夹片，随机一次从同一批次样品中选取 10 个夹片，每个夹片重复测试两次，每次测试按照《公路桥梁预应力钢绞线锚具、夹具和连接器》(JT/T 329—2010)要求,打 4 个点,第 1 点不计,记录其余 3 点的结果,取其平均值作为本次测试的结果。整个测量在重复性条件下完成。

3.5.1.2　均匀性检验的过程

选择一个特性来进行均匀性检验。选择执行均匀性检验的实验室和要使用的方法。这种方法应该有足够小的重复性偏差(s_r),这样就可以检测出任何明显的不均匀性。对于一次比对试验方案,样品的制备数量应该确保:有足够的样品用于比对试验计划中的参与者,同时用于均匀性检验。

在最终包装的样品中随机选择 g 份,通常 $g \geqslant 10$。样品的数量包括在均匀性检验中,如果利用相同的程序,可以从以前对相似的样品进行的均匀性检验中,得到适当的数据,那么样品的数量也可以减少。使用适宜的方法,将测试部分之间的差异最小化,从一个样品中制备两个测试部分。将 $2g$ 份测试份量随机排序,得到每份的测量结果,整个测量在重复性条件下完成。计算样品内标准差 s_w、样品间的标准差 s_s、总平均值$\bar{x}$。

3.5.1.3　均匀性检验的评价标准

(1)应该使用下面三个检验方法来保证均匀性数据的有效性。

①检验每个测试份量的结果,以便通过测量寻找分析中的趋势(或偏离);如果趋势很明显,就要对测量方法采取适当的纠正措施,或是在结果的解释当中给出提示。

②按照生产指令检验样品测量结果的标准差;如果存在导致样品超出 3.5.1.3(2)要求的明显趋势,则:一是为每个样品分别赋值;二是剔除一个受到明显影响的样品,并对其余样品的均匀性重新进行检测;三是如果趋势会影响所有的能力验证样品,要遵从 3.5.1.3(4)中的规定。

③比较重复测量值之间的差(或极差,若重复测量超过 2 次),如果必要的话,可以使用科克伦法[《测量方法与结果的准确度(正确度与精密度)　第 2 部分:确定标准测量方法重复性与再现性的基本方法》(GB/T 6379.2—2004)]检验重复测量值之间是否有显著差异。

(2)将样本之间的标准差 s_s 与能力评价标准差 σ_{pt}进行比较。如果下式成立,那么样品就可以被认为是具有足够的均匀性:

$$s_s \leqslant 0.3\sigma_{pt} \tag{3-13}$$

用0.3 的理由为,当这个标准被满足时,样本之间的标准差对于性能的评价变量,贡献不足 10%,所以性能评价不太可能受到影响。同样地,s_s 可以与 δ_E 进行比较:

$$s_s \leqslant 0.1\delta_E \tag{3-14}$$

(3)通常开展的比对活动 σ_{pt}不能事先知道,例如,采用参与者结果的稳健标准差时,比对试验组织者应该选择其他标准来确定样品的均匀性。包括:

①在显著性水平 $\alpha = 0.05$ 时,使用 F 检验,检验样品之间是否具有统计学上的明显偏差。

②使用来自前几轮的能力验证计划的信息,估计 σ_{pt}。

③使用来自精度试验[例如,《测量方法与结果的准确度(正确度与精密度)　第 2 部分:确定标准测量方法重复性与再现性的基本方法》(GB/T 6379.2—2004)中描述的复现性标准差]的数据。

④接受样本的风险，且在计算出 σ_{pt} 之后，对评估标准进行修正。

(4)如果样品的均匀性没能得到满足，比对试验组织者应该考虑采取下列行动之一：

①对于能力评价，在标准差中包含样本间的标准差，可以按照方程式(3-15)计算 σ'_{pt}。注意，这需要向参与者进行充分的说明。

$$\sigma'_{pt} = \sqrt{\sigma_{pt}^2 + s_s^2} \tag{3-15}$$

②在指定值的不确定度中包含 s_s，并使用 z' 或是 δ'_E 来进行能力评价。

如果①～②不适用，就可以放弃一些样品，在纠正不均匀性原因之后，重复均匀性检验工作。

3.5.1.4 均匀性检验的公式

样品内标准差 s_w 和样品间标准差 s_s 的估计，可以使用如下所示的方法进行计算。用于选定的数量 g 的样品，重复测量 m 次。

来自均匀性检验的数据用 $x_{t,k}$ 进行表达。其中：t 代表样品($t=1,2,\cdots,g$)，k 代表测试份量($k=1,2,\cdots,m$)。

将样品的均值和方差定义为：

$$\bar{x}_t = \frac{1}{m}\sum_{k=1}^{m} x_k \tag{3-16}$$

$$s_t^2 = \frac{1}{m}\sum_{k=1}^{m}(x_k - \bar{x}_t)^2 \tag{3-17}$$

测试份量的方差估计为：

$$w_t^2 = \frac{1}{m-1}\sum_{k=1}^{m}(x_k - \bar{x}_t)^2 \tag{3-18}$$

计算总平均值：

$$\bar{\bar{x}} = \frac{1}{g}\sum_{t=1}^{g}\bar{x}_t \tag{3-19}$$

样品的平均值方差估计为：

$$s_x^2 = \frac{1}{g-1}\sum_{t=1}^{g}(\bar{x}_t - \bar{\bar{x}})^2 \tag{3-20}$$

样品内方差：

$$s_w^2 = \frac{1}{g}\sum_{t=1}^{g}s_t^2 \tag{3-21}$$

s_s 和 s_w 的联合方差：

$$s_{s,w}^2 = \frac{1}{g-1}\sum_{t=1}^{g}(\bar{x}_t - \bar{\bar{x}})^2 + \left(1 - \frac{1}{m}\right)s_w^2 = s_s^2 + s_w^2 \tag{3-22}$$

样品间方差：

$$s_s^2 = s_{s,w}^2 - s_w^2 = \frac{1}{g-1}\sum_{t=1}^{g}(\bar{x}_t - \bar{\bar{x}})^2 - \frac{1}{m}s_w^2 \tag{3-23}$$

说明：在 $s_s^2<0$ 的情况下，取 $s_s=0$。

当 m 为 2 时，可以使用下面的公式。

将样品均值定义为：

$$\bar{x}_t = (x_{t,1} + x_{t,2})/2 \tag{3-24}$$

测试份量之间的极差为：

$$w_t = |x_{t,1 - x_{t,2}}| \tag{3-25}$$

计算总平均值：

$$\bar{\bar{x}} = \frac{1}{g}\sum_{t=1}^{g}\bar{x}_t \tag{3-26}$$

样品均值的标准差：

$$s_x = \sqrt{\sum_{t=1}^{g}(\bar{x}_t - \bar{\bar{x}})^2/(g-1)} \tag{3-27}$$

样品内标准差：

$$s_w = \sqrt{\sum_{t=1}^{g} w_t^2/(2g)} \tag{3-28}$$

其中，在式(3-26)～式(3-28)中，加和是在样本($t=1,2,\cdots,g$)上进行的。

最后，样品间标准差的估计是：

$$s_s = \max[0, \sqrt{s_x^2 - (s_w^2/2)}] \tag{3-29}$$

注1：样品间方差 s_s^2 的估计，在 s_s 相对小于 s_w 时，常常会变为负值。当样品具有很高的均匀性时，则可能发生这种情况。在这种情形下，$s_s=0$。

注2：使用测试份量间的标准差来代替极差，例如：$s_t = w_t/\sqrt{2}$。

3.5.1.5　均匀性检验的小结

(1)依照能力验证计划制定的方法标准进行试验。

(2)破坏类测试：将均匀性检验所得结果采用贝塞尔公式计算样品之间不均匀性的标准偏差s_s及平均值$\bar{x}$。如果 σ 是某个比对试验计划中能力评价标准偏差的目标值，若$s_s \leqslant 0.3\sigma$，则使用的样品可认为在本比对试验计划中是均匀的。比对试验计划中能力评价标准偏差的目标值 σ_{pt}可以来源于一轮比对试验，可以采用方法标准规定的最大允许误差，也可以利用方法标准中提供的重复性限和再现性限计算。

(3)非破坏性测试：依据现行《利用实验室间比对进行能力验证的统计方法》(GB/T 28043)，对检验结果进行统计处理，选取显著性水平为 $\alpha=0.05$。统计量与 F 检验的临界值进行比较。样品各测试参数的统计量 f 均小于临界值 F，表明样品内和样品间无显著性差异，样品可以用于本次比对试验。

3.5.2　样品的稳定性检验

3.5.2.1　稳定性检验一般考虑因素

在比对试验的持续时间内，被用来进行均匀性检验的特性将应用于稳定性的检验，或者是应用于运输条件下的稳定性检验。

（1）在以前的试验研究，不稳定性是不太可能的，如一般金属制品在适当的保存环境中，稳定性是有所保证的，此时，稳定性检验可以酌情处理。在其他的情况下，对于比对试验持续时间内，运输条件下稳定性的研究可以采取计划研究的形式，以确立一致的运输和储存条件。如化学试剂的比对试验，试验条件为常温，但是样品的运输是在夏季，应考虑试剂在高温条件下的稳定性。稳定性检验的工作可在分发能力验证样品之前进行，通常情况也是这样做的，既可在每一轮能力验证之前也可在早期计划设计和可行性研究阶段。比对试验组织者也可以通过检查报告的结果，获得测量数据的趋势，从而检验不稳定性的证据。

（2）下列因素可以在稳定性检验中予以考虑：

①比对试验方案中使用的所有特性都应该进行稳定性检验。

②如果样品之间的差异很大，就应该测试2个以上的样品。

3.5.2.2　比对试验过程中稳定性的检验程序

（1）在比对试验中，稳定性检验的一个实用模型，就是在一次比对试验中结论阶段，测试少量的样品，并将其与该次之前测试的样品相比较，以确认这次比对试验期间样品没有发生变化。稳定性检验可以将样品持续置于代表运输条件下，如高温等环境条件，证明运输条件可能造成的影响。

比对试验的组织者可以在比对试验之前使用均匀性检验的结果。

（2）如果比对试验组织者在稳定性评价中使用经过实际运输的样品，运输的影响就会包括在稳定性的评价中。如果单独检验运输的影响，那么就应该使用3.5.3节中描述的过程。

（3）在比对试验的前后，稳定性检验的过程如下：

①随机选择数量为$2g$的样品。其中$g \geqslant 2$。

②选择一个实验室，使用具有良好中间精密度的一种测量方法，这种方法一般来说与均匀性检验一致。

③在将样品分发给参加者之前，以充分随机的顺序测量g个测量份量，保留g个测量份量。

④在参加者反馈结果的截止日期之后，就可以以随机的顺序测量剩余的g个样品，使用相同的实验室，相同的测量方法。

⑤分别在之前和之后计算两组结果的均值$\bar{y}_1$和$\bar{y}_2$。

3.5.3　稳定性检验的评价标准

（1）比较两次检验中获得的测量均值。如果下式成立，样品可以被认为足够稳定：

$$|\bar{y}_1 - \bar{y}_2| \leqslant 0.3\sigma_{pt} \text{或} \leqslant 0.1\delta_E \tag{3-30}$$

（2）如果测量方法的中间精密度（或测量不确定度）有可能导致无法满足标准，可采用下列选项之一：

①使用同步稳定性研究［见《标准物质/标准样品定值的一般原则和统计方法》（CNAS—GL017）］。

②增加指定值的不确定度，包含可能的不稳定性。

③使用下列公式调整σ_{pt}，放宽接受准则：

$$|\bar{y}_1 - \bar{y}_2| \leqslant 0.3\sigma_{pt} + 2\sqrt{u^2(\bar{y}_1) + u^2(\bar{y}_2)} \quad (3\text{-}31)$$

注：上式中的系数2是差值扩展不确定度的一个包含因子，置信水平为95%，综合不稳定性的计算假设y_1和y_2是独立的。

(3)如果式(3-30)或式(3-31)中的条件不能满足，就应该考虑采用如下方法：

①定量不稳定性的影响，并在评价中对其予以考虑(例如采用z'值)；

②检查样品的准备和储存的过程，看看是否有可能改进；

③不评价参加者的能力。

(4)可以通过两组数据之间的差进行适当的统计检验，代替3.5.1节或3.5.2节规定的准则，只要这种检验能够考虑重复试验，并提供至少与式(3-31)相同的稳定性判定准则。

注：使用每个样品均值进行的置信水平为95%的t检验，通常会提供与式(3-31)类似或更好的稳定性判定准则，只要检验单元的数量大于或等于3。

3.6 指定值的确定及其不确定度

3.6.1 确定指定值的方法

(1)在3.6.3节到3.6.7节中，描述了五种方法，可以确定指定值x_{pt}。

(2)只要有可靠的统计学基础，也可以使用其他方法确定指定值及其不确定度，并且在比对计划中对该方法有详细的描述，并详细告知参加者。应对每轮能力验证计划指定值的有效性进行检验。

(3)给参加者的报告中，可阐述确定指定值及其不确定度的方法，并有清晰的描述。

3.6.2 指定值的不确定度

(1)《测量不确定度表示指南》(ISO/IEC 98-3)和《测量不确定度评定与表示》(JJF 1059.1—2012)在测量不确定度评价方面，给出了指导。

(2)式(3-32)和式(3-33)分别为指定值及其不确定度的通用模型。

指定值的模型可以表达为下式：

$$x_{pt} = x_{char} + \delta_{hom} + \delta_{trans} + \delta_{stab} \quad (3\text{-}32)$$

式中：x_{pt}——指定值；

x_{char}——测试值；

δ_{hom}——样品之间差异所引起的误差项；

δ_{trans}——运输条件所引起的误差项；

δ_{stab}——比对试验过程中不稳定性所引起的误差项。

指定值不确定度的相关模型可以表达如下：

$$u(x_{pt}) = \sqrt{u_{char}^2 + u_{hom}^2 + u_{trans}^2 + u_{stab}^2} \quad (3\text{-}33)$$

式中：$u(x_{pt})$——指定值的标准不确定度；

u_{char}——测定过程中的标准不确定度；

u_{hom}——样品之间差异的标准不确定度；

u_{trans}——运输过程中的标准不确定度；

u_{stab}——比对试验过程中不稳定性所引起的标准不确定度。

（3）在指定值中可能存在上述表达式未包含的偏倚，应尽可能考虑在能力验证计划设计过程中。如果对指定值中的偏倚进行了调整，那么在指定值的不确定度评定中应包括该调整的不确定度。

3.6.3 由配方法确定

（1）样品可能由已知不同水平的材料按一定比例混合组成，或是添加一定比例的成分到基质中得到。这种情况下，指定值 x_{pt} 由各组分的量值计算所得。

（2）应注意以下事项：

①基质不受添加成分的影响，或添加物质在基质中的比例是准确已知的。

②各种组分被均匀地混合在一起。

③已识别所有显著误差来源。

④各种组分和基质之间没有不良反应。

⑤包含了添加物质的样品应近似于通常检测的样品。

（3）如果用配方法可以制备样品结合状态比较松散，可使用其他的方法来制备样品。

（4）用配方法来计算指定值时，定值引入的标准不确定度 u_{char} 由适当模型中的不确定度分量合成得到。

3.6.4 有证标准物质（CRM）

（1）当样品是一个有证标准物质（CRM）时，该样品的参考值 x_{CRM} 可以作为指定值 x_{pt}。

这种方法的局限性如下：

①为了给每个参加者提供一份有证标准物质，费用会比较高。

②为了保证长期稳定性，CRM 要经过特殊处理，这会损害样品的可替代性。

③对于参加者而言，CRM 的特性量（如指定值）可能是已知的，不利于指定值的保密。

这种方式的优点为：CRM 的有证标准值准确度高、溯源性好。

（2）当一个有证标准物质被用作比对试验样品时，指定值的标准不确定度可以来自证书。

3.6.5 由一个实验室定值

（1）比对试验样品可以由一个具有能力资质的实验室来确定指定值。确定指定值使用的参考方法应该得到完整的描述，并具有完整的不确定度评定，记录的适用于比对试验的计量溯源性。对于参加者使用的所有测量方法，参考方法都应该是可替代的。

①指定值应是使用多个样品或多种测量条件，在多次重复测量的实验中得到的平均值。

②指定值的不确定度评定是在参考方法和特定条件下对不确定度的适当估计。

（2）利用单个实验室确定比对试验指定值时，使用合适的测量方法，对照高度相似的有证标准样品的有证参照值校准得到。

①这一方法需要在单个实验室中，使用同一种测量方法，并且在重复性条件下，对样品和CRM进行一系列的测试，见式（3-34）：

$$x_{\mathrm{pt}} = x_{\mathrm{CRM}} + \bar{d} \tag{3-34}$$

式中：x_{pt}——样品的指定值；

x_{CRM}——CRM的有证标准值；

$\bar{d}$——差值 d_i 的平均值；

d_i——在第 i 个样品上，样品和CRM的平均值之差。

注：除了在专家实验室也生产CRM情况，x_{CRM} 和 $\bar{d}$ 是相互独立的。

②样品指定值的标准不确定度来自所使用的测量方法所产生的不确定度。可以采用式（3-35）计算。

$$u_{\mathrm{char}} = \sqrt{u_{\mathrm{CRM}}^2 + u_{\bar{\mathrm{d}}}^2} \tag{3-35}$$

式中：u_{char}——指定值的标准不确定度；

u_{CRM}——CRM标准值的不确定度；

$u_{\bar{\mathrm{d}}}$——$\bar{d}$ 的标准不确定度。

3.6.6　专家实验室的公议值

（1）利用专家实验室的公议值作为指定值，首先在方案中应确定有相应资质的实验室，另外确定参加统计的专家实验室家数，以及指定值计算和不确定评估的方法。

（2）按照CNAS-GL017的描述，使用实验室间的比对可以确定CRM的标准值，可以利用专家实验室，使用实验室间的比对研究确定指定值。首先准备样品，为分发做好准备。然后在这些样品中随机地选择一些样品，由一组专家实验室根据相关协议进行测量，这个协议规定了样品的数量、重复性测量的条件等。每个专家实验室都要求提供其结果及其标准不确定度。

（3）专家实验室仅报告的结果值，并且方案也不要求提供有关结果的不确定度信息时，或者来自报告的结果，或其他方面的证据显示报告的不确定度并不足够可靠时，就应该利用3.6.7节的方法，一般可以获得公议值作为指定值。

（4）当专家实验室报告结果的不确定度时，结果公议值的估计就是一个复杂的问题，可以采用算数平均值、加权平均值、中位值等方式，应根据相关准则（如格拉布斯准则或狄克逊准则）进行离群值检验和剔除。

3.6.7　参加者结果的公议值

（1）一轮比对试验计划中使用的样品的指定值可以是稳健平均值，中位值，或是算术平均值，通常根据统计设计使用一个适当的统计过程，进行计算，就可以由本次的参加者所报告的结果形成这样的估计值。

①在某些情况下，基于之前比对试验的经验，或者预先确定的标准，比对试验组织者可能选用部分可靠的参加者。使用本方法时应考虑部分参加者的数量。

②可以使用其他方法替代稳健的统计方法。这种方法需要具有良好的统计学基础并且在报告中说明。

③这种方法的优点在于：

a. 为了确定指定值，不需要额外的测试。

b. 参加者都采用了标准化的测量方法，参加者的数量也足够多时，利用公议值作为指定值是一个比较简便的方法。

④这种方法的限制有：

a. 参加者之间一致性可能不够充分。

b. 当普遍使用了错误方法时，公议值可能包括未知偏倚，而且该偏倚不会反映在指定值的标准不确定度中。

c. 确定指定值的方法偏倚可能导致公议值产生偏倚。

d. 可能很难确定公议值的计量溯源性。尽管单个实验室的结果总是可追溯的，也仍然只有在下列情况下，才可以作出可追溯性的清晰阐述：比对试验组织者掌握所有参加者使用的校准标准的全部信息及有效控制该方法其他相关条件件时才能做出清晰的溯源性声明。

（2）当指定值按照 ISO/IEC 13528:2005 中算法 A（迭代法）计算得到的稳健平均值，指定值 x_{pt} 的标准不确定度可以由式(3-36)评定：

$$u(x_{pt}) = 1.25 \times \frac{s^*}{\sqrt{p}} \tag{3-36}$$

式中：$u(x_{pt})$——指定值的标准不确定度；

s^*——稳健标准差；

p——参加者数。

在这个模型中，指定值和稳健标准差都由参加者结果决定，指定值的不确定度可以被假设为由于不均匀性、运输和不稳定性等所引起的对不确定度的影响。

对于来自正态分布的一个大样本($p>10$)，系数 1.25 是中位数的标准差和算数平均值的标准差之比。对于服从正态分布的数据，由 ISO/IEC 13528:2005 附录 C 中算法 A 得到的稳健平均值的标准差是未知的，但是它会落到算术平均值的标准差和中位数的标准差之间。因而该公式给出了标准不确定度 $u(x_{pt})$ 的一个保守估计。对于 $p<10$，适合的系数将小于 1.25，因而该公式得到的估计将更为保守。

3.6.8 将指定值与独立的参考值进行比较

（1）当 3.6.7 节描述的方法被用来确定指定值 x_{pt} 时，并且可以获得独立可靠参考值 x_{ref}，公议值 x_{pt} 应该与 x_{ref} 进行比较。

当 3.6.3 节到 3.6.6 节中描述的方法被用来确定指定值时，稳健平均值 x^* 可以从该次的结果得到，在每次比对试验之后，它应该与指定值进行比较。

差值可以按照 $x_{diff}=(x_{ref}-x_{pt})$［或是$(x^*-x_{pt})$］计算，差值的标准不确定度可以按照下式估计：

$$u_{diff} = \sqrt{u^2(x_{ref}) + u^2(x_{pt})} \tag{3-37}$$

式中：$u(x_{ref})$——用于比较的参考值的不确定度；

$u(x_{pt})$——指定值的不确定度。

(2)如果差值与其标准不确定度在两倍以上，即证明具有显著差异，就应该研究其中的原因。可能的原因有：

①各种测试方法之间存在偏差。

②参加者结果中有共同的偏差。

③配方法与实际样品存在差异，参加者所用的测试方法不适应。

④单个实验室或专家实验室确定的指定值存在偏倚。

⑤设定的指定值与比较值缺乏相同的计量溯源性。

⑥用 CRM 的标准值作为指定值时，所用 CRM 的互用性不合适。

(3)根据差异原因的不同，比对试验组织者应该决定是否要评价比对结果，并且(对于连续进行比对试验计划而言)是否要针对后续的比对试验方案，对设计进行修改。当差异足够大，会影响能力的评价，或者表示参加者使用的测量方法中存在严重的偏差时，就应该注意到该轮报告中的差异。在这样的情况下，就应该在之后的比对试验方案的设计中，考虑这种差异。

3.6.9　小结

本节中主要参考 ISO/IEC 13528：2015 给出了指定值和其标准不确定度的确定方法。在交通行业组织的大部分比对试验中，更多采用了参加者结果的公议值，原因在于：一是一般参加的实验室数量较大，符合统计分析；二是采用此种方式事先不需要做太多工作；三是能够衡量行业检测水平的现状。随着比对试验技术的发展和其适用面的拓宽，其他几种方式也越来越多地得到推广和应用，解决了更多的工程实际问题。

3.7　能力统计量的计算

3.7.1　能力评定的一般考虑因素

(1)确定能力评定所使用的统计方法应该与能力验证计划的目标一致。

(2)在被测量的水平上，在不同轮次的比对试验方案中，可以很方便地进行能力评价。

(3)参加者的结果应该进行验证，以便与比对试验方案设计中使用的统计假设相一致，这样才能进行有意义的能力统计。如数据收集后进行正态分布或者单峰分布检验。

3.7.2　指定值不确定度的影响

如果与能力评定标准差相比，指定值的标准不确定度 $u(x_{pt})$ 很大，就存在一种风险，有些参加者将收到行动或警戒信号，因为指定值不准确。对于这种原因，应该确定指定值的标准不确定度,并且将其报告给参加者。

如果满足下列准则,那么指定值的不确定度就可以被认为是可以忽略不计的。

$$u(x_{pt}) < 0.3\sigma_{pt} \text{ 或 } u(x_{pt}) < 0.1\delta_E \tag{3-38}$$

当参与的实验室数量大于17家时,通常式(3-38)成立。

3.7.3 测量误差的估计

针对一轮比对试验计划中,样品某种特性的测试,令 x_i 代表参加者 i 报告的结果。简单地评价参加者的能力,就可以计算出结果 x_i 与指定值 x_{pt} 之间的差值:

$$D_i = x_i - x_{pt} \tag{3-39}$$

式中:D_i——结果的测量误差;

x_{pt}——指定值,可以解释为一个约定值或参考值。

3.7.4 *z* 值

(1)对于能力验证结果 x_i,z 值如下计算:

$$z_i = \frac{x_i - x_{pt}}{\sigma_{pt}} \tag{3-40}$$

式中:σ_{pt}——能力评价的标准差。

(2)z 值的常规解释如下:

①当 $|z| \leqslant 2.0$ 时,结果可接受。

②当 $2.0 < |z| < 3.0$ 时,给出警戒信号。

③当 $|z| \geqslant 3.0$ 时,结果不可接受(或给出行动信号)。

建议参加者根据警戒信号对其策略程序进行检查,以防止新生问题或复发问题的出现。

3.8 公路工程试验检测行业比对试验的技术要点小结

公路工程试验检测与其他行业比对试验的开展联系紧密,比对试验的开展都包括设计、组织与结果评价等重要步骤,都需要成立专门的项目组等。目前,国内公路工程试验检测比对试验的开展还设有规范、成熟的体系,在此项目的比对试验开展过程中,借鉴了建筑、金属等行业比对试验的设计、组织和结果处理经验。

当然,由于公路工程试验检测的特点,行业内的比对试验也有其独特的特点,主要体现在以下两个方面:

(1)比对试验的目的不同,比对试验是确定的实验室检测能力的有效手段,国际和国内的其他行业以此为目的已经组织过了多次比对试验,但以仪器校准为目的的比对实验却比较少。2012年开展的"平整度、车辙检测比对试验"结合了检测和仪器的校准两个目的,让各实验室了解本实验室设备的情况,发现检测设备存在问题。

(2)其他行业比对试验针对材料类而开展的比较多,但现场检测类的比对实验和工程制品类的比对试验比较少。现场检测类的比对试验与材料类的比对试验相比,主要区别在于样品不可传递,各检测机构必须到同一地点参加比对,增加了比对试验设计和组织的难度,而评价也不可能单纯地采用检测结果统计方法进行,例如,2010年桩基比对试验结果评价过程时采用的是打分的方式。而工程制品类相比于单一材料类而言,检测程序比较复杂,影响结果的因素多,对样品的均匀性和重复性检验都提出了很高的要求。

比对试验其实就是一种比较,无论是室内抑或室外比对。试验的设计组织者不单自己清楚本次比对试验的目的所在,而且一定要使参试各方都明白本次比对的最终目的,是比对设备,还是比对人员操作,还是比对试验方法,抑或比对环境设施。只要有可能,相互关联的因素最好不要混在一起进行比对,这样会增加比对试验方案设计的难度,而且有可能会使结果的离散性增大而使统计分析变得困难。

如果无法避免综合因素的比对,应在比对试验开展之前,确定好各种因素所占的权重,对各种因素的确定要科学、合理,可以召开相关的专家会来制定,并落实为比对试验细则,通知各参加比对试验的机构。

试验结果的差异有可能和试验人员对样品的设置以及对仪器的操作有关,有可能和不同的测量仪器有关,有可能和不同的测试环境有关,有可能和不同编号的样品的不同性能有关。如何设计试验计划,如何比较准确地分析结果差异,都是非常困难的事情,特别是当实验室并没有关于环境条件、设备条件、人员条件的大量比对统计数据积累时,更是如此。

技术标准上规定不太明确,或者是规定容易引起疑义的,不大适宜列为比对试验项目。也不适宜把对标准的理解列为比对要素之一。因为对技术标准的讨论可以在技术委员会的讨论会上进行,或者以其他方式(如:网上专题论坛的形式)在更大的范围内进行,没有必要动用大量人力物力,耗费许多时间来进行比对试验。

3.8.1　规定明确

要写明依据的标准,除需要比对的因素之外,比对试验设计组织者应尽可能规范所有可能影响试验结果的因素,并对此作出详细的规定,必要时应绘制示意图,否则可能会出现由于规定不细致而造成结果的差异干扰了比对因素,对结果造成影响。

3.8.2　方法明确

明确规定参照的标准及版本,对试验过程中可能有的歧义,应以条文或图示的方式加以明确,必要时在样品上做不可擦去标记,以明示。

3.8.3　组织结构合理

完善的比对试验离不开合理的人员配置,比对试验的组织结构中必须包含该领域的技术专家,如出现技术问题可以及时解答,对可能出现的问题有预见性,并对技术进行把关。必须包含熟悉比对试验有经验的专家,保证整个比对试验的顺利进行。必须包含统计专家,负责对数据进行处理,判断离群值,保证比对试验结果的可用性。另外要包含相关的其他人员,比如联络人员、样品发送人员、财务人员等。要对组织中每名成员有明确的分工,保证比对试验过程无疏漏。

3.8.4 比对试验文件的获取合理

为了避免比对试验过程中的串通发生,应最大限度地降低传递过程中上下家的联系,因此对于涉及相关信息的文件,应采取分批发送的方法。试验指导书等指导性的文件可以同批发送,使机构提前了解熟悉比对试验的过程。样品的发送表和确认表带有上下家的信息,通常规定样品的发送表要同时传递于比对试验下家和比对试验组织者,当组织者收到机构发送表时,给该机构的下家发送样品发送表和确认表。这一规定最大限度地降低了串通的可能性。

3.8.5 试样合适

试验样品合适首先是指比对试验所选择的样品与比对项目相适应。其次是试样应有良好的均匀性(当比对试验需要成批样品时)或良好的稳定性(当必须要单个样品长时间在实验室之间或试验人员之间传递时)。对于不可移动、机构共同检测的样品,在比对前应明确其状态与设计相符,目的就是尽可能减少样品性能的差异或者变异对试验结果的影响。

3.8.6 过程的控制

比对试验的组织者应对比对试验全过程进行追踪,尤其在样品的流转环节要特别注意,保证样品的顺畅、有序交接。对大型比对试验,有必要设置专人在流转过程中,以电话或邮件的方式,询问和督促检测机构对样品的检测和传递,保证比对试验的如期进行。另外,对于比对试验当中机构遇到的问题,组织者应及时与技术专家进行沟通,对技术问题进行解答,同时把握比对试验的方向。

3.8.7 统计计算方法选用正确

样品均匀性评估的统计应用:当比对试验必须要使用成批样品时,必须要对成批样品的均匀性作出正确的评价。可以根据“参考实验室”的测试结果数据,按单因素方差分析方法估算样品均匀性。所谓“参考实验室”,就是为检测物品提供参考值的实验室。“参考实验室”在技术上的权威性应得到试验计划设计、组织者的认可和试验参与各方的承认。如果是在实验室内部比对,可以根据室内富有经验的工程技术人员的测试结果数据,按单因素方差分析方法,估算样品均匀性。

比对试验结果数据的统计分析:比对试验结果数据的统计分析是作出比对试验结果评价的依据。所以试验结果数据的统计计算方法的选用是否合适是非常重要的。所谓“合适”是指统计计算方法与比对试验项目内容相适应,与比对试验范围相适应,它应能反映出结果数据的差异程度,又能避免极个别离群数据对整体试验结果的干扰。统计计算方法选用适当与否可能会关系到试验结果的评价。在一定条件下,选择不同的计算方法可能得出完全相反的结论。

3.8.8　结果评价合理

对于既定的比对试验模式，比对因素单一而比对结果为数值，应采取相同的数据统计算法，将此算法程序化，并通过适当的验证。例如，采用公议值的方式进行确定。

对于综合因素的比对试验，要考虑影响因素的权重，按照预先确定的比对试验细则进行。比如，考虑试验人员资格情况、操作的规范情况等对比对试验结果进行适当的处理。

3.8.9　结果的反馈

比对试验的结果应及时反馈于管理部门与参加单位，让管理部门了解各机构的试验结果情况，有针对性地制定管理政策，使参加单位了解本机构在行业中的位置。

第 4 章　比对试验技术在公路水运工程中的应用

4.1　关键技术研究

4.1.1　夹片洛氏硬度单样品比对试验关键技术研究

2014 年开展的“公路水运工程试验检测机构锚具(夹片)洛氏硬度比对试验”组织 180 家公路水运工程检测机构进行了该项指标的检测比对试验。洛氏硬度是评定锚具(夹片)性能非常重要的指标,试验方法是从事公路工程试验检测的综合甲级、桥隧专项、水运工程材料甲级资质必备的检测手段,本次比对试验深入研究了锚具(夹片)工程制品比对试验的内容及方法特点,提出了该类制品比对试验的实施计划要点、文件编制方法及流程控制方法;针对该成品提出了样品、文件传递方案及时间节点控制等关键技术,解决了工程制品比对试验过程中的难点问题;完成了 180 家参加单位结果数据处理评价;最终分析总结了影响试验结果的因素。

4.1.1.1　样品的均匀性试验

夹片洛氏硬度试验属于破坏性试验,本次均匀性检验采取的方式为在同一片两个不同母线上进行试验。

(1)为保证样品的均匀性,从两批 YM15 锚具(夹片)样品中分别随机抽取 g 个样品,$g \geqslant 10$。

(2)每份样品重复测试次数大于等于 2 次。

(3)依据《金属材料　洛氏硬度试验　第 1 部分:试验方法(A、B、C、D、E、F、G、H、K、N、T 标尺)》(GB/T 230.1—2009)进行洛氏硬度均匀性检验,测试洛氏硬度(HRC)。

(4)依据《能力验证样品均匀性和稳定性评价指南》(CNAS-GL03:2006)中规定的单因子方差分析法进行初步评价。若样品之间无显著性差异,则表明样品是均匀的。符合要求的样品可用于本次检测机构的比对试验。

(5)均匀性评估。依照《利用实验室间比对进行能力验证的统计方法》(GB/T 28043—2011)对样品的均匀性进行评估。比较样品间标准差s_s和能力评定标准差(稳健标准差)σ。当$s_s \leqslant 0.3\sigma$ 时,可认为样品是充分均匀的。若样品间标准差s_s不满足小于等于 0.3σ 条件时,应考虑样品间标准差s_s对能力评定标准差(稳健标准差)的修正。

以 A 组均匀性检验数据为例,样品方差分析结果见表 4-1。

(重复两次)样品方差分析结果　　表 4-1

组别	测试参数	全部样品测试总平均值	测试总次数 N	方差来源	自由度	平方和	均方	统计量 F	临界值 $F_{(11,12)}$
A 组	洛氏硬度(HRC)	63.21	24	样品间	11	1.79	0.16	1.93	2.72
				样品内	12	1.01	0.08		
备注		本计算例中：$m=12$，$n=2$，$N=24$，自由度 $f_1=m-1=11$，自由度 $f_2=N-m=12$，均方 $MS_1=SS_1/f_1$，均方 $MS_2=SS_2/f_2$，统计量 $F=MS_1/MS_2$							

根据表 4-1(重复两次)样品方差分析结果，A 组锚具(夹片)样品所测试参数的统计量 F 均小于临界值 $F_{(11,12)}$，表明样品内和样品间无显著性差异，样品可以用于本次比对试验。

依照《利用实验室间比对进行能力验证的统计方法》(GB/T 28043—2011)对样品的均匀性进行评估，结果见表 4-2。

样品间标准差与能力评定标准差对照表　　表 4-2

组别	测试参数	样品间标准差 s_s	能力评定标准差 σ	0.3σ	符合性($s_s \leq 0.3\sigma$)	修正后的 σ_s($s_s > 0.3\sigma$)
A 组	洛氏硬度(HRC)	0.20	1.21	0.36	满足	—
备注		1. 表中能力评定标准差(σ)其值分别源于本次"锚具(夹片)比对试验计划"A 组(样品编号 J01-01)稳健标准差(1.21)； 2. 数据统计采用《利用实验室间比对进行能力验证的统计方法》(GB/T 28043—2011)				

从表 4-2 所示 A 组样品所测试参数均匀性检验样品间标准差(s_s)来看，洛氏硬度(HRC)参数的样品间标准差均小于 0.3σ，表明 A 组样品充分均匀。能力标准差不需要进行修正。

4.1.1.2　作业指导书的编制

作业指导书是比对试验纲领性文件，是参加机构进行试验的具体依据，因此在编制过程中应明确比对试验的要求及流程，使所有参加者位于同一水平线上，尽量减少方法、环境波动的影响，同时为考察出参加者的能力，也不宜过细，给不同参加者以发挥空间。本次比对试验在作业指导书中明确了采用的方法标准为《金属材料　洛氏硬度试验　第 1 部分：试验方法(A、B、C、D、E、F、G、H、K、N、T 标尺)》(GB/T 230.1—2009)；根据采用实际产品的特点提出了应使用专用工装的要求，未给出具体工装形式，给出了前处理要求，对测量位置给出了范围性要求，对所得数据进行数值修约规定以及其他要求。本作业指导书的编制是比对试验条件的一致性和衡量机构水平的保证。

通过本次比对试验反馈的结果和视频材料来看，发现有一部分实验室在采用设备相同的情况下，试验水平基本相同地出现了不同状态的结果，经后期研究表明：比对试验采用的样品为锚具(夹片)，其型号为 YM15L，工作面为锥面。要求洛氏硬度试验时在专用工装上对夹片锥面的硬度进行检测，检测时应使硬度计压头施压方向与夹片外锥母线垂直。是否配置专用工装，专用工装的结构尺寸是否合适，对试验结果的影响十分显著。因此，在 2019 年再次举办的洛氏硬度比对试验中，对每个实验室均制作发送了统一的工装，结果较为一致。

4.1.1.3 小结

2014 年开展的“公路水运工程试验检测机构锚具(夹片)洛氏硬度比对试验”，在样品的均匀性检验方面为其他类似的样品均匀性检验提供了参考，本次比对试验的重要意义在于，表明了工装对一项试验结果正确性的影响，而往往在实际工作中，操作者更重视的是设备，却忽略工装。因此，在实际检测工作中，应该通过此实例举一反三地研究其他类型参数工装的适用性。

4.1.2 橡胶支座比对试验中的关键技术

2011 年“公路工程试验检测机构桥梁板式橡胶支座比对试验”是交通行业首次在桥梁制品检测领域开展的比对活动，以板式橡胶支座力学性能指标检测为例，组织了 108 家公路工程试验桥梁板式橡胶支座抗压弹性模量和抗剪弹性模量检测比对试验。首次深入研究了工程制品比对试验的内容及方法特点，提出了工程制品类比对试验实施计划要点，解决了该类比对试验的文件编制方法及流程控制方法；提出了样品、文件传递方案及时间节点控制等关键技术，解决了工程制品比对试验过程中的难点问题；完成了 108 家参加单位结果数据处理评价；最终分析总结了影响试验结果的因素。此次比对活动为工程制品指标类检测活动的开展摸索出了成功的经验。

4.1.2.1 预先组织小规模比对试验

为了办好本次全国性的比对试验，先期进行了十余家机构参加的橡胶支座比对试验。对比对试验的全过程进行了模拟，涉及方案的制定、样品的制备、均匀性和稳定性检验、样品传递、数据收集分析等，为后期大规模比对试验的开展积累了经验。

4.1.2.2 比对试验的流程控制

在本次活动中，很重视比对试验流程的控制工作，编制了流程控制计划，保证了本次试验如期按照预期目的完成。下面将流程控制中的主要因素绘制成流程控制图，如图 4-1 所示。

1)样品及相关文件传递设计

样品及相关文件的传递要保证整个比对试验的流畅进行，文件传递要尽可能减少相关单位信息外泄，防止串通，同时保证机构在试验时可以获得足够信息。

(1)样品传递设计。

本次比对试验有 108 家机构，规模宏大，因此对样品数量及性质有严格的要求。

①经过先期小规模比对试验，参考以往经验，确定本次试验以三家为一组进行样品传递，共分为 36 组。该方式试验质量可以保证，也降低了成本。

②样品均经过了均匀性及稳定性试验。比对试验的样品传递是否科学，取决于样品的均匀性、重复性是否良好及传递顺序是否科学。

③为了防止串通，基于参加单位属地分布进行跨省区市传递，即三家单位均不在同一省区市。

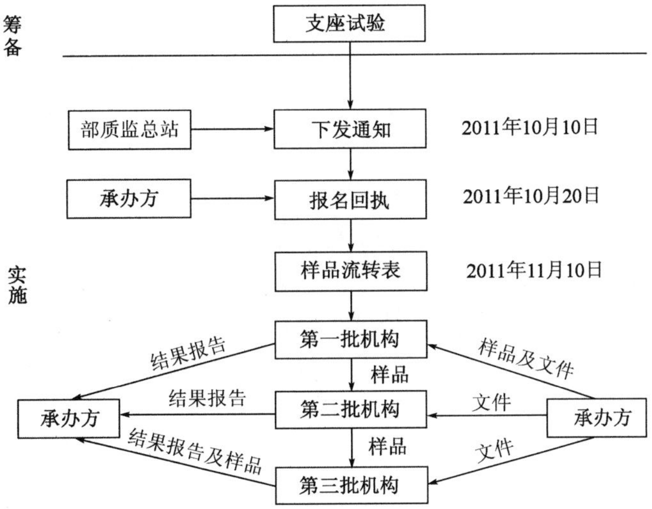

图4-1　流程控制图

(2)相关文件传递设计。

文件传递要确保组织单位有效的控制比对试验节奏,参加单位也能如期完成试验任务。此外要兼顾保密性,防止串通。其中最重要的就是落实样品位置及发送状态。

本次试验中采用了样品接收状态表和发送表对传递过程中信息流进行控制。实践证明这种方式简单有效。具体操作如下:

①“比对试验样品发送表”中包含三部分内容,一是本单位传递的下家信息,二是本单位传递的时间,三是传输方式信息。

②由组织单位预先填写“比对试验样品发送表”中的第一部分内容,即该机构所要传递支座的下家相关信息。

③由接收样品的检测机构填写“比对试验样品发送表”中第二、三部分内容,即本单位传递的时间及传输方式信息,然后同时将该表传真至组织机构和表中下家单位。

2)关键时间节点设计

严格控制关键时间节点是规模较大比对试验顺利完成的前提。因此在进行实施方案设计阶段,就确定关键时间节点。本次比对试验的关键时间节点如下:

2011 年 10 月 20 日,完成报名工作;

2011 年 11 月 20 日,寄出指导书;

2011 年 11 月 30 日,之前样品发出;

2012 年 01 月 15 日,前试验结果寄回。

在每个关键时间节点工作人员都密切跟踪了样品、文件的接收状态,有效地保证了比对试验的如期进行。

4.1.2.3　均匀性和稳定性检验特点及方法

本次比对为橡胶支座的抗压弹性模量和抗剪弹性模量,以抗压弹性模量为例说明,具体数据见 5.1 节。

对所有样品编号并标记，进行抗压弹性模量试验。单块均匀性参照 JT/T 4—2004 标准，用"每块试样的抗压弹性模量为三次加载过程中所得三个实测结果的算术平均值，但单项结果和算术平均值之间的偏差不应大于算术平均值的 3%"进行评定，单块均匀性取单项结果和算术平均值之间偏差的最大值。其中第 1 组为 1 号样品，第 2 组为 2 号样品，第 3 组为 3 号样品。挑选出满足分组试验的试样数，多余的样品留存备用。剔除不符合单块均匀性的样品，将符合要求样品，按抗压弹性模量结果值（参考值）自小到大顺序排列，并将样品分为 3 组。1 号样品抗压弹性模量的参考值为 1 号样品试样的试验结果，1 号样品抗压弹性模量的修正值为 1 号样品抗压弹性模量的参考值与 1 号样品试验结果平均值之差。即样品抗压弹性模量的参考值为其试验结果，样品抗压弹性模量的修正值为其参考值与样品组平均值之差。另外，橡胶支座在 10 余家机构试验后，性能没有明显的劣化，证明橡胶支座在多次重复性试验中，变化幅度满足要求。采用修正后结果进行统计分析，保证了比对试验的公平及科学性。

4.1.2.4 小结

本次比对试验与其他各次试验不同之处主要在于三方面：一是由于先期无举办工程制品类大型比对试验活动的经验，采取了先期举办小规模试验的方式；二是考虑到降低样品数量降低成本的同时确保保密性的原则，样品的传递过程中采用了流转的方式；三是根据样品的特点，橡胶支座的均匀性和稳定性很难确保，因此在均匀性检验和稳定性检验中采用了对每个试件都进行检验的方式。

4.1.3 钢筋、钢绞线比对试验中的关键技术

2013 年开展了"全国公路水运工程试验检测机构钢筋、钢绞线比对试验"，是工程制品检测类比对试验，其组织实施过程可以分为四个阶段：第一阶段是筹备阶段，第二阶段是试验实施阶段，第三阶段是数据集中处理阶段，第四阶段是整改处理阶段。每个阶段均有不同的关键环节，只有把握住各个关键环节，才能够保证比对试验的有序进行，并获得可靠结论。为此，本节重点以钢筋、钢绞线的力学性能比对试验为例，对各阶段的关键环节问题进行分析讨论。

4.1.3.1 筹备阶段的关键环节

1）比对试验规模的确定

比对实验室的参与规模直接影响并决定了样品的制备量、传递方式、组织管控等方案设计与操作规则。只有有一定规模的比对试验才能采用稳健的统计方法，所以在比对试验方案形成的时候，要对比对试验的规模有所估计。

2）参数及样品的确定

（1）参数确定。

一般可从常规试验的参数中选取，同时还要突出行业特殊要求，本次钢绞线比对试验即是如此。在 2013 年前还未出现钢绞线类的比对试验。

(2)样品准备。

测试样品制备时应注意,其特性不仅要与实验室日常检测的样品相类似,还必须具有均匀一致性、稳定可靠性,且应方便运输传递。

①数量。

制备充足样品以供给参加的检测机构、均匀性试验以及整改时的补测试验。本次比对方案的设计中根据产品的特点并考虑尽可能降低机构一次性试验的风险,确定给每个参加钢筋比对试验的检测机构发送样品一份(2 根),给每个参加钢绞线比对试验的检测机构发送样品一份(3 根),要求上报单个结果和修约后平均值。本次比对试验中选取了 3 根钢绞线比对试验样品,采用了和产品标准一致的数量,在比对试验中可以根据需要确定数量,也可以选择 2 根钢绞线。一般考虑至少可以做两次重复性检测。通过此种处理方式,可以兼顾考量机构对于数值修约的理解。

②均匀性的确定。

首先确定破坏性样品的重复性条件:

在《测量不确定度的评定与表示》(JJF 1059—1999)中定义重复性条件为:在相同条件下,对同一被测量进行连续多次测量所得结果之间的一致性。这里明确指出“同一被测量”,那么破坏性样品的重复性如何考虑?

在《统计学词汇及符号　第 2 部分:应用统计》(GB/T 3358.2—2009)中为:为获得独立测试/测量结果,由统一操作员按照相同的方法、使用相同的测试或测量设备,在短时间间隔内对同一测试/测量对象进行测试/测量的观测条件。这里引出了“同一测试/测量对象”的定义。同一测试/测量对象是指为特定目的而准备的,可认为是完全相同的样本。而样本的定义为由一个或多个抽样单元构成的总体的子集。这样就从定义上解决了破坏性样品的重复性问题。

于是,在《通用计量术语及定义》(JJF 1001—2011)中,重复性条件的定义为:相同测量程序、相同操作者、相同测量系统、相同操作条件、相同地点,并在短时间内对同一或相类似被测对象重复测量的一组测量条件。

本次比对在制备好的样品中随机抽取 11 份样品,每份 2 根(每个样品重复测试 2 次),因为钢筋、钢绞线力学性能试验为破坏性试验,依照《金属材料　拉伸试验　第 1 部分:室温试验方法》(GB/T 228.1—2010)进行力学性能试验。依照《能力验证样品均匀性和稳定性评价指南》(CNAS-GL03:2018)4.2 条,采用单因子方差分析法对检验结果进行统计处理,选取显著性水平为 $\alpha=0.05$,统计量与临界值 $F_{0.05(10,22)}$ 比较,选取满足要求的样品用于比对试验。通过对钢筋和钢绞线 4 组样品均匀性检验,结果均满足 F 检验的要求,样品可以用于比对试验中。

以钢绞线 A 组样品的均匀性检验结果为例进行说明:

A 组样品批(盘)号为 130126(4.3m),样品编号为 J02-01。从该种样品中随机选择 11 份,每个样品制备两个测试份量,将 22 份测试份量随机排序,得到每份的测试结果,整个测试在重复性条件下完成。

依照《金属材料　拉伸试验　第 1 部分:室温试验方法》(GB/T 228.1—2010)进行试验,样品均匀性检验测试结果见表 4-3。依照《能力验证样品均匀性和稳定性评价指南》(CNAS-

GL03:2018)4.2 条,采用单因子方差分析法对检验结果进行统计处理,选取显著性水平为$\alpha=0.05$。统计量与临界值$F_{0.05(10,11)}$比较,单因子方差分析结果见表4-4。

A 组样品均匀性检验测试结果

表4-3

编号	规定非比例延伸力 $F_{p0.2}$(kN)		弹性模量 E(GPa)		最大力 F_m(kN)		最大力总伸长率 A_{gt}(%)	
	结果	两次结果平均值	结果	两次结果平均值	结果	两次结果平均值	结果	两次结果平均值
1	238.9	238.25	200.00	197.00	264.5	264.10	6.6	6.50
2	237.6		194.00		263.7		6.4	
3	249.5	250.00	202.00	198.50	270.5	271.20	6.1	6.25
4	250.5		195.00		271.9		6.4	
5	238.2	237.55	192.00	194.00	263.9	263.35	6.2	6.35
6	236.9		196.00		262.8		6.5	
7	237.9	237.90	195.00	195.50	263.6	263.85	6.4	6.50
8	237.9		196.00		264.1		6.6	
9	239.9	244.85	197.00	196.50	265.6	268.05	6.9	6.70
10	249.8		196.00		270.5		6.5	
11	248.2	243.30	203.00	196.00	269.9	266.75	6.3	6.40
12	238.4		189.00		263.6		6.5	
13	239.6	245.70	201.00	201.50	265.4	269.10	6.3	6.20
14	251.8		202.00		272.8		6.1	
15	250.1	244.80	186.00	187.50	270.4	267.60	6.0	6.25
16	239.5		189.00		264.8		6.5	
17	239.9	249.05	200.00	201.50	265.4	270.40	6.5	6.70
18	258.2		203.00		275.4		6.9	
19	239.5	245.80	200.00	205.50	265.4	269.35	6.6	6.30
20	252.1		211.00		273.3		6.0	
21	251.9	250.55	193.00	195.50	273	272.60	6.1	6.10
22	249.2		198.00		272.2		6.1	
平均值	244.3		197.2		267.8		6.4	
样品间标准差s_s	0.68		3.38		1.54		0.17	
备注	样品间标准差s_s依据《利用实验室间比对进行能力验证的统计方法》(GB/T 28043—2011)计算							

A 组样品单因子方差分析结果　　表 4-4

测试参数	全部样品测试总平均值	测试总次数 N	方差来源	自由度	平方和	均方	统计量 F	临界值 $F_{0.05(10,11)}$
规定非比例延伸力 $F_{p0.2}$ (kN)	244.3	22	样品间	10	445.97	44.597	1.02	2.85
			样品内	11	480.28	43.662		
弹性模量 E(GPa)	197.2	22	样品间	11	439.27	43.927	2.08	2.85
			样品内	11	232.00	21.091		
最大力 F_m(kN)	267.8	22	样品间	11	191.45	19.145	1.34	2.85
			样品内	11	158.46	14.406		
最大力总伸长率 A_{gt}(%)	6.4	22	样品间	10	1.16	0.116	2.00	2.85
			样品内	11	0.64	0.058		
备注	本计算例中：$m=11$，$n=2$，$N=22$，自由度 $f_1=m-1=10$，自由度 $f_2=N-m=11$，均方 $MS_1=SS_1/f_1$，均方 $MS_2=SS_2/f_2$，统计量 $F=MS_1/MS_2$							

根据表 4-4 样品方差分析结果，A 组钢绞线样品各测试参数的统计量 F 均小于临界值 $F_{(10,11)}$，表明样品内和样品间无显著性差异，样品可以用于本次比对试验。同时，依照《利用实验室间比对进行能力验证的统计方法》（GB/T 28043—2011）对钢绞线样品的均匀性进行评估，在比对试验获得了能力评定标准差 $\hat{\sigma}$ 之后，采用 $s_s \leq 0.3\hat{\sigma}$ 进行验证，对于不满足条件的 $\hat{\sigma}$ 进行修正。结果见表 4-5。

A 组样品间标准差与能力评定标准差对照表　　表 4-5

测试参数	样品间标准差 s_s	能力评定标准差 σ	0.3σ	符合性 ($s_s \leq 0.3\sigma$)
规定非比例延伸力 $F_{p0.2}$ (kN)	0.68	4.41	1.32	满足
弹性模量 E(GPa)	3.38	3.27	0.98	不满足
最大力 F_m(kN)	1.54	3.26	0.98	不满足
最大力总伸长率 A_{gt}(%)	0.17	0.66	0.20	满足
备注	1. A 组使用样品批（盘）号为 130126（4.3m），样品编号为 J02-01； 2. 能力评定标准差 σ 其值源于本次"钢绞线比对试验计划"A 组稳健标准差； 3. 数据统计采用《利用实验室间比对进行能力验证的统计方法》（GB/T 28043—2011）			

从表 4-5 所示 A 组样品各测试参数均匀性检验样品间标准差（s_s）来看，只有规定非比例延伸力和最大力总伸长率参数的样品间标准差小于 0.3σ，其他两个参数的样品间标准差不满足小于等于 0.3σ 条件，应考虑样品间标准差对能力评定标准差的修正。其修正结果见表 4-6。

考虑 A 组样品间标准差对能力评定标准差的修正 表 4-6

测试参数	样品间标准差s_s	能力评定标准偏差 σ	0.3σ	修正后的σ_s ($s_s > 0.3\sigma$)
规定非比例延伸力 $F_{p0.2}$ (kN)	0.68	4.41	1.32	—
弹性模量 E(GPa)	3.38	3.27	0.98	4.70
最大力 F(kN)	1.54	3.26	0.98	3.61
最大力总伸长率 A_{gt}(%)	0.17	0.66	0.20	—
备注	1. A 组使用样品批(盘)号为 130126(4.3m),样品编号为 J02-01; 2. 能力评定标准差 σ 其值源于本次"钢绞线比对试验计划"A 组稳健标准差; 3. 数据统计采用《利用实验室间比对进行能力验证的统计方法》(GB/T 28043—2011); 4. 修正后的$\sigma_s = (\sigma^2 + s_s^2)^{1/2}$			

本次比对试验首次出现,样品在比对试验前通过了 F 检验,而在比对试验获得了能力评定标准差$\hat{\sigma}$之后,出现了$s_s > 0.3\hat{\sigma}$的情况,对于不满足条件的参数弹性模量 E 和最大力的能力标准差均进行修正,消除了因为样品不均匀性使参加者的能力评价出现可疑和离群的可能。

③稳定性检验。

热轧带肋钢筋及钢绞线是稳定的冶金材料,本身具有良好的稳定性,实际上可以不进行稳定性试验,可以参考 3.5 节内容。

4.1.3.2 适时召开专家评议会

针对具有鲜明行业特点的比对试验,对试验开展的方案、样品均匀性检验、数据处理方法等关键性技术问题把关,形成专家意见,指导比对试验统一规范进行。

如本次比对试验开展的过程中,共召开两次专家评议会。通过这种形式对整个比对试验流程进行控制,同时根据专家意见对比对试验程序进行了适当调整和改进。

(1)按照以往经验多采用标准化四分位距作为标准差的统计方法,但这种方法对于样品间的标准差s_s和能力评定标准差$\hat{\sigma}$不满足$s_s \leq 0.3\hat{\sigma}$的评估准则时没有相应的处理措施,建议采用《利用实验室间比对进行能力验证的统计方法》(GB/T 28043—2011)的均匀性检验与评估方法。

(2)针对当数据结果值很接近的时候,标准化四分位距会出现结果极小的情况,z = (结果 - 中位值)/标准化 IQR,z 值将不再收敛,确定数据统计技术采用《利用实验室间比对进行能力验证的统计方法》(GB/T 28043—2011)中的稳健分析法。

4.1.3.3 异常情况的处理环节

目前行业内大规模比对试验开展得比较少,可借鉴的经验较少,因此在实施过程中要逐步建立能够应对各类异常情况的处理程序。比如,通过不定期召开内部沟通会,补充新发生异常情况处置方法,确保比对试验运行机制实施有效。原则上,比对试验不进行重新发送样品处理。但对以下情况按照异常情况处理程序执行。

1)样品本身导致异常

例如样品发送有误,接收单位将误接收样品发回给承办单位,若样品有所损坏则由承办单位重新发送样品。

样品在投递过程中被损坏,由接收单位详细描述样品接收状态并附相关照片,经确认后,接收单位将样品发回给承办单位,由承办单位重新发送样品。例如钢绞线样品由于运输过程中的碰撞导致端头部分散开,确认后重新发样。在今后的样品处理过程中,应考虑加强对于样品易损部位的处理,如,可进行适当包裹处理。

确由个别样品本身原因导致试验结果明显有误,由接收单位详细描述并附照片,经确认后,接收单位将样品发回给承办单位,由承办单位重新发送样品。

以上原因不易避免,在今后的比对试验时,承办单位应注意样品的制备要有足够的冗余量。

2)非样品原因导致异常

对于检测机构在试验过程中出现因停电等不可抗力引发的异常导致试验终止、失败等情况时,要求发送正式的情况说明,并有检测单位及监督单位的印信,可重新发送样品。

3)缺失值的处理

在本次钢绞线比对试验中,对于提交的结果报告中若明确说明由于测试被毁坏或不能重复而使测试结果有缺失时,数据处理单位在后期评价过程中参考《利用实验室间比对进行能力验证的统计方法》(GB/T 28043—2011)的相关方法进行处理。

4.1.3.4 小结

2013 年开展的"全国公路水运工程试验检测机构钢筋、钢绞线比对试验"的参加单位接近 300 家,是行业内规模较大的一次比对试验活动。本次比对试验在破坏性样品的均匀性检验、能力标准差的修正等方面做出了有益的研究和探索,为今后的比对试验奠定了基础。

4.1.4 交通标志反光膜逆反射系数比对试验关键技术研究

交通标志是重要的交通安全设施,在保障交通安全方面具有非常重要的作用。反光膜是制作交通标志的主要材料,逆反射系数是反光膜性能的关键参数,直接影响交通标志的夜间视认性能。因此在实际应用中,用户对反光膜产品的逆反射系数非常关注。目前多数试验检测机构都使用便携式逆反射系数测量仪测量反光膜的逆反射系数这种相对测量方法,其精度取决于标准样品的传递精度和使用者的操作水平。但由于各种原因,如设备未进行规范溯源、人员未进行有效培训、参数开展频次过低等,检测结果的可靠性很难得到保证。开展交通标志反光膜逆反射系数比对试验,对于规范行业检测管理工作、统一量值、保障反光膜逆反射系数的检测能力,具有重要的意义。

此次共有 103 家机构参加了公路工程试验检测机构交通标志反光膜逆反射系数比对试验,其中公路工程试验检测综合甲级机构 99 家,仅具有交通工程专项机构 4 家,自愿参加的机构10家。

4.1.4.1 比对要求

与历次比对试验不同，本次比对试验作业指导书中明确提出“本次比对试验结果以‘满意’‘基本满意’‘不满意’确定，并按照数据统计分析、试验检测机构提交材料与视频资料专家审查结论相结合进行综合评判”。充分发挥比对试验效能，综合全面地反映各试验检测机构的技术、管理情况。

本次比对以“满意”“基本满意”“不满意”确定并公布检测机构比对试验结果，结果是按照数据统计分析、试验检测机构提交文件材料与视频资料专家审查结论相结合进行综合评判。

将数据统计分析与文件材料、视频资料并重。本次比对试验工作组成立了专家组，依据中交监协检〔2017〕009号文、作业指导书和《道路交通反光膜》(GB/T 18833—2012)，对103家机构提交的文件材料、视频资料进行符合性审查。建立了科学、客观的四层次审核体系表，层层推进最终综合全面反映试验检测机构的真实情况。

在结果通报当中，对于结果为“基本满意”“不满意”的试验检测机构，给出了综合描述。

综合评价结果见表4-7。

按试验检测机构总体情况统计结果 表4-7

检测参数	机构总数	比对试验统计结果		
		结果	机构数量	所占比例(%)
交通标志反光膜逆反射系数	103	满意	55	53.4
		基本满意	27	26.2
		不满意	21	20.4

4.1.4.2 数据分析及评价

1)数据结果情况

能力验证结果的基本假设是正态分布，然而由于能力验证计划的参加者能力往往参差不齐，对作业指导书的理解、数据记录和报告的差错等各种各样的原因，致使能力验证计划实际收集的结果往往是被异常值污染、混合了其他各种错误结果的一组数据，所以能力验证结果的正态分布的假设只是针对有能力的参加者结果而言的。

通常能力验证的结果应用稳健统计法处理，如《利用实验室间比对进行能力验证的统计方法》(GB 28043—2011)附录C中的算法A，其崩溃点为25%，稳健估计量的相对效率为97%，对离群值和分布不对称性都具有很好的抵抗性，广泛应用于各类能力验证领域。而对于能力验证结果，由于采用了稳健统计方法，所以仅要求整个结果的分布近似对称，并且呈单峰即可。

本轮比对试验对每组各个角度的结果汇总后，首先绘制分布直方图，如图4-2所示，可见结果符合单峰分布，同时基本符合正态分布，综合各种影响因素后可得，本轮比对试验有效。

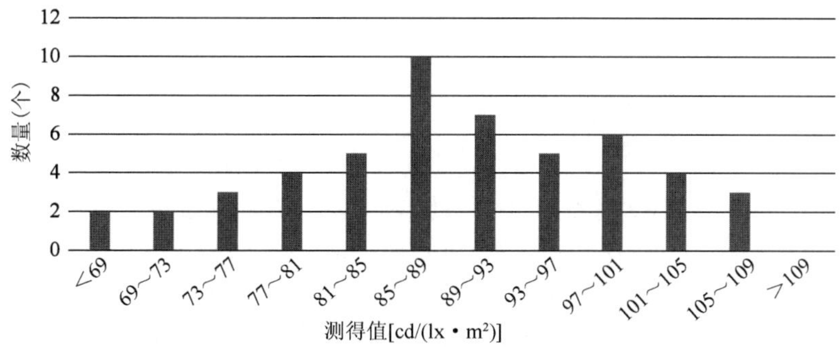

图 4-2 某组某角度测得值的直方图

2)数据结果反映出的问题

(1)不满意结果的分布情况见表 4-8。

各测量条件下不满意结果的统计分析 表 4-8

测量条件	0.2° -4′	0.2°15°	0.2°30°	0.5° -4°	0.5°15°	0.5°30°	1° -4°	1°15°	1°30°
不满意结果数量	4	3	0	0	1	0	3	4	8
不满意结果占比	17%	13%	0%	0%	4%	0%	13%	17%	35%

从数据不满意结果分布来看,小入射角和大入射角度出现离群值比例较高,尤其以 1°30°最高,达到 35%,说明在小入射角和大入射角度时,测量稳定性变差。

(2)对产生不满意现象的生产厂家进行了统计分析,见表 4-9。

不同生产厂家不满意结果的统计分析 表 4-9

序号	厂家名称	用户数	出现不满意数	占其用户比(%)
1	厂家 1	25	3	12.00
2	厂家 2	15	4	26.67
3	厂家 3	35	1	2.86
4	厂家 4	23	7	30.43
5	厂家 5	1	0	0
6	厂家 6	3	0	0
7	厂家 7	1	0	0

便携式逆反射系数测量仪生产厂家相对集中,从数据结果来看,厂家 2 和厂家 4 提供的设备出现不满意的比重较大,分别为 26.67% 与 30.43%,这与后期整改过程中结果非满意单位采取重新购置性能更稳定可靠的设备完成复核比对并获得满意结果的现象呼应,反映出设备是影响检测准确性的关键因素之一。

(3)量值溯源分析。

设备的量值溯源也是影响量值准确性的主要问题之一。本次参加比对试验的检测单位均提供设备的检定/校准证书,涉及 9 家量值溯源单位。从出现不合格的比例来看,分布未见异常。从后期文件审查工作发现,应加强仪器设备量值溯源的策划,如校准周期的确定、校准参数、量程等;另外,应加强检定/校准结果的有效性确认工作。

4.1.4.3 资料材料审查结果分析

1)文件及视频材料审查范围及重点

对公路工程交通标志反光膜逆反射系数比对试验必须参加的103家机构所提交的文件材料及视频资料进行审查,其中文件材料的审查内容包括:资料的提交情况;设备人员信息的完整性和真实性;报告的信息量、用章规范性、与原始记录的对应性、签认正确性;原始记录完整和结果计算的正确性;仪器设备量值溯源等多方面。视频资料的审查内容包括:显示实验室外观全景;显示试验人员本人;显示主要仪器设备;显示试验环境温湿度;显示九种组合测量几何条件的测试过程;显示最终试验结果的试验设备数据显示及结果填写等几个方面。

2)文件材料审查中暴露出的问题

个别试验检测机构原始记录中缺少样品规格型号、样品编号的描述;检测报告中缺少仪器设备的相关说明;比对试验人员和仪器设备信息表中缺少仪器设备的主要技术参数,未按作业指导书的规定进行修约;对所用设备进行校准时,未使用校准机构提供的校准值。个别计量机构出具的逆反射系数测试仪及设备自带校准板的校准证书内容不准确或不全面;校准证书无入射角和观测角信息。设备情况参差不齐,个别设备生产厂家的用户出现不满意现象较多。

文件材料审查中主要问题分布情况如图4-3所示。

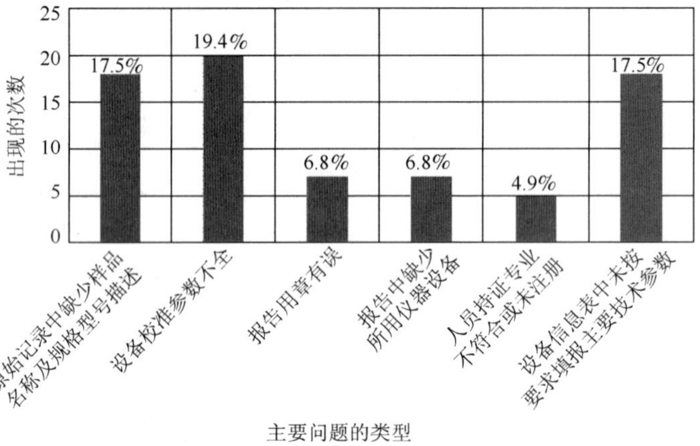

图4-3 文件材料主要问题的类型与分布统计图

由此可以看出,原始记录完整性、规范性、仪器设备的管理尚待加强,应规范仪器的计量特性要求,包括参数指标、量程范围等,进而从设备要素环节进一步控制测量的准确性。重视比对试验中各项要求,是保证比对中各参加单位在同一水平测试的基本条件。

3)视频资料审查中暴露出的问题

按照作业指导书要求如实全面地录制试验过程是对试验检测机构的基本要求,也是试验检测机构诚实守信的体现。本次比对视频资料审查中暴露的问题分布情况如图4-4所示。

由此可以看出,部分试验检测机构不重视作业指导书要求,不能按照规定完成比对试验。有22.3%的试验检测机构原始记录与设备显示结果不一致,有4.9%的试验检测机构遮挡或干预设备显示数据,关于诚实守信检测队伍建设的道路任重道远。有17.5%的试验检测机构人员操作不熟练,需要进一步加强人员培训工作,切实提高检测工作水平。

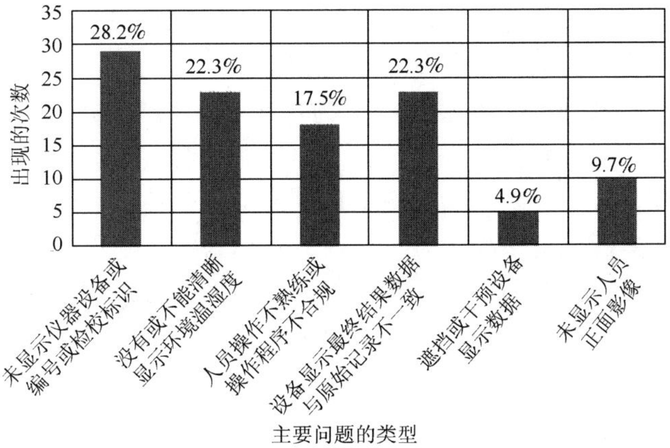

图4-4　视频资料主要问题的类型与分布统计图

4）整改情况

发现实验室间差异，寻找实验室存在的问题，并采取措施加以改进，促进检测能力提高是比对试验的重要目的。从本次比对试验中提交的43家整改报告（含不满意和基本满意机构）可以看出，绝大部分机构都从自身原因分析采取了纠正措施，通过对于结果不满意机构进行的复核比对试验来看，是卓有成效的，有力地提升了该参数的检测能力。

整改工作通常综合考虑人、机、料、法、环几个重要方面，整改措施大多数情况下会有多个方面，下面对43家整改情况进行统计，见表4-10。

43家整改情况　　　　表4-10

序号	整改措施		采用此措施的机构数量（个）	占比（%）	
1	设备	重新购置	11	26	33
		维修	3	7	
2	人员培训	标准欠熟悉	16	37	83
		未正确理解作业指导书	13	30	
		样品前处理有误	3	7	
		样品安装有误	1	2	
		其他	3	7	
3	方法	编制作业指导书	6	14	
4	环境	增加相应措施及设备	2	5	

所有设备重新购置及返厂维修后，试验检测机构均进行了量值溯源。特别值得一提的是，天津市质监机构携带含校准证书的绿色校准板到基本满意机构，要求检测人员进行检测，绿色校准板由量值溯源单位赋予校准值，采用机构现场检测结果与校准值的差满足标准中复现性测量误差的方式进行整改闭合，是值得其他单位借鉴采用的。

4.1.4.4　小结

所谓实验室间比对，就是一个组织机构按照预先设定的条件，将相同或类似的样品分发给两个或多个实验室进行检测或者测量，然后将各个实验室的结果进行汇总，并按规定的要求进行处理、评价和说明。目的是基于现有的方法标准、设备情况、量值溯源情况等识别实验室之间的差异，寻找实验室存在的问题，并采取措施加以改进。2017 年公路工程交通标志反光膜逆反射系数比对试验发现的问题，通过实验室为期 3 个月的整改后，重新进行了复核比对试验，所有数据不满意的实验室除一家一个值为基本满意以外，其余均为满意结果，证明各家机构采用的整改措施有效，本次比对试验有效地识别出了存在的问题，促进了行业在该参数检测水平上的提升。同时，本次比对试验突破了以往以数据为主的结果评价方式，正式引入文件材料和视频资料审查综合评价结果，建立了基于提交材料的四层次评价体系，更加科学、客观、全面地反映交通领域试验检测机构的真实水平，也为之后的比对试验标准规范的建立进一步夯实了基础。

4.1.5 夹片洛氏硬度双样品比对试验关键技术研究

比对试验开展的目的通常是为了评定实验室从事特定检测或测量的能力及监视实验室的持续能力，识别实验室存在的问题并启动改进措施以及识别实验室的差异等。通常设计为使用单一样品，有时，为了查找造成结果偏离的误差原因，也可以采用样品对。样品对可以是完全相同的均一样品对，也可以是存在轻微差别的分割水平样品对。均一样品对，其结果预期是相同的。分割水平样品对，其两个样品具有类似水平的被测量，其结果稍有差异。

本次比对试验为实验室发放了双样品和相应的工装，旨在考量最大程度保证相同条件下实验室间和实验室内检测结果的差异，采用每个参加者结果对的标准化和以及标准化差衡量结果的系统误差和随机误差。z_B 主要反映结果的系统误差，z_W 主要反映结果的随机误差。$z_B \geqslant 3$ 表明该样品对的两个结果太高，$z_B \leqslant -3$ 表明其结果太低，$|z_W| \geqslant 3$ 表明其两个结果间的差值太大。

通过本次比对可以给锚具（夹片）硬度试验质量提升提供可靠的借鉴，同时，与以往的比对试验不同，本次比对为实验室提供了发现实验室内差异的机会，为促进实验室内检测能力一致性提供了机会。

4.1.5.1 概况

本次比对试验中，参加机构总量为 21 家，其中 20 家为国内机构，均具有公路工程等级资质，1 家为乌克兰国立航空大学。选取了两个批次的 YM15 锚具（夹片）作为样品。向每个检测机构发放两个样品及一套工装。

（1）检测参数为洛氏硬度（HRC）。

（2）检测依据为《金属材料　洛氏硬度试验　第 1 部分：试验方法》（GB/T 230.1—2018）和比对试验作业指导书。

（3）统计设计。采用稳健（Robust）技术处理，以所有参加者报告结果的稳健平均值（参加者的公议值）作为指定值，稳健标准差为能力评定标准差，计算各试验机构结果的 z 比分数，同时给出稳健平均值的标准不确定度。对检测机构的检测结果，按照式（4-1）计算 z 值：

$$z = \frac{x - X}{\sigma} \tag{4-1}$$

式中：x——检测机构测试结果；

X——指定值(稳健平均值)；

σ——能力评定标准差(稳健标准差)。

由于采用了样品对的方式，参加者结果对的标准化和用 S 表示，按照式(4-2)计算，标准化差用 D 表示，按照公式(4-3)表示。引入 z_B 和 z_W，其中 z_B 表示标准化和的 z 比分数，z_W 表示标准化差的 z 比分数。

$$S = (A + B)/2 \tag{4-2}$$

$$D = (A - B)/2 \tag{4-3}$$

A、B 表示实验室从样品对 A 和 B 两个样品中获得的值。

4.1.5.2 均匀性检验对比对试验的影响分析

1)均匀性检验

依据《能力验证样品均匀性和稳定性评价指南》(CNAS-GL 003:2018)中规定的单因子方差分析法进行初步评价。若样品之间无显著性差异，则表明样品是均匀的。均匀性检验的样品每组抽取 12 个(片)样品，每个样品进行两次重复性试验。样品方差分析结果见表 4-11。

样品方差分析结果表 表 4-11

组别	参数	测试总次数 N	方差来源	自由度	平方和	均方	统计量 F	临界值 $F_{(11,12)}$
XZ1 组	洛氏硬度(HRC)	24	样品间	11	6.25	0.57	3.14	2.72
			样品内	12	1.40	0.12		
XZ1A 组	洛氏硬度(HRC)	24	样品间	11	7.22	0.66	4.86	2.72
			样品内	12	2.48	0.21		
备注	本计算例中：$m=12$，$n=2$，$N=24$，自由度 $f_1=m-1=11$，自由度 $f_2=N-m=12$，均方 $MS_1=SS_1/f_1$，均方 $MS_2=SS_2/f_2$，统计量 $F=MS_1/MS_2$							

根据样品方差分析结果，XZ1 组、XZ1A 组锚具(夹片)样品所测试参数的统计量 F 均大于临界值 $F_{(11,12)}$，本次比对试验采用算法 A 计算稳健标准差，须待数据收回之后进行统计，比较样品间标准差和能力标准差，决定是否修正能力评定标准差。

2)均匀性检验的评估

依照《利用实验室间比对进行能力验证的统计方法》(GB/T 28043—2011)对样品的均匀性进行评估(表 4-12)。

样品间标准差与能力评定标准差对照表 表 4-12

组别	参数	样品间标准差 s_s	能力评定标准差 σ	0.3σ	符合性 ($s_s \leq 0.3\sigma$)	修正后的 σ_s ($s_s > 0.3\sigma$)
XZ1 组	洛氏硬度(HRC)	0.46	2.30	0.69	满足	—
XZ1A 组	洛氏硬度(HRC)	0.47	1.97	0.59	满足	—
备注	表中能力评定标准差(σ)其值分别源于本次"锚具(夹片)比对试验计划"XZ1 组、XZ1A 组稳健标准差					

评估结论：如表4-12所示，以XZ1组、XZ1A组样品所测试参数均匀性检验样品间标准差s_s来看，洛氏硬度（HRC）参数的样品间标准差均小于0.3σ，表明XZ1组、XZ1A组样品充分均匀。

本次试验中，虽然样品在比对试验开展前未通过F检验，但是当参加者的结果返回后，样品间标准差均小于0.3σ，因此不需要修正。

4.1.5.3 数据分析

1）数据统计反映实验室差异分析

按照本次比对试验采用的稳健统计方法，不需要做正态检验，只要求整个结果的分布近似对称，并且呈单峰即可。本次比对试验数据收集后，对S、D进行分析，以D值为例绘制柱状图，如图4-5所示，符合单峰分布。对S、D进行统计分析的结果见表4-13、表4-14。

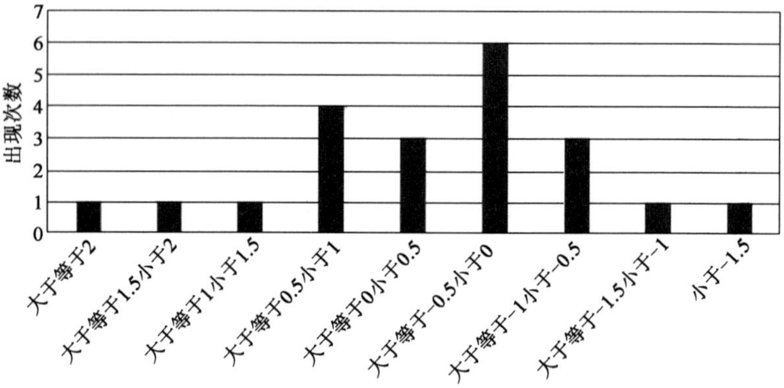

图4-5　D值直方图

试验结果统计值及出现离群和可疑值的数目统计表（S值）　表4-13

结果总数（个）	稳健平均值	稳健标准差	标准不确定度	最小值	最大值	极差	可疑值（个）	离群值（个）
21	85.83	3.00	0.84	78.15	89.36	11.21	0	0

试验结果统计值及出现离群和可疑值的数目统计表（D值）　表4-14

结果总数（个）	稳健平均值	稳健标准差	标准不确定度	最小值	最大值	极差	可疑值（个）	离群值（个）
21	-0.108	0.732	0.205	-1.91	2.26	4.17	3	1

通过表4-13、表4-14可以看出，20家检测机构的试验结果实验室间比对为“满意值”，占总数的95.2%；1家检测机构的试验结果实验室间比对为“基本满意”，占总数的4.8%。实验室内比对离群1家表明两个结果间的差值太大，可疑值3家，表明两个结果间的差值较大。这四家实验室内的精密度较低。3个实验室，z_W绝对值均大于2。其中的2个实验室的z_W小于-2，1个实验室的z_W大于3，实验室内的随机误差（即实验室内变异）明显高于其他参加者的实验室，即一个样品的结果过高，而另一个则过低。

2)尧敦图反映出的实验室差异分析

尧敦图是为了两个样品的结果对而设计的,尧敦图能显著地表示出实验室的系统偏差和随机误差情况。尧敦图可以说明:

(1)含有明显系统误差的实验室(即实验室间变异)将在椭圆的右上象限或者在左下象限,即两个样品的结果异常的高或低。

(2)随机误差(即实验室内变异)明显高于其他参加者的实验室将处于椭圆外的左上或右下象限,即一个样品的结果过高,而另一个则过低。对于实验室有针对性地采取措施有显著的指导意义。

本次比对试验按照每个实验室所提供的两个样品比对结果绘制尧敦图,如图4-6所示,内层椭圆表示95%概率的置信区域,外层椭圆表示99%概率的置信区域。

图4-6清楚地表明各个实验室检测结果的分布,大于平均值的分布于坐标系右上象限,小于平均值的分布于坐标系左下象限。对于这次硬度比对试验的结果,有8个实验室检测结果分布在右上象限,结果偏高,实验室存在的系统误差为正误差,7个实验室检测结果分布在左下象限,结果偏低,实验室存在的系统误差为负误差,为实验室指出了减小系统误差的改进方向。3个实验室处于左上象限,说明这些实验室第一次检测结果偏低,而第二次结果偏高,1个实验室处于右下象限,表明第一次结果偏高,而第二次检测结果偏低,是由随机误差引起的,为实验室指出了减小随机误差的改进方向。

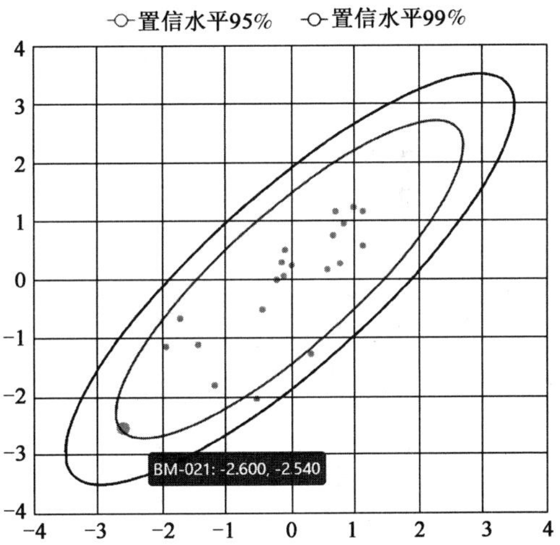

图4-6 尧敦图

一般离群的标准(z比分数大于等于3)的置信水平约为99%(图4-6中的外层椭圆),本次比对数据点没有出现在外层椭圆之外,比对数据没有离群值。而内椭圆约95%的置信水平意味着期望约有5%的结果将在椭圆外,这些数据大体相当于那些z比分数大于2或小于−2的值。而本次比对数据有2个实验室处于内层椭圆(置信水平95%)的置信区域外,所以应当复查这两家实验室的结果。

4.1.5.4 小结

本次比对试验的样品采用了存在轻微差别的分割水平样品对的方式,在探讨实验室间差异的同时,探究了实验室内存在随机误差的规律,为实验室降低可能存在的误差提供了更为精准的方向。吸取了2014年交通运输部组织的180家参加的"公路水运工程试验检测机构锚具(夹片)洛氏硬度比对试验"的经验,为了降低工装对检测一致性的影响,为每个实验室统一配备了合适的工装,从数据统计的结果来看,工装对于检测精度的影响难以忽略。本次比对运用了尧敦图的方式,更加直观地展示出实验室可能存在的误差性质以及程度,对锚具(夹片)硬度检测技术的提高起到了积极的作用。

4.1.6 混凝土外加剂 pH 值及氯离子含量比对试验关键技术研究

混凝土外加剂应用改善了新拌和硬化混凝土的性能,促进混凝土新技术的发展,有助于节约资源和环境保护。其质量影响到我国每年数千亿元基础设施混凝土工程的力学性能和耐久性。减水剂是外加剂中的主要产品,氯离子的含量、pH 值直接关系到混凝土结构中钢筋的使用年限,影响结构混凝土的耐久性。目前,氯离子含量、pH 值检测的准确度取决于操作人员的规范性以及熟练程度,而交通行业对化学类试验的关注度普遍不够,属于薄弱环节,各试验检测机构之间的检测结果经常存在较大差异。

本次比对试验的关键技术,主要体现在样品制备、稳定性检验、通过视频及文件审查等方面给出的指导性建议。

4.1.6.1 样品

1)样品的包装

本次比对试验采用耐酸碱、耐高温的聚乙烯瓶进行封装(图 4-7)。

图 4-7 聚乙烯封装瓶

2)均匀性和稳定性试验

为了确保比对试验中出现的不满意或有问题结果不归咎于物品原因,要保证样品是均匀的和稳定的。因此对封装好的样品组按照《能力验证样品均匀性和稳定性评价指南》(CNAS-GL003:2018),每组均进行均匀性及稳定性检验。

(1)均匀性的确定。

依照《混凝土外加剂匀质性试验方法》(GB/T 8077—2012)进行 pH 值及氯离子含量试验。依照《能力验证样品均匀性和稳定性评价指南》(CNAS-GL003:2018),采用单因子方差分析法对检验结果进行统计处理。不再赘述。

(2)稳定性检验。

稳定性试验安排在均匀性试验之后,考虑本次试验样品为外加剂,测试项目属于化学类,受环境影响较大,发样期间为夏季,温度较高,因此稳定性试验安排了常温稳定性试验和高温稳定性试验。采用 t 检验法,比较两个平均值之间是否存在显著差异。测量方法与均匀性检验用的测量方法相同。

其中一组的 50℃稳定性结果见表 4-15。

样品稳定性分析表(50℃)　　表 4-15

测试参数:pH 值		经 50℃摆放 24h 后的稳定性分析						
序号	条件	天数	测试值 1	测试值 2	样品平均值	总平均值	标准偏差	t
1～11	25℃放置	32	8.008	8.111	8.060	8.060	0.052	0.64
1～15		32	8.001	8.097	8.049			
1～19		32	8.123	8.017	8.070			

续上表

测试参数:pH 值		经 50℃摆放 24h 后的稳定性分析						
序号	条件	天数	测试值 1	测试值 2	样品平均值	总平均值	标准偏差	t
1 ~ 12	50℃放置 24h 后	32	8.136	8.057	8.096	8.077	0.042	0.64
1 ~ 13		32	8.049	8.010	8.030			
1 ~ 14		32	8.108	8.101	8.104			
查表得 $t_{0.05(10)}=2.28$,$t<t_{0.05(10)}$,则两次结果之间无显著差异,认为样品 50℃下 pH 值的稳定性为可接受的								

测试参数:氯离子含量		经 50℃摆放 24h 后的稳定性分析						
序号	条件	天数	测试值 1	测试值 2	样品平均值	总平均值	标准偏差	t
1 ~ 5	25℃放置	1	0.00643	0.00631	0.00637	0.00632	0.00025	1.70
1 ~ 6		1	0.00621	0.00636	0.00628			
1 ~ 7		1	0.00589	0.00672	0.00630			
1 ~ 11	50℃放置 24h 后	8	0.00790	0.00470	0.00630	0.00752	0.00172	
1 ~ 12		8	0.00959	0.00844	0.00902			
1 ~ 13		8	0.00578	0.00871	0.00725			
查表得 $t_{0.05(10)}=2.28$,$t<t_{0.05(10)}$,则两次结果之间无显著差异,认为样品 50℃下氯离子含量的稳定性为可接受的								

本次比对根据比对试验开展的季节特点和样品特性,对常温和高温两个状态同时进行了稳定性分析,确保了在比对试验周期内样品的传递和保存都能保证其稳定性。

4.1.6.2　防止串通

比对试验的目的主要是帮助参加者改善其能力,但在参加机构中仍可能有一种倾向,即对其能力提供一个虚假的良好印象。因此可能发生串通,以致不提交真正独立的数据。本次比对试验采取的措施为:一是对样品进行人工配置,形成不同 pH 值及氯离子含量的样品组;二是要求省级质监机构对每个机构试验过程进行全程旁站;三是要求参加机构全程录像,后期建立专家组对视频和提交的原始记录、报告进行核查。

4.1.6.3　视频材料分析

通过专家全程观看机构的检测过程,尤其是数据结果处于离群、可疑状态的实验室,发现操作中的错误、不规范、待完善之处,有针对性地提出改进意见,对于参加机构有效寻找自身问题、改善检测技能起到了积极的促进作用。同时,将数据统计结果与技术专家分析相结合,互相印证,不断推动行业检测技术的进步。

数据统计结果为非满意,专家视频审查发现的问题举例如下:

(1)A 机构,数据结果为可疑值。视频审查发现,存在两个问题:读取液体体积视线不水平,未对电极进行润洗。

(2)B 机构,数据结果为离群值。视频审查发现,在进行 pH 值试验时,溶液温度不符合标准要求。

(3)C 机构,数据结果为可疑值。视频审查发现,在进行 pH 值试验时,硝酸银标准溶液浓度两次标定结果偏差较大,达0.0028mol/L。

(4)D机构,数据结果为可疑值。视频审查发现,在进行pH值试验时,未测量溶液温度且仪器显示温度25℃,不符合标准要求。

(5)E机构,pH值和氯离子含量数据结果为离群值。视频审查发现,在进行氯离子含量检测时,天平称量示值还未稳定就读取了数据,氯离子滴定前自动进样管中,气泡未排空;在进行pH值平行试验时,未重新冲洗电极。

数据统计结果为满意,专家视频审查发现操作仍有不规范举例如下:

(1)F机构,视频审查发现,在进行氯离子含量检测时,滴定未使用搅拌子。

(2)G机构,视频审查发现,未使用移液管取用试剂。

这些结论给以上机构整改提供了方向,也为其他机构避免检测过程中的风险提供了很有益的指导。

4.1.6.4 问题分析与建议

1)问题分析

通过对视频材料和文件资料的审查,发现了一些有待进一步改进规范的问题,有些是技术进步带来的新问题,应该引起广大技术人员的重视,而有些问题是经常出现的,在每次比对试验中都会反复发生,需要加强该方向的人员的培训工作。如下:

(1)使用氯离子全自动电位滴定仪的试验检测机构所提供的原始记录,普遍缺少电位滴定曲线的存储路径编号。该问题是自动化设备的逐渐普及带来的,原始记录应该能复现试验的过程,提供自动化设备的索引是必不可缺的一环。

(2)试验检测报告缺少任务单编号、样品名称、数量、资质标识、仪器设备等信息。该问题反映出报告管理上有些机构还有一定差距,应完善自身的体系文件,并加强实施过程的监督工作。

(3)采用自动电位滴定仪的试验检测机构,有较多未计量容量示值误差。该问题为校准参数不全,在历次比对试验中都有所反映,是常见问题,是机构对检测结果量值溯源影响因素认识不到位的体现,需要加强对量值溯源体系的学习。

(4)有试验检测机构在pH值试验时,未测量并记录溶液温度、未轻摇试杯;在氯离子含量检测时,用移液管直接从试剂瓶中取样、滴定的过程中未对溶液进行电磁搅拌。该问题反映出个别检测机构技术不过关,应加强对化学试验的培训工作。

2)建议

针对出现的问题,提出以下建议:

(1)试验检测机构应按照公路水运工程试验检测仪器设备计量管理及相关技术标准的要求,加强化学分析试验用具的量值溯源管理。

(2)试验检测机构应加强对化学分析试验的影响因素的控制,严格每一个操作环节,同时,应加强对检测数据结果的复核和审核,确保结果准确。

(3)当使用全自动化学分析设备时,试验检测机构应确保其电子采集数据和记录的可追溯性。

4.1.6.5　小结

本次比对试验针对样品的特点进行封装，同时对运输条件进行了预期估计，并按此条件进行了稳定性检验。最为突出的是，采用了数据统计分析与专家后期视频审查相结合的模式，有针对性地寻找问题，提出改进建议，对整个交通行业化学领域检测技术全面提升和改进起到了有力的促进作用。

4.2　比对试验中研究试验的精密度

交通行业比对试验的组织已经从摸索阶段日趋走向成熟，从早期重点关注比对活动的组织形式、样品制备和校验、分发和流转控制、数据处理和统计等过程环节，逐步深入到结果精密分析层面。

本节以“2016年公路工程试验检测机构沥青针入度及软化点比对试验”为案例，运用能力标准差和样品均匀性的数理统计结果，解析对比对试验精密度的相关影响。通过横向比较CNAS近期组织的同类能力验证数据，评估交通运输行业等级实验室的总体水平。验证了沥青针入度和软化点试验重复性与复现性的指标合理性，为修订行业标准提供了可靠的验证数据。

4.2.1　研究案例概况

4.2.1.1　比对试验规模、检测项目及统计分析方式

此次共有246家机构参加了公路工程试验检测机构沥青针入度及软化点比对试验，其中98家综合甲级和57家乙级为指定参加机构，另有90家为自愿参加机构，1家机构因故未参加。

检测项目包括：沥青25℃针入度及软化点。

统计分析方式：本次比对试验共分4组，分别采用GB 28043—2011中算法A进行统计分析，采用z比分数法进行结论评价；数据统计又分为指定机构单独进行的“小组分析”以及自愿和指定机构合并进行的“大组分析”两种方式。

4.2.1.2　比对结果

比对试验是以“满意”“基本满意”和“不满意”三种结果予以公布，统计见表4-16。

大组比对试验结果统计表　　表4-16

检测项目	机构总数	比对试验结果统计			
		标准	结果	机构数量	所占比例(%)
软化点	245	$\lvert z \rvert \leq 2$	满意	222	90.6
		$2 < \lvert z \rvert < 3$	基本满意	11	4.5
		$\lvert z \rvert \geq 3$	不满意	12	4.9
25℃针入度	245	$\lvert z \rvert \leq 2$	满意	210	85.7
		$2 < \lvert z \rvert < 3$	基本满意	28	11.4
		$\lvert z \rvert \geq 3$	不满意	7	2.9

4.2.2 相关指标的解析

4.2.2.1 重复性次数的选择

GB 28043—2011 中规定,当决定有必要限制重复性变异的影响时,能力验证中每个实验室的重复次数 n 应满足式(4-4):

$$\sigma_r / \sqrt{n} \leqslant 0.3\,\hat{\sigma} \tag{4-4}$$

式中:σ_r——在此之前由实验室间试验确定的重复性标准差。

当满足以上条件时,系数 0.3 的重复性标准差对能力评定标准差贡献不大于 10%。

此次比对试验,首先通过重复性限与精密度试验确认能力标准差进行比较,而后再用一轮能力验证计划中所得数据确定能力标准差,从而寻找合适的实验室内重复次数。

4.2.2.2 以精密度方法计算能力标准差

GB 28043—2011 的 6.5 条款,规定由精密度试验结果确定能力标准差,当能力验证计划中使用已标准化的测量方法,且该方法的重复性和再现性均可获得时,能力评定标准差可根据这些信息进行如下计算。已知 σ_R 为再现性标准差,σ_r 为重复性标准差,实验室间标准差按式(4-5)计算:

$$\sigma_L = \sqrt{\sigma_R^2 - \sigma_r^2} \tag{4-5}$$

则能力标准差按式(4-6)计算:

$$\hat{\sigma} = \sqrt{\sigma_L^2 + \sigma_r^2 / n} \tag{4-6}$$

式中:n———一轮能力验证计划中各实验室的重复测试次数。

当软化点小于 80℃时,重复性试验的允许误差为 1℃,再现性试验的允许误差为 4℃,按照式(4-6)计算能力标准差为 3.9℃。

本次软化点试验计划要求每个检测机构进行两次重复性试验,即 $n=2$。

代入式(4-5),可知满足要求。

4.2.2.3 以一轮能力验证计划所得数据计算能力标准差

对本次沥青比对试验数据进行数理统计运算,软化点和针入度各四组计算能力标准差及平均值,见表 4-17,共计 8 组。

软化点及针入度能力标准差及平均值统计表 表 4-17

软化点(℃)	1 组		2 组		3 组		4 组	
	平均值	标准差	平均值	标准差	平均值	标准差	平均值	标准差
小组	46.99	0.88	48.351	0.69	46.17	0.69	48.11	0.53
大组	46.95	1.13	48.422	0.74	46.10	0.80	48.13	0.74
针入度(0.1mm)	1 组		2 组		3 组		4 组	
	平均值	标准差	平均值	标准差	平均值	标准差	平均值	标准差
小组	68.043	1.69	67.04	1.59	83.84	1.62	66.74	1.60
大组	68.371	2.31	67.22	1.74	83.79	2.72	66.55	1.65

采用其中最大值软化点1组/大组能力标准差为1.13。代入式(4-5)后可知，当采用重复性限时，每家检测机构重复2次，就不能够满足要求。

4.2.2.4 以能力标准差和重复性之间关系求取各实验室的重复性次数

GB 28043—2011中规定，若不能满足$\sigma_r/\sqrt{n} \leqslant 0.3\hat{\sigma}$的给出条件，应增加重复测量次数，或者应当提醒能力验证组织者必须注意该类情况。

以软化点1组/大组为例，当能力标准差为1.13℃时，若按照重复性限1℃代入式(4-5)计算，各实验室的重复次数应为14次。

应用本方法的先决条件是假设各实验室的重复性大致相似，若不满足式(4-5)，组织者可以按照重复性标准差的典型值来计算重复性次数，各参加实验室应检查其本身的标准差是否满足式(4-5)。

按照式(4-5)的要求，若重复性次数为2，重复性标准差的典型值就应小于0.5，如式(4-7)所示。

$$s_p = \sqrt{\frac{1}{m}\sum_{i=1}^{m} s_i^2} = 0.5 \tag{4-7}$$

软化点均匀性检验中测试值见表4-18，通过均匀性试验中的重复性计算，证明本次比对试验的实验室重复性次数基本符合要求。若将此值作为重复性标准差的典型值，各参加的实验室应检查各自的相应重复性。此外，由于该指标过于接近临界点，说明此类比对试验有必要考虑增加各实验室的重复性次数，如条件允许，可要求针入度试验增加1次及以上的重复性试验。

软化点均匀性检验中测试值统计表 表4-18

样品序号	软化点(℃)		
	测试值1	测试值2	样品平均值
1	48.2	48.7	48.1
2	48.3	47.8	
3	47.2	47.9	
4	47.8	47.7	
5	48.6	48.2	
6	48.5	47.8	
7	48.4	48.0	
8	48.1	49.3	
9	48.1	47.7	
10	47.8	47.7	

4.2.2.5 样品均匀性试验分析

均匀性试验时，首先应比较样品间标准差与精密性标准差，并先做出预判；之后再与专家公议值标准差进行比较。

(1)按照精密度试验，将样品间标准差与精密度计算能力标准差进行比较，本次样品预判为均匀一致，表4-19所列为第2批次样品均匀性评价结果。

第2组样品均匀性评价结果　　表4-19

序号	参　　数	针　入　度	软　化　点
1	样品间平方和 SS_1	10.822	2.358
2	样品内平方和 SS_2	8.215	1.690
3	自由度 f_1	9	9
4	自由度 f_2	10	10
5	样品间均方 MS_1	1.202	0.262
6	样品间均方 MS_2	0.822	0.169
7	统计量 F	1.464	1.550
8	临界值 $F_{0.05(9,10)}$	3.02	3.02
9	不均匀性标准偏差 s_s	0.436	0.216
10	全部样品测试的总平均值 $\overline{\overline{X}}$	67.1	48.3
11	比对试验稳健标准差 s	1.737	0.760
12	0.3σ（大组）	0.521	0.221
13	0.3σ（小组）	0.476	0.207

(2)将一轮能力验证结果计算所得能力标准差与样品间标准差相比较，以表4-19第2组样品软化点均匀性为例。

软化点均匀性试验中不均匀性标准偏差 s_s 为0.216，大组的计算结果满足式(4-5)，不需要考虑因为样品不均匀性而带来的不利影响。而小组的统计却不满足式(4-5)，因此，要按照GB 28043—2011要求，应当考虑不均匀性带来的影响，并修正小组能力标准差。在GB 28043—2011附录B中规定，如果不满足式(4-5)，能力评定标准差中应该包含样品标准差，用式(4-8)进行修正。

$$\hat{\sigma} = \sqrt{\hat{\sigma}_1^2 + s_s^2} \tag{4-8}$$

由此，经修正后的2组小组软化点能力标准差为0.72。

4.2.3　对行业总体能力水平的分析

4.2.3.1　国内同领域检测水平横向比较

透过2014—2016年间中国合格评定国家认可委员会能力验证提供者的数据分析，以2015年数据为例，表4-20和表4-21是能力验证提供者给出的一轮能力验证结果。

沥青软化点检测结果的统计参数汇总表(CNAS)　　表4-20

检测项目	结果数目	中位值	标准 IQR	稳健 CV	最大值	最小值	极差
软化点(℃)	47	47.7	0.93	1.94	49.6	45.3	4.3

针入度检测结果的统计参数汇总表(CNAS)　　表4-21

检测项目	结果数目	中位值	标准 IQR	稳健 CV	最大值	最小值	极差
针入度(0.1mm)	42	66.90	2.46	3.7	71.6	61.1	7.5

表4-20 和表4-21 中沥青软化点的能力标准差为0.93,针入度的能力标准偏差为2.46,通过比较表4-17 中数据可以看出,行业甲级实验室的实验室标准差均小于中国合格评定国家认可委员会组织的能力验证标准差,这说明甲级实验室的检测能力离散性较小,检测结果一致非常好。而自愿参加机构包含有大量乙级和丙级机构,标准差明显增大,但仍与CNAS数据接近,远小于由精密度计算出的能力标准差,为此证明行业机构的总体水平处于国内前列。

另外,从大组和小组对比的数据可以看出,在加入了自愿参加机构(多数为乙级、丙级等)后,两组值稳健平均值的差异小于5‰,标准差大组较小组有所增加,其中小组峰值是大组峰值的1.68倍。由此也说明行业检测的平均水平相当稳定,离散结果均匀地分布在平均值的两端,如图4-8所示。

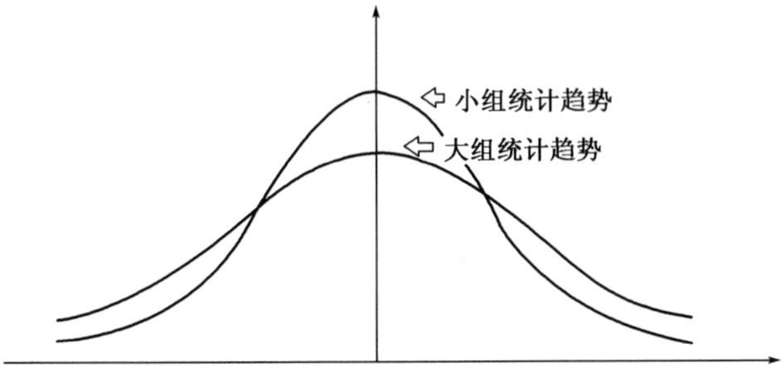

图4-8　大组与小组统计分析对比图

4.2.3.2　与精密度能力标准差的比较

(1)针入度试验比较情况。

《公路工程沥青及沥青混合料试验规程》(JTG E20—2011)中规定,在针入度试验中,当试验结果大于或等于50(0.1mm)时,重复性试验的允许误差为平均值的4%,再现性试验的允许误差为平均值的8%,见表4-22。

针入度4组结果平均值及其精密度计算能力标准差结果统计表　　表4-22

项目	1组/大组	2组/大组	3组/大组	4组/大组
平均值	68.4	67.2	83.8	66.6
标准差	5.0	4.9	6.1	4.9

1组、2组、4组为70号沥青,从表中大组数据可以看出,根据公议值计算能力标准差均为精密度能力标准差的1/2以下。由此可见,行业内目前针入度的检测水平完全满足标准要求,同时具有很高的精密度。

(2)软化点试验比较情况。

当软化点小于80℃时,重复性试验的允许误差为1℃,再现性试验的允许误差为4℃。将数据带入式(4-6),计算能力标准差为3.9℃,与表4-17中峰值的1组/大组标准差1.13℃相比,通过比较发现远小于计算结果。可见,行业内目前软化点的检测水平也完全满足标准规定,同样具有很高的精密度。

4.2.4 相关指标对标准制修订的参考

4.2.4.1 修约的影响

本次沥青针入度和软化点能力验证是按照 JTG E20—2011 规范进行修约后的结果,而该修约对标准差值的影响比较大。在统计计算过程中,以针入度第四组为例,因修约带来的影响达到 25%(修约到整数位和保留 2 位小数),而 CNAS 则无须按交通行业标准要求进行修约,也就未显现出此类情况。

4.2.4.2 重复性和再现性

根据本轮能力验证结果以及 CNAS 公开的能力验证报告来看,沥青针入度和软化点的能力标准偏差与 JTG E20—2011 通过给定重复性限与复现性限而计算出的能力偏差相差较大。由此,应当提示交通运输行业相关技术人员注意,是否存在由于当前仪器设备性能大幅改进等相关原因,致使试验的重复性限和复现性限普遍降低的可能性。

4.2.5 小结

本节根据行业内沥青针入度及软化点比对试验的结果,解析了沥青针入度和软化点能力验证重复性恰当次数的确定过程,以及能力标准差对比对试验精密度的影响,同时也对如何正确引用样品均匀性数据提出了修正见解,为深入分析比对结果的精确性进行了有益尝试。尤为重要的是,本节还运用数理统计的方法,从另一个侧面验证了交通运输行业历经多年科学管理产生的显著成效,客观反映了行业等级实验室在国内同领域机构中位居前茅的实际状况。

4.3 比对试验指定值的不确定度对比分析

目前,以解决工程制品指标检测问题为目的的比对活动在工程领域开展较少,对此类比对试验所采用参考值的不确定度研究工作更是从未涉及。本节中开展了工程制品指标检测问题比对活动参考值的不确定度分析,以 104 家板式橡胶支座一组抗压弹性模量指标为例,分析了此次比对试验所用参考值的不确定度评定方法,为工程制品指标类检测活动的参考值不确定度分析工作摸索了成功的经验。

比对试验是用以确定检测机构能力的一种手段。近年来,在交通行业也组织开展了部分比对试验,但这些活动一般着眼于对检测能力的确认,通常只集中在材料类,如水泥、钢材、沥青等,工程制品指标检测问题的比对活动还从未开展过。对比对试验结果的评价工作也欠规范,活动所采用参考值的不确定度问题更是从未考虑。

4.3.1 概述

本次板式橡胶支座比对试验采用稳健 z 评估法。所谓稳健统计技术，是能够使极端结果对平均值及标准偏差估计值的影响降至最小的技术，z 评估法的模型如式(4-9)所示。

$$z = \frac{x_{i-M}}{\mathrm{NIQR}} \tag{4-9}$$

式中：M——测量列的中位数；

NIQR——测量列的标准四分位数间距。

高、低四分位数分别表示在测量列中有1/4的结果比高四分位数 Q_3 大，同样，也有1/4的结果比低四分位数 Q_1 小。四分位差IQR则表示为测量列的高、低四分位数之差，即 $\mathrm{IQR} = Q_3 - Q_1$。为使IQR与标准正态分布关联，在改进的 z 评估法中使用的统计量标准四分位差 $\mathrm{NIQR} = \mathrm{IQR} \times 0.7413$。

即在改进的 z 评估中，稳健 z 值是由测量列的中位值和标准四分位差NIQR分别替代了经典 z 评估法的平均值和标准偏差。

利用统计计算出的 z 比分数，对各实验室检测能力的判别标准如下：

$|z| \leqslant 2$ 为满意结果；

$2 < |z| < 3$ 为有问题结果（可疑值）；

$|z| \geqslant 3$ 为不满意结果（离群值）。

4.3.2 指定值的不确定度与不确定度来源分析

从定义上讲，式(4-9)中 x_i 的约定真值应是具有不确定度的赋予给定目的某特定量的值，如有证的参考值、已知值，或者从参加实验室获得的平均值或中位值等参考值也可作为约定真值被采用。本次板式橡胶支座抗压弹性模量、抗剪弹性模量两个项目的全国比对，其指定值就是采用稳健统计方法进行统计，以参加实验室上报分析结果的中位值作为参考值，使用稳健 z 评估法对各实验室进行能力评估的。

采用中位值作为参考值时，考虑产生其不确定度的来源，既有系统效应引入的不确定度也有随机效应引入的不确定度。对于被测样品的稳定性和均匀性引入的不确定度分量，由于被测样品的稳定性和均匀性已得到确认。因样品稳定性和均匀性引入的不确定度分量十分微小，在评定时可忽略。系统效应主要是由于各实验室使用的仪器设备以及分析人员对于监测方法的理解和掌握实验技术的差异而引入到测量结果中的不确定度分量，此不确定度分量将带入中位值不确定度评定中。随机效应引入的不确定度主要来源于各实验室对样品测量的重复性引入的不确定度分量。

4.3.3 参考值的不确定度评定

标准《计量比对》(JJF 1117—2010)中D.2.3给出了中位值不确定度的计算方法，如式(4-10)、式(4-11)所示。

中位值，即参考值以一定的概率处于置信下限 T_1 与置信上限 T_2 之间的双侧置信区间 $[T_1, T_2]$。

$$T_1 = Y(q) \tag{4-10}$$

$$T_2 = Y(n - q + 1) \tag{4-11}$$

当 $n>30$ 时,q 与 n、p 的关系见式(4-12):

$$q = \text{int}[0.5 \times (n + 1 - p\sqrt{n + 0.5 - 0.25p^2})] \tag{4-12}$$

式中:q——确定置信区间的数据顺序号的变量;

p——标准正态分布的分位数。

则参考值的不确定度可按式(4-13)估计:

$$u = \frac{T_2 - T_1}{2k} \tag{4-13}$$

式中:k——包含因子,当置信水平取 0.95 时 k 为 1.96,当置信水平取 0.99 时 k 为 2.57。

本次比对计划中规定对每个样品上报 3 个平行测试数据,并以其平均值作为测定结果。对每个样品而言,参加实验室报出的结果既包含了系统效应导致的不确定度,也包含了随机效应导致的不确定度,见表 4-23。

板式橡胶支座抗压弹性模量的试验结果 表 4-23

实验室编号	结果值	实验室编号	结果值	实验室编号	结果值	实验室编号	结果值
BM-001	317	BM-028	314	BM-055	291	BM-081	286
BM-002	284	BM-029	291	BM-056	274	BM-082	280
BM-003	273	BM-030	259	BM-057	260	BM-083	325
BM-004	290	BM-031	322	BM-058	320	BM-084	286
BM-005	279	BM-032	280	BM-059	300	BM-085	292
BM-006	336	BM-033	337	BM-060	318	BM-086	306
BM-007	340	BM-034	278	BM-061	306	BM-088	278
BM-008	280	BM-035	284	BM-062	319	BM-089	282
BM-009	272	BM-036	308	BM-063	310	BM-090	335
BM-010	330	BM-037	307	BM-064	292	BM-091	299
BM-011	312	BM-038	327	BM-065	394	BM-092	313
BM-012	320	BM-039	275	BM-066	284	BM-093	298
BM-013	300	BM-040	315	BM-067	277	BM-094	291
BM-014	272	BM-041	290	BM-068	289	BM-095	288
BM-015	344	BM-042	316	BM-069	325	BM-096	303
BM-016	276	BM-043	302	BM-070	323	BM-097	284
BM-017	281	BM-044	308	BM-071	312	BM-098	273
BM-018	334	BM-045	305	BM-072	279	BM-099	272
BM-019	311	BM-046	328	BM-073	278	BM-100	298
BM-020	318	BM-047	300	BM-074	351	BM-101	298
BM-021	282	BM-048	430	BM-075	294	BM-102	325
BM-022	308	BM-049	296	BM-076	329	BM-103	276
BM-023	341	BM-050	282	BM-077	280	BM-104	346
BM-025	316	BM-051	299	BM-078	276	BM-105	291
BM-026	307	BM-053	331	BM-079	315	BM-106	267
BM-027	294	BM-054	283	BM-080	314	BM-107	319

经统计后样品 1 抗压弹性模量结果的中位值为 300MPa。

由式(4-12)可得 $q=42$,则据式(4-10)、式(4-11)可得 $T_1=291$,$T_2=308$。

由式(4-13)可得 $u=\dfrac{308-291}{2\times1.96}=4.34$。

取置信概率 0.95,自由度 $v_{\text{eff}}=104-1=103$,查 t 分布表 $t_{0.05(103)}=1.960$,则样品 1 参考值的扩展不确定度为:

$$U_{95}=t_{0.05(103)}\times u=1.960\times4.34=8.5(\text{MPa})$$

其相对扩展不确定度为:

$$U_{95\text{rel}}=8.5/300\times100\%=2.8\%$$

4.3.4　结果表示

本次板式橡胶支座比对结果表示为:

样品 1 抗压强度:(300 ±8.5)MPa,置信概率 0.95,$v_{\text{eff}}=103$。

4.3.5　按照迭代法计算指定值的不确定度

当指定值为由 GB/T 28043—2011 中算法 A 得出的稳健平均值时,指定值 X 的标准不确定度由式(4-14)估计:

$$u_X=1.25\times s^*/\sqrt{p}\tag{4-14}$$

式中:s^* ——使用 GB/T 28043—2011 中算法 A 计算得到的稳健标准差。

结果如图 4-9 所示,样品 1 抗压强度:(300 ±5.8)MPa,置信概率为 0.95。

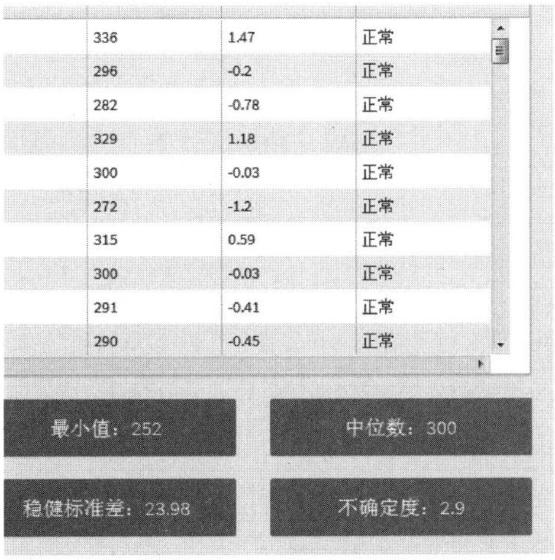

336	1.47	正常
296	-0.2	正常
282	-0.78	正常
329	1.18	正常
300	-0.03	正常
272	-1.2	正常
315	0.59	正常
300	-0.03	正常
291	-0.41	正常
290	-0.45	正常

最小值：252　中位数：300

稳健标准差：23.98　不确定度：2.9

图 4-9　采用 GB/T 28043—2011 中算法 A 计算稳健标准差,按照式(4-14)计算标准不确定度

4.3.6　小结

根据计算实例可以发现,按照标准四分位间距法得出的指定值的不确定度要大于按照迭

代法计算出的指定值的不确定度。而在实际比对试验的组织过程中,为了避免因为指定值的不准确影响参加者的结果,倾向于选择指定值不确定度更小的统计算法。

4.4 不满意结果的处置与闭合方式

多年来,各级交通运输主管部门通过组织多种类型的比对活动,考核确认从业机构的试验检测能力,积累了丰富经验。本节中以“2013 年全国公路水运工程试验检测机构钢筋、钢绞线比对试验”中 “非满意”结果的整改反馈报告为研究样本,对交通运输主管部门组织的比对试验活动的闭合方式进行了研究。分析了目前各类闭合方式的缺陷,基于统计分析的基础上提出了测量审核、由主管部门组织利用主导实验室提供的验证参数进行复核确认、机构自行组织并提供有效可靠数据结论三种途径并给出了相应的方法,为行业内开展比对试验活动后的闭合环节提供了可操作的方法。

4.4.1 案例概况

4.4.1.1 比对试验规模及检测项目

2013 年全国公路水运工程试验检测机构钢筋、钢绞线比对试验的参加机构总数为 260 家。检测项目包括:热轧带肋钢筋力学性能的抗拉强度、下屈服强度、断后伸长率,钢绞线力学性能的最大力、规定非比例延伸力、最大力总伸长率、弹性模量等参数。

4.4.1.2 比对结果

比对是以“满意”“基本满意”和“不满意”三种结果予以公布,统计见表 4-24。

比对试验结果统计表 表 4-24

检测项目	机构总数	比对试验结果统计			
		标准	结果	机构数量	所占比例(%)
热轧带肋钢筋(ϕ16mm)力学性能试验	260	3 个参数试验结果全部为“满意值”	满意	218	84
		3 个参数试验结果中含有 “可疑值”	基本满意	20	8
		3 个参数试验结果中含有“离群值”	不满意	22	8
钢绞线(ϕ15.2mm)力学性能试验	181	4 个参数试验结果全部为“满意值”	满意	158	87
		4 个参数试验结果中含有 “可疑值”	基本满意	13	7
		4 个参数试验结果中含有“离群值”	不满意	10	6

4.4.1.3 不满意结果致因分析

根据试验检测机构的整改报告,按照影响因素(通常每家机构的影响因素会多于 1 个)出现的次数进行归纳统计,见表 4-25。

主要影响因素分布情况表　　表 4-25

序　　号	主要影响因素		出现频次	占比重(%)
1	设备配置	试验机量程	1	2
		引伸计标距	2	3
		软件配置	9	14
		设备保养(老化、漏油、磨损及仪器质量问题等)	14	22
2	仪器检定	试验机	2	3
		试验机的试验力及同轴度误差	1	2
		引伸计	1	2
3	过程控制	拉伸试验速率	2	3
		试验温度偏差	2	3
4	夹具	长度及齿型	5	8
5	人员操作	测量过程中操作问题	24	38

对上表所列问题进行归类后,可以看出设备配置问题占比为41%,仪器检定问题占比为7%,试验过程控制问题占比为6%,夹具问题占比为8%,人员操作问题占比为38%;据此绘出影响因素分布图,如图4-10所示。

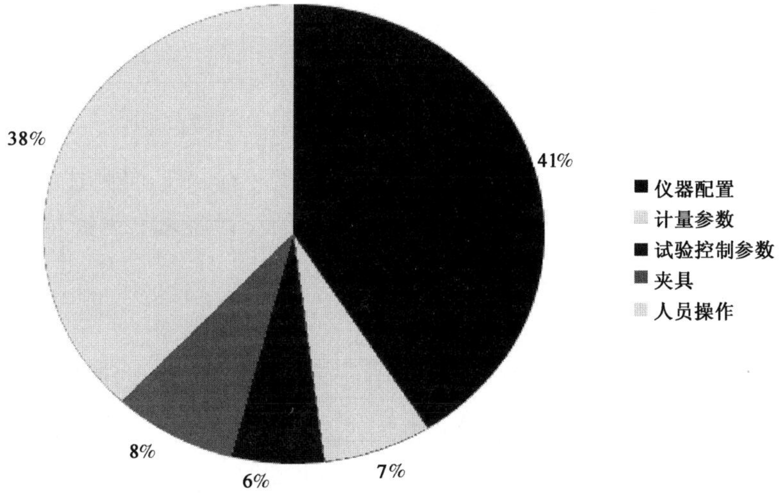

图4-10　影响因素分布比例

从图4-10中可以看出,相比其他因素,设备配置与人员操作两个因素之和接近80%,是造成"不满意"结果的关键因素。

4.4.2　采取的闭合方式

多数机构针对人员、设备、环境、试验方法、试验操作等问题采取了相应纠正整改措施。整改之后的闭合方式统计见表4-26。

反馈整改关闭方式统计表 表4-26

序号	闭合方式	数据处理及结论		机构(省)个数	所占比例(%)
1	测量审核	—		1	3
2	机构自行组织比对试验	a	z比分数	11	30
		b	简单数值比较	5	14
		c	未进行数值处理	7	19
		d	计算相对偏差	6	16
		e	格拉布斯准则	1	3
		f	t检验法	2	5
3	未进行闭合	—		4	11
合计				37	—
4	省范围组织比对试验			2	—

如表4-26所示,案例中的37家"不满意"机构分别采取了三种回应方式,其中整改验证关闭类型包括三种:

4.4.2.1 测量审核

只有一家机构,对其钢筋检测项目的"不满意"结果,采取了通过能力验证提供者进行测量审核验证的方式。

4.4.2.2 机构自我进行比对试验

多数机构采取的是独自邀请2~5家相似机构进行比对验证,包括6种情况(参见表4-26),其中有30%的机构采用z比分数法验证其结果的有效性;另外还有33%(表4-26中的b和c)的机构并未按照规则进行数据处理或只做了简单数值大小比较,缺少足够证据证明其整改有效以及结论的可信度。

4.4.2.3 省级范围组织比对试验

包括内蒙古和江西两省区对本地区所有存在"不满意"结果的机构统一组织,进行省区内4~5家同参数的比对验证,结论评价的方式是采用z比分数法。

上述三种方式在实际工作中均常采用,但存在相应条件不具备、数据处理不科学等问题,虽然在形式上进行了整改闭合,结论却缺乏可信性、可比性。

值得注意的是:

(1)虽然通过相关能力验证提供者进行测量审核,可以充分证明整改闭合的有效性。但是,交通运输行业内具备参数能力验证提供的机构极少,特别是省级范围更加稀少。由此,这种整改闭合方式有很大的技术条件局限性。事实上也仅有1家机构采用了该种理想方式。

(2)大量检测机构以及两个省区则是采取自我组织比对验证的方式。在数据处理方面,有30%机构采用了z比分数法;或者采用《利用实验室间比对的能力验证 第1部分:能力验证计划的建立和运作》(GB/T 15483.1—1999)的稳健四分位间距方法,或者采用《利用实验室间比对进行能力验证的统计方法》(GB/T 28043—2011)的迭代法获得指定值与能力验证标准差,所用样本数量一般只有2~5个。这两种方法采用的前提条件是数据必须服从正态分布,通常在实验室数量过少的情况下无从证明其能否确实服从正态分布,评价结论存在较大的不确定性。

此外,还有3家机构采用了识别异常值的方法,包括格拉布斯准则(1家)和 t 检验法(2家),该类方法仅是数据处理过程的第一步,即剔除异常值,之后才是根据下一步的运算结果判断是否满意。因此,这3家机构属于没有全部完成数据处理步骤,仍处于结论待定状态。

4.4.3 规范整改闭合模式

从案例可知,各级交通运输主管部门、绝大部分试验检测机构都注意到整改闭合的重要性,采取了测量审核、自行比对或省内比对的方式,但在理解认识、具体执行上尚需规范。

4.4.3.1 规范测量审核的闭合模式

1)当具备相应能力验证提供者时

对于具备能力验证提供的参数,推荐采用测量审核这种理想方式。试验检测机构及省和部管理部门均可直接采信其验证结果。

2)当不具备相应能力验证提供者时

根据目前交通运输行业现状,也可由主管部门遴选出分布于主要省区的"参考"实验室。定期组织该类机构进行高水平的比对活动,以评估、确认其"标准"能力,使其在更大范围内的比对活动中发挥近似"能力验证提供者"的实验室作用。

测量审核方法如下:

方法一,需要求出待评定实验室的不确定度,见式(4-15):

$$E_{nj} = \frac{y_j - y_{rj}}{\sqrt{U_j^2 + U_{rj}^2}} \tag{4-15}$$

式中:E_{nj}——第 j 个参数的 E_n 值;

y_j——待评定实验室第 j 个参数的测量值;

y_{rj}——指定实验室第 j 个参数的比对参考值;

U_j——待评定实验室第 j 个参数的测量不确定度;

U_{rj}——指定实验室第 j 个参数的测量不确定度。

判据:测量结果符合要求,$|E_n| \leq 1$;测量结果不符合或离群,$|E_n| > 1$。

方法二,利用标准中规定的最大允许误差,见式(4-16):

$$z_j = \frac{x_{Lj} - x_{Rj}}{\Delta_j} \tag{4-16}$$

式中:x_{Lj}——待评定实验室第 j 个参数的测量值;

x_{Rj}——指定实验室第 j 个参数的比对参考值;

Δ_j——第 j 个参数标准中规定的最大允许误差。

4.4.3.2 规范比对试验的闭合模式

1)机构自我进行的整改确认

可进行小范围内($3\leq n<10$家)整改效果的确认,邀请参加的机构可以是此次“不满意”或已满意通过的机构;也可以是未参加本次能力验证,但水平相当的机构。相关比对流程详见现行GB/T 27043。

数据处理时需注意,在统计比对试验数据前首先要判别、剔除离群值,之后再运用适当的统计公式运算分析。推荐采用格拉布斯准则进行离群判别。

数据统计分析的方法如下。

(1)方法一,需要求出待评定实验室的不确定度,见式(4-17):

$$|y_{\text{lab}}-\bar{y}|\leq\sqrt{\frac{n-1}{n}}U_{\text{lab}} \tag{4-17}$$

式中:y_{lab}—— 待评定实验室的测量值;

$\bar{y}$——比对参考值(参加实验室测量结果的平均值);

n——参加实验室的个数;

U_{lab}——待评定实验室的测量不确定度。

(2)方法二,利用仪器的最大允许误差,见式(4-18):

$$|x_i-\bar{x}|\leq\sqrt{\frac{n-1}{n}}0.95\Delta \tag{4-18}$$

式中:x_i——待评定实验室测量结果;

$\bar{x}$——平均值;

Δ——标准中规定的允许误差。

2)省部两级交通运输主管部门组织的整改确认

直接利用大规模比对试验得到的稳健平均值与稳健标准差以及该参数相应的再现性限,可简化认为常规实验室间比对服从标准正态分布,在95%的概率水平下再现性限为2.8σ。

(1)要求比对活动组织者在大规模比对试验过程中预留足够的样品,历年经验表明,预留样品数不应小于样品总数的15%用来进行复核比对为佳。过程依然是统一重新发放样品,数据处理采用各机构上报数据与大规模比对试验时得出的稳健平均值及稳健标准差进行计算,求出各机构的z比分数值,进而对机构的整改情况进行有效的评定。

(2)将大规模比对试验得出的再现性限传递给省级交通运输主管部门,由其独立组织相应的比对试验,以再现性限作为判定依据,实现整改结果的有效确认。

4.4.4 结语

通过能力验证活动确认试验检测机构的能力保持程度,其结论的科学性已经得到了广泛认同。当前成为交通运输行业对从业试验检测机构实施综合监管的有效措施之一。一方面,可以研判试验检测行业整体能力水平;另一方面,可以督促试验检测机构不断改进提高。本书认为在规范的前提下,所述几种整改闭合方式依次为:测量审核、由主管部门组织利用主导实验室提供的验证参数进行复核确认、机构自行组织并提供有效可靠数据结论3种途径,有条件的应优先选用前2种。同时,有必要结合行业特点规范闭合工作流程,确保科学严谨。

4.5　量值与检测比对差异的应用

参数比对能够确认示值的可信度,能力验证计划能够评价实验室水平。同样,比对试验也适用于检测结果判断、人员技能评价、标准物质可靠性分析、检测方法评定、试验环境评估等多类结果的评价。本节着重探讨建筑工程领域中的量值溯源与检测能力评价两个方面。

试验数据的准确性是方法、仪器、环境、操作等综合因素的高谐度耦合。在建筑工程领域,经常会利用某个性能的临界阈值或过载峰值的极限冲击指标检验材料或构造物的应激与忍受性能,但由于存在很多非可控因素干扰,特别是环境条件出现较大波动时,会造成工程现场结果复现一致性较差,进而会影响比对试验的结果评价。因此,处于开放环境下的比对试验,其数据等效性的分析至关重要。

鉴于建筑工程领域广泛采用非接触式的无损检测技术,数据采集受到很多未知量影响,而且不少新技术仪器目前仍难以进行有效的溯源校准,更何况很多设备的工作原理也不尽相同,为此,利用量值比对可以确认相似设备的性能。检测比对则是通过能力验证计划,评估同级实验室之间的相对水平。这两类比对试验在工程应用中各有侧重,分别评价量值离散性与实验室综合能力状态,用于判别彼此间的一致性与总体中的相对分布。

4.5.1　量值与检测比对的差异

4.5.1.1　基本含义

(1)量值比对。

量值比对又称测量比对,一般是将被测物品作为“盲样”(未知量值)按拟定顺序从前一个实验室传递到后一个实验室,按约定方案进行测量,并由主导实验室将各测得值分别与指定值进行比对,从而得出相应结论,最常用的评价参数是 E_n(归一化误差)。若 $E_n \leqslant 1$(实际应用时,通常取 $E_n \leqslant 0.7$),结果满意;若 $E_n > 1$,判断离群。

(2)检测比对。

一般指从均匀性较好的同批次待测物品中随机抽取若干散样,同时分发给各参加实验室,按约定方案进行检测,然后由主导者(协调者)求出公议值,并将各测得值分别与公议值进行比对,从而评价参加实验室的检测能力,通常用 z 比分数进行评价。$z \leqslant 2$,结果满意;$z \geqslant 3$,判断离群;$2 < z \leqslant 3$,数值可疑。

4.5.1.2　主要用途

(1)量值比对主要应用于:①设备比对,特别是暂时缺少可靠量值溯源途径,用以评价设备的可信程度,同时也可作为评定设备稳定性的期间核查方法。②参考标准或标准物质比对,主要针对缺少直接的上级基标准,但又广泛用于工作中的等效参考标准或标准物质。③为标准物质赋值,利用高水准实验室间的比对,为等效标准工作器组赋值或做检验性评价。

(2)检测比对主要应用于:①结果比对,通过能力验证评价实验室该项检测结果的情况。②人员比对,评价同一机构内不同人员的检验水平,作为技能培训或监督考评。③作为检测方法确认与试验环境评估等技术论证方法之一。

两者达到准确评价的难易程度如图 4-11 所示,其中工程现场比对的约束条件控制最为复杂困难,需要在不相同环境条件情况下,评价同质样品测量结果的一致性。

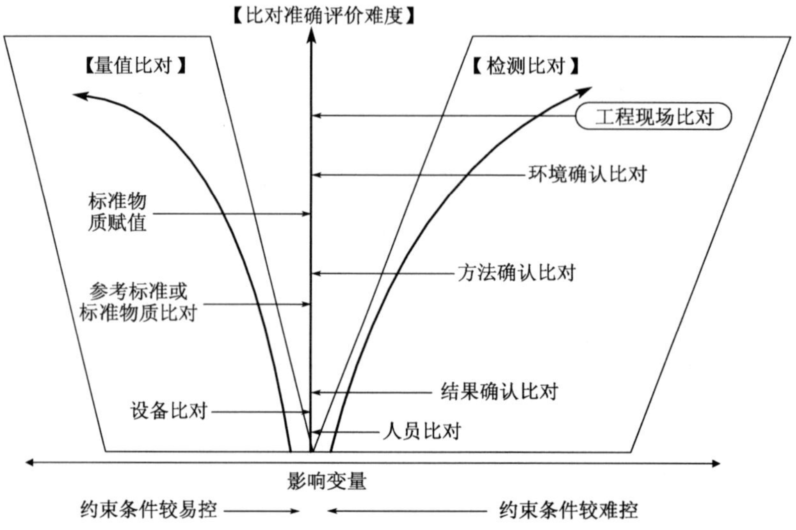

图 4-11　各类比对准确评价难易程度示意图

4.5.2　建筑工程领域中的应用

4.5.2.1　影响户外比对试验的环境因素

影响户外比对试验的环境因素通常包括设备正常使用环境和检验规范规定的环境两类指标。当户外开放环境难以满足实验要求时,应当采取必要的遮蔽和防护措施,用以改善不利条件。

民用设备是在海拔 2000m 以下,按大气压 86 ~ 106kPa 下的电气元件分为 55/100/56、25/085/04、10/070/21 三个严酷等级组合,分别表示为低温、高温、恒定湿热(40℃ ±2℃,相对湿度 93% ±2%)三个气候等级,其基准大气条件是取温度为 20℃,101.3kPa(760mm 汞柱),而普通户外型设备能够经受最高温度 40℃,24 h 平均值不超过 35℃;最低温度分别为 -10℃、-25℃、-40℃三级,并且,不宜低于 -30℃条件下长时间(2h 以上)工作。如试验当中需要考虑日照影响,则以强度 0.1W/cm^2、风速 0.5m/s 为宜。凌空安装的设备,其受压风速≤35m/s。此外,设备工作时要尽量避开污秽、多尘、震动、噪声、电磁干扰等环境,或者采取必要的防护隔离。应当避免在天气连续骤变期间进行同批次现场比对试验。

复现性评定 $s_R(y) \leqslant \Delta$,Δ 为最大允差,见式(4-19)。

$$s_R(y) = \sqrt{\frac{\sum_{n=1}^{n}(y_i - \bar{y})^2}{n-1}} \tag{4-19}$$

式中:$s_R(y)$——标准差。

4.5.2.2　针对参考标准的比对

以交通反光膜逆反射系数测量仪的参考标准器组赋值(RA)为例,其工作原理如图 4-12 所示。通过调节检测设备的测量几何条件(入射角/观测角),获取发光强度系数 R_I 或逆反射系数 R_A 的数据。

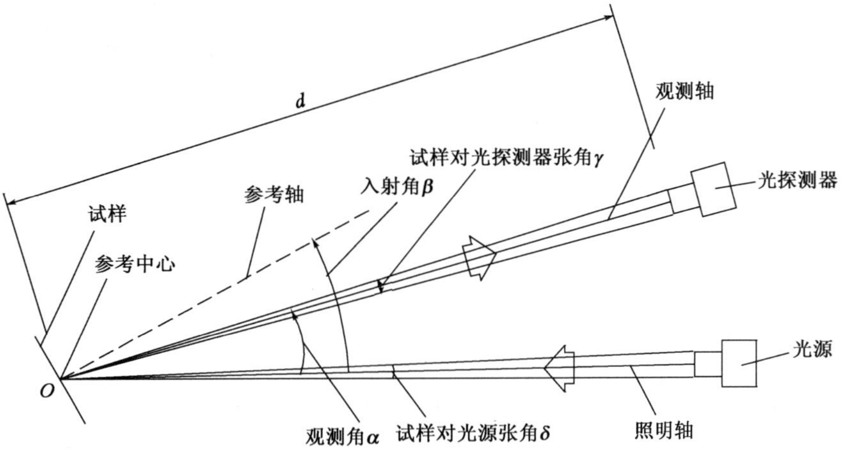

图 4-12　逆反射系数测量原理图

计算公式为式(4-20)、式(4-21):

发光强度系数

$$R_I = \frac{I}{E_\perp} \tag{4-20}$$

逆反射系数

$$R_A = \frac{R_I}{A} \tag{4-21}$$

式中:R_I——参考标准样品的发光强度系数($cd \cdot lx^{-1}$);

R_A——参考标准样品的逆反射系数($cd \cdot lx^{-1} \cdot m^{-2}$);

I——参考标准样品反射到观测角调节器的发光强度(cd);

$E_\perp$——标准 A 光源投射到样品中心的垂直照度(lx);

A——样品有效受光面积(m^2)。

由此可以看出,因受现场操作条件限制,当不能完全屏蔽杂散光,或者因为环境湿热超限,造成样品表面凹凸不平,有可能会偏离 I 和 A 的原值,最终影响数据的准确性。假设在工程现场,平均每进行 10 次测量,就可能有 3 次不能完全遮挡杂散光,无法构成全暗室效应。当不能达到照度≤0.02lx 的要求,且不符合温度 23℃ ±2℃、湿度 50% RH ±5% RH 环境要求时,出现样品受光面介质变形的概率为 0.02;先验表明,因环境照度控制不当,产生测量偏差的概率为 80%。

以贝叶斯原理分析,见式(4-22):

$$P(B_t/A) = \frac{P(B_tA)}{P(A)} = \frac{P(A/B_t) \times P(B_t)}{P(A)} = \frac{P(A/B_t) \times P(B_t)}{\sum_{t=1}^{n} P(A/B_t) \times P(B_t)} \tag{4-22}$$

则 $P(B_i/A)=0.8\times0.02/0.3=0.05$。即由于受光面发生变化，产生测量偏差的概率约为5%。说明现场能否正确操作的影响因子要远大于温湿条件件的窄幅改变。即，虽然分布于各异的现场位置，只要能有效控制测量过程，其比对数据依然可以采信。

4.5.2.3 针对设备的比对

以路面激光平整度测量仪为例，其工作原理如图4-13所示。通过车载运动的数据采集并计算模型车(1/4标准车)单位长度上 Z_s 与 Z_u 之差的累积[式(4-23)]，即可求得国际平整度(IRI)，见式(4-24)。

$$\text{Roughness}=\frac{1}{L}\int_0^L|Z_s-Z_u|\mathrm{d}x \tag{4-23}$$

式中：Z_s——弹簧体位移；

Z_u——非弹簧体位移；

$y(x)$——输入的断面高程。

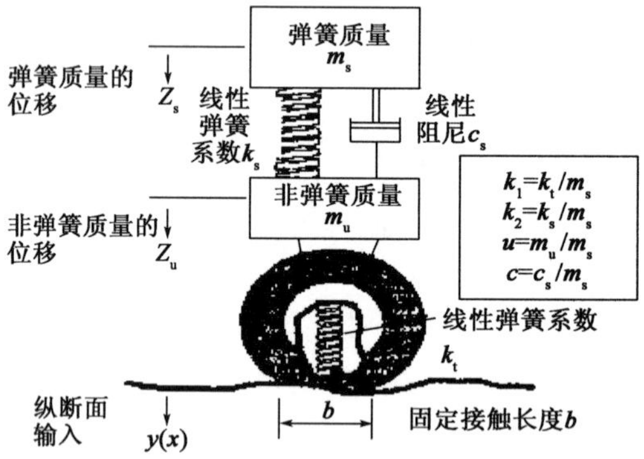

图4-13 1/4标准车模型原理图

$$\text{IRI}=\frac{1}{n-1}\sum_{i=2}^{n}|Z'_s-Z'_u| \tag{4-24}$$

由于IRI受影响的波长范围在1.2～30.5m之间，其中2.4m和15.4m的波长是IRI滤波器最为敏感的波长。因此，当选择在小半径弯道或有较大横纵坡的被测路段时，再加上检测车辆行驶速度和行驶路径的差异情况，理论上，必然会影响数据结果的可比性。

当对两台以上(n)设备进行比对时，可以运用不超过仪器的最大允许误差值进行判断，见式(4-25)。

$$|x_i-\bar{x}|\leqslant\sqrt{\frac{n-1}{n}}0.95\Delta \tag{4-25}$$

式中：x_i——待评定实验室测量结果；

$\bar{x}$——平均值；

Δ——标准中规定的最大允许误差。

4.5.2.4 针对人员的比对

以基桩低应变动力检测为例，其工作原理如图4-14所示。用手锤或力锤、力棒敲击桩顶，由此产生的应力波沿桩身以波速 C 向下传播，应力波通过桩阻抗 $z(Z:AC)$ 变化界面时(如缩径、夹异物、混凝土离析或扩径)，一部分应力波产生反射向上传播，另一部分应力波产生透射向下传播至桩端，在桩端处又产生反射。由安装在桩顶的加速度或速度传感器接收反射波信号，并由测桩仪进行信号放大处理后，得到加速度时程曲线。从曲线形态特征可以判断阻抗变化位置或校核桩长，用以检验桩身结构的完整性，并由平均波速大小估计混凝土的强度等级。

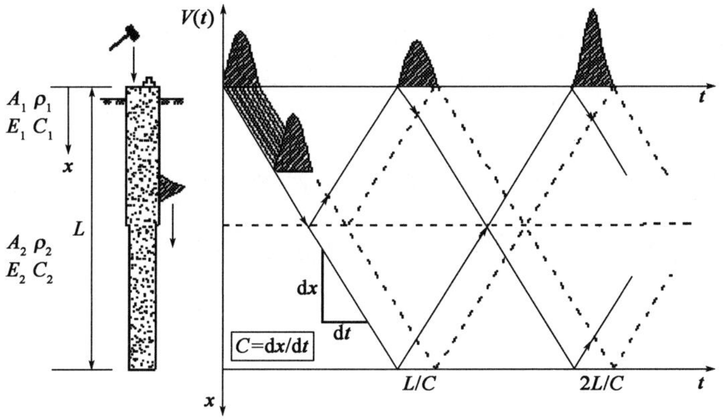

图 4-14　低应变动力检测原理图

混凝土的速度 C 及桩身缺陷的深度 L 可按式(4-26)、式(4-27)计算：

$$C = 2L/\Delta T \tag{4-26}$$

$$L' = 1/2C_{\mathrm{m}}\Delta t_x \tag{4-27}$$

式中：L——测点下桩长(m)；

ΔT——速度波第一峰与桩底反射波峰间的时间差；

C_{m}——桩身波速的平均值(m/s)；

Δt_x——速度波第一峰与缺陷反射波峰间的时间差。

鉴于低应变动力检验规程较严谨，要求操作人员必须具备相当专业的数据采集、分析与综合判断能力，否则对同一根基桩的检测结果也会出现很大分歧。

可利用实验室存样或对同一工地盲样进行两组人员的比对评定，当 $E_{\mathrm{n}} \leqslant 1$ 时，结果满意。E_{n} 可按式(4-28)计算。

$$E_{\mathrm{n}} = \frac{|x_1 - x_2|}{\sqrt{2}U} \tag{4-28}$$

式中：x_1——第一组人员测量值；

x_2——第二组人员测量值；

U——本实验室最佳的不确定度，或者也可使用标准所规定的最大允许偏差 W 值。

4.5.3　小结

以某次室内比对试验不满意结果的分析为例，其中，设备和辅助工具配置问题占比为41%，仪器量值溯源问题占比为7%，偏离试验标准问题占比为6%，环境失控问题占比为8%，人员操作问题占比为38%。由此可以看出，设备测量准确性与人员专业技能可靠性占所有问题的近80%，是造成检测结果不满意的两个主要原因。如果是在建筑工程现场进行检测比对,则环境因子影响比重将会显著增大。

因此,需要针对不同类型的工程检测特性,研究其关键影响分量,并采取有效技术措施进行控制,从而整体提高比对活动的复现一致性。当环境条件过于离散,且影响分量又非常大时,则可以尝试运用熵权法进行加权归一化比较。一般来说,熵越小,参数值变异程度越大,在评价中作用也越大,其权重也就越大;相反,熵越大,表明参数变异程度越小,其权重也就越小。

总之,鉴于建筑工程现场的复杂性,需要进行系统的研究和验证,为评价不同类型的比对活动提供可靠的技术依据,从而确保试验数据的等效可信。

4.6 防水材料片材拉伸强度及拉断伸长率(断裂伸长率)比对试验结果影响因素技术分析

4.6.1 概述

2020年公路工程试验检测机构防水材料片材拉伸强度及拉断伸长率(断裂伸长率)比对试验,参加机构共计169家,必须参加的152家试验检测机构中,满意130家,所占比例85.5%;基本满意10家,所占比例6.6%;不满意12家,所占比例7.9%。

本次“防水材料”比对试验后,要求各参加机构将残样全部寄回组织单位,结果统计分析之后,对数据结果为“基本满意”和“不满意”的机构,结合其残样状态和视频材料、文件资料一同进行技术分析,为今后开展类似检测工作提供借鉴与指导,提高行业整体水平。仪器设备是检测工作的重要影响因素,通过对169家机构在本试验中采用设备的汇总收集大数据分析,对设备用于交通行业检测给予建设性意见。

4.6.2 综合分析

这次“防水材料”比对试验采用的样品为公路工程中使用的高分子防水材料(片材),试样类型为哑铃形试样。比对试验的项目为拉伸性能(拉伸强度、拉断伸长率)。影响片材拉伸性能试验结果的因素主要有检测仪器设备、样品准备、人员等。

4.6.2.1 技术分析

1)试验仪器、设备的配置

通过对出现问题机构的设备的观察,发现以下问题:

(1)拉力试验机配置的夹持器(夹头)不合适,对试样的夹持有一定损伤、影响力的试验结果。

(2)大变形引伸计配置的夹持器不合适,上、下夹头滑动或卡滞,影响拉断伸长率的试验结果。

2)人员操作与管理

(1)同一数据,在试验记录表格中的参数名称与试验设备试验结果中的参数名称不一致,试验人员在设备试验结果的导出与试验记录的整理时混淆了试样断裂伸长量与试样断裂时的标距，影响拉断伸长率的计算结果。

(2)试验人员在拉伸试验过程中未及时发现大变形引伸计夹持器(夹头)跟动的异常情况。

(3)试验人员对试验标准理解不够，混淆了试样的初始标距与试样的狭窄部分长度，影响了伸长率的计算结果。

均反映出试验人员未充分理解试验目的及试验方法。

3)计量参数

试验机的准确度级别带来的误差、试验机的试验力及同轴度误差、试样初始标距和断裂伸长量的测量等，将直接影响片材拉伸性能检测结果准确度。

(1)试样拉伸强度。

该项性能与试验力和原始横截面积相关，因此拉伸强度测量的准确度与试验力和原始横截面积的测量误差相关。

对于本次比对试验所采用的片材，哑铃形试样，其原始横截面积与哑铃形试样狭小平行部分宽度和试验长度部分的厚度有关。而哑铃形试样狭小平行部分宽度为给定值。故原始横截面积只与试验长度部分的厚度测量有关。

(2)试样拉断伸长率。

该性能与初始标距和断裂时的伸长有关，因此该项性能测量的准确度与初始标距和断裂时的伸长(或断裂时的标距)的测量误差相关。

上述所列举的影响因素并不完全包括所有影响因素，目前还无法对其影响进行量化。为了使片材拉伸性能测定结果准确，须充分理解、掌握相关标准的试验方法，努力减少上述各种因素的影响。

4.6.2.2　技术建议

1)重视准备工作

在本试验前应该充分做好拉伸性能试验前试样的准备工作。

(1)标记出试样“初始标距”线。

用记号笔标记出试样“初始标距”线。标记线必须醒目，便于“初始标距”的对位与后续的观察。

注：“初始标距”通常是试验前在大变形引伸计上标出并定位。“初始标距”线只是便于对位，所以“初始标距”线可以标记宽、标记醒目。

(2)观察引伸计夹持器(夹头)的跟动情况。

在拉伸试验过程中必须观察大变形引伸计夹持器(夹头)的跟动情况，发现异动时采取相应的处置措施。

(3)标记出试样“狭窄部分长度”线。

用记号笔标记出试样“狭窄部分长度”线。标记线必须醒目，有利于判断试样断裂后的位置。

(4)充分了解所使用的试验仪器、设备输出的试验参数的名称。

在编制、整理试验记录时必须充分了解所使用的试验仪器、设备输出的试验参数的名称，尽量相一致。当名称不一致时，宜在试验记录的备注中说明。

(5)验证试验仪器、设备所使用的软件的符合性。

在拉伸试验前，通过试验样品验证试验仪器、设备所使用的软件输出的试验参数是否符合相关标准和试验要求。必须有试验力、断裂时伸长量参数的输出。

2)掌握试样厚度测量的位置

哑铃形试样厚度测量的测点必须位于试验长度(初始标距)内。

4.6.3 设备统计大数据分析

4.6.3.1 统计情况

本次比对试验有169家试验检测机构参加，所用设备为力学试验机，通过统计力学试验机的生产厂家有44家，其中超过20家使用单位的生产厂家有3家，市场占有率达到60%以上，如表4-27所示。

通过统计力学试验机的生产厂家统计　　表4-27

序号	生产厂家	客户数量(个)	满意率(%)
1	A公司	48	91.7
2	B公司	34	97.1
3	C公司	20	95.0

从表4-27中可见，三家市场占有率较高的生产厂家，满意率均达到了90%以上，说明仪器的性能可靠，出具数据准确。

有个别小众生产厂家出现了满意率低于50%的情况，应予以关注，如表4-28所示。

应予以关注的生产厂家统计　　表4-28

序号	生产厂家	客户数量(个)	满意率(%)
1	D公司	1	0
2	E公司	1	0
3	F公司	1	0
4	X公司	2	50
5	Y公司	4	50
6	Z公司	2	50

4.6.3.2 建议

正确地配置性能良好的检测设备是试验数据准确可靠的基本要求，目前保证方式是从产品标准和检定规程两个标准进行控制和把关。从比对试验的数据汇总来看，市场占有率高的生产厂家设备较为稳定，满意度高，而参差不齐的小众生产厂家设备的稳定性较差，出现数据偏离的概率很高。

（1）应按照产品标准严格把控产品质量。

（2）应重视设备的量值溯源工作，出台符合交通行业要求的行业检定规程，加强设备溯源后的确认工作的有效性。

（3）建立此类设备行业准入短名单，避免小众生产厂家利用低价进入市场，拉低检测质量。

第 5 章　比对试验实例

5.1　2011 年公路工程试验检测机构桥梁板式橡胶支座比对试验实例

5.1.1　前言

本报告是对 BD2011-001 板式橡胶支座力学性能试验(抗压弹性模量、抗剪弹性模量)比对试验计划的组织、结果整理及分析过程的总结,本次比对试验由交通运输部统一部署,委托国家道路及桥梁质量监督检验中心、中国交通建设监理协会试验检测工作委员会具体组织,负责比对试验的实施与协调工作,以及负责样品的制备、均匀性和稳定性检验等工作。各省级交通运输主管部门或质监机构负责本辖区试验检测机构比对试验工作的组织协调和监督。比对试验评价结果部省分享,由部统一公布。

部依据《公路水运工程试验检测管理办法》(交通部令〔2005〕第 12 号)、《利用实验室间比对的能力验证　第 1 部分:能力验证计划的建立和运作》(GB/T 15483.1—1999)的要求运作能力验证计划。

关于选择能力验证计划及能力验证结果利用、CNAS 能力验证领域和频次等相关要求和政策见《能力验证规则》(CNAS-RL02:2007)。

5.1.2　计划的特点

5.1.2.1　目的及意义

比对试验是实验室质量控制和验证的一种重要手段,也是交通行业管理部门对检测机构能力保持情况的一种有效的监督检验方法。通过比对试验可以比较各实验室间检测数据的一致性;可以对实验室自身检测质量及能力作出评价,检查实验室在技术或管理方面存在的问题,以便有针对性提出改进方法和纠正措施,不断提高管理水平和检测质量。实验室通过参加有效的比对试验活动,并获得满意结果,能够增加客户以及相关方对实验室的信任。

目前国内外都把能力验证和比对试验活动作为实验室保证检测质量的有效方法。《能力验证规则》(CNAS-RL02)规定,申请认可和获准认可的实验室必须通过参加能力验证活动证明其技术能力。只有在能力验证活动中表现满意,或对于不满意结果能证明已开展了有效纠正措施的实验室,CNAS 方可受理或予以认可;对于未按规定的频次和领域参加能力验证的获准认可实验室,CNAS 将采取警告、暂停、撤销资格等处理措施。对参加了 CNAS 组织及其承认的能力验证活动且有稳定满意表现的机构,在 CNAS 的各类评审中可适当根据情况简化相关项目的能力确认过程。《能力验证规则》(CNAS-RL02)还规定,对于我国政府部门、行业组织运作的能力验证活动,只要能够证明其运作符合 ISO/IEC 指南 43-1 或 ILAC-G13 要求,CNAS 也予以承认。

抗压弹性模量和抗剪弹性模量是评定板式橡胶支座力学性能非常重要的指标,抗压弹性模量和抗剪弹性模量试验方法是从事公路工程试验检测的综合甲级及桥隧专项资质必备的检测手段。

组织本次比对试验活动有三方面的目的:①了解检测机构能力保持情况;②探索工程制品类检测活动比对试验的组织、样品制备、数据处理的方法;③调研桥梁支座试验检测技术实际实施中的差异情况。

5.1.2.2 参加实验室概述

报名参加本次比对试验计划的检测机构有 108 家,都是获得交通运输行业检测资质的公路工程综合甲级、桥梁隧道专项或其他等级具有支座增项的检测机构。其中有 49 个实验室获得公路工程综合甲级资质,占检测机构的 45%;21 个实验室获得桥隧专项资质,占检测机构的 19%;27 个机构同时具有综合甲级及桥隧专项资质,占检测机构的 25%;11 个机构获得公路工程综合乙级资质而有支座增项,占检测机构的 10%。

5.1.2.3 检测参数及依据

本次比对试验计划中,适应等级标准中对试验机的要求,比对试验样品的制备采用交通行业标准《公路桥梁板式橡胶支座规格系列》(JT/T 663—2006)中的标准规格支座 GYZ250×41(承载力 452kN,数量 36 组,每组 3 块),胶种均为天然胶;生产采用交通行业标准《公路桥梁板式橡胶支座》(JT/T 4—2004)的相关要求制作。计划编号及试样有关信息见表 5-1。

计划编号及试样有关信息表 表 5-1

计划编号	试样编号	型号规格(钢板平面尺寸)(mm)	形状系数 S	中间层橡胶片厚度(mm)	胶层总厚度(mm)	单层钢板厚度(mm)	胶种
BD2011-001	××-1 ~ ××-3	GYZ250×41(ϕ240)	7.50	8	29	3	天然胶
备注	1. 样品规格符合 JT/T 663—2006 标准; 2. 样品生产符合 JT/T 4—2004 标准; 3. ××为分组编号,后面的 1 ~ 3 为组内样品的分编号						

本次计划试验结果处理依据下面条件进行修约:

比对试验结果报告表中的抗压弹性模量试验结果值报出要求:单独报出每个正式加载循环(加载过程应连续进行 3 次)的实测值及 3 次试验的平均值,应精确至 1MPa。比对试验结果报告表中的抗剪弹性模量试验结果值报出要求:单独报出每个正式加载循环(加载过程应连续进行 3 次)的实测值及 3 次试验的平均值,应精确至 0.01MPa。

5.1.2.4 实施进度

(1)本计划于 2011 年 8 月成立项目组,提出了初步设计方案。

(2)2011年9月制备了样品并实施完成了样品的均匀性、重复性试验。

(3)2011年10月开始并完成报名工作。

(4)2011年11月20日前比对承办单位将比对试验计划指导书和试验结果报告表邮寄至各省级质监机构和参加比对的检测机构。

(5)2011年11月30日前将比对试验样品发送至参加比对的首批检测机构。

(6)2012年1月15日前比对承办单位完成比对试验结果及报告收集和整理工作。

(7)2012年2月29日前完成比对结果的统计分析,并广泛征求了专家组成员意见和建议,形成报告,公布比对试验结果。

5.1.2.5 样品描述

本次比对试验计划样品委托已取得公路桥梁支座产品生产许可证的厂家承制。

5.1.2.6 保密

由于为实验室保密,按照报名顺序对每个参加实验室赋予一个代码。在本报告中,凡说明参加实验室的测定结果和能力评价时,均以代码表示。

5.1.3 统计分析的设计、有关的统计量和统计图表

5.1.3.1 统计分析的设计

依据《能力验证结果的统计处理和能力评价指南》(CNAS-GL02),本次比对试验计划对实验室的测定结果采用稳健统计技术处理,由于采用的是中位值和标准化IQR,从而减少了极端结果对平均值和标准偏差的影响。有关统计量的含义规定如下:

结果数——在统计分析中某项测定结果的总数,符号为 N。

中位值——一组按大小顺序排列结果数值的中间值。若 N 为奇数,则 $[X(N+1)]/2$ 的结果数值为中位值;若 N 为偶数,则两个中心值的平均值为中位值,即 $\{[X(N/2)]+[X(N/2)+1]\}/2$。

标准化IQR——对一组按顺序排列的数据,上四分位值 Q_3 与下四分位值 Q_1 之间的差称为四分位差(IQR),即 $IQR = Q_3 - Q_1$。IQR乘以因子0.7413得标准化四分位差(NIQR),它是一个结果变异性的量度,即稳健统计技术处理中用于表示数据分散程度的一个量,其值相当于正态分布中的标准偏差(SD)。

稳健CV——标准化四分位差除以中位值,是变异系数,以百分数表示。

最大值——一组结果中的最高值。

最小值——一组结果中的最低值。

极差——最大值与最小值之间的差值。

因此,实验室比对试验结果的优劣可用 z 比分数表示:

$$z=(结果数-中位值)/标准化IQR$$

5.1.3.2 统计图表的说明

z 比分数柱状图:为了用图像清晰地表示各参加实验室的能力验证结果,将 z 比分数按其

大小顺序排列分别作柱状图,每一个柱状图标有该实验室的代码。

5.1.4 结果的判别和离群值

本次比对试验计划以 z 比分数评价每个参加实验室的试验结果(能力),即:

$|z| \leqslant 2$,为满意结果(满意值)。

$2 < |z| < 3$,为基本满意结果(可疑值)。

$|z| \geqslant 3$,为不满意结果(离群值)。

不满意结果为统计分析中的离群值,基本满意结果为统计分析中的可疑值。在实验室试验结果和统计处理一览表中(见5.1.7.1),凡加 § 处的数值为离群值,即 $|z| \geqslant 3$;加 * 处的数值为可疑值,即 $2 < |z| < 3$。为了准确判定各参加实验室能力,对实验室结果分别进行统计。现将参加统计的104个实验室统计结果汇总,见表5-2~表5-4。

可疑值和离群值的结果统计 表5-2

项目结果	抗压弹性模量试样1 E_1	抗压弹性模量试样2 E_2	抗压弹性模量试样3 E_3	第一对抗剪弹性模量 G_1	第二对抗剪弹性模量 G_2	第三对抗剪弹性模量 G_3
$2 < \|z\| < 3$	—	BM-009	BM-099	BM-012、BM-030、BM-031、BM-053、BM-062、BM-071、BM-075、BM-086、BM-096、BM-100、BM-103	BM-070、BM-103	BM-038、BM-070、BM-103
$\|z\| \geqslant 3$	BM-048、BM-065	BM-048	BM-009、BM-048	—	—	—

各检测机构的比对试验结果统计(共计104个) 表5-3

结果	机构代码	共计(个)	所占比例(%)
含有1个离群值	BM-009、BM-065	2	1.92
含有2个离群值	—	0	0
含有3个离群值	BM-048	1	0.96
含有1个可疑值	BM-009、BM-012、BM-030、BM-031、BM-038、BM-053、BM-062、BM-071、BM-075、BM-086、BM-096、BM-099、BM-100	13	12.5
含有2个可疑值	BM-070	1	0.96
含有3个可疑值	BM-103	1	0.96
无离群值但含有可疑值 $2 < \|z\| < 3$	BM-012、BM-030、BM-031、BM-038、BM-053、BM-062、BM-070、BM-071、BM-075、BM-086、BM-096、BM-099、BM-100、BM-103	14	13.5
含有离群值 $\|z\| \geqslant 3$	BM-009、BM-048、BM-065	3	2.88

各检测机构的比对试验结果 z 比分数汇总 表5-4

机构代码	抗压弹性模量试样1 E_1	抗压弹性模量试样2 E_2	抗压弹性模量试样3 E_3	第一对抗剪弹性模量 G_1	第二对抗剪弹性模量 G_2	第三对抗剪弹性模量 G_3	可疑值(个)	离群值(个)
BM-×××	0.7	0.4	-0.1	-0.7	-0.8	-0.5	0	0
BM-×××	-0.6	-0.4	-0.8	-1.6	-1.4	-1.1	0	0

续上表

机构代码	抗压弹性模量试样 1 E_1	抗压弹性模量试样 2 E_2	抗压弹性模量试样 3 E_3	第一对抗剪弹性模量 G_1	第二对抗剪弹性模量 G_2	第三对抗剪弹性模量 G_3	可疑值（个）	离群值（个）
BM-×××	-1	-1.3	-0.9	0	0.6	0.5	0	0
BM-×××	-0.4	0.4	0.1	-0.4	-0.7	-0.5	0	0
BM-×××	-0.8	-0.4	-1.1	0.7	0.1	-0.7	0	0
BM-×××	1.4	0.8	0	2	1.2	1.4	0	0
BM-×××	1.5	1	0.3	1.3	1.7	1.9	0	0
BM-×××	-0.7	-0.3	-0.6	-1.3	-0.5	-0.4	0	0
BM-×××	-1	-2.8	-3	-0.3	1	1	1	1
BM-×××	1.1	0.5	0.3	0.8	0.1	0.5	0	0
BM-×××	0.5	0.4	-0.2	-1.7	-1.5	-1.9	0	0
BM-×××	0.8	0.3	0.6	2.1	1.6	1.7	1	0
BM-×××	0	-0.4	0.1	-0.9	-0.4	-0.5	0	0
BM-×××	-1	-0.1	0.4	0.4	-0.9	-0.1	0	0
BM-×××	1.7	0.4	0.6	0.3	0.4	0.8	0	0
BM-×××	-0.9	-0.3	-0.2	0.9	0.2	-0.3	0	0
BM-×××	-0.7	-0.1	-0.7	0.5	-0.1	-1.5	0	0
BM-×××	1.3	0.7	0.1	0.3	0.4	0.8	0	0
BM-×××	0.4	0.8	0.7	0.5	0.1	-0.5	0	0
BM-×××	0.7	0	-0.3	0.7	0.5	1.4	0	0
BM-×××	-0.7	-0.4	-0.9	-1.4	-1.2	-0.4	0	0
BM-×××	0.3	-0.2	-0.9	-1.6	-0.9	-0.6	0	0
BM-×××	1.6	0.8	1	0.3	-0.3	-0.2	0	0
BM-×××	0.6	0.8	1	-1.1	-1.4	-1.1	0	0
BM-×××	0.3	-0.2	-0.6	0.3	0.8	1.2	0	0
BM-×××	-0.2	0.5	0.3	-0.5	0.3	0.5	0	0
BM-×××	0.5	0.7	1	2	1.4	1.2	0	0
BM-×××	-0.3	0.4	0.5	-0.4	-0.5	-0.4	0	0
BM-×××	-1.5	-2	-1.8	2.4	1.7	1.6	1	0
BM-×××	0.8	0.9	1.5	2.8	1.7	1.1	1	0
BM-×××	-0.7	-0.6	-0.4	-1.2	-1.3	-1.4	0	0
BM-×××	1.4	1.8	0.7	0	-0.4	1	0	0
BM-×××	-0.8	-0.4	-0.4	-0.9	-0.8	-0.2	0	0
BM-×××	-0.6	-0.6	0	0	0.4	0.6	0	0
BM-×××	0.3	0	-0.4	-1.6	-1.3	-1	0	0
BM-×××	0.3	0.1	0.3	1.2	1	1.2	0	0
BM-×××	1	0.6	0.3	1.7	1.6	2.1	1	0

续上表

机构代码	抗压弹性模量试样1 E_1	抗压弹性模量试样2 E_2	抗压弹性模量试样3 E_3	第一对抗剪弹性模量 G_1	第二对抗剪弹性模量 G_2	第三对抗剪弹性模量 G_3	可疑值（个）	离群值（个）
BM-×××	-0.9	-0.7	-0.8	1.2	1.5	1.3	0	0
BM-×××	0.6	1.8	0.3	-1.2	-0.9	-1.6	0	0
BM-×××	-0.4	-1.2	-1	-0.8	-0.1	-0.1	0	0
BM-×××	0.6	0.4	0.3	-0.7	0.2	0.5	0	0
BM-×××	0.1	-0.6	-0.7	-0.1	0.2	0.5	0	0
BM-×××	0.3	0.3	0.5	0.7	0.5	-0.2	0	0
BM-×××	0.2	-0.7	-1	-0.9	-1.2	-1.2	0	0
BM-×××	1.1	0.9	0.9	-0.3	-0.5	-0.2	0	0
BM-×××	0	1.1	1.1	0.7	1.3	-0.2	0	0
BM-×××	4.9	4	3.9	0.1	-0.2	0.4	0	3
BM-×××	-0.1	-1.3	-2	0	-0.5	-0.5	0	0
BM-×××	-0.7	0.6	1.2	-0.7	-1.6	-0.6	0	0
BM-×××	0	-1	0	-0.3	-0.2	-1	0	0
BM-×××	1.2	1.2	0.5	2.2	1.4	1.6	1	0
BM-×××	-0.6	-1.1	-0.5	-0.8	0.1	1.6	0	0
BM-×××	-0.3	0.1	0.4	1.3	1.7	1.1	0	0
BM-×××	-1	-0.8	-0.8	-0.1	0.4	-0.4	0	0
BM-×××	-1.5	-1	-1.2	-0.3	-0.6	-0.3	0	0
BM-×××	0.8	-0.2	0.1	0.3	0.1	0.3	0	0
BM-×××	0	1.2	1.7	0.3	0.5	-0.1	0	0
BM-×××	0.7	0.4	-0.2	-0.9	-0.8	-0.5	0	0
BM-×××	0.2	1.1	0.1	0.3	0.5	0.5	0	0
BM-×××	0.7	1.6	1.2	-2.2	-1.8	-1.6	1	0
BM-×××	0.4	-1.6	0.2	-1.3	-0.6	-1	0	0
BM-×××	-0.3	-0.2	-0.3	0.7	0.8	0.1	0	0
BM-×××	3.5	1.1	0.8	0.5	0.4	0.6	0	1
BM-×××	-0.6	0.6	-0.6	-0.1	-0.1	-1.2	0	0
BM-×××	-0.8	-0.8	-0.9	0.5	-0.2	0.5	0	0
BM-×××	-0.4	-0.2	-0.1	-1.4	-0.2	0.3	0	0
BM-×××	1	0.3	0.3	-0.1	0.2	0.3	0	0
BM-×××	0.9	0	1.2	-2	-2.3	-2.6	2	0
BM-×××	0.5	0.6	0.2	-2.1	-1.8	-0.6	1	0
BM-×××	-0.8	-0.1	-0.7	-0.3	-0.5	-0.7	0	0
BM-×××	-0.8	-0.4	-1	0.1	0.1	-0.2	0	0
BM-×××	1.9	0.8	1.6	0	0.3	1.4	0	0

续上表

机构代码	抗压弹性模量试样1 E_1	抗压弹性模量试样2 E_2	抗压弹性模量试样3 E_3	第一对抗剪弹性模量 G_1	第二对抗剪弹性模量 G_2	第三对抗剪弹性模量 G_3	可疑值（个）	离群值（个）
BM-×××	-0.2	0.1	-0.8	2.1	-0.3	-0.4	1	0
BM-×××	1.1	1.6	1.5	-0.3	-0.3	-0.8	0	0
BM-×××	-0.7	-0.7	-1	-0.7	0.1	0.8	0	0
BM-×××	-0.9	-1.4	-0.2	0.1	2	1.4	0	0
BM-×××	0.6	0.8	0.8	-1.7	-1	-0.2	0	0
BM-×××	0.5	-1.3	-1.1	1.3	0.7	1	0	0
BM-×××	-0.5	-0.7	0.9	-0.4	-0.2	1	0	0
BM-×××	-0.7	-0.9	-1.4	1.4	0.8	0.8	0	0
BM-×××	1	0.8	-0.2	0.7	0.6	0.8	0	0
BM-×××	-0.5	0.1	-0.7	-1.2	-1	-1.1	0	0
BM-×××	-0.3	0.8	0.5	-1.2	-1	-0.7	0	0
BM-×××	0.2	-1.5	0.2	-2.1	-1.3	-1.4	1	0
BM-×××	-0.8	-0.1	-0.2	1.2	0.6	0.4	0	0
BM-×××	-0.7	-0.7	-2	0.8	-0.1	-0.2	0	0
BM-×××	1.3	0.8	1.3	-0.1	-0.2	-0.3	0	0
BM-×××	0	0.7	0.7	0.3	-0.3	-0.5	0	0
BM-×××	0.5	0.9	0.4	-0.7	-0.3	0.1	0	0
BM-×××	-0.1	-0.5	-1	0.4	0.3	0.6	0	0
BM-×××	-0.3	-0.8	-1.2	1.7	1.4	1.9	0	0
BM-×××	-0.4	0.8	0.5	1.4	1.4	1.4	0	0
BM-×××	0.1	-0.5	-0.8	2.4	1.3	2	1	0
BM-×××	-0.6	-0.6	-1.5	0.4	-1	-0.1	0	0
BM-×××	-1	-0.3	-0.6	-0.5	-1.2	-1.3	0	0
BM-×××	-1	-0.4	-2.1	0	0.1	0.2	1	0
BM-×××	-0.1	-0.8	-1.5	-2.1	-1.4	-1.9	1	0
BM-×××	-0.1	-0.9	-0.6	0	0.2	0.8	0	0
BM-×××	1	1.4	0.7	1.2	1.7	0.6	0	0
BM-×××	-0.9	-1.4	-1.7	2.8	2.1	2.5	3	0
BM-×××	1.7	1.5	0.9	0	-0.6	0.4	0	0
BM-×××	-0.3	0.6	0.3	-0.7	-0.8	0.2	0	0
BM-×××	-1.2	-0.1	-1	1.1	1	1.5	0	0
BM-×××	0.7	1.1	0.8	-1.8	-0.8	-0.5	0	0
可疑值(个)	0	1	1	11	2	3		
离群值(个)	2	1	2	0	0	0		

参加统计的104家检测机构数据中：

试样1抗压弹性模量离群值2家，占总数1.92%，可疑值0家，占总数0%，正常值102

家,占总数98.1%;

试样2抗压弹性模量离群值1家,占总数0.96%,可疑值1家,占总数0.96%,正常值102家,占总数98.1%;

试样3抗压弹性模量离群值2家,占总数1.92%,可疑值1家,占总数0.96%,正常值101家,占总数97.1%。

第一对试样抗剪弹性模量离群值0家,占总数0%,可疑值11家,占总数10.6%,正常值93家,占总数89.4%;

第二对试样抗剪弹性模量离群值0家,占总数0%,可疑值2家,占总数1.92%,正常值102家,占总数98.1%;

第三对试样抗剪弹性模量离群值0家,占总数0%,可疑值3家,占总数2.88%,正常值101家,占总数97.1%。

含有离群值的检测机构3家,占总数2.88%,其中,

含有1个离群值的2家,占总数1.92%;

含有3个离群值的1家,占总数0.96%。

含有可疑值的检测机构15家,占总数14.4%,其中,

含有1个可疑值的13家,占总数12.5%;

含有2个可疑值的1家,占总数0.96%;

含有3个可疑值的1家,占总数0.96%。

其中1个检测机构的数据同时含有1个离群值和1个可疑值。

5.1.5 比对试验技术分析

5.1.5.1 概述

报名参加本次比对试验计划的实验室共计108个,采用交通行业标准《公路桥梁板式橡胶支座》(JT/T 4—2004)规定方法进行试验。各实验室的试验结果和统计处理汇总见表5-5。

各参数的中位值及出现离群值和可疑值的数目统计表 表5-5

项目	抗压弹性模量试样1 E_1	抗压弹性模量试样2 E_2	抗压弹性模量试样3 E_3	第一对抗剪弹性模量 G_1	第二对抗剪弹性模量 G_2	第三对抗剪弹性模量 G_3
中位值	×××	×××	×××	×.××	×.××	×.××
标准化IQR	××.×	××.×	××.×	×.×××	×.×××	×.×××
参加实验室数(个)	104	104	104	104	104	104
可疑值(个)	0	1	1	11	2	3
离群值(个)	2	1	2	0	0	0

在参加比对试验的数据统计的104个实验室中,有87个实验室的结果为满意结果,占所有参加本次比对试验计划实验室的83.7%;存在不同问题的有17个实验室,占所有参加本次比对试验计划实验室的16.3%。

5.1.5.2 实验室结果的主要影响因素分析

抗压弹性模量与抗剪弹性模量是评判板式橡胶支座力学性能的两个主要指标,影响抗压弹性模量与抗剪弹性模量检验结果的因素主要有检测仪器设备、样品准备检测人员以及环境温度等。现将影响板式橡胶支座抗压弹性模量、抗剪弹性模量测定结果准确度的因素归纳为以下 3 大类:

1)仪器设备的配置

(1)选用试验机的量程应与试验支座的型号尺寸、承载能力相匹配,大量程试验机用于做小型支座,而又未采取必要的技术措施加以保证,所带来的偏差过大,导致测试结果的可靠性和准确性大大降低。

(2)试验机本身的整体刚度。例如,试验机上、下承压板的刚度,试验机立柱(或机架)的刚度。

2)计量参数

试验机的准确度级别和位移计的准确度级别带来的误差等,影响抗压弹性模量、抗剪弹性模量测定结果的准确度。

3)试验控制参数

样品存放的环境温度和时间、试验速率、试验机控制模式、试样受力的轴向性、放置位置、试验温度、数据采集与分析技术、不同控制和数据处理软件带来的偏差,以及人为的误差等。

上述所列举的影响因素并不完全包括所有的影响因素,有些影响因素目前还无法进行量化。但为了使性能测定结果准确,重要的是按照标准试验方法的要求进行试验和测量,努力使各种因素的影响减至最小。

抗压弹性模量与抗剪弹性模量试验数据的分布直方图见图 5-1、图 5-2,可以看出其分布基本上符合正态分布特征。具体范围如下:

(1)试样 1 抗压弹性模量直方图显示大部分数据在 279 ~ 327MPa 之间。

(2)第一对抗剪弹性模量直方图显示大部分数据在 0.93 ~ 1.09MPa 之间。

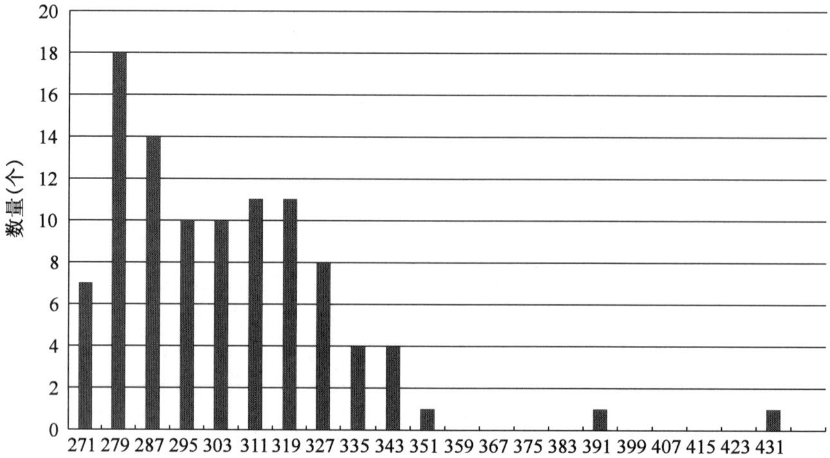

图 5-1 抗压弹性模量直方图

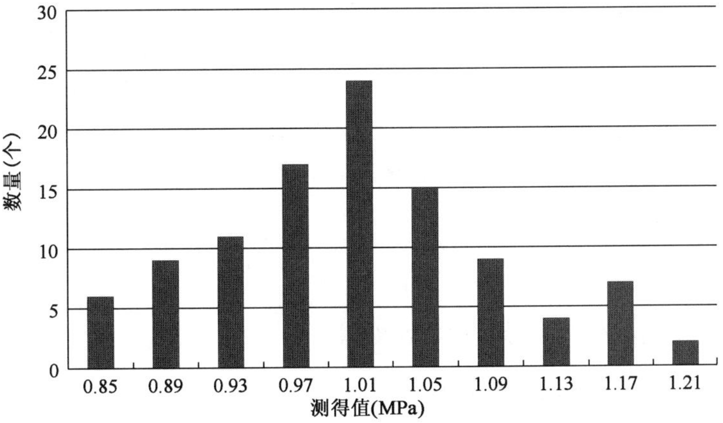

图 5-2 抗剪弹性模量直方图

5.1.5.3 个别离群结果分析

通过对板式橡胶支座力学性能 6 组(抗压弹性模量、抗剪弹性模量各 3 组)试验数据进行统计分析,可以看出,存在不同问题的共有 17 个实验室。其中,2 个实验室的 1 个抗压弹性模量 E 项目存在离群值,1 个实验室的 3 个抗压弹性模量 E 项目存在离群值,11 个实验室的 1 个抗剪弹性模量 G 项目存在可疑值,1 个实验室的 2 个抗剪弹性模量 G 项目存在可疑值,1 个实验室的 3 个抗剪弹性模量 G 项目存在可疑值。上述有 1 个实验室同时存在 1 个抗压弹性模量 E 项目离群值和 1 个抗压弹性模量 E 项目可疑值(表 5-6)。如果一个结果被认为是离群值,这意味着,从统计上看它明显地不同于本组的其他结果。

存在问题的试验数据统计分析　　表 5-6

异常结果属性	只含抗压弹性模量离群值			只含抗压弹性模量可疑值			只含抗剪弹性模量可疑值			含 1 个抗压弹性模量离群值和 1 个抗压弹性模量可疑值
异常结果数量(个)	1	2	3	1	2	3	1	2	3	2
实验室数量(个)	1	0	1	1	0	0	11	1	1	1

受时间和财力所限,本次未对有离群值或可疑值的实验室进行现场检查,只是根据其在本次比对试验结果报告表上的数据,对结果进行分析。

对于实验室内试验误差,主要是由仪器设备和检测人员造成的,可以通过对试验设备进行定期核查和增强试验人员操作熟练程度来减小误差。对于实验室间试验误差,主要是由仪器设备和检测人员以及检测环境产生的,应该对检测仪器设备、环境进行比较,使试验过程及试件环境都严格按有关标准执行,以保证检测结果的准确可靠。

建议试验结果出现可疑值或离群值的实验室应查找原因加以改进,通过测量审核加以验证。

5.1.6 结语

参加实验室比对试验的目的是对实验室综合能力进行考核,包括实验室管理水平、试验机的测试能力、试验员的操作水平以及对标准试验方法的理解力，同时也为行业管理提供了有效的手段和方法。

本次比对试验计划达到了预期目的，比对试验结果基本令人满意。

通过本次组织108家实验室进行板式橡胶支座力学性能比对试验，为今后针对产品类检测开展行业乃至全国性的比对试验计划活动积累了经验。

5.1.7 附件

5.1.7.1 实验室的试验结果和统计处理

抗压弹性模量的试验结果和统计处理见表5-7。抗压弹性模量的 z 比分数柱状图如图5-3～图5-5所示。

抗压弹性模量的试验结果和统计处理　　表5-7

机构代码	E_1 (MPa)	z_1	E_2 (MPa)	z_2	E_3 (MPa)	z_3
BM-×××	×××	0.7	×××	0.4	×××	-0.1
BM-×××	×××	-0.6	×××	-0.4	×××	-0.8
BM-×××	×××	-1	×××	-1.3	×××	-0.9
BM-×××	×××	-0.4	×××	0.4	×××	0.1
BM-×××	×××	-0.8	×××	-0.4	×××	-1.1
BM-×××	×××	1.4	×××	0.8	×××	0
BM-×××	×××	1.5	×××	1	×××	0.3
BM-×××	×××	-0.7	×××	-0.3	×××	-0.6
BM-×××	×××	-1	×××	* -2.8	×××	§ -3
BM-×××	×××	1.1	×××	0.5	×××	0.3
BM-×××	×××	0.5	×××	0.4	×××	-0.2
BM-×××	×××	0.8	×××	0.3	×××	0.6
BM-×××	×××	0	×××	-0.4	×××	0.1
BM-×××	×××	-1	×××	-0.1	×××	0.4
BM-×××	×××	1.7	×××	0.4	×××	0.6
BM-×××	×××	-0.9	×××	-0.3	×××	-0.2
BM-×××	×××	-0.7	×××	-0.1	×××	-0.7
BM-×××	×××	1.3	×××	0.7	×××	0.1
BM-×××	×××	0.4	×××	0.8	×××	0.7
BM-×××	×××	0.7	×××	0	×××	-0.3
BM-×××	×××	-0.7	×××	-0.4	×××	-0.9

续上表

机构代码	E_1 (MPa)	z_1	E_2 (MPa)	z_2	E_3 (MPa)	z_3
BM-×××	×××	0.3	×××	-0.2	×××	-0.9
BM-×××	×××	1.6	×××	0.8	×××	1
BM-×××	×××	0.6	×××	0.8	×××	1
BM-×××	×××	0.3	×××	-0.2	×××	-0.6
BM-×××	×××	-0.2	×××	0.5	×××	0.3
BM-×××	×××	0.5	×××	0.7	×××	1
BM-×××	×××	-0.3	×××	0.4	×××	0.5
BM-×××	×××	-1.5	×××	-2	×××	-1.8
BM-×××	×××	0.8	×××	0.9	×××	1.5
BM-×××	×××	-0.7	×××	-0.6	×××	-0.4
BM-×××	×××	1.4	×××	1.8	×××	0.7
BM-×××	×××	-0.8	×××	-0.4	×××	-0.4
BM-×××	×××	-0.6	×××	-0.6	×××	0
BM-×××	×××	0.3	×××	0	×××	-0.4
BM-×××	×××	0.3	×××	0.1	×××	0.3
BM-×××	×××	1	×××	0.6	×××	0.3
BM-×××	×××	-0.9	×××	-0.7	×××	-0.8
BM-×××	×××	0.6	×××	1.8	×××	0.3
BM-×××	×××	-0.4	×××	-1.2	×××	-1
BM-×××	×××	0.6	×××	0.4	×××	0.3
BM-×××	×××	0.1	×××	-0.6	×××	-0.7
BM-×××	×××	0.3	×××	0.3	×××	0.5
BM-×××	×××	0.2	×××	-0.7	×××	-1
BM-×××	×××	1.1	×××	0.9	×××	0.9
BM-×××	×××	0	×××	1.1	×××	1.1
BM-×××	×××	§4.9	×××	§4	×××	§3.9
BM-×××	×××	-0.1	×××	-1.3	×××	-2
BM-×××	×××	-0.7	×××	0.6	×××	1.2
BM-×××	×××	0	×××	-1	×××	0
BM-×××	×××	1.2	×××	1.2	×××	0.5
BM-×××	×××	-0.6	×××	-1.1	×××	-0.5

续上表

机构代码	E_1 (MPa)	z_1	E_2 (MPa)	z_2	E_3 (MPa)	z_3
BM-×××	×××	-0.3	×××	0.1	×××	0.4
BM-×××	×××	-1	×××	-0.8	×××	-0.8
BM-×××	×××	-1.5	×××	-1	×××	-1.2
BM-×××	×××	0.8	×××	-0.2	×××	0.1
BM-×××	×××	0	×××	1.2	×××	1.7
BM-×××	×××	0.7	×××	0.4	×××	-0.2
BM-×××	×××	0.2	×××	1.1	×××	0.1
BM-×××	×××	0.7	×××	1.6	×××	1.2
BM-×××	×××	0.4	×××	-1.6	×××	0.2
BM-×××	×××	-0.3	×××	-0.2	×××	-0.3
BM-×××	×××	§3.5	×××	1.1	×××	0.8
BM-×××	×××	-0.6	×××	0.6	×××	-0.6
BM-×××	×××	-0.8	×××	-0.8	×××	-0.9
BM-×××	×××	-0.4	×××	-0.2	×××	-0.1
BM-×××	×××	1	×××	0.3	×××	0.3
BM-×××	×××	0.9	×××	0	×××	1.2
BM-×××	×××	0.5	×××	0.6	×××	0.2
BM-×××	×××	-0.8	×××	-0.1	×××	-0.7
BM-×××	×××	-0.8	×××	-0.4	×××	-1
BM-×××	×××	1.9	×××	0.8	×××	1.6
BM-×××	×××	-0.2	×××	0.1	×××	-0.8
BM-×××	×××	1.1	×××	1.6	×××	1.5
BM-×××	×××	-0.7	×××	-0.7	×××	-1
BM-×××	×××	-0.9	×××	-1.4	×××	-0.2
BM-×××	×××	0.6	×××	0.8	×××	0.8
BM-×××	×××	0.5	×××	-1.3	×××	-1.1
BM-×××	×××	-0.5	×××	-0.7	×××	0.9
BM-×××	×××	-0.7	×××	-0.9	×××	-1.4
BM-×××	×××	1	×××	0.8	×××	-0.2
BM-×××	×××	-0.5	×××	0.1	×××	-0.7
BM-×××	×××	-0.3	×××	0.8	×××	0.5

续上表

机构代码	E_1 (MPa)	z_1	E_2 (MPa)	z_2	E_3 (MPa)	z_3
BM-×××	×××	0.2	×××	-1.5	×××	0.2
BM-×××	×××	-0.8	×××	-0.1	×××	-0.2
BM-×××	×××	-0.7	×××	-0.7	×××	-2
BM-×××	×××	1.3	×××	0.8	×××	1.3
BM-×××	×××	0	×××	0.7	×××	0.7
BM-×××	×××	0.5	×××	0.9	×××	0.4
BM-×××	×××	-0.1	×××	-0.5	×××	-1
BM-×××	×××	-0.3	×××	-0.8	×××	-1.2
BM-×××	×××	-0.4	×××	0.8	×××	0.5
BM-×××	×××	0.1	×××	-0.5	×××	-0.8
BM-×××	×××	-0.6	×××	-0.6	×××	-1.5
BM-×××	×××	-1	×××	-0.3	×××	-0.6
BM-×××	×××	-1	×××	-0.4	×××	* -2.1
BM-×××	×××	-0.1	×××	-0.8	×××	-1.5
BM-×××	×××	-0.1	×××	-0.9	×××	-0.6
BM-×××	×××	1	×××	1.4	×××	0.7
BM-×××	×××	-0.9	×××	-1.4	×××	-1.7
BM-×××	×××	1.7	×××	1.5	×××	0.9
BM-×××	×××	-0.3	×××	0.6	×××	0.3
BM-×××	×××	-1.2	×××	-0.1	×××	-1
BM-×××	×××	0.7	×××	1.1	×××	0.8
结果数		104		104		104
中位值	×××		×××		×××	
标准化 IQR		××.×		××.×		××.×
稳健 CV(%)		×.×		×.×		×.×
最小值	259		244		248	
最大值	430		422		443	
变动范围	×××		×××		×××	

注:1. 加 § 处的数值为离群值,即 $|z| \geq 3$;加 * 处的数值为可疑值,即 $2 < |z| < 3$。

2. 抗压弹性模量数据是经过修正后的统计值。

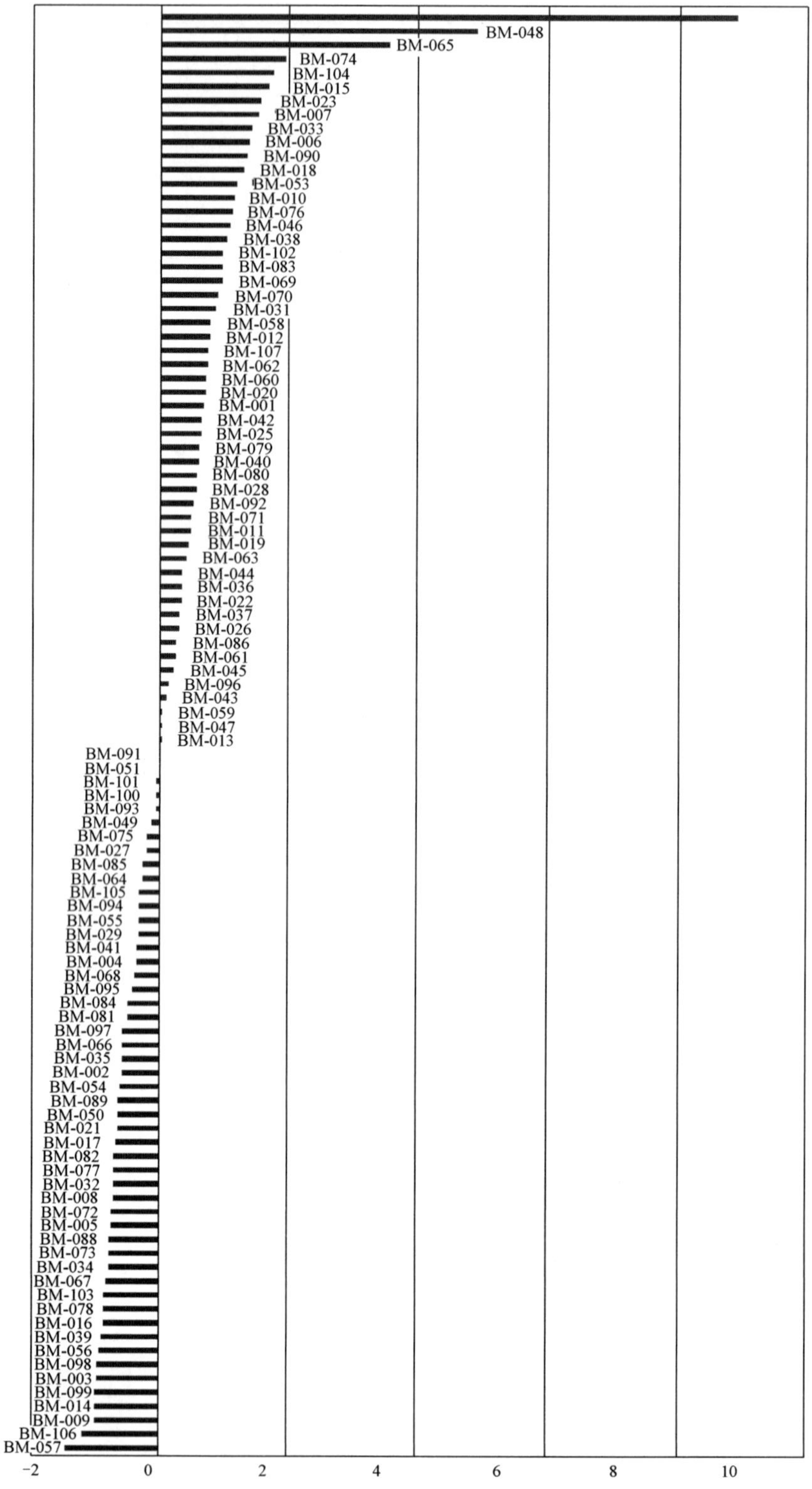

图 5-3　抗压弹性模量 E_1 的 z 比分数柱状图

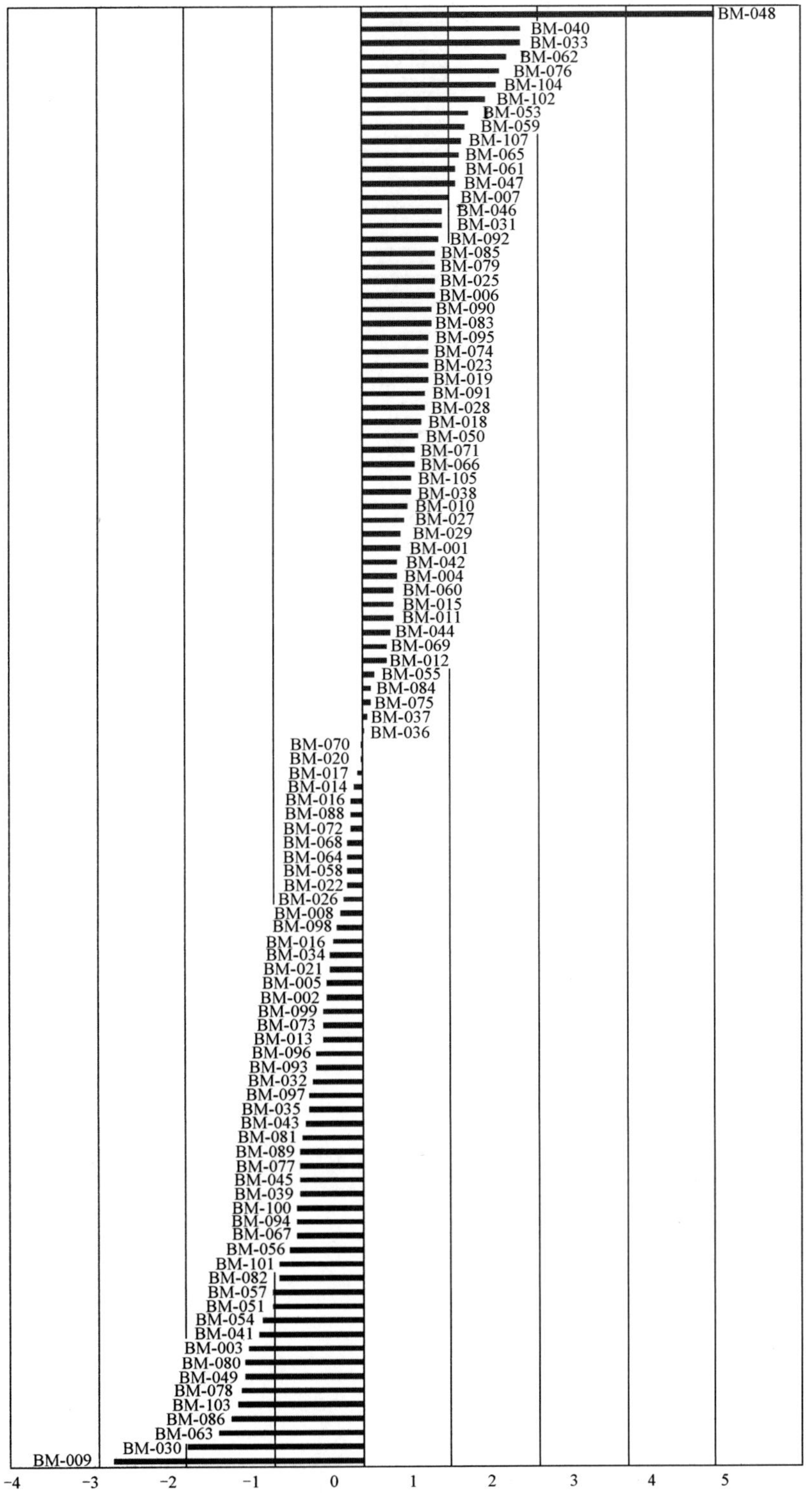

图 5-4 抗压弹性模量 E_2 的 z 比分数柱状图

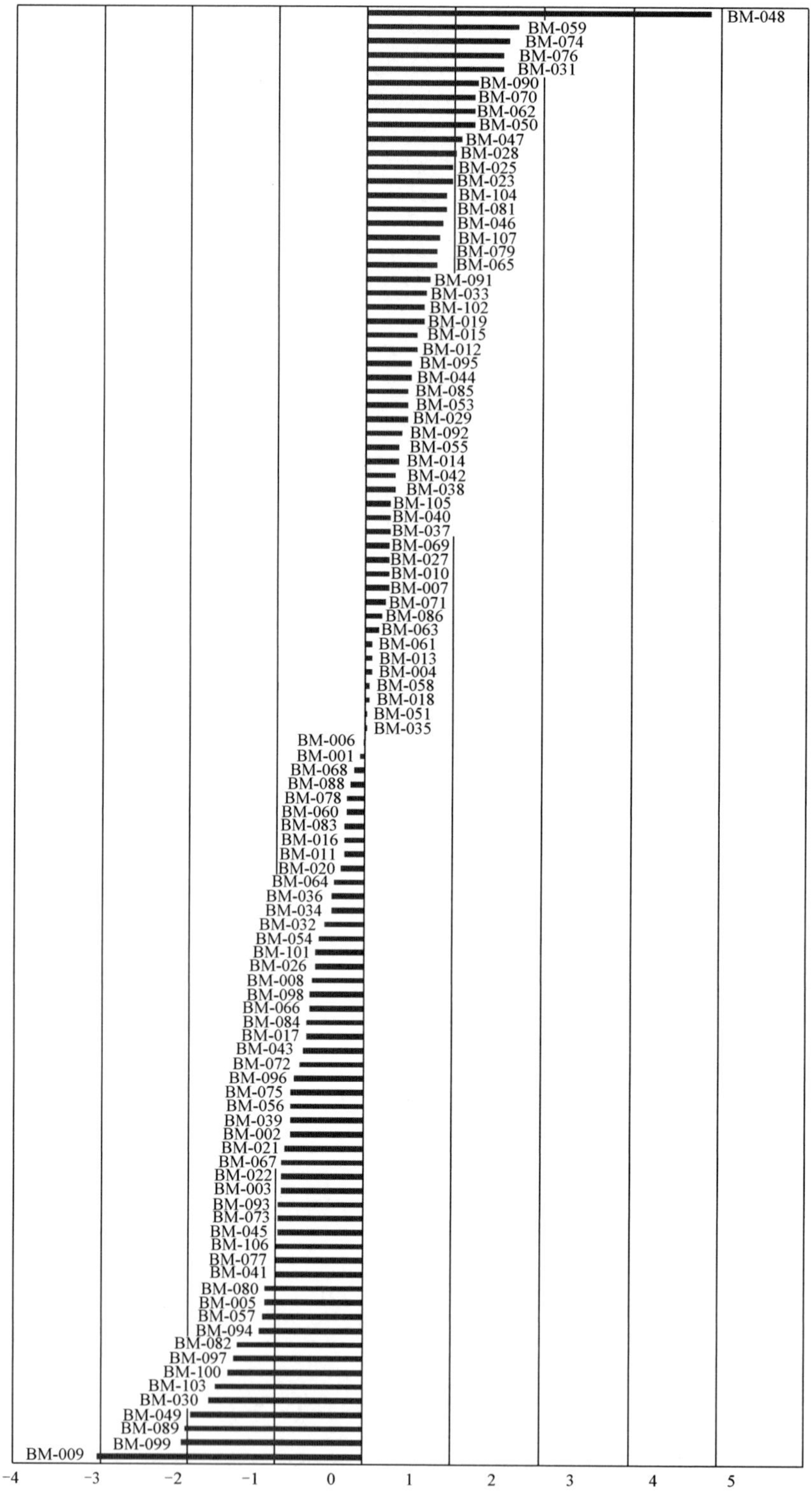

图 5-5　抗压弹性模量 E_3 的 z 比分数柱状图

抗剪弹性模量的试验结果和统计处理见表5-8，抗剪弹性模量的 z 比分数柱状图如图5-6～图5-8所示。

抗剪弹性模量的试验结果和统计处理 表5-8

机构代码	G_1 (MPa)	z_1	G_2 (MPa)	z_2	G_3 (MPa)	z_3
BM-×××	×.××	-0.7	×.××	-0.8	×.××	-0.5
BM-×××	×.××	-1.6	×.××	-1.4	×.××	-1.1
BM-×××	×.××	0	×.××	0.6	×.××	0.5
BM-×××	×.××	-0.4	×.××	-0.7	×.××	-0.5
BM-×××	×.××	0.7	×.××	0.1	×.××	-0.7
BM-×××	×.××	2	×.××	1.2	×.××	1.4
BM-×××	×.××	1.3	×.××	1.7	×.××	1.9
BM-×××	×.××	-1.3	×.××	-0.5	×.××	-0.4
BM-×××	×.××	-0.3	×.××	1	×.××	1
BM-×××	×.××	0.8	×.××	0.1	×.××	0.5
BM-×××	×.××	-1.7	×.××	-1.5	×.××	-1.9
BM-×××	×.××	*2.1	×.××	1.6	×.××	1.7
BM-×××	×.××	-0.9	×.××	-0.4	×.××	-0.5
BM-×××	×.××	0.4	×.××	-0.9	×.××	-0.1
BM-×××	×.××	0.3	×.××	0.4	×.××	0.8
BM-×××	×.××	0.9	×.××	0.2	×.××	-0.3
BM-×××	×.××	0.5	×.××	-0.1	×.××	-1.5
BM-×××	×.××	0.3	×.××	0.4	×.××	0.8
BM-×××	×.××	0.5	×.××	0.1	×.××	-0.5
BM-×××	×.××	0.7	×.××	0.5	×.××	1.4
BM-×××	×.××	-1.4	×.××	-1.2	×.××	-0.4
BM-×××	×.××	-1.6	×.××	-0.9	×.××	-0.6
BM-×××	×.××	0.3	×.××	-0.3	×.××	-0.2
BM-×××	×.××	-1.1	×.××	-1.4	×.××	-1.1
BM-×××	×.××	0.3	×.××	0.8	×.××	1.2
BM-×××	×.××	-0.5	×.××	0.3	×.××	0.5
BM-×××	×.××	2	×.××	1.4	×.××	1.2
BM-×××	×.××	-0.4	×.××	-0.5	×.××	-0.4
BM-×××	×.××	*2.4	×.××	1.7	×.××	1.6
BM-×××	×.××	*2.8	×.××	1.7	×.××	1.1
BM-×××	×.××	-1.2	×.××	-1.3	×.××	-1.4
BM-×××	×.××	0	×.××	-0.4	×.××	1
BM-×××	×.××	-0.9	×.××	-0.8	×.××	-0.2
BM-×××	×.××	0	×.××	0.4	×.××	0.6
BM-×××	×.××	-1.6	×.××	-1.3	×.××	-1
BM-×××	×.××	1.2	×.××	1	×.××	1.2

续上表

机构代码	G_1 (MPa)	z_1	G_2 (MPa)	z_2	G_3 (MPa)	z_3
BM-×××	×.××	1.7	×.××	1.6	×.××	*2.1
BM-×××	×.××	1.2	×.××	1.5	×.××	1.3
BM-×××	×.××	-1.2	×.××	-0.9	×.××	-1.6
BM-×××	×.××	-0.8	×.××	-0.1	×.××	-0.1
BM-×××	×.××	-0.7	×.××	0.2	×.××	0.5
BM-×××	×.××	-0.1	×.××	0.2	×.××	0.5
BM-×××	×.××	0.7	×.××	0.5	×.××	-0.2
BM-×××	×.××	-0.9	×.××	-1.2	×.××	-1.2
BM-×××	×.××	-0.3	×.××	-0.5	×.××	-0.2
BM-×××	×.××	0.7	×.××	1.3	×.××	-0.2
BM-×××	×.××	0.1	×.××	-0.2	×.××	0.4
BM-×××	×.××	0	×.××	-0.5	×.××	-0.5
BM-×××	×.××	-0.7	×.××	-1.6	×.××	-0.6
BM-×××	×.××	-0.3	×.××	-0.2	×.××	-1
BM-×××	×.××	*2.2	×.××	1.4	×.××	1.6
BM-×××	×.××	-0.8	×.××	0.1	×.××	1.6
BM-×××	×.××	1.3	×.××	1.7	×.××	1.1
BM-×××	×.××	-0.1	×.××	0.4	×.××	-0.4
BM-×××	×.××	-0.3	×.××	-0.6	×.××	-0.3
BM-×××	×.××	0.3	×.××	0.1	×.××	0.3
BM-×××	×.××	0.3	×.××	0.5	×.××	-0.1
BM-×××	×.××	-0.9	×.××	-0.8	×.××	-0.5
BM-×××	×.××	0.3	×.××	0.5	×.××	0.5
BM-×××	×.××	* -2.2	×.××	-1.8	×.××	-1.6
BM-×××	×.××	-1.3	×.××	-0.6	×.××	-1
BM-×××	×.××	0.7	×.××	0.8	×.××	0.1
BM-×××	×.××	0.5	×.××	0.4	×.××	0.6
BM-×××	×.××	-0.1	×.××	-0.1	×.××	-1.2
BM-×××	×.××	0.5	×.××	-0.2	×.××	0.5
BM-×××	×.××	-1.4	×.××	-0.2	×.××	0.3
BM-×××	×.××	-0.1	×.××	0.2	×.××	0.3
BM-×××	×.××	-2	×.××	* -2.3	×.××	* -2.6
BM-×××	×.××	* -2.1	×.××	-1.8	×.××	-0.6
BM-×××	×.××	-0.3	×.××	-0.5	×.××	-0.7
BM-×××	×.××	0.1	×.××	0.1	×.××	-0.2
BM-×××	×.××	0	×.××	0.3	×.××	1.4
BM-×××	×.××	*2.1	×.××	-0.3	×.××	-0.4
BM-×××	×.××	-0.3	×.××	-0.3	×.××	-0.8

续上表

机构代码	G_1 (MPa)	z_1	G_2 (MPa)	z_2	G_3 (MPa)	z_3
BM-×××	×.××	-0.7	×.××	0.1	×.××	0.8
BM-×××	×.××	0.1	×.××	2	×.××	1.4
BM-×××	×.××	-1.7	×.××	-1	×.××	-0.2
BM-×××	×.××	1.3	×.××	0.7	×.××	1
BM-×××	×.××	-0.4	×.××	-0.2	×.××	1
BM-×××	×.××	1.4	×.××	0.8	×.××	0.8
BM-×××	×.××	0.7	×.××	0.6	×.××	0.8
BM-×××	×.××	-1.2	×.××	-1	×.××	-1.1
BM-×××	×.××	-1.2	×.××	-1	×.××	-0.7
BM-×××	×.××	*-2.1	×.××	-1.3	×.××	-1.4
BM-×××	×.××	1.2	×.××	0.6	×.××	0.4
BM-×××	×.××	0.8	×.××	-0.1	×.××	-0.2
BM-×××	×.××	-0.1	×.××	-0.2	×.××	-0.3
BM-×××	×.××	0.3	×.××	-0.3	×.××	-0.5
BM-×××	×.××	-0.7	×.××	-0.3	×.××	0.1
BM-×××	×.××	0.4	×.××	0.3	×.××	0.6
BM-×××	×.××	1.7	×.××	1.4	×.××	1.9
BM-×××	×.××	1.4	×.××	1.4	×.××	1.4
BM-×××	×.××	*2.4	×.××	1.3	×.××	2
BM-×××	×.××	0.4	×.××	-1	×.××	-0.1
BM-×××	×.××	-0.5	×.××	-1.2	×.××	-1.3
BM-×××	×.××	0	×.××	0.1	×.××	0.2
BM-×××	×.××	*-2.1	×.××	-1.4	×.××	-1.9
BM-×××	×.××	0	×.××	0.2	×.××	0.8
BM-×××	×.××	1.2	×.××	1.7	×.××	0.6
BM-×××	×.××	*2.8	×.××	*2.1	×.××	*2.5
BM-×××	×.××	0	×.××	-0.6	×.××	0.4
BM-×××	×.××	-0.7	×.××	-0.8	×.××	0.2
BM-×××	×.××	1.1	×.××	1	×.××	1.5
BM-×××	×.××	-1.8	×.××	-0.8	×.××	-0.5
结果数		104		104		104
中位值	×.××		×.××		×.××	
标准化 IQR		×.××		×.××		×.××
稳健 CV(%)		×.××		×.××		×.××
最小值	0.84		0.82		0.76	
最大值	1.22		1.22		1.22	
变动范围	×.××		×.××		×.××	

注:1. 加 § 处的数值为离群值,即 $|z| \geq 3$;加 * 处的数值为可疑值,即 $2 < |z| < 3$。

2. 抗剪弹性模量数据是经过修正后的统计值。

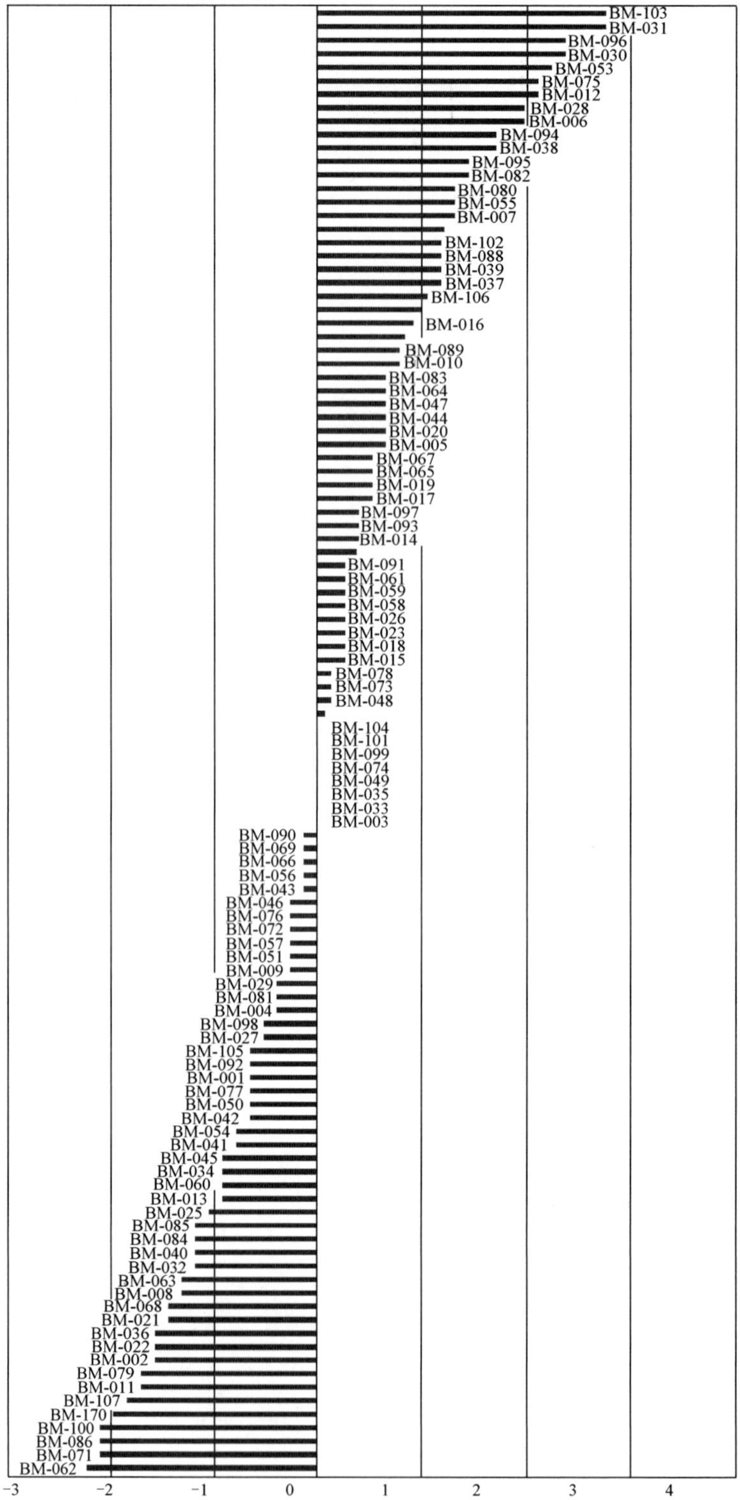

图 5-6　抗剪弹性模量 G_1 的 z 比分数柱状图

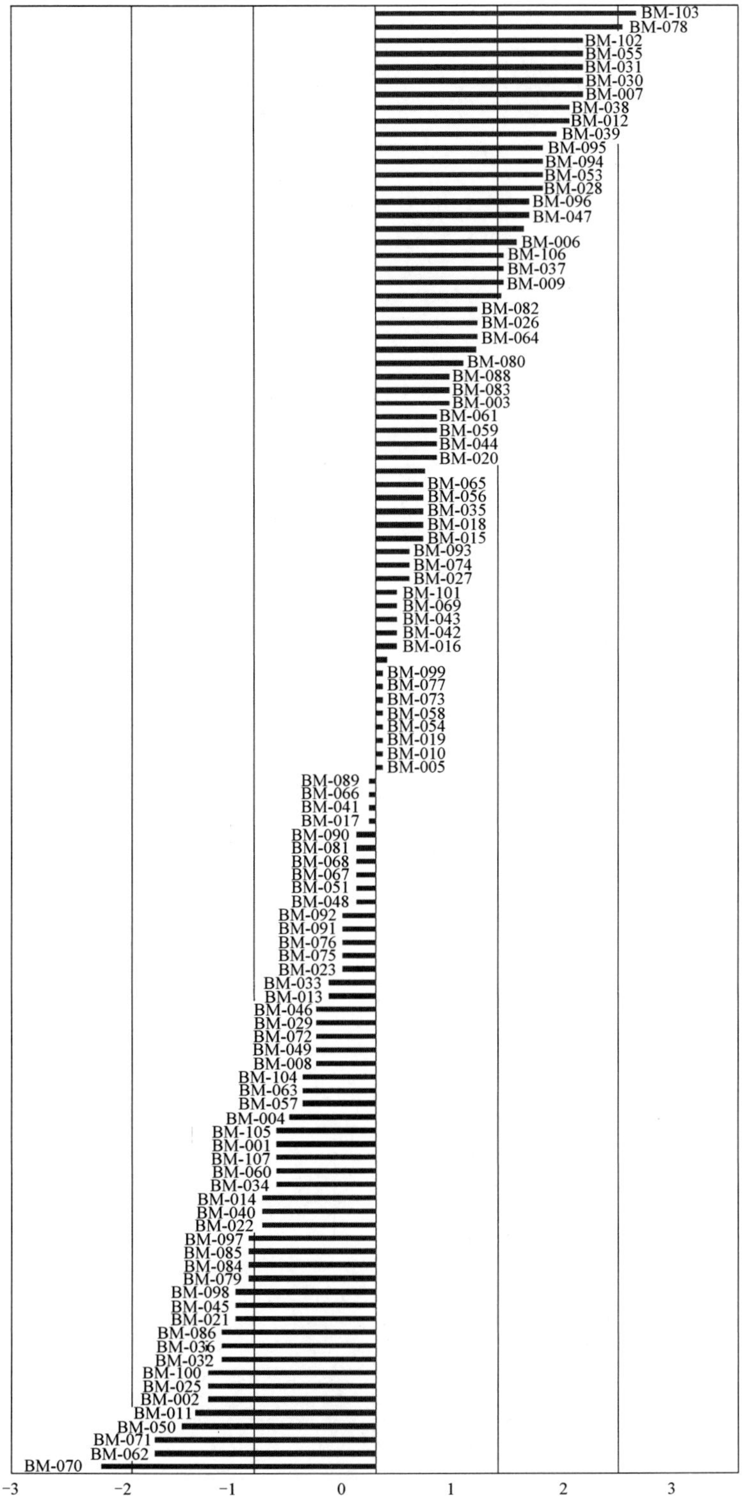

图 5-7　抗剪弹性模量 G_2 的 z 比分数柱状图

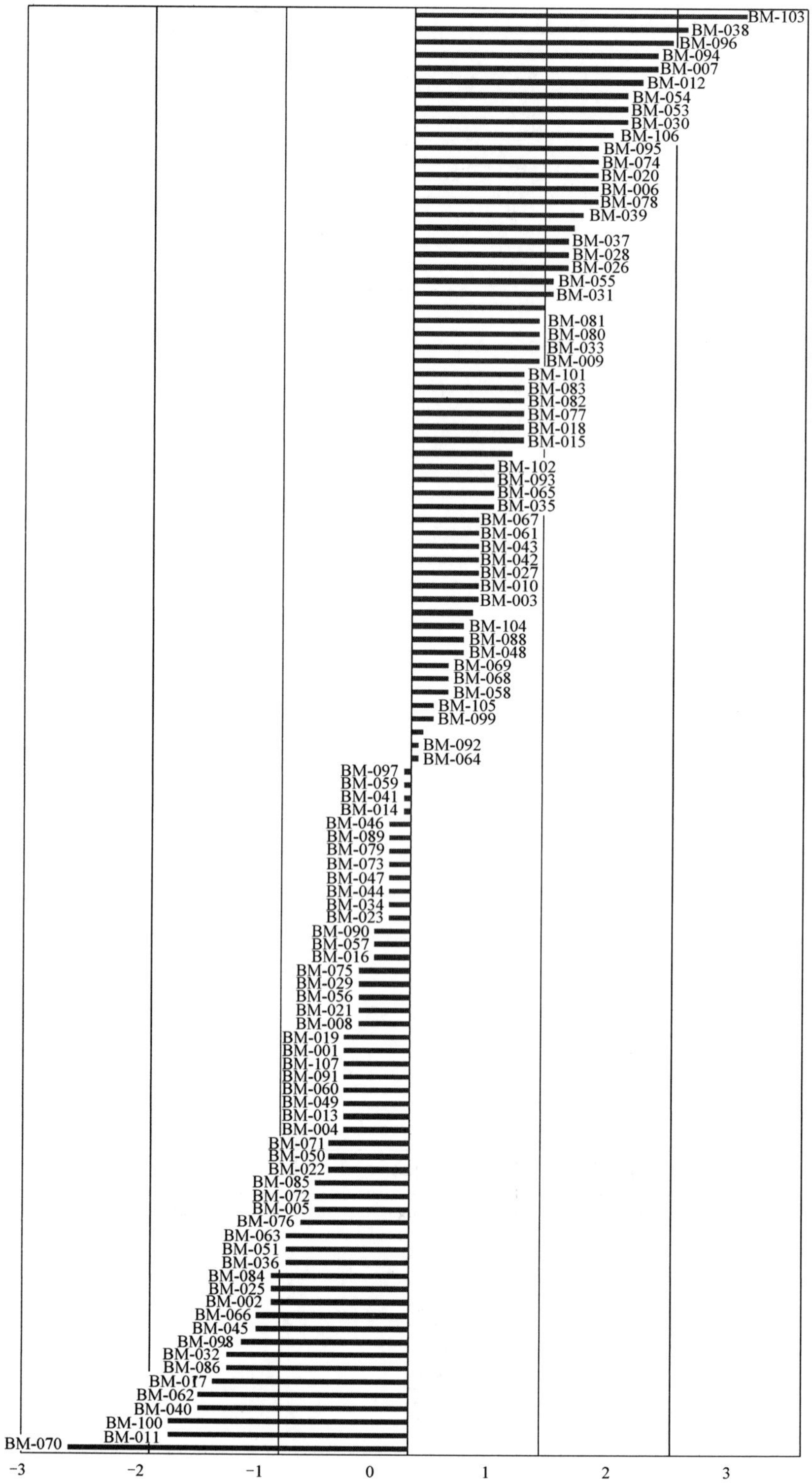

图 5-8 抗剪弹性模量 G_3 的 z 比分数柱状图

5.1.7.2　均匀性试验结果统计表

BD2011-001 抗压弹性模量均匀性试验结果及分组见表 5-9 ~ 表 5-11。BD2011-001 抗剪弹性模量计算值见表 5-12 ~ 表 5-14。

BD2011-001 抗压弹性模量均匀性试验结果及分组(一)　　表 5-9

分组号	试样编号（1号样品）	试样原编号（流水号）	抗压弹性模量参考值（MPa）	抗压弹性模量算术平均值（MPa）
1	1-1	42	341	358
2	2-1	80	341	
3	3-1	31	342	
4	4-1	41	343	
5	5-1	82	343	
6	6-1	44	346	
7	7-1	51	346	
8	8-1	8	349	
9	9-1	81	349	
10	10-1	117	349	
11	11-1	87	350	
12	12-1	126	350	
13	13-1	147	350	
14	14-1	9	352	
15	15-1	78	352	
16	16-1	145	354	
17	17-1	77	355	
18	18-1	26	357	
19	19-1	103	357	
20	20-1	146	357	
21	21-1	144	358	
22	22-1	98	360	
23	23-1	46	361	
24	24-1	6	362	
25	25-1	45	362	
26	26-1	149	362	
27	27-1	30	363	
28	28-1	34	363	
29	29-1	10	364	

续上表

分组号	试样编号（1号样品）	试样原编号（流水号）	抗压弹性模量参考值（MPa）	抗压弹性模量算术平均值（MPa）
30	30-1	148	364	358
31	31-1	25	365	
32	32-1	123	365	
33	33-1	129	365	
34	34-1	2	366	
35	35-1	139	366	
36	36-1	14	367	
37	37-1	52	367	
38	38-1	84	367	
39	39-1	150	368	
40	40-1	95	369	
41	41-1	99	369	
42	42-1	12	370	
43	43-1	27	370	
44	44-1	58	370	
45	45-1	63	371	

BD2011-001 抗压弹性模量均匀性试验结果及分组（二） 表5-10

分组号	试样编号（2号样品）	试样原编号（流水号）	抗压弹性模量参考值（MPa）	抗压弹性模量算术平均值（MPa）	抗压弹性模量修正值（MPa）
1	1-2	61	372	381	+9
2	2-2	124	373		+8
3	3-2	68	374		+7
4	4-2	141	375		+6
5	5-2	15	376		+5
6	6-2	20	376		+5
7	7-2	50	376		+5
8	8-2	56	376		+5
9	9-2	110	376		+5
10	10-2	140	376		+5
11	11-2	3	377		+4
12	12-2	4	377		+4
13	13-2	62	378		+3
14	14-2	64	378		+3
15	15-2	5	379		+2

续上表

分　组　号	试样编号（2号样品）	试样原编号（流水号）	抗压弹性模量参考值（MPa）	抗压弹性模量算术平均值（MPa）	抗压弹性模量修正值（MPa）
16	16-2	69	379	381	+2
17	17-2	118	379		+2
18	18-2	125	379		+2
19	19-2	11	380		+1
20	20-2	13	380		+1
21	21-2	33	380		+1
22	22-2	24	381		+0
23	23-2	57	381		+0
24	24-2	79	381		+0
25	25-2	109	381		+0
26	26-2	36	382		-1
27	27-2	54	382		-1
28	28-2	93	382		-1
29	29-2	38	383		-2
30	30-2	92	383		-2
31	31-2	65	384		-3
32	32-2	71	384		-3
33	33-2	108	384		-3
34	34-2	17	385		-4
35	35-2	28	385		-4
36	36-2	35	385		-4
37	37-2	66	385		-4
38	38-2	70	386		-5
39	39-2	121	386		-5
40	40-2	114	387		-6
41	41-2	138	387		-6
42	42-2	73	388		-7
43	43-2	1	389		-8
44	44-2	96	389		-8
45	45-2	59	390		-9

BD2011-001 抗压弹性模量均匀性试验结果及分组(三) 表 5-11

分组号	试样编号(3号样品)	试样原编号(流水号)	抗压弹性模量参考值(MPa)	抗压弹性模量算术平均值(MPa)	抗压弹性模量修正值(MPa)
1	1-3	101	390	403	+13
2	2-3	111	390		+13
3	3-3	131	390		+13
4	4-3	75	392		+11
5	5-3	136	392		+11
6	6-3	132	393		+10
7	7-3	72	395		+8
8	8-3	122	396		+7
9	9-3	135	396		+7
10	10-3	19	397		+6
11	11-3	29	397		+6
12	12-3	76	397		+6
13	13-3	94	397		+6
14	14-3	105	398		+5
15	15-3	37	399		+4
16	16-3	39	399		+4
17	17-3	55	399		+4
18	18-3	127	399		+4
19	19-3	130	400		+3
20	20-3	106	402		+1
21	21-3	128	402		+1
22	22-3	134	402		+1
23	23-3	22	403		+0
24	24-3	47	403		+0
25	25-3	48	403		+0
26	26-3	100	403		+0
27	27-3	21	404		-1
28	28-3	43	404		-1
29	29-3	60	404		-1
30	30-3	7	405		-2
31	31-3	53	405		-2
32	32-3	112	406		-3
33	33-3	133	406		-3
34	34-3	113	407		-4

续上表

分　组　号	试样编号（3号样品）	试样原编号（流水号）	抗压弹性模量参考值(MPa)	抗压弹性模量算术平均值(MPa)	抗压弹性模量修正值(MPa)
35	35-3	143	407	403	-4
36	36-3	74	408		-5
37	37-3	107	409		-6
38	38-3	16	411		-8
39	39-3	104	412		-9
40	40-3	102	413		-10
41	41-3	32	415		-12
42	42-3	67	417		-14
43	43-3	137	418		-15
44	44-3	120	423		-20
45	45-3	18	424		-21

BD2011-001 抗剪弹性模量计算值(一)　　表5-12

分　组　号	试样编号（1号样品与2号样品）	试样原编号（流水号）	抗剪弹性模量参考值(MPa)	抗剪弹性模量算术平均值(MPa)	抗剪弹性模量修正值(MPa)
1	1-1/1-2	—	1.17	1.22	+0.05
2	2-1/2-2	—	1.18		+0.04
3	3-1/3-2	—	1.18		+0.04
4	4-1/4-2	—	1.18		+0.04
5	5-1/5-2	—	1.18		+0.04
6	6-1/6-2	—	1.19		+0.03
7	7-1/7-2	—	1.19		+0.03
8	8-1/8-2	—	1.19		+0.03
9	9-1/9-2	—	1.19		+0.03
10	10-1/10-2	—	1.19		+0.03
11	11-1/11-2	—	1.20		+0.02
12	12-1/12-2	—	1.20		+0.02
13	13-1/13-2	—	1.20		+0.02
14	14-1/14-2	—	1.20		+0.02
15	15-1/15-2	—	1.20		+0.02
16	16-1/16-2	—	1.21		+0.01
17	17-1/17-2	—	1.21		+0.01
18	18-1/18-2	—	1.21		+0.01
19	19-1/19-2	—	1.21		+0.01

续上表

分　组　号	试样编号（1 号样品与 2 号样品）	试样原编号（流水号）	抗剪弹性模量参考值(MPa)	抗剪弹性模量算术平均值(MPa)	抗剪弹性模量修正值(MPa)
20	20-1/20-2	—	1.21	1.22	+0.01
21	21-1/21-2	—	1.21		+0.01
22	22-1/22-2	—	1.22		+0.00
23	23-1/23-2	—	1.22		+0.00
24	24-1/24-2	—	1.22		+0.00
25	25-1/25-2	—	1.22		+0.00
26	26-1/26-2	—	1.22		+0.00
27	27-1/27-2	—	1.23		-0.01
28	28-1/28-2	—	1.23		-0.01
29	29-1/29-2	—	1.23		-0.01
30	30-1/30-2	—	1.23		-0.01
31	31-1/31-2	—	1.23		-0.01
32	32-1/32-2	—	1.23		-0.01
33	33-1/33-2	—	1.23		-0.01
34	34-1/34-2	—	1.24		-0.02
35	35-1/35-2	—	1.24		-0.02
36	36-1/36-2	—	1.24		-0.02
37	37-1/37-2	—	1.24		-0.02
38	38-1/38-2	—	1.24		-0.02
39	39-1/39-2	—	1.24		-0.02
40	40-1/40-2	—	1.24		-0.02
41	41-1/41-2	—	1.24		-0.02
42	42-1/42-2	—	1.25		-0.03
43	43-1/43-2	—	1.25		-0.03
44	44-1/44-2	—	1.25		-0.03
45	45-1/45-2	—	1.25		-0.03

BD2011-001 抗剪弹性模量计算值(二)　　表 5-13

分　组　号	试样编号（3 号样品与 1 号样品）	试样原编号（流水号）	抗剪弹性模量参考值(MPa)	抗剪弹性模量算术平均值(MPa)	抗剪弹性模量修正值(MPa)
1	1-3/1-1	—	1.20	1.25	+0.05
2	2-3/2-1	—	1.20		+0.05
3	3-3/3-1	—	1.20		+0.05

续上表

分　组　号	试样编号（3 号样品与 1 号样品）	试样原编号（流水号）	抗剪弹性模量参考值（MPa）	抗剪弹性模量算术平均值（MPa）	抗剪弹性模量修正值（MPa）
4	4-3/4-1	—	1.21		+0.04
5	5-3/5-1	—	1.21		+0.04
6	6-3/6-1	—	1.22		+0.03
7	7-3/7-1	—	1.22		+0.03
8	8-3/8-1	—	1.23		+0.02
9	9-3/9-1	—	1.23		+0.02
10	10-3/10-1	—	1.23		+0.02
11	11-3/11-1	—	1.23		+0.02
12	12-3/12-1	—	1.23		+0.02
13	13-3/13-1	—	1.23		+0.02
14	14-3/14-1	—	1.23		+0.02
15	15-3/15-1	—	1.24		+0.01
16	16-3/16-1	—	1.24		+0.01
17	17-3/17-1	—	1.24		+0.01
18	18-3/18-1	—	1.24		+0.01
19	19-3/19-1	—	1.25		+0.00
20	20-3/20-1	—	1.25	1.25	+0.00
21	21-3/21-1	—	1.25		+0.00
22	22-3/22-1	—	1.25		+0.00
23	23-3/23-1	—	1.26		-0.01
24	24-3/24-1	—	1.26		-0.01
25	25-3/25-1	—	1.26		-0.01
26	26-3/26-1	—	1.26		-0.01
27	27-3/27-1	—	1.26		-0.01
28	28-3/28-1	—	1.26		-0.01
29	29-3/29-1	—	1.26		-0.01
30	30-3/30-1	—	1.27		-0.02
31	31-3/31-1	—	1.27		-0.02
32	32-3/32-1	—	1.27		-0.02
33	33-3/33-1	—	1.27		-0.02
34	34-3/34-1	—	1.27		-0.02
35	35-3/35-1	—	1.27		-0.02
36	36-3/36-1	—	1.28		-0.03

续上表

分　组　号	试样编号（3号样品与1号样品）	试样原编号（流水号）	抗剪弹性模量参考值(MPa)	抗剪弹性模量算术平均值(MPa)	抗剪弹性模量修正值(MPa)
37	37-3/37-1	—	1.28	1.25	-0.03
38	38-3/38-1	—	1.28		-0.03
39	39-3/39-1	—	1.28		-0.03
40	40-3/40-1	—	1.29		-0.04
41	41-3/41-1	—	1.29		-0.04
42	42-3/42-1	—	1.30		-0.05
43	43-3/43-1	—	1.30		-0.05
44	44-3/44-1	—	1.31		-0.06
45	45-3/45-1	—	1.31		-0.06

BD2011-001 抗剪弹性模量计算值(三)　　表 5-14

分　组　号	试样编号（2号样品与3号样品）	试样原编号（流水号）	抗剪弹性模量参考值(MPa)	抗剪弹性模量算术平均值(MPa)	抗剪弹性模量修正值(MPa)
1	1-3/1-2	—	1.25	1.29	+0.04
2	2-3/2-2	—	1.26		+0.03
3	3-3/3-2	—	1.26		+0.03
4	4-3/4-2	—	1.26		+0.03
5	5-3/5-2	—	1.26		+0.03
6	6-3/6-2	—	1.27		+0.02
7	7-3/7-2	—	1.27		+0.02
8	8-3/8-2	—	1.27		+0.02
9	9-3/9-2	—	1.27		+0.02
10	10-3/10-2	—	1.27		+0.02
11	11-3/11-2	—	1.27		+0.02
12	12-3/12-2	—	1.27		+0.02
13	13-3/13-2	—	1.28		+0.01
14	14-3/14-2	—	1.28		+0.01
15	15-3/15-2	—	1.28		+0.01
16	16-3/16-2	—	1.28		+0.01
17	17-3/17-2	—	1.28		+0.01
18	18-3/18-2	—	1.28		+0.01
19	19-3/19-2	—	1.28		+0.01
20	20-3/20-2	—	1.29		+0.00

续上表

分 组 号	试样编号（2号样品与3号样品）	试样原编号（流水号）	抗剪弹性模量参考值（MPa）	抗剪弹性模量算术平均值（MPa）	抗剪弹性模量修正值（MPa）
21	21-3/21-2	—	1.29	1.29	+0.00
22	22-3/22-2	—	1.29		+0.00
23	23-3/23-2	—	1.29		+0.00
24	24-3/24-2	—	1.29		+0.00
25	25-3/25-2	—	1.29		+0.00
26	26-3/26-2	—	1.29		+0.00
27	27-3/27-2	—	1.29		+0.00
28	28-3/28-2	—	1.29		+0.00
29	29-3/29-2	—	1.30		-0.01
30	30-3/30-2	—	1.30		-0.01
31	31-3/31-2	—	1.30		-0.01
32	32-3/32-2	—	1.30		-0.01
33	33-3/33-2	—	1.30		-0.01
34	34-3/34-2	—	1.30		-0.01
35	35-3/35-2	—	1.30		-0.01
36	36-3/36-2	—	1.31		-0.02
37	37-3/37-2	—	1.31		-0.02
38	38-3/38-2	—	1.31		-0.02
39	39-3/39-2	—	1.31		-0.02
40	40-3/40-2	—	1.32		-0.03
41	41-3/41-2	—	1.32		-0.03
42	42-3/42-2	—	1.33		-0.04
43	43-3/43-2	—	1.33		-0.04
44	44-3/44-2	—	1.34		-0.05
45	45-3/45-2	—	1.34		-0.05

5.1.7.3 重复性试验结果统计表

BD2011-001 抗压弹性模量重复性试验结果见表5-15，抗剪弹性模量重复性试验结果见表5-16。

BD2011-001 抗压弹性模量重复性试验结果统计表 表5-15

试验次数	试样编号	三个循环抗压弹性模量 E_1（MPa）			E_1 平均值（MPa）	级差（MPa）	累计值（MPa）	变化率（%）	三块平均变化率（%）
		E_{1-1}	E_{1-2}	E_{1-3}					
1	CF-1-1	379	381	382	381	0	0	0	—
2	CF-2-1	343	343	344	343	-38	-38	-10	—
3	CF-3-1	339	340	340	340	-3	-41	-11	—
4	CF-4-1	335	337	337	336	-4	-45	-12	—
5	CF-5-1	325	326	327	326	-10	-55	-14	—

续上表

试验次数	试样编号	三个循环抗压弹性模量 E_1(MPa)			E_1 平均值(MPa)	级差(MPa)	累计值(MPa)	变化率(%)	三块平均变化率(%)
		E_{1-1}	E_{1-2}	E_{1-3}					
1	CF-1-2	355	356	357	356	0	0	0	—
2	CF-2-2	324	324	325	324	-32	-32	-9	—
3	CF-3-2	316	317	318	317	-7	-39	-11	—
4	CF-4-2	309	310	311	310	-7	-46	-13	—
5	CF-5-2	301	302	302	302	-8	-54	-15	—
1	CF-1-3	332	333	333	333	0	0	0	—
2	CF-2-3	317	318	319	318	-15	-15	-5	—
3	CF-3-3	303	304	305	304	-14	-29	-9	—
4	CF-4-3	299	301	302	301	-3	-32	-10	—
5	CF-5-3	299	300	301	300	-1	-33	-10	—
1	CF-1	—	—	—	—	—	—	—	0
2	CF-2	—	—	—	—	—	—	—	-8
3	CF-3	—	—	—	—	—	—	—	-10
4	CF-4	—	—	—	—	—	—	—	-12
5	CF-5	—	—	—	—	—	—	—	-13
备注	本试验次序:1 抗压—抗剪,2 抗压—抗剪,3 抗压—抗剪,4 抗压—抗剪,5 抗压—抗剪								

BD2011-001 抗剪弹性模量重复性试验结果统计表 表 5-16

试验次数	试样编号	三个循环抗剪弹性模量 G_1(MPa)			G_1 平均值(MPa)	级差(MPa)	累计值(MPa)	变化率(%)	三块平均变化率(%)
		G_{1-1}	G_{1-2}	G_{1-3}					
1	CF-1-1/CF-1-2	1.00	1.00	1.00	1.00	0	0	0	—
2	CF-2-1/CF-2-2	0.97	0.97	0.98	0.97	-0.03	-0.03	-3	—
3	CF-3-1/CF-3-2	0.90	0.91	0.91	0.91	-0.06	-0.09	-9	—
4	CF-4-1/CF-4-2	0.93	0.94	0.94	0.94	+0.03	-0.06	-6	—
5	CF-5-1/CF-5-2	0.90	0.91	0.91	0.91	-0.03	-0.09	-9	—
1	CF-1-3/CF-1-1	0.93	0.94	0.94	0.94	0	0	0	—
2	CF-2-3/CF-2-1	0.88	0.89	0.89	0.89	-0.05	-0.05	-5	—
3	CF-3-3/CF-3-1	0.89	0.89	0.90	0.89	0	-0.05	-5	—
4	CF-4-3/CF-4-1	0.89	0.90	0.90	0.90	+0.01	-0.04	-4	—
5	CF-5-3/CF-5-1	0.87	0.87	0.88	0.87	-0.03	-0.07	-7	—

续上表

试验次数	试样编号	三个循环抗剪弹性模量 G_1(MPa)			G_1 平均值(MPa)	级差(MPa)	累计值(MPa)	变化率(%)	三块平均变化率(%)
		G_{1-1}	G_{1-2}	G_{1-3}					
1	CF-1-3/CF-1-2	0.96	0.96	0.96	0.96	0	0	0	—
2	CF-2-3/CF-2-2	0.93	0.94	0.94	0.94	-0.02	-0.02	-2	—
3	CF-3-3/CF-3-2	0.90	0.91	0.91	0.91	-0.03	-0.05	-5	—
4	CF-4-3/CF-4-2	0.91	0.91	0.92	0.91	0	-0.05	-5	—
5	CF-5-3/CF-5-2	0.88	0.89	0.89	0.89	-0.02	-0.07	-7	—
1	CF-1/CF-1	—	—	—	—	—	—	—	0
2	CF-2/CF-2	—	—	—		—	—	—	-3
3	CF-3/CF-3	—	—	—		—	—	—	-6
4	CF-4/CF-4	—	—	—		—	—	—	-5
5	CF-5/CF-5	—	—	—					-8
备注	本试验次序:抗压—1 抗剪,抗压—2 抗剪,抗压—3 抗剪,抗压—4 抗剪,抗压—5 抗剪								

5.1.7.4 相关文件

1)比对试验样品发送表

比对试验样品发送表

检测机构编号:BM-

为确保本次计划的进程,请贵检测机构将被测物品于______年____月____日前发送至:

检测机构名称:

联系地址:

邮编:

联系电话/传真:

联系人:

本次计划的被测物品已于______年____月____日发出。

发出时,被测物品状态是否良好:是□　　　否□

如有问题,请详细叙述:

运输部门:____________________电话/传真:____________________

运输单据号码:____

检测机构联系人:________________电话/传真:__________________

注:该表填写好后,同时传真至国家道路及桥梁质量监督检验中心和上述检测机构。

2）被测样品接收状态确认表

被测样品接收状态确认表

检测机构编号：BM-

计划名称	板式橡胶支座力学性能试验		
组织机构			
发送机构	国家道路及桥梁质量监督检验中心		
电话/传真	010-62079574/010-62079561	联系人	杜晓
发送日期		运输单据号码	
发送状态	完好□　不完好□	发送人(签名)	
接收检测机构名称： 联系地址： 邮编： 联系电话/传真： 联系人：　　接收人签名：　　接收时间：			
接收时，被测样品是否良好：　是□　否□			
如需要，对接收状态的详细说明：			
备注(此栏适用于传递被测物品的方式)： 1. 请于______年____月____日前完成测试，并将被测物品于______年____月____日前传送至____________________(详细信息见比对试验样品发送表)； 2. 传送被测物品时，请注意填写随附的比对试验样品发送表，并传真至国家道路及桥梁质量监督检验中心和上述检测机构； 3. 注意计划的保密性，请勿向下一检测机构通告本检测机构的测试结果			

3)比对试验计划指导书

比对试验计划指导书
BD2011-001 板式橡胶支座力学性能试验
(抗压弹性模量、抗剪弹性模量)

本次比对试验计划中,贵检测机构的编号____________________。

为保证比对试验计划的顺利进行,特要求参加单位认真遵循下列条款:

1.样品说明

(1)本次比对试验样品为标准规格支座 GYZ250×41(3 块),胶种为天然胶。

(2)试样编号为:1-1,1-2,1-3,……,37-1,37-2,37-3。

(3)抗剪弹性模量试验用试样已标出表示抗剪方向的标记,在支座侧面标记一个竖向的箭头。

(4)各检测机构在收到样品时应首先对样品是否完好进行确认,同时将确认信息填写在“被测物品接收状态确认表”中,以传真方式尽快返回国家道路及桥梁质量监督检验中心。样品测试完后,请将样品及时用保价特快专递(门对门服务)传递给指定的检测机构。

(5)样品发送采用传递的方式进行,最终返回承办单位。预计从 2011 年 11 月下旬开始传出,各检测机构测试完毕后应及时将样品寄送至下一指定检测机构,此间要保持被测样品的状态,不要破坏样品上的标记。

2.测试方法的有关说明

(1)试验应依据《公路桥梁板式橡胶支座》(JT/T 4—2004)进行。

(2)实验室环境温度:23℃ ±5℃;实际温度应在试验报告表中报出。

(3)比对试验试样为 3 块普通板式橡胶支座,先进行抗压弹性模量试验,抗压弹性模量试验使用试样编号为××-1,××-2,××-3 的试样;然后进行抗剪弹性模量试验,抗剪弹性模量试验使用试样编号为××-1,××-2,××-3 的试样配对,配对原则为××-1/××-2,××-3/××-2,××-3/××-1。分数线上的试样表示为水平拉(剪)板之上的支座,分数线下的试样表示为水平拉(剪)板之下的支座。抗剪弹性模量试验用试样已标出表示抗剪方向的标记,在支座侧面标记一个竖向的箭头,放置支座时,有箭头标记的位于水平拉力油缸一侧,并使箭头向上。

(4)检测机构接到样品进行试验前,应通知所在地省级质监机构的相关人员。

3.结果反馈

将抗压弹性模量试验结果和抗剪弹性模量试验结果在“比对试验结果报告表”中报出。

(1)“比对试验结果报告表”中的抗压弹性模量试验结果值报出要求:

单独报出每个正式加载循环(加载过程应连续进行 3 次)的实测值及三次试验的平均值,应精确至 1MPa。

(2)“比对试验结果报告表”中的抗剪弹性模量试验结果值报出要求:

单独报出每个正式加载循环(加载过程应连续进行 3 次)的实测值及三次试验的平均值,应精确至 0.01MPa。

(3)各检测机构应在收到样品后的 5 个工作日内完成试验,收到样品后 10 个工作日内将"比对试验结果报告表"及本中心的检测报告、原始数据寄回给承办单位,同时发送电子版(EXCEL)至 ×.du@rioh.cn,报告日期以邮戳为准。无故未按期提交结果单的检测机构,其结果将不列入本次计划统计。

(4)检测报告的格式按照各检测机构的质量体系文件所规定的报告格式编制。

报告的委托单位为交通运输部质监总站,检测类别为比对试验。

4.保密

在本次比对试验计划实施过程中,严禁参加检测机构相互串通结果。

组织单位:交通运输部质监总站

承办单位:国家道路及桥梁质量监督检验中心

联系人:杜骁　　E-Mail:×.du@rioh.cn

地址:北京市海淀区西土城路 8 号　　　邮编:100088

电话:010-62079574

传真:010-62079582,010-62079561

国家道路及桥梁质量监督检验中心(公章)

2011 年 11 月 25 日

5.2　2013 年全国公路水运工程试验检测机构钢筋、钢绞线比对试验实例

5.2.1　前言

本报告是对 2013 年度计划比对试验项目为 BD2013-J01 热轧带肋钢筋(ϕ16mm)力学性能试验和 BD2013-J02 钢绞线(ϕ15.2mm)力学性能试验比对试验计划的组织、结果整理及分析过程的总结,本次比对试验由交通运输部统一部署,委托国家道路及桥梁质量监督检验中心、中国交通建设监理协会试验检测工作委员会具体组织,负责比对试验的实施与协调工作,以及样品的制备、均匀性和稳定性检验等工作。各省级交通运输主管部门或质监机构负责本辖区试验检测机构比对试验工作组织的协调和监督。比对试验评价结果部省分享,由部统一公布。

部依据《公路水运工程试验检测管理办法》(交通部令〔2005〕第 12 号)、《合格评定　能力验证的通用要求》(GB/T 27043—2012)的要求运作能力验证计划。

关于选择能力验证计划及能力验证结果利用、CNAS 能力验证领域和频次等相关要求和政策见《能力验证规则》(CNAS-RL02:2010)。

5.2.2 计划的特点

5.2.2.1 目的及意义

比对试验是检测机构质量控制和验证的一种重要手段,也是交通行业管理部门对检测机构能力保持情况的一种有效的监督检验方法。通过比对试验可以比较各检测机构间检测数据的一致性;可以对检测机构自身检测质量及能力作出评价,检查检测机构在技术或管理方面存在的问题,以便有针对性提出改进方法和纠正措施,不断提高管理水平和检测质量。检测机构通过参加有效的比对试验活动,并获得满意结果,能够增加客户以及相关方对检测机构的信任。

目前国内外都把能力验证和比对试验活动作为检测机构保证检测质量的有效方法。《能力验证规则》(CNAS-RL02)规定:申请认可和获准认可的检测机构必须通过参加能力验证活动证明其技术能力;对于我国政府部门、行业组织运作的能力验证活动,只要能够证明其运作符合 ISO/IEC 指南 43-1 或 ILAC-G13 要求,CNAS 也予以承认。

热轧带肋钢筋、钢绞线广泛用于桥梁、公路、水运等土建工程建筑,其质量的好坏直接影响工程建设的安全。社会对热轧带肋钢筋、钢绞线产品质量问题极为关注。抗拉强度、下屈服强度、断后伸长率是热轧带肋钢筋的常规检测项目,是公路水运工程试验检测机构获得资质的必备能力之一,最大力、规定非比例延伸力、最大力总伸长率、弹性模量是钢绞线常规检测项目,也是从事公路工程试验检测的综合甲级、桥隧专项及水运材料甲级资质的必备能力之一。

组织本次比对试验活动有三方面的目的:①了解检测机构能力保持情况;②探索金属原材料类检测活动比对试验的组织、样品制备、数据处理的方法;③调研钢筋、钢绞线试验检测技术实际实施中的差异情况。

5.2.2.2 参加实验室概述

(1)参加本次计划比对试验项目为 BD2013-J01 热轧带肋钢筋(ϕ16mm)力学性能试验。检测机构有 260 家,涵盖了交通运输部行业检测资质的公路工程综合甲级、桥梁隧道专项、水运材料甲级、具有钢绞线增项的检测机构;按 10% 随机抽取的公路工程综合乙级、水运工程材料乙级试验检测机构。其中有 141 个检测机构获得的是综甲及桥隧专项、水运甲级资质,占检测机构的 55%;有 40 个机构是获得公路工程综合乙级资质而有钢绞线增项的,占检测机构的 15%;随机选取的公路工程综合乙级试验检测机构 71 家,占检测机构的 27%;随机选取的水运工程材料乙级试验检测机构 8 家,占检测机构的 3%。具体分布如图 5-9 所示。

(2)参加本次计划比对试验项目为 BD2013-J02 钢绞线(ϕ15.2mm)力学性能试验。检测机构有 181 家,都是获得交通运输部行业检测资质的公路工程综合甲级、桥梁隧道专项、水运材料甲级或乙级具有钢绞线增项的检测机构。其中有 141 个检测机构获得的是综甲及桥隧专项、水运甲级资质,占检测机构的 78%;有 40 个机构是获得公路工程综合乙级资质而有钢绞线增项的,占检测机构的 22%。具体分布如图 5-10 所示。

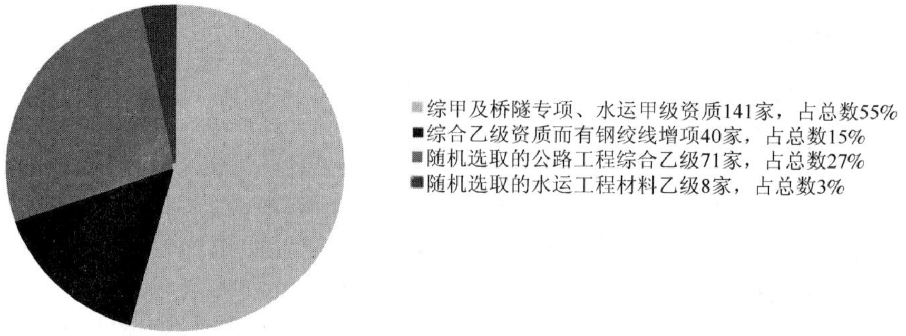

图 5-9　参加 BD2013-J01 比对试验机构类型分布图

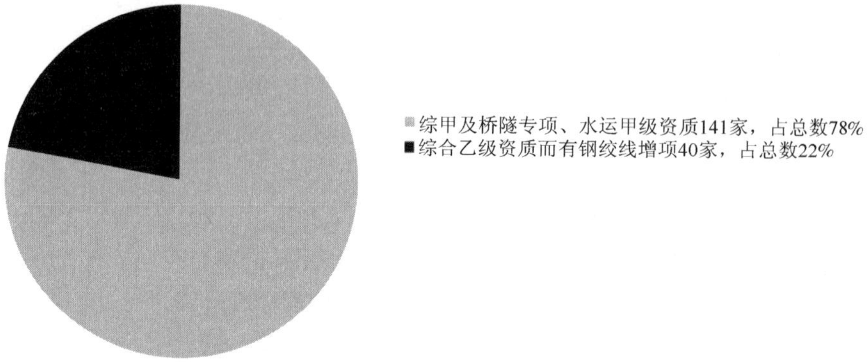

图 5-10　参加 BD2013-J02 比对试验机构类型分布图

5.2.2.3　检测参数及依据

1）检测参数

比对试验检测参数见表 5-17。

比对试验检测参数　　表 5-17

计划编号	比对试验计划名称	检测参数
BD2013-J01	热轧带肋钢筋（ϕ16mm）力学性能试验	抗拉强度 R_m（MPa）
		下屈服强度 R_{eL}（MPa）
		断后伸长率 A_{80mm}（%）
BD2013-J02	钢绞线（ϕ15.2mm）力学性能试验	最大力 F_m（kN）
		规定非比例延伸力 $F_{p0.2}$（kN）
		最大力总伸长率 A_{gt}（%）
		弹性模量 E（GPa）

2）检测依据

（1）BD2013-J01 热轧带肋钢筋（ϕ16mm）力学性能试验按《金属材料　拉伸试验　第 1 部分：室温试验方法》（GB/T 228.1—2011）和钢筋比对试验作业指导书的要求进行。

(2)BD2013-J02 钢绞线(ϕ15.2mm)力学性能试验中最大力(F_m)、规定非比例延伸力($F_{p0.2}$)、最大力总伸长率(A_{gt})按《金属材料　拉伸试验　第1部分:室温试验方法》(GB/T 228.1—2011)要求进行;弹性模量(E)按《预应力混凝土用钢材试验方法》(GB/T 21839—2008)和钢绞线比对试验作业指导书的要求进行。

(3)本次计划试验结果处理依据下面条件进行修约:

对于计划编号 BD2013-J01,试验结果平均值处理依据以下条件修约:

①抗拉强度(R_m)、下屈服强度(R_{eL})修约至 1MPa;

②断后伸长率(A_{80mm})修约至 0.5%。

对于计划编号 BD2013-J02,试验结果平均值处理依据以下条件修约:

①最大力(F_m)修约至 1kN;

②规定非比例延伸力($F_{p0.2}$)修约至 1kN;

③弹性模量(E)修约至 1GPa;

④最大力总伸长率(A_{gt})修约至 0.5%。

5.2.2.4　实施进度

(1)国家道路及桥梁质量监督检验中心于 2013 年 4 月成立项目组,提出了初步设计方案。

(2) 2013 年 8 月开始并完成报名工作。

(3)2013 年 9 月 20 日前,完成了样品制备和均匀性试验。

(4)2013 年 9 月 30 日前,比对承办单位将比对试验样品、比对试验计划指导书、试验结果报告表和被测物品接收状态确认表发送至参加比对的检测机构。

(5)2013 年 11 月 15 日前,比对承办单位完成比对试验结果及报告收集工作。

(6)2013 年 12 月 15 日前,比对承办单位完成比对试验结果整理工作。

(7)2014 年 1 月 29 日前,完成比对结果的统计分析,并广泛征求了专家组成员意见和建议,形成报告。

5.2.2.5　样品描述

本次比对试验样品采用热轧带肋钢筋(ϕ16mm)和钢绞线(ϕ15.2mm),样品有关信息见表 5-18。

样品有关信息　　表 5-18

样品名称	牌号、型号规格	备　注
热轧带肋钢筋	HRB400,ϕ16mm×500mm; HRB400,ϕ16mm×450mm	每个检测机构相同规格的样品 2 支
钢绞线	1×7－15.20－1860,ϕ15.2mm×1050mm; 1×7－15.20－1860,ϕ15.2mm×1150mm	每个检测机构相同规格的样品 3 支

1)计划编号 BD2013-J01 项目

选取两个批次(两个炉号)的牌号为 HRB400、直径 ϕ16mm 的热轧带肋钢筋,分别制备成规格为ϕ16mm×500mm 和ϕ16mm×450mm 的样品组,编号为 J01-01 和 J01-02,每支样品用条形码加以标识。

每个检测机构相同规格的样品 2 支,以专用包装盒进行包装。将参加测试的检测机构分为 A、B 两组,分别测试 J01-01 号和 J01-02 号样品,样品通过特快专递或邮局分发给参加检测机构。

样品制备程序如图 5-11 所示。

2)计划编号 BD2013-J02 项目

选取两个批次(两盘)的型号为 1×7-15.20-1860 的钢绞线,分别制备成规格为ϕ15.2mm×1050mm 和ϕ15.2mm×1150mm 的样品组,编号为 J02-01 和 J02-02,每支样品用条形码加以标识。

每个检测机构相同规格的样品 3 支,以专用包装盒进行包装。将参加测试的检测机构分为 A、B 两组,分别测试 J02-01 号和 J02-02 号样品,样品通过特快专递或邮局分发给参加检测机构。

样品制备程序如图 5-12 所示。

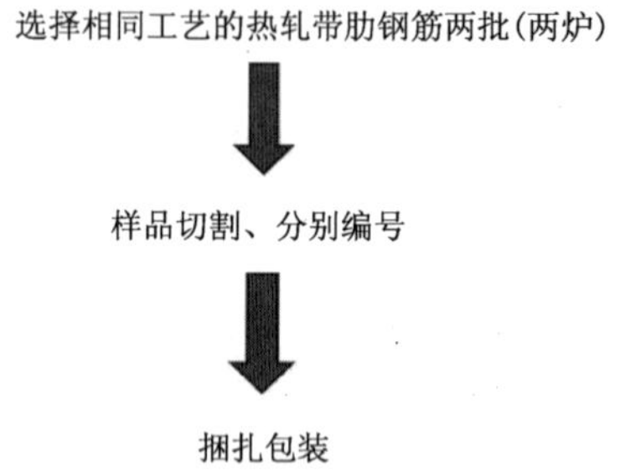

图 5-11 样品制备程序

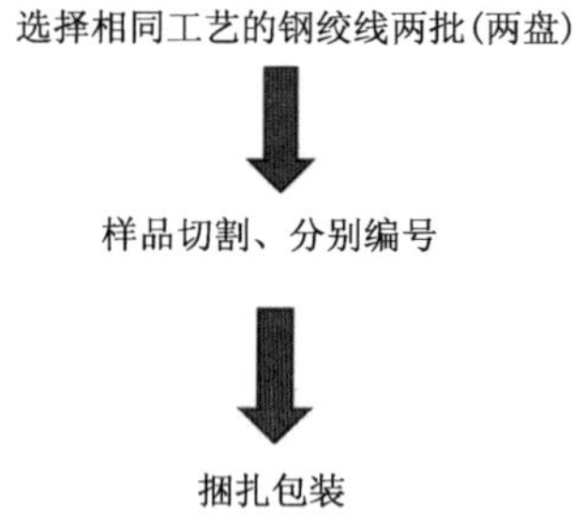

图 5-12 样品制备程序

5.2.2.6 保密

为保证比对活动实施过程中的公正、严谨和比对结果的客观、准确,在本次比对试验活动中,根据报名情况按流水号赋予每个检测机构一个代码,不出现具体检测机构名称。凡说明参加检测机构的相关比对试验数据统计及结果评价时,均以检测机构代码表示。

5.2.3 统计分析的设计、有关的统计量和统计图表

5.2.3.1 统计分析的设计

本次比对试验对各检测机构的测定结果统计分析采用稳健技术处理,以稳健平均值作为指定值,稳健标准差作为能力评定标准差,计算各试验机构结果的 z 比分数,同时给出稳健平均值的标准不确定度。稳健平均值和稳健标准差的计算意义参见《利用实验室间比对进行能力验证的统计方法》(GB/T 28043—2011)。

本次比对试验涉及的统计量有结果总数、稳健平均值、稳健标准差、最小值、最大值和极差等,各统计量的意义及相关计算方法如下:

(1)结果总数——在统计分析中某项测定结果的总数。

(2)稳健平均值和稳健标准差的计算。

①稳健平均值 x^* 和稳健标准差 s^* 初始值的计算。

有 p 个数,按从小到大顺序排列:$x_1, x_2, \cdots\cdots, x_i, \cdots\cdots, x_p$

用 x^* 和 s^* 代表稳健平均值和稳健标准差,计算 x^* 和 s^* 的初始值:

$x^* = x_i$ 的中位值($i = 1, 2, \cdots\cdots, p$)

$s^* = 1.483 \left| x_i - x^* \right|$ 的中位值($i = 1, 2, \cdots\cdots, p$)

②对 x^* 和 s^* 的修正。

计算 $\delta = 1.5s^*$,对于每个 x_i($i = 1, 2, \cdots\cdots, p$)计算如下:

$$x_i^* = \begin{cases} x^* - \delta, 若\ x_i < x^* - \delta; \\ x^* + \delta, 若\ x_i > x^* + \delta; \\ x_i, 其他(介于两者之间) \end{cases}$$

由下式计算 x^* 和 s^* 的新值:

$$x^* = \frac{\sum x_i^*}{p}, s^* = 1.134\sqrt{\frac{\sum (x_i^* - x^*)^2}{p-1}}$$

稳健平均值 x^* 和稳健标准差 s^* 可以通过迭代计算得出,如用校正后的数据对 x^* 和 s^* 进行多次修正,直至过程收敛。当迭代后稳健平均值 x^* 和稳健标准差 s^* 的第三位有效数字没有变化时,即可认为过程是收敛的。

(3)稳健平均值不确定度的计算。

稳健平均值 x^* 标准不确定度为:

$$u_x = 1.25 \cdot \frac{s^*}{\sqrt{p}}$$

式中:s^*——稳健标准差;

p——试验机构数。

(4)最小值——一组结果中的最小值。

(5)最大值——一组结果中的最大值。

(6)极差——最大值与最小值之间的差值。

依据《利用实验室间比对进行能力验证的统计方法》(GB/T 28043—2011)的相关要求,对检测机构的检测结果按下式计算 z 值:

$$z = \frac{x - X}{\sigma}$$

式中:x——检测机构测试结果;

X——指定值(稳健平均值);

σ——能力评定标准差(稳健标准差)。

5.2.3.2 统计图表的说明

为了用图像清晰地表示各检测机构的比对试验结果，将 z 比分数按其大小顺序排列分别作柱状图，每一个柱状图标有该检测机构的代码。从图上每一个检测机构很容易将其能力与其他参加检测机构进行比对。

5.2.4 结果的判别和离群值

本次比对试验计划以 z 比分数评价每个参加检测机构的试验结果(能力)，即：

$|z| \leqslant 2.0$，为满意结果(满意值)。

$2.0 < |z| < 3.0$，为基本满意结果(可疑值)。

$|z| \geqslant 3.0$，为不满意结果(离群值)。

不满意结果为统计分析中的离群值，基本满意结果为统计分析中的可疑值。在检测机构试验结果和统计处理一览表中(见 5.2.8.1)，凡加 § 处的数值为离群值，即 $|z| \geqslant 3.0$；加 * 处的数值为可疑值，即 $2.0 < |z| < 3.0$。为了准确判定各参加检测机构能力，对检测机构结果分别进行统计。

现将参加钢筋比对试验结果统计的 260 个检测机构统计结果汇总，见表 5-19、表 5-20，参加钢绞线比对试验结果统计的 181 个检测机构统计结果见表 5-21、表 5-22。钢筋、钢绞线比对试验结果 z 比分数见表 5-23、表 5-24。

钢筋各检测参数可疑值和离群值的结果统计(单位：个)　　表 5-19

z 比分数	抗拉强度	下屈服强度	断后伸长率
$2.0 < \|z\| < 3.0$	12	9	9
$\|z\| \geqslant 3.0$	14	11	8

各检测机构的 BD2013-J01 钢筋比对试验结果统计表　　表 5-20

结果	机构代码	共计(个)	所占比例(%)
含有 1 个离群值	BM-076、BM-093、BM-225、BM-259、BM-267、BM-276、BM-280、BM-283、BM-292、BM-295、BM-320	11	4.23
含有 2 个离群值	BM-079、BM-094、BM-201、BM-253、BM-254、BM-256、BM-271、BM-273、BM-282、BM-284、BM-287	11	4.23
含有 3 个离群值	—	0	0
含有 1 个可疑值	BM-005、BM-010、BM-033、BM-048、BM-052、BM-065、BM-067、BM-075、BM-079、BM-098、BM-115、BM-121、BM-256、BM-264、BM-268、BM-271、BM-279、BM-280、BM-283、BM-284、BM-286、BM-289、BM-292、BM-310	24	9.23
含有 2 个可疑值	BM-136、BM-299、BM-333	3	1.15
含有 3 个可疑值	—	0	0

续上表

结　果	机构代码	共计(个)	所占比例(%)
无离群值但含有可疑值 2.0<|z|<3.0	BM-005、BM-010、BM-033、BM-048、BM-052、BM-065、BM-067、BM-075、BM-098、BM-115、BM-121、BM-136、BM-264、BM-268、BM-279、BM-286、BM-289、BM-299、BM-310、BM-333	20	7.69
含有离群值 |z|≥3.0	BM-076、BM-079、BM-093、BM-094、BM-201、BM-225、BM-253、BM-254、BM-256、BM-259、BM-267、BM-271、BM-273、BM-276、BM-280、BM-282、BM-283、BM-284、BM-287、BM-292、BM-295、BM-320	22	8.46

钢绞线各检测参数可疑值和离群值的结果统计(单位:个)　　表 5-21

z 比分数	最　大　力	规定非比例延伸力	最大力总伸长率	弹性模量
2.0<|z|<3.0	4	1	8	3
|z|≥3.0	1	1	5	3

各检测机构的 BD2013-J02 钢绞线比对试验结果统计表　　表 5-22

结　果	机构代码	共计(个)	所占比例(%)
含有 1 个离群值	BM-010、BM-043、BM-046、BM-071、BM-079、BM-093、BM-096、BM-133、BM-137、BM-225	10	5.52
含有 2 个离群值	—	0	0
含有 3 个离群值	—	0	0
含有 4 个离群值	—	0	0
含有 1 个可疑值	BM-005、BM-011、BM-020、BM-027、BM-028、BM-030、BM-047、BM-063、BM-079、BM-113、BM-121、BM-133、BM-138、BM-201、BM-203、BM-225	16	8.84
含有 2 个可疑值	—	0	0
含有 3 个可疑值	—	0	0
含有 4 个可疑值	—	0	0
无离群值但含有可疑值 2.0<|z|<3.0	BM-005、BM-011、BM-020、BM-027、BM-028、BM-030、BM-047、BM-063、BM-113、BM-121、BM-138、BM-201、BM-203	13	7.18
含有离群值 |z|≥3.0	BM-010、BM-043、BM-046、BM-071、BM-079、BM-093、BM-096、BM-133、BM-137、BM-225	10	5.52

各检测机构的 BD2013-J01 钢筋比对试验结果 z 比分数汇总表　　表 5-23

机构代码	抗拉强度(z 比分数)	下屈服强度(z 比分数)	断后伸长率(z 比分数)	可疑值(个)	离群值(个)
BM-×××	0.2	0.9	-0.6	0	0
BM-×××	0.1	0.5	-0.6	0	0
BM-×××	-0.3	0.9	-0.2	0	0

续上表

机构代码	抗拉强度（z 比分数）	下屈服强度（z 比分数）	断后伸长率（z 比分数）	可疑值（个）	离群值（个）
BM-×××	1.7	1.7	-0.2	0	0
BM-×××	2.8	1.8	0.3	1	0
BM-×××	-1.5	-1.8	0.7	0	0
BM-×××	-0.2	0.0	-0.6	0	0
BM-×××	-1.0	-0.8	-0.6	0	0
BM-×××	0.3	-0.1	-0.6	0	0
BM-×××	0.6	1.5	2.1	1	0
BM-×××	-0.1	-0.2	-0.6	0	0
BM-×××	0.9	0.1	-2.0	0	0
BM-×××	-0.1	-1.4	-0.6	0	0
BM-×××	-1.3	-0.8	-1.1	0	0
BM-×××	-1.8	-1.1	0.3	0	0
BM-×××	-0.6	-0.1	-1.1	0	0
BM-×××	0.3	0.4	0.3	0	0
BM-×××	-0.2	-1.1	1.2	0	0
BM-×××	-0.2	-1.7	-0.2	0	0
BM-×××	0.6	-1.2	0.3	0	0
BM-×××	0.9	0.3	0.3	0	0
BM-×××	-0.2	0.3	0.7	0	0
BM-×××	0.1	-0.3	-1.5	0	0
BM-×××	0.3	0.1	-0.2	0	0
BM-×××	1.7	1.5	0.3	0	0
BM-×××	0.3	0.0	0.3	0	0
BM-×××	1.4	0.9	-1.5	0	0
BM-×××	0.2	0.3	-0.6	0	0
BM-×××	0.5	-0.6	-0.2	0	0
BM-×××	-0.3	-0.4	0.3	0	0
BM-×××	-0.2	-1.2	-0.6	0	0
BM-×××	0.1	0.1	-0.6	0	0
BM-×××	-1.7	-2.9	0.3	1	0
BM-×××	-0.7	-0.7	-0.6	0	0
BM-×××	-0.9	-1.3	0.3	0	0

续上表

机构代码	抗拉强度（z比分数）	下屈服强度（z比分数）	断后伸长率（z比分数）	可疑值（个）	离群值（个）
BM-×××	0.3	0.0	−0.2	0	0
BM-×××	0.3	1.0	−1.5	0	0
BM-×××	0.4	−0.2	1.0	0	0
BM-×××	−0.7	−0.3	1.2	0	0
BM-×××	−1.1	0.1	−0.6	0	0
BM-×××	−0.1	−0.7	0.3	0	0
BM-×××	−1.8	−0.6	−0.2	0	0
BM-×××	0.5	−0.4	0.3	0	0
BM-×××	−0.2	0.9	−0.6	0	0
BM-×××	−0.3	0.0	−0.2	0	0
BM-×××	0.1	−0.4	0.3	0	0
BM-×××	−0.5	−0.1	−0.2	0	0
BM-×××	−2.1	−1.4	−1.5	1	0
BM-×××	0.2	−1.1	−1.6	0	0
BM-×××	0.3	−0.1	0.3	0	0
BM-×××	−0.5	0.3	1.2	0	0
BM-×××	1.7	−2.7	−0.6	1	0
BM-×××	0.3	1.0	−0.6	0	0
BM-×××	0.5	0.1	−0.2	0	0
BM-×××	1.2	0.4	0.5	0	0
BM-×××	−1.5	−1.0	−0.6	0	0
BM-×××	−0.2	−0.6	−0.6	0	0
BM-×××	−1.3	−1.6	−0.2	0	0
BM-×××	0.3	0.3	1.2	0	0
BM-×××	0.5	−0.8	−0.6	0	0
BM-×××	0.1	−1.6	0.3	0	0
BM-×××	−1.5	−1.2	−0.6	0	0
BM-×××	−0.2	0.1	−0.2	0	0
BM-×××	0.5	−1.1	−0.2	0	0
BM-×××	0.1	0.7	2.1	1	0
BM-×××	−1.4	−0.4	0.3	0	0
BM-×××	−2.1	−1.9	−0.6	1	0
BM-×××	−1.4	−1.7	−0.2	0	0

续上表

机构代码	抗拉强度 （z比分数）	下屈服强度 （z比分数）	断后伸长率 （z比分数）	可疑值 （个）	离群值 （个）
BM-×××	2.0	0.6	0.0	0	0
BM-×××	0.9	0.9	0.3	0	0
BM-×××	-0.5	0.4	-0.2	0	0
BM-×××	-0.8	0.0	-0.6	0	0
BM-×××	0.5	-0.3	-0.6	0	0
BM-×××	0.0	-0.1	0.5	0	0
BM-×××	0.2	-0.4	2.5	1	0
BM-×××	0.9	-0.3	3.0	0	1
BM-×××	-0.5	0.5	1.2	0	0
BM-×××	0.4	0.5	1.0	0	0
BM-×××	-4.1	-2.8	-10.6	1	2
BM-×××	0.5	-1.2	0.7	0	0
BM-×××	-0.7	-0.2	-0.2	0	0
BM-×××	0.6	-0.2	0.0	0	0
BM-×××	0.5	-0.7	-1.1	0	0
BM-×××	-0.5	-0.3	-0.6	0	0
BM-×××	0.2	0.4	0.5	0	0
BM-×××	-0.7	-0.4	0.0	0	0
BM-×××	0.2	0.1	1.7	0	0
BM-×××	-1.0	-0.5	0.5	0	0
BM-×××	-0.7	-0.6	-1.6	0	0
BM-×××	-0.7	-1.0	-0.2	0	0
BM-×××	-1.0	-1.7	-0.6	0	0
BM-×××	-0.8	-0.9	0.5	0	0
BM-×××	0.1	-0.4	-3.3	0	1
BM-×××	4.7	3.5	0.5	0	2
BM-×××	1.7	0.1	-0.6	0	0
BM-×××	0.9	0.4	-1.6	0	0
BM-×××	-1.0	-0.9	0.3	0	0
BM-×××	0.6	0.7	2.1	1	0
BM-×××	0.4	0.9	0.5	0	0
BM-×××	-1.0	-0.8	0.3	0	0
BM-×××	0.3	-0.9	0.5	0	0
BM-×××	-2.0	-1.2	-1.6	0	0

续上表

机构代码	抗拉强度（z比分数）	下屈服强度（z比分数）	断后伸长率（z比分数）	可疑值（个）	离群值（个）
BM-×××	-0.6	0.3	0.3	0	0
BM-×××	0.5	-1.0	0.7	0	0
BM-×××	-0.2	-0.4	0.5	0	0
BM-×××	-0.8	-0.7	-0.6	0	0
BM-×××	0.2	-0.3	-0.6	0	0
BM-×××	-0.1	0.2	-0.6	0	0
BM-×××	1.1	0.4	-1.1	0	0
BM-×××	0.9	0.5	0.5	0	0
BM-×××	-0.4	0.0	0.0	0	0
BM-×××	-1.0	-1.2	-0.6	0	0
BM-×××	-0.3	-0.6	-0.6	0	0
BM-×××	0.6	0.1	-0.6	0	0
BM-×××	2.1	0.7	-1.5	1	0
BM-×××	0.4	-0.2	-0.6	0	0
BM-×××	-2.0	-1.7	-1.6	0	0
BM-×××	0.3	-0.7	0.5	0	0
BM-×××	-1.7	-1.3	2.0	0	0
BM-×××	-0.3	0.4	1.0	0	0
BM-×××	2.5	0.1	-0.6	1	0
BM-×××	-0.7	-1.0	-1.6	0	0
BM-×××	0.4	-0.9	0.5	0	0
BM-×××	0.2	0.5	0.5	0	0
BM-×××	-0.6	0.7	0.3	0	0
BM-×××	0.4	-0.2	-1.6	0	0
BM-×××	-1.1	-0.3	-0.6	0	0
BM-×××	-0.2	0.9	0.0	0	0
BM-×××	-0.1	-1.0	-1.1	0	0
BM-×××	-0.3	1.0	1.5	0	0
BM-×××	-0.3	-0.3	0.0	0	0
BM-×××	1.5	0.9	0.5	0	0
BM-×××	-0.5	0.5	1.2	0	0
BM-×××	-1.5	-1.3	-1.1	0	0
BM-×××	-0.6	1.0	0.5	0	0
BM-×××	-2.9	-2.8	-1.1	2	0

续上表

机构代码	抗拉强度 (z 比分数)	下屈服强度 (z 比分数)	断后伸长率 (z 比分数)	可疑值 (个)	离群值 (个)
BM-×××	-0.3	0.2	0.5	0	0
BM-×××	-0.2	-0.9	-1.1	0	0
BM-×××	0.6	0.9	-0.6	0	0
BM-×××	-0.1	0.4	1.0	0	0
BM-×××	-0.1	-0.7	0.3	0	0
BM-×××	-0.2	0.0	1.0	0	0
BM-×××	5.8	4.9	0.5	0	2
BM-×××	0.6	-0.3	0.0	0	0
BM-×××	-0.2	-0.5	0.0	0	0
BM-×××	-0.5	0.1	0.3	0	0
BM-×××	-0.9	0.1	-0.6	0	0
BM-×××	-0.8	-0.9	-0.6	0	0
BM-×××	-0.7	0.1	0.3	0	0
BM-×××	-0.6	-0.6	1.5	0	0
BM-×××	-0.1	0.7	0.0	0	0
BM-×××	-0.3	0.4	1.0	0	0
BM-×××	-0.7	-0.4	-1.1	0	0
BM-×××	-0.1	-0.4	0.0	0	0
BM-×××	-1.3	-0.6	0.0	0	0
BM-×××	-0.8	-0.2	-1.6	0	0
BM-×××	-0.3	-1.3	0.5	0	0
BM-×××	-0.4	-0.3	-0.6	0	0
BM-×××	0.9	0.5	-0.2	0	0
BM-×××	0.4	-0.5	1.5	0	0
BM-×××	-1.3	-0.8	0.7	0	0
BM-×××	-0.1	0.5	1.0	0	0
BM-×××	1.8	1.4	-0.6	0	0
BM-×××	0.4	0.7	0.5	0	0
BM-×××	-1.0	-0.3	-0.6	0	0
BM-×××	-0.4	-0.2	0.5	0	0
BM-×××	4.2	1.7	-0.6	0	1
BM-×××	-0.1	-0.2	1.0	0	0
BM-×××	-0.8	0.6	-1.6	0	0
BM-×××	-0.6	-0.3	-0.6	0	0

续上表

机构代码	抗拉强度 （z 比分数）	下屈服强度 （z 比分数）	断后伸长率 （z 比分数）	可疑值 （个）	离群值 （个）
BM-×××	0.4	0.0	-0.6	0	0
BM-×××	0.3	0.4	0.5	0	0
BM-×××	-1.7	-0.7	-1.6	0	0
BM-×××	0.2	-1.0	1.5	0	0
BM-×××	-1.1	-0.9	0.5	0	0
BM-×××	0.2	-0.5	-0.6	0	0
BM-×××	0.4	-0.4	-0.6	0	0
BM-×××	0.9	-0.7	-0.6	0	0
BM-×××	1.6	0.9	0.5	0	0
BM-×××	0.2	-0.8	-0.6	0	0
BM-×××	0.3	1.0	0.5	0	0
BM-×××	0.3	-0.8	-1.5	0	0
BM-×××	0.2	-1.0	-1.6	0	0
BM-×××	-0.9	-0.5	1.5	0	0
BM-×××	5.4	4.5	0.7	0	2
BM-×××	7.3	5.5	0.7	0	2
BM-×××	0.9	-0.7	-1.1	0	0
BM-×××	3.7	4.2	2.5	1	2
BM-×××	1.8	1.9	0.3	0	0
BM-×××	1.2	0.7	1.0	0	0
BM-×××	-1.3	-0.9	-6.1	0	1
BM-×××	0.9	-0.6	-0.2	0	0
BM-×××	0.2	-0.2	0.5	0	0
BM-×××	0.6	0.3	-0.6	0	0
BM-×××	-0.6	-0.3	-0.6	0	0
BM-×××	2.3	1.7	0.0	1	0
BM-×××	-0.6	-0.1	1.2	0	0
BM-×××	0.3	1.6	-0.2	0	0
BM-×××	-0.5	0.7	-8.3	0	1
BM-×××	2.5	2.0	0.3	1	0
BM-×××	0.9	0.2	-1.5	0	0
BM-×××	-0.7	0.1	1.7	0	0
BM-×××	-22.1	16.0	2.1	1	2
BM-×××	0.7	-0.8	0.3	0	0

续上表

机构代码	抗拉强度（z 比分数）	下屈服强度（z 比分数）	断后伸长率（z 比分数）	可疑值（个）	离群值（个）
BM-×××	4.6	3.8	1.2	0	2
BM-×××	-1.0	-1.7	-1.5	0	0
BM-×××	-1.3	-0.8	0.7	0	0
BM-×××	0.6	0.9	13.9	0	1
BM-×××	-0.5	-1.0	1.2	0	0
BM-×××	-0.7	-0.3	-0.6	0	0
BM-×××	2.3	1.6	1.2	1	0
BM-×××	3.0	2.8	1.0	1	1
BM-×××	-0.1	-0.5	0.5	0	0
BM-×××	-21.8	15.7	-0.6	0	2
BM-×××	2.9	1.6	5.3	1	1
BM-×××	5.4	4.1	-2.6	1	2
BM-×××	0.0	0.7	1.0	0	0
BM-×××	0.1	2.2	0.3	1	0
BM-×××	4.2	3.8	0.5	0	2
BM-×××	1.5	0.9	0.0	0	0
BM-×××	-0.7	-0.9	2.6	1	0
BM-×××	0.6	-0.6	0.3	0	0
BM-×××	1.4	1.5	-1.5	0	0
BM-×××	3.7	2.8	1.2	1	1
BM-×××	-0.3	0.5	0.5	0	0
BM-×××	-1.4	-0.3	1.0	0	0
BM-×××	-0.5	-5.3	0.3	0	1
BM-×××	-0.7	-0.3	0.0	0	0
BM-×××	-0.5	-1.4	-1.5	0	0
BM-×××	0.2	0.2	0.3	0	0
BM-×××	2.2	2.8	0.5	2	0
BM-×××	-0.4	-0.3	0.0	0	0
BM-×××	-0.9	-0.3	-0.6	0	0
BM-×××	-0.2	0.1	0.3	0	0
BM-×××	1.1	-0.2	-1.1	0	0
BM-×××	-0.3	0.2	0.0	0	0
BM-×××	-0.8	0.0	0.5	0	0
BM-×××	-2.0	-1.9	-0.6	0	0

续上表

机构代码	抗拉强度 （z比分数）	下屈服强度 （z比分数）	断后伸长率 （z比分数）	可疑值 （个）	离群值 （个）
BM-×××	-0.7	0.4	-1.1	0	0
BM-×××	1.1	0.9	1.0	0	0
BM-×××	0.1	-0.2	-0.2	0	0
BM-×××	-1.9	-0.5	-2.1	1	0
BM-×××	-0.1	-0.3	0.5	0	0
BM-×××	0.2	0.3	-0.6	0	0
BM-×××	-0.8	-1.0	0.0	0	0
BM-×××	-0.1	0.3	-1.6	0	0
BM-×××	0.8	1.0	-1.1	0	0
BM-×××	-1.5	0.0	0.0	0	0
BM-×××	1.1	1.1	0.0	0	0
BM-×××	1.9	1.2	-0.6	0	0
BM-×××	-1.0	-0.4	0.0	0	0
BM-×××	-0.8	-1.6	-3.1	0	1
BM-×××	-0.5	0.3	0.3	0	0
BM-×××	0.0	1.0	0.0	0	0
BM-×××	0.2	-0.3	0.5	0	0
BM-×××	-2.5	-2.1	0.5	2	0
BM-×××	-1.3	-1.0	-0.6	0	0
BM-×××	0.5	-0.3	0.5	0	0
BM-×××	-0.3	0.5	0.5	0	0
BM-×××	-0.3	0.4	-0.6	0	0
可疑值（个）	12	9	9	30	
离群值（个）	14	11	8		33

各检测机构的BD2013-J02钢绞线比对试验结果z比分数汇总表　　表5-24

机构代码	最大力 （z比分数）	规定非比例 延伸力 （z比分数）	最大力总伸长率 （z比分数）	弹性模量 （z比分数）	可疑值 （个）	离群值 （个）
BM-×××	0.0	0.0	0.1	-0.3	0	0
BM-×××	0.6	-0.2	0.1	-0.3	0	0
BM-×××	1.1	1.2	0.1	0.1	0	0
BM-×××	0.3	0.5	0.1	-0.1	0	0
BM-×××	1.1	0.3	2.3	0.1	1	0
BM-×××	1.4	1.6	0.1	0.1	0	0

续上表

机构代码	最大力(z比分数)	规定非比例延伸力(z比分数)	最大力总伸长率(z比分数)	弹性模量(z比分数)	可疑值(个)	离群值(个)
BM-×××	-0.8	-1.1	0.1	-0.3	0	0
BM-×××	-0.2	-0.4	0.1	-0.6	0	0
BM-×××	-0.2	-0.6	-1.4	-0.6	0	0
BM-×××	1.1	1.6	8.4	0.1	0	1
BM-×××	-0.2	-0.2	0.8	-2.5	1	0
BM-×××	0.6	0.0	1.6	0.1	0	0
BM-×××	-1.6	-2.0	-0.7	-0.6	0	0
BM-×××	-1.1	-1.1	-0.7	-0.1	0	0
BM-×××	0.6	0.7	0.8	-0.6	0	0
BM-×××	-1.3	-1.3	0.8	-1.2	0	0
BM-×××	0.3	1.2	0.1	-0.1	0	0
BM-×××	-0.2	-0.2	1.6	0.1	0	0
BM-×××	-0.5	-0.9	-0.7	-0.6	0	0
BM-×××	2.5	1.8	-1.4	-1.2	1	0
BM-×××	-0.2	-0.4	0.1	0.1	0	0
BM-×××	-1.1	-1.1	0.1	-2.0	0	0
BM-×××	1.1	0.5	0.8	-0.6	0	0
BM-×××	0.0	-0.2	-0.7	0.5	0	0
BM-×××	0.6	1.2	0.1	0.1	0	0
BM-×××	0.0	0.3	0.1	-0.1	0	0
BM-×××	-1.9	-0.2	-2.2	-0.3	1	0
BM-×××	-0.8	-1.3	-2.2	-1.2	1	0
BM-×××	0.6	0.7	-0.7	0.3	0	0
BM-×××	0.3	1.2	-2.2	0.3	1	0
BM-×××	-1.1	-1.1	0.1	0.1	0	0
BM-×××	1.1	0.9	0.1	0.5	0	0
BM-×××	0.0	0.0	0.8	0.5	0	0
BM-×××	0.9	0.5	0.1	0.9	0	0
BM-×××	-0.2	-0.2	-0.7	0.1	0	0
BM-×××	-0.2	-0.4	0.1	0.1	0	0
BM-×××	0.9	1.2	-0.7	0.1	0	0
BM-×××	-1.9	-0.7	-1.2	-2.0	0	0
BM-×××	0.0	0.3	0.8	1.4	0	0
BM-×××	0.6	0.9	0.1	-0.1	0	0
BM-×××	0.3	1.2	0.1	-0.6	0	0

续上表

机构代码	最大力（z 比分数）	规定非比例延伸力（z 比分数）	最大力总伸长率（z 比分数）	弹性模量（z 比分数）	可疑值（个）	离群值（个）
BM-×××	-1.1	-1.3	0.1	0.1	0	0
BM-×××	-1.1	-0.2	4.6	-0.3	0	1
BM-×××	0.3	0.7	-0.5	0.1	0	0
BM-×××	-0.5	-0.9	0.8	-1.2	0	0
BM-×××	0.3	-0.4	-3.0	0.1	0	1
BM-×××	1.7	0.9	-2.2	1.8	1	0
BM-×××	-0.5	0.9	-0.7	-0.8	0	0
BM-×××	-0.1	-1.0	-0.5	-1.1	0	0
BM-×××	0.0	0.3	0.1	0.7	0	0
BM-×××	1.1	1.4	0.1	0.9	0	0
BM-×××	-0.2	-0.6	1.6	0.5	0	0
BM-×××	-0.4	-0.2	-0.5	1.2	0	0
BM-×××	-0.5	-0.9	0.1	-0.8	0	0
BM-×××	1.0	0.4	0.8	1.2	0	0
BM-×××	-0.5	-0.4	-1.4	0.1	0	0
BM-×××	0.3	-0.6	0.1	0.1	0	0
BM-×××	-0.2	-1.1	0.8	-0.8	0	0
BM-×××	-0.5	-0.4	0.1	0.3	0	0
BM-×××	-0.8	-0.6	0.1	0.3	0	0
BM-×××	-0.5	-0.6	0.8	-0.3	0	0
BM-×××	0.3	0.3	0.1	0.9	0	0
BM-×××	-0.2	0.5	-2.2	1.4	1	0
BM-×××	0.9	0.9	0.1	0.1	0	0
BM-×××	0.6	0.9	-0.7	0.9	0	0
BM-×××	1.1	1.4	0.1	1.1	0	0
BM-×××	-0.1	-0.2	0.1	0.9	0	0
BM-×××	-0.5	-0.2	0.8	-0.1	0	0
BM-×××	1.0	1.5	0.1	-0.2	0	0
BM-×××	-0.8	0.0	-0.7	0.3	0	0
BM-×××	-1.1	-1.6	-1.4	4.1	0	1
BM-×××	-0.1	-0.2	-1.2	-0.8	0	0
BM-×××	1.4	-0.2	-0.7	0.3	0	0
BM-×××	0.7	1.2	1.5	-0.2	0	0
BM-×××	1.4	1.8	0.1	0.1	0	0
BM-×××	0.3	0.4	0.1	0.1	0	0

续上表

机构代码	最大力（z比分数）	规定非比例延伸力（z比分数）	最大力总伸长率（z比分数）	弹性模量（z比分数）	可疑值（个）	离群值（个）
BM-×××	1.1	1.4	0.1	0.5	0	0
BM-×××	1.4	0.4	0.8	-1.4	0	0
BM-×××	-1.9	-2.7	-3.0	0.7	1	1
BM-×××	0.9	1.4	-0.7	0.5	0	0
BM-×××	1.1	1.8	0.1	-0.3	0	0
BM-×××	0.7	0.7	0.1	0.4	0	0
BM-×××	1.4	0.1	0.1	0.1	0	0
BM-×××	0.0	0.0	0.1	0.3	0	0
BM-×××	-0.8	0.7	0.1	0.9	0	0
BM-×××	-1.1	-0.2	-0.5	-0.2	0	0
BM-×××	-0.8	-0.6	0.8	-1.0	0	0
BM-×××	-1.1	0.1	-1.9	0.6	0	0
BM-×××	0.3	0.1	0.8	0.6	0	0
BM-×××	-0.2	-0.2	0.8	-0.3	0	0
BM-×××	0.3	-0.2	0.1	-1.1	0	0
BM-×××	1.4	1.5	-1.2	1.5	0	0
BM-×××	-0.8	1.4	-6.8	0.9	0	1
BM-×××	-0.1	-0.2	0.8	-0.2	0	0
BM-×××	-0.8	-0.6	0.8	-0.6	0	0
BM-×××	1.0	0.7	-1.9	3.5	0	1
BM-×××	-0.5	-0.6	0.8	0.7	0	0
BM-×××	0.3	0.3	0.8	0.7	0	0
BM-×××	0.3	0.1	0.1	0.9	0	0
BM-×××	0.9	-0.2	0.1	-0.1	0	0
BM-×××	0.7	-0.5	0.1	0.1	0	0
BM-×××	-0.1	0.1	-0.5	-1.1	0	0
BM-×××	0.0	0.5	0.8	-1.0	0	0
BM-×××	0.6	-0.2	0.8	0.5	0	0
BM-×××	-1.9	-1.0	-1.2	-1.1	0	0
BM-×××	-0.8	-1.0	1.5	0.6	0	0
BM-×××	-1.9	0.4	0.1	-0.8	0	0
BM-×××	-0.1	-0.2	-1.2	0.4	0	0
BM-×××	1.4	1.2	0.1	-0.8	0	0
BM-×××	0.3	-1.3	-0.5	-0.2	0	0
BM-×××	-0.8	-0.5	-0.5	-0.5	0	0

续上表

机构代码	最大力（z比分数）	规定非比例延伸力（z比分数）	最大力总伸长率（z比分数）	弹性模量（z比分数）	可疑值（个）	离群值（个）
BM-×××	-0.1	0.1	0.8	-0.2	0	0
BM-×××	-1.3	-1.1	-2.2	-1.2	1	0
BM-×××	0.9	0.5	0.8	0.1	0	0
BM-×××	-0.2	-0.9	0.8	0.3	0	0
BM-×××	-0.4	-1.3	-0.5	-0.5	0	0
BM-×××	0.3	0.9	0.8	0.9	0	0
BM-×××	-0.1	-0.2	0.1	-0.8	0	0
BM-×××	0.3	-0.5	0.8	1.8	0	0
BM-×××	1.4	0.7	0.8	0.9	0	0
BM-×××	-0.2	-0.6	2.3	0.7	1	0
BM-×××	1.0	1.2	0.1	-0.5	0	0
BM-×××	-1.1	-0.5	0.1	-0.2	0	0
BM-×××	-0.1	0.4	0.1	0.1	0	0
BM-×××	0.3	1.4	-0.7	0.3	0	0
BM-×××	-0.1	-0.2	0.8	0.9	0	0
BM-×××	-0.1	0.1	-0.5	0.1	0	0
BM-×××	-0.1	0.9	0.8	-0.2	0	0
BM-×××	-0.1	-0.2	1.5	-0.5	0	0
BM-×××	-0.1	0.1	0.8	0.4	0	0
BM-×××	-0.8	-0.2	-1.2	0.6	0	0
BM-×××	1.7	2.0	0.1	-0.5	0	0
BM-×××	-9.7	-1.1	-1.4	-2.5	1	1
BM-×××	-1.9	-1.6	0.1	0.4	0	0
BM-×××	1.4	1.8	0.8	-1.1	0	0
BM-×××	-1.1	-0.7	0.8	0.9	0	0
BM-×××	-0.1	-1.3	0.1	-4.0	0	1
BM-×××	-2.2	-1.3	-1.2	-0.2	1	0
BM-×××	0.3	0.7	0.1	0.4	0	0
BM-×××	0.3	-0.5	-1.2	-2.0	0	0
BM-×××	-0.8	-1.1	0.8	0.1	0	0
BM-×××	-1.5	-0.5	-1.2	0.1	0	0
BM-×××	2.5	1.5	1.5	0.1	1	0
BM-×××	-0.1	0.4	0.1	-0.2	0	0
BM-×××	-0.8	-0.7	-0.5	-2.5	1	0
BM-×××	-0.2	-0.2	0.8	0.5	0	0

续上表

机构代码	最大力（z比分数）	规定非比例延伸力（z比分数）	最大力总伸长率（z比分数）	弹性模量（z比分数）	可疑值（个）	离群值（个）
BM-×××	0.6	-1.1	0.1	-1.8	0	0
BM-×××	1.0	1.2	0.1	-0.5	0	0
BM-×××	-0.5	-0.2	0.8	-0.3	0	0
BM-×××	-0.8	-0.7	-0.5	0.6	0	0
BM-×××	0.7	1.2	0.8	1.2	0	0
BM-×××	0.7	0.4	0.8	1.2	0	0
BM-×××	-1.5	-0.2	-1.2	0.4	0	0
BM-×××	-0.1	-0.2	0.8	-0.8	0	0
BM-×××	0.3	0.1	0.8	-0.2	0	0
BM-×××	0.3	-1.3	1.5	-0.2	0	0
BM-×××	-1.5	-1.3	0.1	0.6	0	0
BM-×××	-0.4	-1.6	0.1	-0.5	0	0
BM-×××	1.1	0.9	0.1	1.4	0	0
BM-×××	0.7	0.1	0.8	-0.8	0	0
BM-×××	-1.3	-0.9	-1.4	-0.6	0	0
BM-×××	0.3	-0.5	-1.9	1.8	0	0
BM-×××	-1.9	-1.3	-1.9	0.4	0	0
BM-×××	1.0	-0.2	1.5	0.1	0	0
BM-×××	0.7	0.1	0.8	0.6	0	0
BM-×××	-0.8	-0.7	0.1	-0.8	0	0
BM-×××	2.8	5.9	1.5	-0.2	1	1
BM-×××	-1.9	-1.3	-1.9	0.9	0	0
BM-×××	-1.5	-0.7	-1.2	-0.8	0	0
BM-×××	-0.1	0.4	-0.5	-0.2	0	0
BM-×××	0.3	-1.6	-0.5	-0.5	0	0
BM-×××	0.7	1.5	0.8	-1.4	0	0
BM-×××	-0.4	0.7	0.1	0.4	0	0
BM-×××	-0.1	0.4	0.1	0.4	0	0
BM-×××	0.3	0.4	0.1	0.6	0	0
BM-×××	-1.1	0.1	-0.5	-0.2	0	0
BM-×××	0.3	0.1	0.1	0.1	0	0
BM-×××	0.3	0.4	-0.5	-0.2	0	0
BM-×××	-0.8	-0.7	-0.5	0.1	0	0
BM-×××	-0.1	-0.2	-0.5	0.1	0	0
BM-×××	1.0	-0.5	0.1	0.6	0	0
可疑值(个)	4	1	8	3	16	
离群值(个)	1	1	5	3		10

BD2013-J01 热轧带肋钢筋(ϕ16mm)力学性能比对试验参加统计的 260 家检测机构数据中,218 家检测机构三个参数试验结果全部为“满意值”,比对结果为“满意”,占总数的 84%;20 家检测机构三个参数试验结果中含有“可疑值”,比对结果为“基本满意”,占总数的 8%;22 家检测机构三个参数试验结果中含有“离群值”,比对结果为“不满意”,占总数的 8%。钢筋比对试验结果分布如图 5-13 所示。

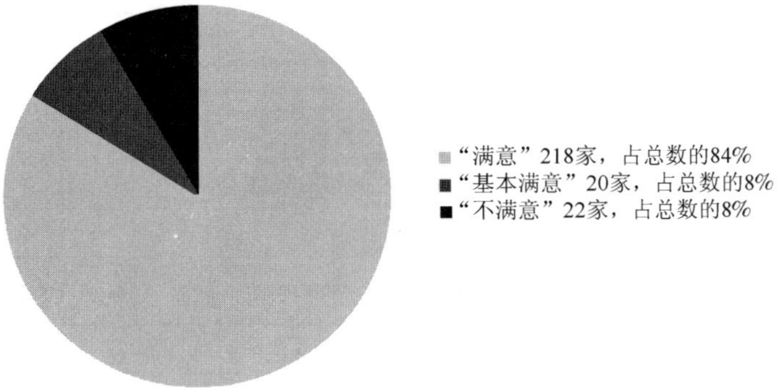

图 5-13　热轧带肋钢筋(ϕ16mm)力学性能试验比对试验结果分布图

BD2013-J02 钢绞线(ϕ15.2mm)力学性能比对试验参加统计的 181 家检测机构数据中,158 家检测机构的四个参数试验结果全部为“满意值”,比对结果为“满意”,占总数的 87%;13 家检测机构四个参数试验结果含有“可疑值”,比对结果为“基本满意”,占总数的 7%;10 家机构四个参数试验结果含有“离群值”,比对结果为“不满意”,占总数的 6%。钢绞线比对试验结果分布如图 5-14 所示。

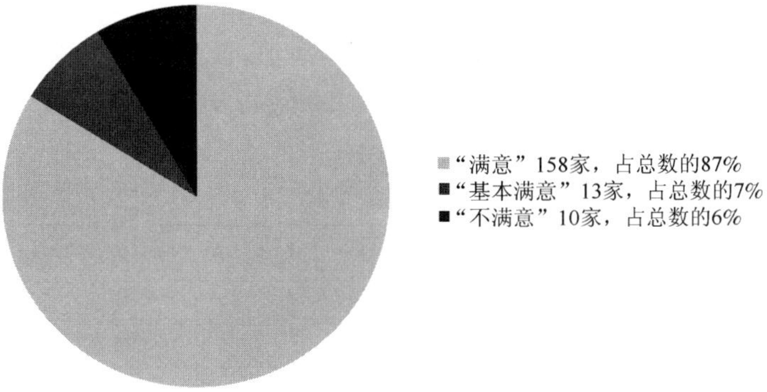

图 5-14　钢绞线(ϕ15.2mm)力学性能比对试验结果分布图

5.2.5　比对试验技术分析

5.2.5.1　概述

(1)各检测机构的 BD2013-J01 热轧带肋钢筋(ϕ16mm)力学性能试验结果和统计处理汇总见表 5-25、表 5-26。

各参数的试验结果统计值及出现离群值和可疑值的数目统计表(钢筋 A 组)　　表 5-25

项　目	抗拉强度 R_m(MPa)	下屈服强度 R_{eL}(MPa)	断后伸长率 A_{80mm}(%)
结果总数(个)	159	159	159
稳健平均值	×××.×	×××.×	××.×
稳健标准差	×.××	××.××	×.××
标准不确定度	0.74	1.04	0.10
最小值	453	393	16.5
最大值	672	617	45.0
极差	219	224	28.5
可疑值(个)	7	5	5
离群值(个)	7	6	6

各参数的试验结果统计值及出现离群值和可疑值的数目统计表(钢筋 B 组)　　表 5-26

项　目	抗拉强度 R_m(MPa)	下屈服强度 R_{eL}(MPa)	断后伸长率 A_{80mm}(%)
结果总数(个)	159	159	159
稳健平均值	×××.×	×××.×	××.×
稳健标准差	×.××	××.××	×.××
标准不确定度	0.83	1.00	0.09
最小值	594	418	26.5
最大值	667	507	33.0
极差	73	89	6.5
可疑值(个)	5	4	4
离群值(个)	7	5	2

(2)各检测机构的 BD2013-J02 钢绞线(ϕ15.2mm)力学性能试验结果和统计处理汇总见表 5-27、表 5-28。

各参数的试验结果统计值及出现离群值和可疑值的数目统计表(钢绞线 A 组)　　表 5-27

项　目	最大力 F_m(kN)	规定非比例延伸力 $F_{p0.2}$(kN)	最大力总伸长率 A_{gt}(%)	弹性模量 E(GPa)
结果总数(个)	91	91	91	91
稳健平均值	×××.×	×××.×	×.×	×××.×
稳健标准差	×.××	×.××	×.××	×.××
标准不确定度	0.43	0.58	0.09	0.43
最小值	234	233	1.5	186
最大值	278	253	11.5	217
极差	44	20	10	31
可疑值(个)	1	1	8	2
离群值(个)	1	0	5	1

各参数的试验结果统计值及出现离群值和可疑值的数目统计表(钢绞线 B 组) 表 5-28

项 目	最大力 F_m (kN)	规定非比例延伸力 $F_{p0.2}$ (kN)	最大力总伸长率 A_{gt} (%)	弹性模量 E (GPa)
结果总数(个)	90	90	90	90
稳健平均值	×××.×	×××.×	×.×	×××.×
稳健标准差	×.××	×.××	×.××	×.××
标准不确定度	0.37	0.43	0.09	0.38
最小值	267	242	4.5	184
最大值	281	269	7.0	210
极差	14	27	2.5	26
可疑值(个)	3	0	0	1
离群值(个)	0	1	0	2

5.2.5.2 检测机构试验结果的主要影响因素分析

本次比对试验使用的样品为热轧带肋钢筋和预应力混凝土用钢绞线(以下简称钢绞线)。热轧带肋钢筋力学性能试验是对试样施加轴向拉力,在拉伸至断裂过程中测定试样的抗拉强度(R_m)、下屈服强度(R_{eL})、断后伸长率(A_{80mm})等性能;钢绞线力学性能试验是对试样施加轴向拉力,在拉伸至最大力过程中测定试样的最大力(F_m)、规定非比例延伸力($F_{p0.2}$)、最大力总伸长率(A_{gt})、弹性模量(E)等性能。我国在《金属材料 拉伸试验 第 1 部分:室温试验方法》(GB/T 228.1—2010)中规定了拉伸试验的具体方法。影响热轧带肋钢筋和钢绞线拉伸性能检测结果准确度的因素很多,主要可归为以下两大类。

1)计量参数

(1)热轧带肋钢筋。

试验机的准确度级别带来的误差,试验机的试验力及同轴度误差,试样原始标距和断后测量等带来的误差,将直接影响热轧带肋钢筋拉伸性能检测结果准确度。

抗拉强度(R_m)和下屈服强度(R_{eL})两项性能与力和原始横截面积相关,因此这两项性能测量的准确度与力和原始横截面积的测量误差相关。对于本次比对试验所采用的热轧带肋钢筋,其原始横截面积为规定的公称直径对应的横截面面积,故抗拉强度(R_m)和下屈服强度(R_{eL})只与力值有关。

断后伸长率(A_{80mm})这一性能与原始标距和断后伸长有关,因此这项性能测量的准确度与原始标距和断后伸长(或断后标距)的测量误差相关。

(2)钢绞线。

试验机的准确度级别带来的误差,试验机的试验力及同轴度误差,引伸计准确度级别带来的误差,引伸计标距的选择、引伸计的延伸、试样原始标距和最大力时伸长的测量等带来的误差,将直接影响钢绞线拉伸性能检测结果准确度。

①最大力(F_m)、弹性模量(E)两项性能与力值相关,因此这两项性能测量的准确度与力的测量误差相关。

②规定非比例延伸力($F_{p0.2}$)这一性能与力值和引伸计的延伸有关,因此这项性能测量的准确度与力值和延伸的测量有关。

③最大力总伸长率(A_{gt})这一性能与引伸计的延伸、原始标距和最大力时的伸长有关,因此这项性能测量的准确度与引伸计的延伸、原始标距和最大力时的伸长的测量误差相关。

2)试验控制参数

拉伸试验速率、试验机控制模式、试样受力的轴向性、夹持方法(试样的夹持长度、夹具的齿型、是否有衬垫材料)、试验温度、数据采集与分析技术、软件偏离试验方法的偏差以及试验操作技术的掌握造成的人为误差等都将直接影响钢筋、钢绞线拉伸性能测定结果的准确度。

在本次比对试验中,有的检测机构由于夹持方式(试样的夹持长度、夹具的齿型、衬垫材料的有无)不当导致最大力检测结果有缺失或偏差较大。

上述所列举的影响因素并不完全包括所有的影响因素,例如仪器设备配置的合理性方面,由于本次试验参加的机构数量较多,仪器的种类差别很大。有些试验机由于购置的时间较早试验行程偏短,有的引伸计标距偏小都会影响试验结果的准确度。有些影响因素目前还无法对其影响进行量化。但为了使性能测定结果准确,重要的是按照标准试验方法的要求进行试验和测量,努力使各种因素的影响减至最小。

钢筋、钢绞线力学性能比对试验数据的频率分布直方图见图5-15、图5-16,由图可以看出其频率分布直方图基本上符合正态分布特征。具体范围如下:

(1)钢筋(A组)抗拉强度(R_m)直方图显示大部分数据在607~640MPa之间。

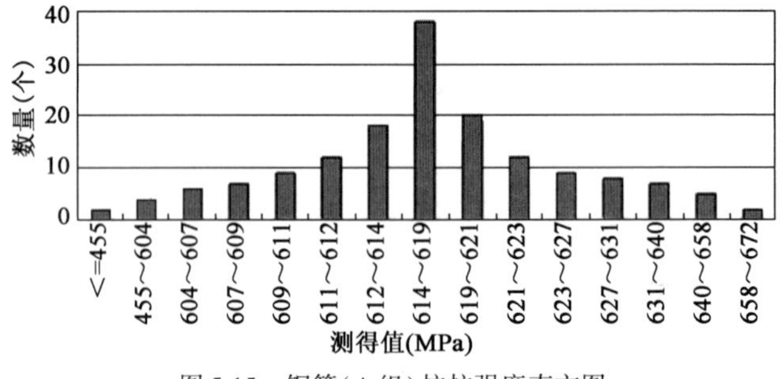

图5-15　钢筋(A组)抗拉强度直方图

(2)钢绞线(A组)规定非比例延伸力($F_{p0.2}$)直方图显示大部分数据在239~251kN之间。

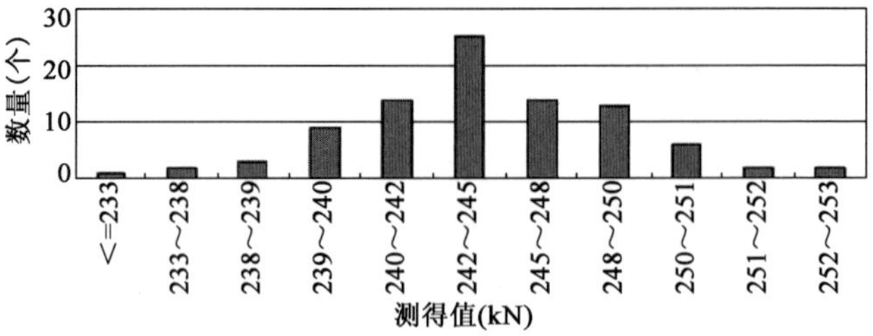

图5-16　钢绞线(A组)规定非比例延伸力直方图

5.2.5.3　个别离群结果、可疑结果分析

由于时间和财力所限,本次未对有离群值或有可疑值的检测机构进行现场检查,只是根据本次比对试验结果报告表上的数据,查看提供的检测报告、原始记录、返回的样品,对结果进行

了简单的分析。

(1)有两个检测机构的钢筋抗拉强度及下屈服强度均为离群值,z 比分数分别为 -22.1、16 和 -21.8、15.7,这两个检测机构的两个参数均远大于正常值。经查得知,由于抗拉强度及下屈服强度填报互反,致使彼此明显偏离正常值。

(2)有一个检测机构的钢筋断后伸长率为可疑值,z 比分数为2.1。经查判断,由于试验速率控制不当,导致断后伸长率试验结果为可疑值。

(3)有一个检测机构的钢绞线最大力为离群值,z 比分数为9.7。经查判断,由于一根钢绞线断在夹具内(夹持方式不当)数值偏小,导致检测结果偏差较大。

(4)有一个检测机构的钢绞线弹性模量为离群值,z 比分数为 -4.0。经查返回样品及原始记录可以判断,由于试验过程中夹持方式不当,一根钢绞线断在夹具内,数据缺失且其他数值普遍偏小,导致试验结果为离群值。

对于检测机构内试验误差,主要是由仪器设备和检测人员产生的,可以通过对试验设备进行定期核查和增强试验人员操作熟练程度来减小误差。对于检测机构间试验误差,主要是由仪器设备和检测人员以及检测环境产生的,应该对检测仪器设备、环境进行比较,使试验过程及试件环境都严格按有关标准执行,以保证检测结果的准确可靠。

5.2.6 结语

参加检测机构比对试验的目的是对检测机构综合能力进行考核,包括检测机构管理水平、试验机的测试能力、试验员的操作水平以及对标准试验方法的理解力,同时也为行业管理提供了有效的手段和方法。

本次比对试验计划达到了预期目的,比对试验结果基本令人满意。

通过本次组织 260 家检测机构进行 BD2013-J01 热轧带肋钢筋(ϕ16mm)力学性能试验、181 家检测机构进行 BD2013-J02 钢绞线(ϕ15.2mm)力学性能试验,为今后针对某些特殊金属原材料类检测开展行业乃至全国性的比对试验计划活动积累了经验。

5.2.7 主要参考文献

(1)《合格评定能力验证通用要求》(ISO/IEC 17043:2010)。
(2)《利用实验室间比对的能力验证的统计方法》(ISO 13528:2005)。
(3)《能力验证结果的统计处理和能力评价指南》(CNAS-GL02:2006)。
(4)《能力验证样品均匀性和稳定性评价指南》(CNAS-GL03:2006)。
(5)《利用实验室间比对进行能力验证的统计方法》(GB/T 28043—2011)。
(6)《 能力验证规则》(CNAS-RL 02:2007)。
(7)《建筑用热轧带肋钢筋拉伸试验能力验证报告》(CNCA-12-A09:2012)。

5.2.8 附件

5.2.8.1 检测机构的试验结果和统计处理

BD2013-J01 热轧带肋钢筋力学性能试验的试验结果和统计处理见表 5-29。抗拉强度的 z

比分数柱状图如图 5-17 所示。下屈服强度的 z 比分数柱状图如图 5-18 所示。断后伸长率的 z 比分数柱状图如图 5-19 所示。

BD2013-J01 热轧带肋钢筋(ϕ16mm)力学性能试验的试验结果和统计处理 表 5-29

机构代码	抗拉强度 R_m		下屈服强度 R_{eL}		断后伸长率 A_{80mm}	
	试验结果(MPa)	z 比分数	试验结果(MPa)	z 比分数	试验结果(%)	z 比分数
BM-×××	×××	0.2	×××	0.9	××.×	-0.6
BM-×××	×××	0.1	×××	0.5	××.×	-0.6
BM-×××	×××	-0.3	×××	0.9	××.×	-0.2
BM-×××	×××	1.7	×××	1.7	××.×	-0.2
BM-×××	×××	*2.8	×××	1.8	××.×	0.3
BM-×××	×××	-1.5	×××	-1.8	××.×	0.7
BM-×××	×××	-0.2	×××	0.0	××.×	-0.6
BM-×××	×××	-1.0	×××	-0.8	××.×	-0.6
BM-×××	×××	0.3	×××	-0.1	××.×	-0.6
BM-×××	×××	0.6	×××	1.5	××.×	*2.1
BM-×××	×××	-0.1	×××	-0.2	××.×	-0.6
BM-×××	×××	0.9	×××	0.1	××.×	-2.0
BM-×××	×××	-0.1	×××	-1.4	××.×	-0.6
BM-×××	×××	-1.3	×××	-0.8	××.×	-1.1
BM-×××	×××	-1.8	×××	-1.1	××.×	0.3
BM-×××	×××	-0.6	×××	-0.1	××.×	-1.1
BM-×××	×××	0.3	×××	0.4	××.×	0.3
BM-×××	×××	-0.2	×××	-1.1	××.×	1.2
BM-×××	×××	-0.2	×××	-1.7	××.×	-0.2
BM-×××	×××b	0.6	×××	-1.2	××.×	0.3
BM-×××	×××	0.9	×××	0.3	××.×	0.3
BM-×××	×××	-0.2	×××	0.3	××.×	0.7
BM-×××	×××	0.1	×××	-0.3	××.×	-1.5
BM-×××	×××	0.3	×××	0.1	××.×	-0.2
BM-×××	×××	1.7	×××	1.5	××.×	0.3
BM-×××	×××	0.3	×××	0.0	××.×	0.3
BM-×××	×××	1.4	×××	0.9	××.×	-1.5
BM-×××	×××	0.2	×××	0.3	××.×	-0.6
BM-×××	×××	0.5	×××	-0.6	××.×	-0.2
BM-×××	×××	-0.3	×××	-0.4	××.×	0.3
BM-×××	×××	-0.2	×××	-1.2	××.×	-0.6

续上表

机构代码	抗拉强度 R_m		下屈服强度 R_{eL}		断后伸长率 A_{80mm}	
	试验结果(MPa)	z 比分数	试验结果(MPa)	z 比分数	试验结果(%)	z 比分数
BM-×××	×××	0.1	×××	0.1	××.×	-0.6
BM-×××	×××	-1.7	×××	* -2.9	××.×	0.3
BM-×××	×××	-0.7	×××	-0.7	××.×	-0.6
BM-×××	×××	-0.9	×××	-1.3	××.×	0.3
BM-×××	×××	0.3	×××	0.0	××.×	-0.2
BM-×××	×××	0.3	×××	1.0	××.×	-1.5
BM-×××	×××	0.4	×××	-0.2	××.×	1.0
BM-×××	×××	-0.7	×××	-0.3	××.×	1.2
BM-×××	×××	-1.1	×××	0.1	××.×	-0.6
BM-×××	×××	-0.1	×××	-0.7	××.×	0.3
BM-×××	×××	-1.8	×××	-0.6	××.×	-0.2
BM-×××	×××	0.5	×××	-0.4	××.×	0.3
BM-×××	×××	-0.2	×××	0.9	××.×	-0.6
BM-×××	×××	-0.3	×××	0.0	××.×	-0.2
BM-×××	×××	0.1	×××	-0.4	××.×	0.3
BM-×××	×××	-0.5	×××	-0.1	××.×	-0.2
BM-×××	×××	* -2.1	×××	-1.4	××.×	-1.5
BM-×××	×××	0.2	×××	-1.1	××.×	-1.6
BM-×××	×××	0.3	×××	-0.1	××.×	0.3
BM-×××	×××	-0.5	×××	0.3	××.×	1.2
BM-×××	×××	1.7	×××	* -2.7	××.×	-0.6
BM-×××	×××	0.3	×××	1.0	××.×	-0.6
BM-×××	×××	0.5	×××	0.1	××.×	-0.2
BM-×××	×××	1.2	×××	0.4	××.×	0.5
BM-×××	×××	-1.5	×××	-1.0	××.×	-0.6
BM-×××	×××	-0.2	×××	-0.6	××.×	-0.6
BM-×××	×××	-1.3	×××	-1.6	××.×	-0.2
BM-×××	×××	0.3	×××	0.3	××.×	1.2
BM-×××	×××	0.5	×××	-0.8	××.×	-0.6
BM-×××	×××	0.1	×××	-1.6	××.×	0.3
BM-×××	×××	-1.5	×××	-1.2	××.×	-0.6
BM-×××	×××	-0.2	×××	0.1	××.×	-0.2

续上表

机构代码	抗拉强度 R_m		下屈服强度 R_{eL}		断后伸长率 A_{80mm}	
	试验结果(MPa)	z 比分数	试验结果(MPa)	z 比分数	试验结果(%)	z 比分数
BM-×××	×××	0.5	×××	-1.1	××.×	-0.2
BM-×××	×××	0.1	×××	0.7	××.×	*2.1
BM-×××	×××	-1.4	×××	-0.4	××.×	0.3
BM-×××	×××	* -2.1	×××	-1.9	××.×	-0.6
BM-×××	×××	-1.4	×××	-1.7	××.×	-0.2
BM-×××	×××	2.0	×××	0.6	××.×	0.0
BM-×××	×××	0.9	×××	0.9	××.×	0.3
BM-×××	×××	-0.5	×××	0.4	××.×	-0.2
BM-×××	×××	-0.8	×××	0.0	××.×	-0.6
BM-×××	×××	0.5	×××	-0.3	××.×	-0.6
BM-×××	×××	0.0	×××	-0.1	××.×	0.5
BM-×××	×××	0.2	×××	-0.4	××.×	2.5
BM-×××	×××	0.9	×××	-0.3	××.×	§3.0
BM-×××	×××	-0.5	×××	0.5	××.×	1.2
BM-×××	×××	0.4	×××	0.5	××.×	1.0
BM-×××	×××	§ -4.1	×××	* -2.8	××.×	§ -10.6
BM-×××	×××	0.5	×××	-1.2	××.×	0.7
BM-×××	×××	-0.7	×××	-0.2	××.×	-0.2
BM-×××	×××	0.6	×××	-0.2	××.×	0.0
BM-×××	×××	0.5	×××	-0.7	××.×	-1.1
BM-×××	×××	-0.5	×××	-0.3	××.×	-0.6
BM-×××	×××	0.2	×××	0.4	××.×	0.5
BM-×××	×××	-0.7	×××	-0.4	××.×	0.0
BM-×××	×××	0.2	×××	0.1	××.×	1.7
BM-×××	×××	-1.0	×××	-0.5	××.×	0.5
BM-×××	×××	-0.7	×××	-0.6	××.×	-1.6
BM-×××	×××	-0.7	×××	-1.0	××.×	-0.2
BM-×××	×××	-1.0	×××	-1.7	××.×	-0.6
BM-×××	×××	-0.8	×××	-0.9	××.×	0.5
BM-×××	×××	0.1	×××	-0.4	××.×	§ -3.3
BM-×××	×××	§4.7	×××	§3.5	××.×	0.5
BM-×××	×××	1.7	×××	0.1	××.×	-0.6
BM-×××	×××	0.9	×××	0.4	××.×	-1.6

续上表

机构代码	抗拉强度 R_m		下屈服强度 R_{eL}		断后伸长率 A_{80mm}	
	试验结果(MPa)	z 比分数	试验结果(MPa)	z 比分数	试验结果(%)	z 比分数
BM-×××	×××	-1.0	×××	-0.9	××.×	0.3
BM-×××	×××	0.6	×××	0.7	××.×	2.1
BM-×××	×××	0.4	×××	0.9	××.×	0.5
BM-×××	×××	-1.0	×××	-0.8	××.×	0.3
BM-×××	×××	0.3	×××	-0.9	××.×	0.5
BM-×××	×××	-2.0	×××	-1.2	××.×	-1.6
BM-×××	×××	-0.6	×××	0.3	××.×	0.3
BM-×××	×××	0.5	×××	-1.0	××.×	0.7
BM-×××	×××	-0.2	×××	-0.4	××.×	0.5
BM-×××	×××	-0.8	×××	-0.7	××.×	-0.6
BM-×××	×××	0.2	×××	-0.3	××.×	-0.6
BM-×××	×××	-0.1	×××	0.2	××.×	-0.6
BM-×××	×××	1.1	×××	0.4	××.×	-1.1
BM-×××	×××	0.9	×××	0.5	××.×	0.5
BM-×××	×××	-0.4	×××	0.0	××.×	0.0
BM-×××	×××	-1.0	×××	-1.2	××.×	-0.6
BM-×××	×××	-0.3	×××	-0.6	××.×	-0.6
BM-×××	×××	0.6	×××	0.1	××.×	-0.6
BM-×××	×××	*2.1	×××	0.7	××.×	-1.5
BM-×××	×××	0.4	×××	-0.2	××.×	-0.6
BM-×××	×××	-2.0	×××	-1.7	××.×	-1.6
BM-×××	×××	0.3	×××	-0.7	××.×	0.5
BM-×××	×××	-1.7	×××	-1.3	××.×	2.0
BM-×××	×××	-0.3	×××	0.4	××.×	1.0
BM-×××	×××	*2.5	×××	0.1	××.×	-0.6
BM-×××	×××	-0.7	×××	-1.0	××.×	-1.6
BM-×××	×××	0.4	×××	-0.9	××.×	0.5
BM-×××	×××	0.2	×××	0.5	××.×	0.5
BM-×××	×××	-0.6	×××	0.7	××.×	0.3
BM-×××	×××	0.4	×××	-0.2	××.×	-1.6
BM-×××	×××	-1.1	×××	-0.3	××.×	-0.6
BM-×××	×××	-0.2	×××	0.9	××.×	0.0
BM-×××	×××	-0.1	×××	-1.0	××.×	-1.1

续上表

机构代码	抗拉强度 R_m		下屈服强度 R_{eL}		断后伸长率 A_{80mm}	
	试验结果(MPa)	z 比分数	试验结果(MPa)	z 比分数	试验结果(%)	z 比分数
BM-×××	×××	-0.3	×××	1.0	××.×	1.5
BM-×××	×××	-0.3	×××	-0.3	××.×	0.0
BM-×××	×××	1.5	×××	0.9	××.×	0.5
BM-×××	×××	-0.5	×××	0.5	××.×	1.2
BM-×××	×××	-1.5	×××	-1.3	××.×	-1.1
BM-×××	×××	-0.6	×××	1.0	××.×	0.5
BM-×××	×××	* -2.9	×××	* -2.8	××.×	-1.1
BM-×××	×××	-0.3	×××	0.2	××.×	0.5
BM-×××	×××	-0.2	×××	-0.9	××.×	-1.1
BM-×××	×××	0.6	×××	0.9	××.×	-0.6
BM-×××	×××	-0.1	×××	0.4	××.×	1.0
BM-×××	×××	-0.1	×××	-0.7	××.×	0.3
BM-×××	×××	-0.2	×××	0.0	××.×	1.0
BM-×××	×××	§5.8	×××	§4.9	××.×	0.5
BM-×××	×××	0.6	×××	-0.3	××.×	0.0
BM-×××	×××	-0.2	×××	-0.5	××.×	0.0
BM-×××	×××	-0.5	×××	0.1	××.×	0.3
BM-×××	×××	-0.9	×××	0.1	××.×	-0.6
BM-×××	×××	-0.8	×××	-0.9	××.×	-0.6
BM-×××	×××	-0.7	×××	0.1	××.×	0.3
BM-×××	×××	-0.6	×××	-0.6	××.×	1.5
BM-×××	×××	-0.1	×××	0.7	××.×	0.0
BM-×××	×××	-0.3	×××	0.4	××.×	1.0
BM-×××	×××	-0.7	×××	-0.4	××.×	-1.1
BM-×××	×××	-0.1	×××	-0.4	××.×	0.0
BM-×××	×××	-1.3	×××	-0.6	××.×	0.0
BM-×××	×××	-0.8	×××	-0.2	××.×	-1.6
BM-×××	×××	-0.3	×××	-1.3	××.×	0.5
BM-×××	×××	-0.4	×××	-0.3	××.×	-0.6
BM-×××	×××	0.9	×××	0.5	××.×	-0.2
BM-×××	×××	0.4	×××	-0.5	××.×	1.5
BM-×××	×××	-1.3	×××	-0.8	××.×	0.7
BM-×××	×××	-0.1	×××	0.5	××.×	1.0

续上表

机构代码	抗拉强度 R_m		下屈服强度 R_{eL}		断后伸长率 A_{80mm}	
	试验结果(MPa)	z 比分数	试验结果(MPa)	z 比分数	试验结果(%)	z 比分数
BM-×××	×××	1.8	×××	1.4	××.×	-0.6
BM-×××	×××	0.4	×××	0.7	××.×	0.5
BM-×××	×××	-1.0	×××	-0.3	××.×	-0.6
BM-×××	×××	-0.4	×××	-0.2	××.×	0.5
BM-×××	×××	§4.2	×××	1.7	××.×	-0.6
BM-×××	×××	-0.1	×××	-0.2	××.×	1.0
BM-×××	×××	-0.8	×××	0.6	××.×	-1.6
BM-×××	×××	-0.6	×××	-0.3	××.×	-0.6
BM-×××	×××	0.4	×××	0.0	××.×	-0.6
BM-×××	×××	0.3	×××	0.4	××.×	0.5
BM-×××	×××	-1.7	×××	-0.7	××.×	-1.6
BM-×××	×××	0.2	×××	-1.0	××.×	1.5
BM-×××	×××	-1.1	×××	-0.9	××.×	0.5
BM-×××	×××	0.2	×××	-0.5	××.×	-0.6
BM-×××	×××	0.4	×××	-0.4	××.×	-0.6
BM-×××	×××	0.9	×××	-0.7	××.×	-0.6
BM-×××	×××	1.6	×××	0.9	××.×	0.5
BM-×××	×××	0.2	×××	-0.8	××.×	-0.6
BM-×××	×××	0.3	×××	1.0	××.×	0.5
BM-×××	×××	0.3	×××	-0.8	××.×	-1.5
BM-×××	×××	0.2	×××	-1.0	××.×	-1.6
BM-×××	×××	-0.9	×××	-0.5	××.×	1.5
BM-×××	×××	§5.4	×××	§4.5	××.×	0.7
BM-×××	×××	§7.3	×××	§5.5	××.×	0.7
BM-×××	×××	0.9	×××	-0.7	××.×	-1.1
BM-×××	×××	§3.7	×××	§4.2	××.×	*2.5
BM-×××	×××	1.8	×××	1.9	××.×	0.3
BM-×××	×××	1.2	×××	0.7	××.×	1.0
BM-×××	×××	-1.3	×××	-0.9	××.×	§ -6.1
BM-×××	×××	0.9	×××	-0.6	××.×	-0.2
BM-×××	×××	0.2	×××	-0.2	××.×	0.5
BM-×××	×××	0.6	×××	0.3	××.×	-0.6
BM-×××	×××	-0.6	×××	-0.3	××.×	-0.6

续上表

机构代码	抗拉强度 R_m		下屈服强度 R_{eL}		断后伸长率 A_{80mm}	
	试验结果(MPa)	z 比分数	试验结果(MPa)	z 比分数	试验结果(%)	z 比分数
BM-×××	×××	*2.3	×××	1.7	××.×	0.0
BM-×××	×××	-0.6	×××	-0.1	××.×	1.2
BM-×××	×××	0.3	×××	1.6	××.×	-0.2
BM-×××	×××	-0.5	×××	0.7	××.×	-8.3
BM-×××	×××	*2.5	×××	2.0	××.×	0.3
BM-×××	×××	0.9	×××	0.2	××.×	-1.5
BM-×××	×××	-0.7	×××	0.1	××.×	1.7
BM-×××	×××	§ -22.1	×××	§16.0	××.×	*2.1
BM-×××	×××	0.7	×××	-0.8	××.×	0.3
BM-×××	×××	§4.6	×××	§3.8	××.×	1.2
BM-×××	×××	-1.0	×××	-1.7	××.×	-1.5
BM-×××	×××	-1.3	×××	-0.8	××.×	0.7
BM-×××	×××	0.6	×××	0.9	××.×	§13.9
BM-×××	×××	-0.5	×××	-1.0	××.×	1.2
BM-×××	×××	-0.7	×××	-0.3	××.×	-0.6
BM-×××	×××	*2.3	×××	1.6	××.×	1.2
BM-×××	×××	§3.0	×××	*2.8	××.×	1.0
BM-×××	×××	-0.1	×××	-0.5	××.×	0.5
BM-×××	×××	§ -21.8	×××	§15.7	××.×	-0.6
BM-×××	×××	2.9	×××	1.6	××.×	§5.3
BM-×××	×××	§5.4	×××	§4.1	××.×	* -2.6
BM-×××	×××	0.0	×××	0.7	××.×	1.0
BM-×××	×××	0.1	×××	*2.2	××.×	0.3
BM-×××	×××	§4.2	×××	§3.8	××.×	0.5
BM-×××	×××	1.5	×××	0.9	××.×	0.0
BM-×××	×××	-0.7	×××	-0.9	××.×	*2.6
BM-×××	×××	0.6	×××	-0.6	××.×	0.3
BM-×××	×××	1.4	×××	1.5	××.×	-1.5
BM-×××	×××	§3.7	×××	*2.8	××.×	1.2
BM-×××	×××	-0.3	×××	0.5	××.×	0.5
BM-×××	×××	-1.4	×××	-0.3	××.×	1.0
BM-×××	×××	-0.5	×××	§ -5.3	××.×	0.3
BM-×××	×××	-0.7	×××	-0.3	××.×	0.0

续上表

机构代码	抗拉强度 R_m		下屈服强度 R_{eL}		断后伸长率 A_{80mm}	
	试验结果(MPa)	z 比分数	试验结果(MPa)	z 比分数	试验结果(%)	z 比分数
BM-×××	×××	-0.5	×××	-1.4	××.×	-1.5
BM-×××	×××	0.2	×××	0.2	××.×	0.3
BM-×××	×××	*2.2	×××	*2.8	××.×	0.5
BM-×××	×××	-0.4	×××	-0.3	××.×	0.0
BM-×××	×××	-0.9	×××	-0.3	××.×	-0.6
BM-×××	×××	-0.2	×××	0.1	××.×	0.3
BM-×××	×××	1.1	×××	-0.2	××.×	-1.1
BM-×××	×××	-0.3	×××	0.2	××.×	0.0
BM-×××	×××	-0.8	×××	0.0	××.×	0.5
BM-×××	×××	-2.0	×××	-1.9	××.×	-0.6
BM-×××	×××	-0.7	×××	0.4	××.×	-1.1
BM-×××	×××	1.1	×××	0.9	××.×	1.0
BM-×××	×××	0.1	×××	-0.2	××.×	-0.2
BM-×××	×××	-1.9	×××	-0.5	××.×	* -2.1
BM-×××	×××	-0.1	×××	-0.3	××.×	0.5
BM-×××	×××	0.2	×××	0.3	××.×	-0.6
BM-×××	×××	-0.8	×××	-1.0	××.×	0.0
BM-×××	×××	-0.1	×××	0.3	××.×	-1.6
BM-×××	×××	0.8	×××	1.0	××.×	-1.1
BM-×××	×××	-1.5	×××	0.0	××.×	0.0
BM-×××	×××	1.1	×××	1.1	××.×	0.0
BM-×××	×××	1.9	×××	1.2	××.×	-0.6
BM-×××	×××	-1.0	×××	-0.4	××.×	0.0
BM-×××	×××	-0.8	×××	-1.6	××.×	§ -3.1
BM-×××	×××	-0.5	×××	0.3	××.×	0.3
BM-×××	×××	0.0	×××	1.0	××.×	0.0
BM-×××	×××	0.2	×××	-0.3	××.×	0.5
BM-×××	×××	* -2.5	×××	* -2.1	××.×	0.5
BM-×××	×××	-1.3	×××	-1.0	××.×	-0.6
BM-×××	×××	0.5	×××	-0.3	××.×	0.5
BM-×××	×××	-0.3	×××	0.5	××.×	0.5
BM-×××	×××	-0.3	×××	0.4	××.×	-0.6

注:加§处的数值为离群值,即 $|z| \geq 3.0$;加*处的数值为可疑值,即 $2.0 < |z| < 3.0$。

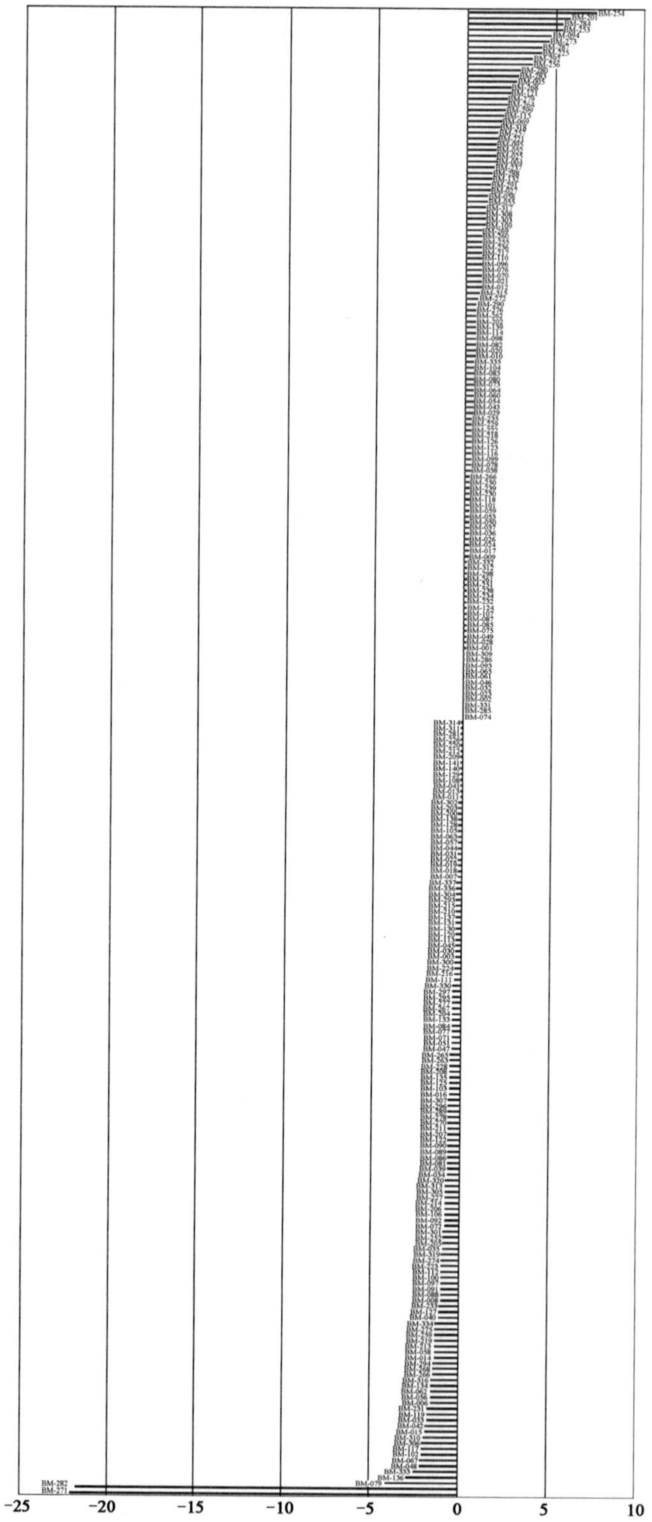

图 5-17　抗拉强度的 z 比分数柱状图

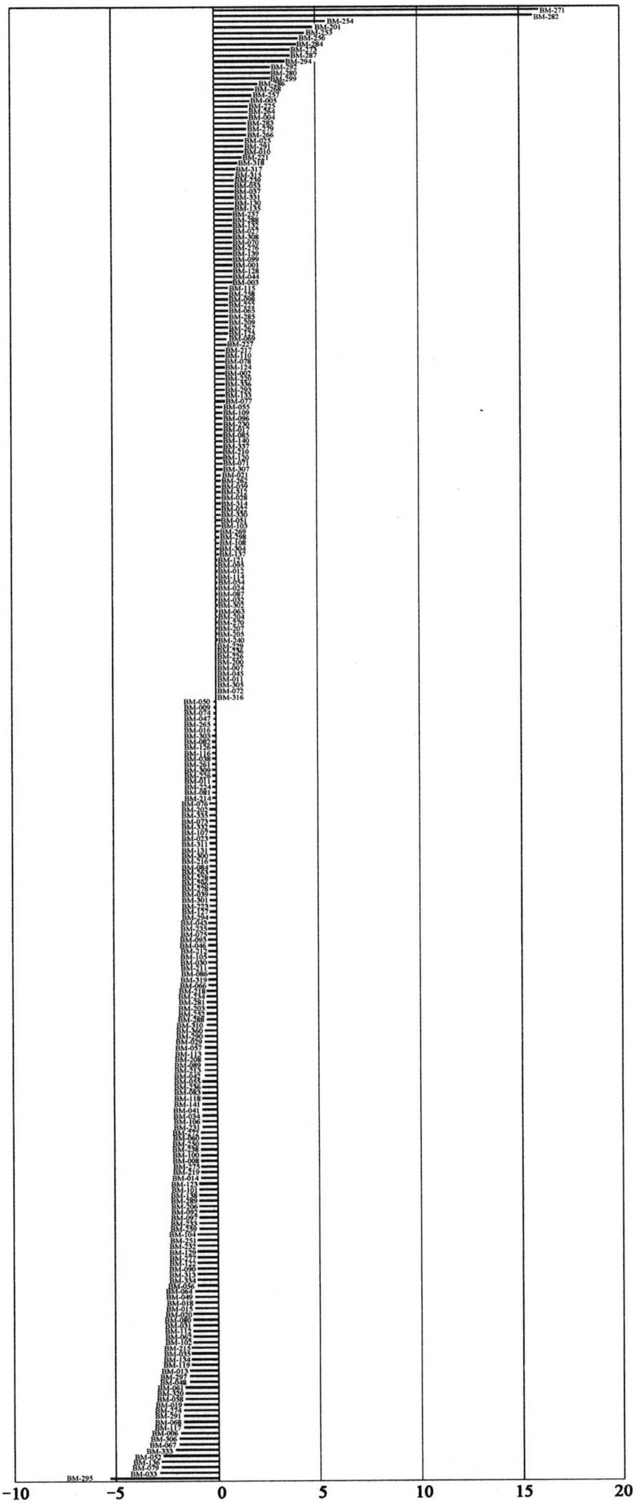

图 5-18 下屈服强度的 z 比分数柱状图

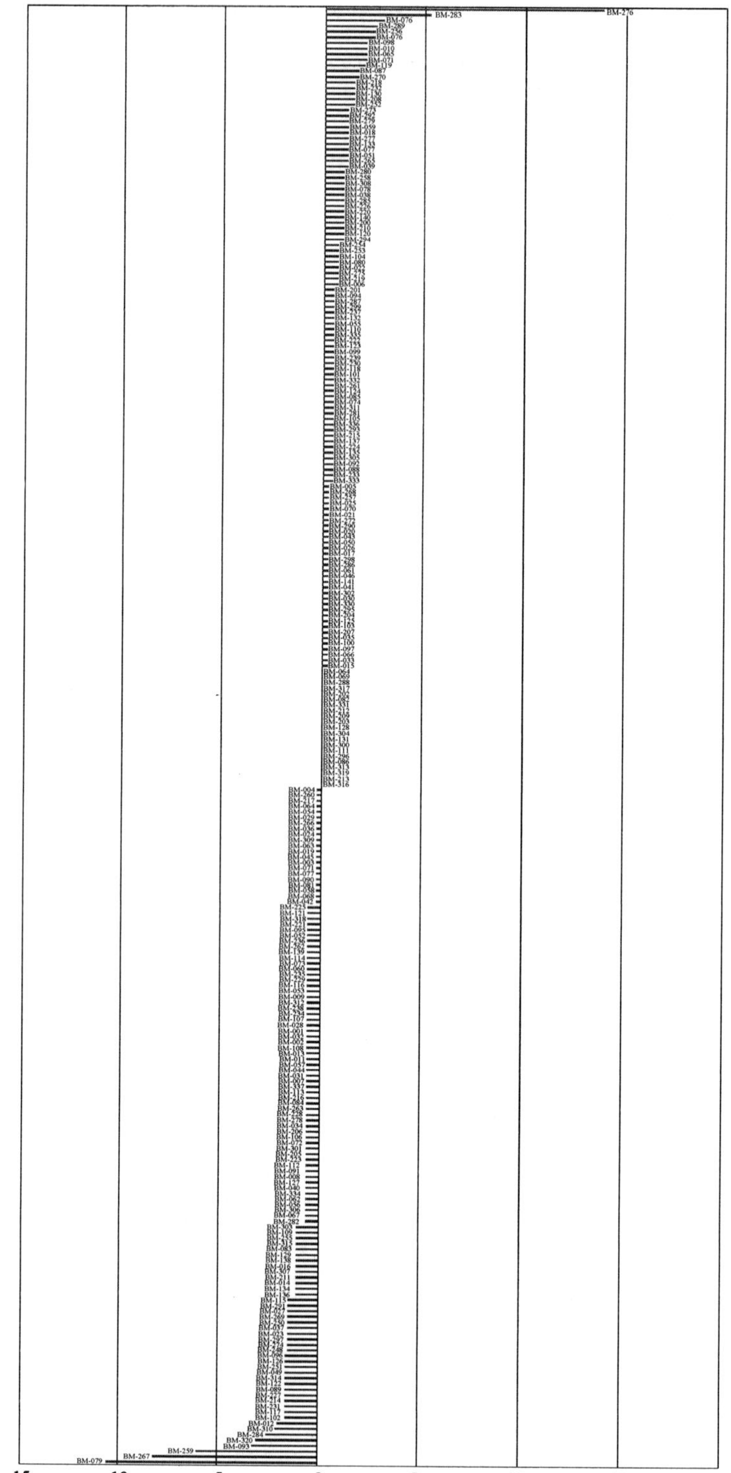

图 5-19　断后伸长率的 z 比分数柱状图

BD2013-J02 钢绞线力学性能试验的试验结果和统计处理见表 5-30。最大力、规定非比例延伸力、最大力总伸长率、弹性模量的 z 比分数柱状图如图 5-20 ~ 图 5-23 所示。

BD2013-J02 钢绞线（ϕ15.2mm）力学性能试验的试验结果和统计处理　　表 5-30

机构代码	最大力 F_m		规定非比例延伸力 $F_{p0.2}$		最大力总伸长率 A_{gt}		弹性模量 E	
	试验结果（kN）	z 比分数	试验结果（kN）	z 比分数	试验结果（%）	z 比分数	试验结果（GPa）	z 比分数
BM-×××	×××	0.0	×××	0.0	×.×	0.1	×××	-0.3
BM-×××	×××	0.6	×××	-0.2	×.×	0.1	×××	-0.3
BM-×××	×××	1.1	×××	1.2	×.×	0.1	×××	0.1
BM-×××	×××	0.3	×××	0.5	×.×	0.1	×××	-0.1
BM-×××	×××	1.1	×××	0.3	×.×	*2.3	×××	0.1
BM-×××	×××	1.4	×××	1.6	×.×	0.1	×××	0.1
BM-×××	×××	-0.8	×××	-1.1	×.×	0.1	×××	-0.3
BM-×××	×××	-0.2	×××	-0.4	×.×	0.1	×××	-0.6
BM-×××	×××	-0.2	×××	-0.6	×.×	-1.4	×××	-0.6
BM-×××	×××	1.1	×××	1.6	×.×	8.4	×××	0.1
BM-×××	×××	-0.2	×××	-0.2	×.×	0.8	×××	* -2.5
BM-×××	×××	0.6	×××	0.0	×.×	1.6	×××	0.1
BM-×××	×××	-1.6	×××	-2.0	×.×	-0.7	×××	-0.6
BM-×××	×××	-1.1	×××	-1.1	×.×	-0.7	×××	-0.1
BM-×××	×××	0.6	×××	0.7	×.×	0.8	×××	-0.6
BM-×××	×××	-1.3	×××	-1.3	×.×	0.8	×××	-1.2
BM-×××	×××	0.3	×××	1.2	×.×	0.1	×××	-0.1
BM-×××	×××	-0.2	×××	-0.2	×.×	1.6	×××	0.1
BM-×××	×××	-0.5	×××	-0.9	×.×	-0.7	×××	-0.6
BM-×××	×××	*2.5	×××	1.8	×.×	-1.4	×××	-1.2
BM-×××	×××	-0.2	×××	-0.4	×.×	0.1	×××	0.1
BM-×××	×××	-1.1	×××	-1.1	×.×	0.1	×××	-2
BM-×××	×××	1.1	×××	0.5	×.×	0.8	×××	-0.6
BM-×××	×××	0.0	×××	-0.2	×.×	-0.7	×××	0.5
BM-×××	×××	0.6	×××	1.2	×.×	0.1	×××	0.1
BM-×××	×××	0.0	×××	0.3	×.×	0.1	×××	-0.1
BM-×××	×××	-1.9	×××	-0.2	×.×	-2.2	×××	-0.3
BM-×××	×××	-0.8	×××	-1.3	×.×	-2.2	×××	-1.2
BM-×××	×××	0.6	×××	0.7	×.×	-0.7	×××	0.3

续上表

机构代码	最大力 F_m		规定非比例延伸力 $F_{p0.2}$		最大力总伸长率 A_{gt}		弹性模量 E	
	试验结果（kN）	z 比分数	试验结果（kN）	z 比分数	试验结果（%）	z 比分数	试验结果（GPa）	z 比分数
BM-×××	×××	0.3	×××	1.2	×.×	-2.2	×××	0.3
BM-×××	×××	-1.1	×××	-1.1	×.×	0.1	×××	0.1
BM-×××	×××	1.1	×××	0.9	×.×	0.1	×××	0.5
BM-×××	×××	0.0	×××	0.0	×.×	0.8	×××	0.5
BM-×××	×××	0.9	×××	0.5	×.×	0.1	×××	0.9
BM-×××	×××	-0.2	×××	-0.2	×.×	-0.7	×××	0.1
BM-×××	×××	-0.2	×××	-0.4	×.×	0.1	×××	0.1
BM-×××	×××	0.9	×××	1.2	×.×	-0.7	×××	0.1
BM-×××	×××	-1.9	×××	-0.7	×.×	-1.2	×××	-2.0
BM-×××	×××	0.0	×××	0.3	×.×	0.8	×××	1.4
BM-×××	×××	0.6	×××	0.9	×.×	0.1	×××	-0.1
BM-×××	×××	0.3	×××	1.2	×.×	0.1	×××	-0.6
BM-×××	×××	-1.1	×××	-1.3	×.×	0.1	×××	0.1
BM-×××	×××	-1.1	×××	-0.2	×.×	§4.6	×××	-0.3
BM-×××	×××	0.3	×××	0.7	×.×	-0.5	×××	0.1
BM-×××	×××	-0.5	×××	-0.9	×.×	0.8	×××	-1.2
BM-×××	×××	0.3	×××	-0.4	×.×	§ -3.0	×××	0.1
BM-×××	×××	1.7	×××	0.9	×.×	* -2.2	×××	1.8
BM-×××	×××	-0.5	×××	0.9	×.×	-0.7	×××	-0.8
BM-×××	×××	-0.1	×××	-1.0	×.×	-0.5	×××	-1.1
BM-×××	×××	0.0	×××	0.3	×.×	0.1	×××	0.7
BM-×××	×××	1.1	×××	1.4	×.×	0.1	×××	0.9
BM-×××	×××	-0.2	×××	-0.6	×.×	1.6	×××	0.5
BM-×××	×××	-0.4	×××	-0.2	×.×	-0.5	×××	1.2
BM-×××	×××	-0.5	×××	-0.9	×.×	0.1	×××	-0.8
BM-×××	×××	1.0	×××	0.4	×.×	0.8	×××	1.2
BM-×××	×××	-0.5	×××	-0.4	×.×	-1.4	×××	0.1
BM-×××	×××	0.3	×××	-0.6	×.×	0.1	×××	0.1
BM-×××	×××	-0.2	×××	-1.1	×.×	0.8	×××	-0.8
BM-×××	×××	-0.5	×××	-0.4	×.×	0.1	×××	0.3
BM-×××	×××	-0.8	×××	-0.6	×.×	0.1	×××	0.3

续上表

机构代码	最大力 F_m		规定非比例延伸力 $F_{p0.2}$		最大力总伸长率 A_{gt}		弹性模量 E	
	试验结果（kN）	z 比分数	试验结果（kN）	z 比分数	试验结果（%）	z 比分数	试验结果（GPa）	z 比分数
BM-×××	×××	-0.5	×××	-0.6	×.×	0.8	×××	-0.3
BM-×××	×××	0.3	×××	0.3	×.×	0.1	×××	0.9
BM-×××	×××	-0.2	×××	0.5	×.×	-2.2	×××	1.4
BM-×××	×××	0.9	×××	0.9	×.×	0.1	×××	0.1
BM-×××	×××	0.6	×××	0.9	×.×	-0.7	×××	0.9
BM-×××	×××	1.1	×××	1.4	×.×.	0.1	×××	1.1
BM-×××	×××	-0.1	×××	-0.2	×.×	0.1	×××	0.9
BM-×××	×××	-0.5	×××	-0.2	×.×	0.8	×××	-0.1
BM-×××	×××	1.0	×××	1.5	×.×	0.1	×××	-0.2
BM-×××	×××	-0.8	×××	0	×.×	-0.7	×××	0.3
BM-×××	×××	-1.1	×××	-1.6	×.×	-1.4	×××	§4.1
BM-×××	×××	-0.1	×××	-0.2	×.×	-1.2	×××	-0.8
BM-×××	×××	1.4	×××	-0.2	×.×	-0.7	×××	0.3
BM-×××	×××	0.7	×××	1.2	×.×	1.5	×××	-0.2
BM-×××	×××	1.4	×××	1.8	×.×	0.1	×××	0.1
BM-×××	×××	0.3	×××	0.4	×.×	0.1	×××	0.1
BM-×××	×××	1.1	×××	1.4	×.×	0.1	×××	0.5
BM-×××	×××	1.4	×××	0.4	×.×	0.8	×××	-1.4
BM-×××	×××	-1.9	×××	* -2.7	×.×	§ -3.0	×××	0.7
BM-×××	×××	0.9	×××	1.4	×.×	-0.7	×××	0.5
BM-×××	×××	1.1	×××	1.8	×.×	0.1	×××	-0.3
BM-×××	×××	0.7	×××	0.7	×.×	0.1	×××	0.4
BM-×××	×××	1.4	×××	0.1	×.×	0.1	×××	0.1
BM-×××	×××	0.0	×××	0.0	×.×	0.1	×××	0.3
BM-×××	×××	-0.8	×××	0.7	×.×	0.1	×××	0.9
BM-×××	×××	-1.1	×××	-0.2	×.×	-0.5	×××	-0.2
BM-×××	×××	-0.8	×××	-0.6	×.×	0.8	×××	-1.0
BM-×××	×××	-1.1	×××	0.1	×.×	-1.9	×××	0.6
BM-×××	×××	0.3	×××	0.1	×.×	0.8	×××	0.6
BM-×××	×××	-0.2	×××	-0.2	×.×	0.8	×××	-0.3
BM-×××	×××	0.3	×××	-0.2	×.×	0.1	×××	-1.1

续上表

机构代码	最大力 F_m		规定非比例延伸力 $F_{p0.2}$		最大力总伸长率 A_{gt}		弹性模量 E	
	试验结果（kN）	z 比分数	试验结果（kN）	z 比分数	试验结果（%）	z 比分数	试验结果（GPa）	z 比分数
BM-×××	×××	1.4	×××	1.5	×.×	-1.2	×××	1.5
BM-×××	×××	-0.8	×××	1.4	×.×	-6.8	×××	0.9
BM-×××	×××	-0.1	×××	-0.2	×.×	0.8	×××	-0.2
BM-×××	×××	-0.8	×××	-0.6	×.×	0.8	×××	-0.6
BM-×××	×××	1.0	×××	0.7	×.×	-1.9	×××	§3.5
BM-×××	×××	-0.5	×××	-0.6	×.×.	0.8	×××	0.7
BM-×××	×××	0.3	×××	0.3	×.×	0.8	×××	0.7
BM-×××	×××	0.3	×××	0.1	×.×	0.1	×××	0.9
BM-×××	×××	0.9	×××	-0.2	×.×	0.1	×××	-0.1
BM-×××	×××	0.7	×××	-0.5	×.×	0.1	×××	0.1
BM-×××	×××	-0.1	×××	0.1	×.×	-0.5	×××	-1.1
BM-×××	×××	0.0	×××	0.5	×.×	0.8	×××	-1.0
BM-×××	×××	0.6	×××	-0.2	×.×	0.8	×××	0.5
BM-×××	×××	-1.9	×××	-1.0	×.×	-1.2	×××	-1.1
BM-×××	×××	-0.8	×××	-1.0	×.×	1.5	×××	0.6
BM-×××	×××	-1.9	×××	0.4	×.×	0.1	×××	-0.8
BM-×××	×××	-0.1	×××	-0.2	×.×	-1.2	×××	0.4
BM-×××	×××	1.4	×××	1.2	×.×	0.1	×××	-0.8
BM-×××	×××	0.3	×××	-1.3	×.×	-0.5	×××	-0.2
BM-×××	×××	-0.8	×××	-0.5	×.×	-0.5	×××	-0.5
BM-×××	×××	-0.1	×××	0.1	×.×	0.8	×××	-0.2
BM-×××	×××	-1.3	×××	-1.1	×.×	* -2.2	×××	-1.2
BM-×××	×××	0.9	×××	0.5	×.×	0.8	×××	0.1
BM-×××	×××	-0.2	×××	-0.9	×.×	0.8	×××	0.3
BM-×××	×××	-0.4	×××	-1.3	×.×	-0.5	×××	-0.5
BM-×××	×××	0.3	×××	0.9	×.×	0.8	×××	0.9
BM-×××	×××	-0.1	×××	-0.2	×.×	0.1	×××	-0.8
BM-×××	×××	0.3	×××	-0.5	×.×	0.8	×××	1.8
BM-×××	×××	1.4	×××	0.7	×.×	0.8	×××	0.9
BM-×××	×××	-0.2	×××	-0.6	×.×	*2.3	×××	0.7
BM-×××	×××	1.0	×××	1.2	×.×	0.1	×××	-0.5

续上表

机构代码	最大力 F_m		规定非比例延伸力 $F_{p0.2}$		最大力总伸长率 A_{gt}		弹性模量 E	
	试验结果（kN）	z 比分数	试验结果（kN）	z 比分数	试验结果（%）	z 比分数	试验结果（GPa）	z 比分数
BM-×××	×××	-1.1	×××	-0.5	×.×	0.1	×××	-0.2
BM-×××	×××	-0.1	×××	0.4	×.×	0.1	×××	0.1
BM-×××	×××	0.3	×××	1.4	×.×	-0.7	×××	0.3
BM-×××	×××	-0.1	×××	-0.2	×.×	0.8	×××	0.9
BM-×××	×××	-0.1	×××	0.1	×.×	-0.5	×××	0.1
BM-×××	×××	-0.1	×××	0.9	×.×	0.8	×××	-0.2
BM-×××	×××	-0.1	×××	-0.2	×.×	1.5	×××	-0.5
BM-×××	×××	-0.1	×××	0.1	×.×	0.8	×××	0.4
BM-×××	×××	-0.8	×××	-0.2	×.×	-1.2	×××	0.6
BM-×××	×××	1.7	×××	2.0	×.×	0.1	×××	-0.5
BM-×××	×××	§ -9.7	×××	-1.1	×.×	-1.4	×××	* -2.5
BM-×××	×××	-1.9	×××	-1.6	×.×	0.1	×××	0.4
BM-×××	×××	1.4	×××	1.8	×.×	0.8	×××	-1.1
BM-×××	×××	-1.1	×××	-0.7	×.×	0.8	×××	0.9
BM-×××	×××	-0.1	×××	-1.3	×.×	0.1	×××	§ -4.0
BM-×××	×××	* -2.2	×××	-1.3	×.×	-1.2	×××	-0.2
BM-×××	×××	0.3	×××	0.7	×.×	0.1	×××	0.4
BM-×××	×××	0.3	×××	-0.5	×.×	-1.2	×××	-2.0
BM-×××	×××	-0.8	×××	-1.1	×.×	0.8	×××	0.1
BM-×××	×××	-1.5	×××	-0.5	×.×	-1.2	×××	0.1
BM-×××	×××	*2.5	×××	1.5	×.×	1.5	×××	0.1
BM-×××	×××	-0.1	×××	0.4	×.×	0.1	×××	-0.2
BM-×××	×××	-0.8	×××	-0.7	×.×	-0.5	×××	* -2.5
BM-×××	×××	-0.2	×××	-0.2	×.×	0.8	×××	0.5
BM-×××	×××	0.6	×××	-1.1	×.×	0.1	×××	-1.8
BM-×××	×××	1.0	×××	1.2	×.×	0.1	×××	-0.5
BM-×××	×××	-0.5	×××	-0.2	×.×	0.8	×××	-0.3
BM-×××	×××	-0.8	×××	-0.7	×.×	-0.5	×××	0.6
BM-×××	×××	0.7	×××	1.2	×.×	0.8	×××	1.2
BM-×××	×××	0.7	×××	0.4	×.×	0.8	×××	1.2
BM-×××	×××	-1.5	×××	-0.2	×.×	-1.2	×××	0.4

续上表

机构代码	最大力 F_m		规定非比例延伸力 $F_{p0.2}$		最大力总伸长率 A_{gt}		弹性模量 E	
	试验结果（kN）	z 比分数	试验结果（kN）	z 比分数	试验结果（%）	z 比分数	试验结果（GPa）	z 比分数
BM-×××	×××	-0.1	×××	-0.2	×.×	0.8	×××	-0.8
BM-×××	×××	0.3	×××	0.1	×.×	0.8	×××	-0.2
BM-×××	×××	0.3	×××	-1.3	×.×	1.5	×××	-0.2
BM-×××	×××	-1.5	×××	-1.3	×.×	0.1	×××	0.6
BM-×××	×××	-0.4	×××	-1.6	×.×	0.1	×××	-0.5
BM-×××	×××	1.1	×××	0.9	×.×	0.1	×××	1.4
BM-×××	×××	0.7	×××	0.1	×.×	0.8	×××	-0.8
BM-×××	×××	-1.3	×××	-0.9	×.×	-1.4	×××	-0.6
BM-×××	×××	0.3	×××	-0.5	×.×	-1.9	×××	1.8
BM-×××	×××	-1.9	×××	-1.3	×.×	-1.9	×××	0.4
BM-×××	×××	1.0	×××	-0.2	×.×	1.5	×××	0.1
BM-×××	×××	0.7	×××	0.1	×.×	0.8	×××	0.6
BM-×××	×××	-0.8	×××	-0.7	×.×	0.1	×××	-0.8
BM-×××	×××	*2.8	×××	§5.9	×.×	1.5	×××	-0.2
BM-×××	×××	-1.9	×××	-1.3	×.×	-1.9	×××	0.9
BM-×××	×××	-1.5	×××	-0.7	×.×	-1.2	×××	-0.8
BM-×××	×××	-0.1	×××	0.4	×.×	-0.5	×××	-0.2
BM-×××	×××	0.3	×××	-1.6	×.×	-0.5	×××	-0.5
BM-×××	×××	0.7	×××	1.5	×.×	0.8	×××	-1.4
BM-×××	×××	-0.4	×××	0.7	×.×	0.1	×××	0.4
BM-×××	×××	-0.1	×××	0.4	×.×	0.1	×××	0.4
BM-×××	×××	0.3	×××	0.4	×.×	0.1	×××	0.6
BM-×××	×××	-1.1	×××	0.1	×.×	-0.5	×××	-0.2
BM-×××	×××	0.3	×××	0.1	×.×	0.1	×××	0.1
BM-×××	×××	0.3	×××	0.4	×.×	-0.5	×××	-0.2
BM-×××	×××	-0.8	×××	-0.7	×.×	-0.5	×××	0.1
BM-×××	×××	-0.1	×××	-0.2	×.×	-0.5	×××	0.1
BM-×××	×××	1.0	×××	-0.5	×.×	0.1	×××	0.6

注：加§处的数值为离群值，即 $|z|\geq 3.0$；加*处的数值为可疑值，即 $2.0<|z|<3.0$。

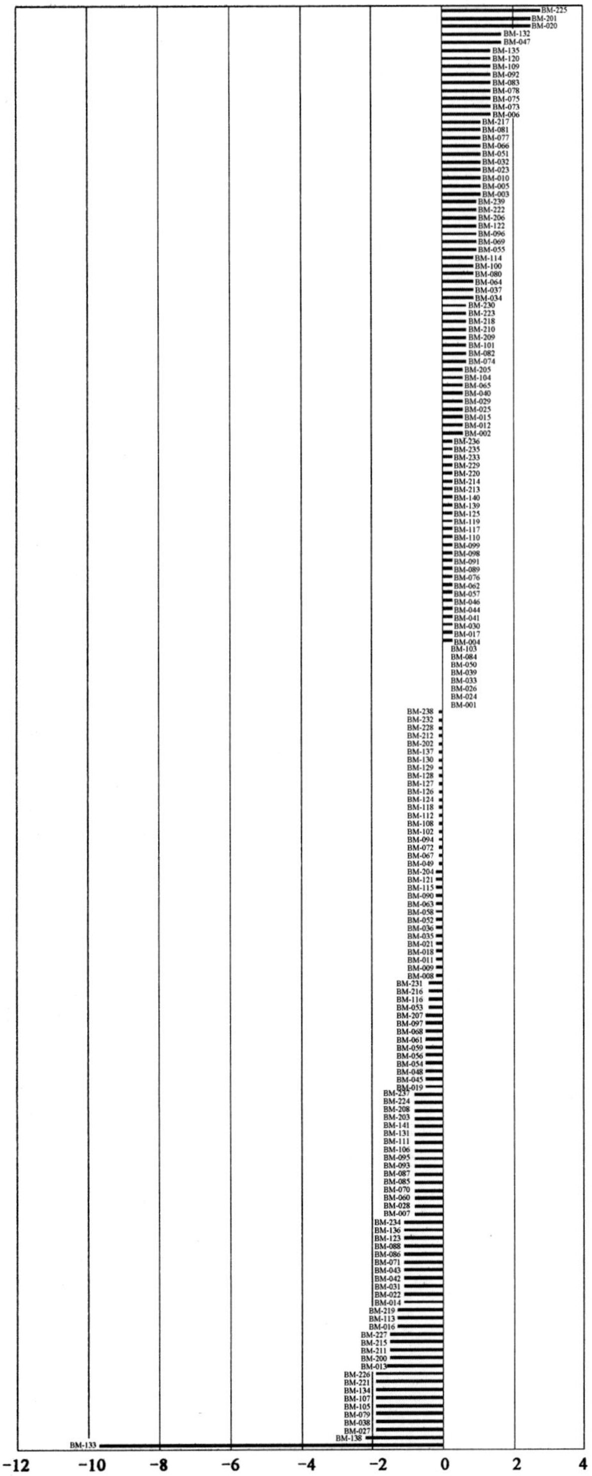

图 5-20 最大力 F_m(kN)的 z 比分数柱状图

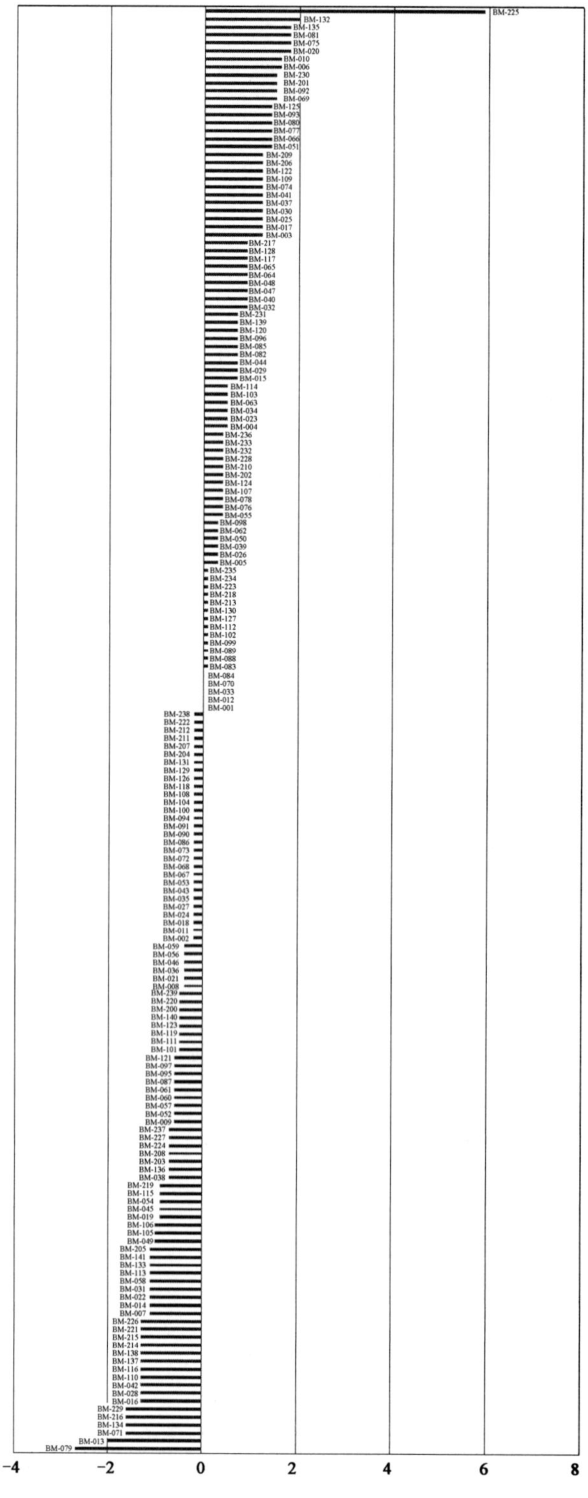

图 5-21　规定非比例延伸力 $F_{p0.2}$(kN)的 z 比分数柱状图

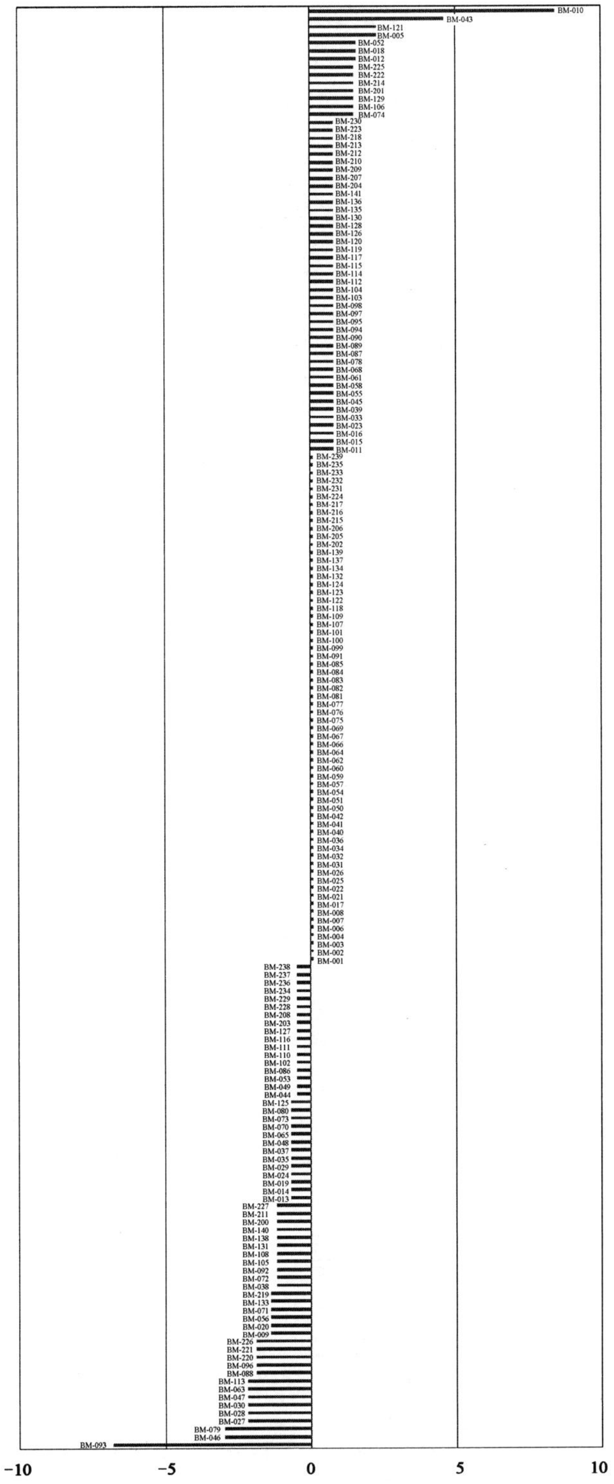

图 5-22　最大力总伸长率 A_{gt} (%) 的 z 比分数柱状图

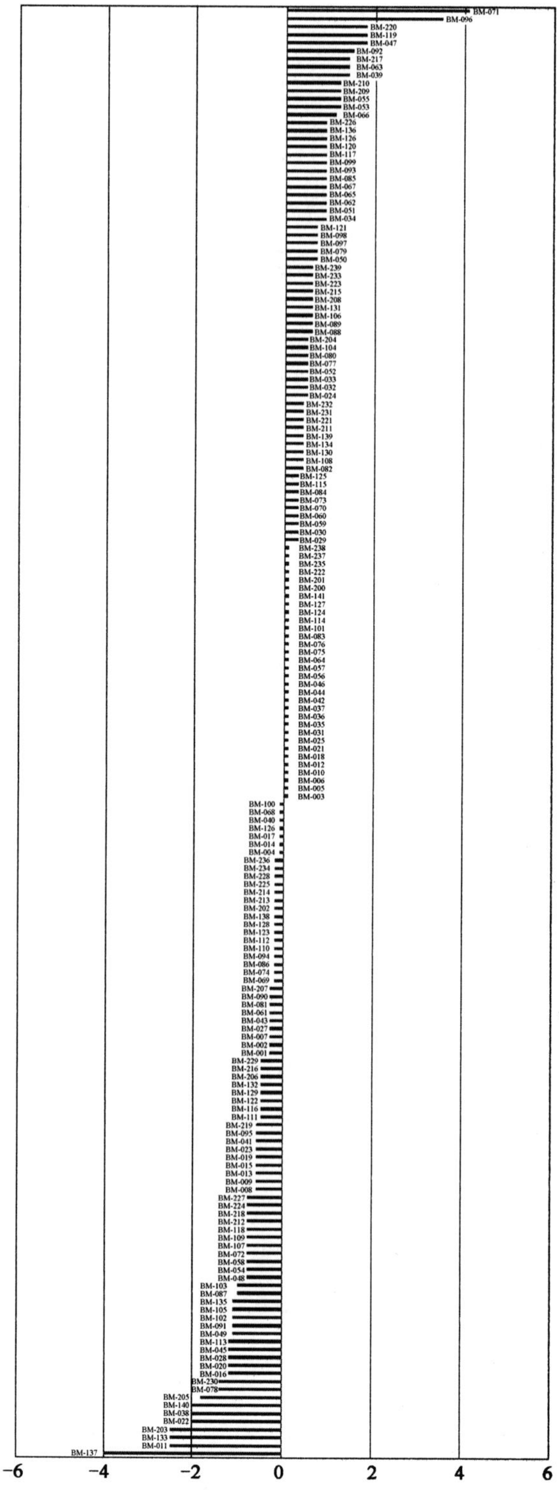

图 5-23　弹性模量 E（GPa）的 z 比分数柱状图

5.2.8.2　钢筋样品均匀性检验报告

1)样品制备过程

选取两个批次(两炉)的牌号为HRB400、直径ϕ16mm的热轧带肋钢筋,分别制备成800支规格为ϕ16mm×500mm的J01-01号样品、800支ϕ16mm×450mm的J01-02号样品。样品编号为J01-01和J01-02,每支样品用条形码加以标识。每份相同规格的样品2支,以专用包装盒进行包装。

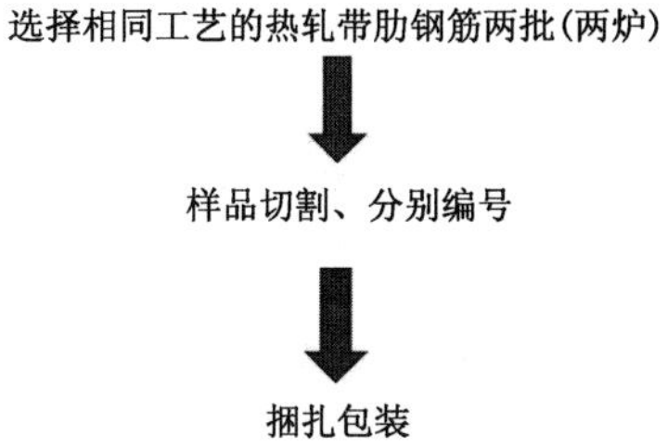

图5-24　样品制备程序

样品制备程序如图5-24所示,样品相关信息明细见表5-31。

样品相关信息明细　　表5-31

比对试验计划编号	样品名称及规格	样品批(炉)号	样品编号	样品组别
BD2013-J01	热轧带肋钢筋(ϕ16mm×500mm)	Y123-6919	J01-01	A组
	热轧带肋钢筋(ϕ16mm×450mm)	Y123-6918	J01-02	B组

2)均匀性检验

(1)A组样品均匀性检验结果统计。

A组样品批(炉)号为Y123-6919(长度500mm),样品编号为J01-01。从该种样品中随机选择11份,每个样品制备两个测试份量,将22份测试份量随机排序,得到每份的测量结果,整个测量在重复性条件下完成。

依照《金属材料　拉伸试验　第1部分:室温试验方法》(GB/T 228.1—2010)进行试验,样品均匀性检验统计结果见表5-32。依照《能力验证样品均匀性和稳定性评价指南》(CNAS-GL03:2006)4.2条,采用单因子方差分析法对检验结果进行统计处理,选取显著性水平为α = 0.05。统计量与临界值$F_{0.05(10,11)}$比较,方差分析结果见表5-33。

A组样品均匀性检验统计结果　　表5-32

试样编号	屈服强度(MPa)		抗拉强度(MPa)		断后伸长率A(%)	
	结果	两次结果平均值	结果	两次结果平均值	结果	两次结果平均值
1	429	419.5	616	618.5	30.7	30.45
2	410		621		30.2	
3	401	415.0	613	616.8	29.9	29.45
4	429		620		29.0	
5	428	427.0	616	612.0	30.9	30.40
6	426		612		29.9	
7	426	430.0	615	616.0	29.5	30.05
8	434		617		30.6	

续上表

试样编号	屈服强度(MPa)		抗拉强度(MPa)		断后伸长率 A(%)	
	结果	两次结果平均值	结果	两次结果平均值	结果	两次结果平均值
9	437	428.5	617	614.5	30.0	30.55
10	420		612		31.1	
11	426	426.0	617	618.5	30.5	30.00
12	426		620		29.5	
13	419	425.0	615	617.0	27.4	29.05
14	431		619		30.7	
15	433	435.5	619	618.5	30.0	30.05
16	438		618		30.1	
17	421	431.5	618	619.0	28.9	29.25
18	442		620		29.6	
19	437	434.5	621	618.5	29.8	29.90
20	432		616		30.0	
21	401	413.0	619	619.0	30.0	30.00
22	425		612		30.0	
平均值	426.0		617.0		29.90	
样品间标准差(s_s)	2.60		1.38		0.38	
备注	样品间标准差(s_s)依据《利用实验室间比对进行能力验证的统计方法》(GB/T 28043—2011)计算					

A 组次样品方差分析结果 表 5-33

测试参数	全部样品测试总平均值	测试总次数 N	方差来源	自由度	平方和	均方	统计量 F	临界值 $F_{(10,11)}$
抗拉强度(MPa)	617.0	22	样品间	10	63.45	6.345	0.63	2.85
			样品内	11	111.50	10.136		
屈服强度(MPa)	426.0	22	样品间	10	1098.46	109.846	0.89	2.85
			样品内	11	1356.50	123.318		
断后伸长率(%)	29.90	22	样品间	10	4.76	0.476	0.62	2.85
			样品内	11	8.46	0.769		
备注	本计算例中:$m=11$,$n=2$,$N=22$,自由度 $f_1=m-1=10$,自由度 $f_2=N-m=11$,均方 $MS_1=SS_1/f_1$,均方 $MS_2=SS_2/f_2$,统计量 $F=MS_1/MS_2$							

检验结论:根据表 5-33 样品方差分析结果,A 组钢筋样品各测试参数的统计量 F 均小于临界值 $F_{(10,11)}$,表明样品内和样品间无显著性差异,样品可以用于本次比对试验。

(2)B 组样品均匀性检验结果统计。

B 组样品批(炉)号为 Y123-6918(长度 450mm),样品编号为 J01-02。从该种样品中随机选择 11 份,每个样品制备两个测试份量,将 22 份测试份量随机排序,得到每份的测量结果,整个测量在重复性条件下完成。

依照《金属材料 拉伸试验 第 1 部分:室温试验方法》(GB/T 228.1—2010)进行试验,样品均匀性统计结果见表 5-34。依照《能力验证样品均匀性和稳定性评价指南》(CNAS-GL03:2006)4.2 条,采用单因子方差分析法对检验结果进行统计处理,选取显著性水平为 $\alpha = 0.05$。统计量与临界值 $F_{0.05(10,11)}$ 比较,方差分析结果见表 5-35。

B 组样品均匀性检验统计结果 表 5-34

编 号	抗拉强度(MPa)		屈服强度(MPa)		断后伸长率 A(%)	
	结果	两次结果平均值	结果	两次结果平均值	结果	两次结果平均值
1	611	613.0	429	429.5	28.4	28.75
2	615		430		29.1	
3	619	619.5	438	437.0	28.8	29.30
4	620		436		29.8	
5	627	623.5	447	435.5	28.9	29.15
6	620		424		29.4	
7	621	620.0	437	435.0	28.1	28.60
8	619		433		29.1	
9	618	619.0	430	432.5	29.1	29.40
10	620		435		29.7	
11	622	623.0	431	434.5	29.4	29.50
12	624		438		29.6	
13	614	617.5	420	431.0	28.4	28.15
14	621		442		27.9	
15	620	624.0	434	438.0	29.1	29.35
16	628		442		29.6	
17	624	622.0	442	428.5	29.9	29.25
18	620		415		28.6	
19	622	624.5	439	441.0	29.9	30.00
20	627		443		30.1	
21	623	619.0	438	435.0	29.6	29.45
22	615		432		29.3	
平均值	620.5		434.3		29.20	
样品间标准差(s_s)	2.22		5.52		0.36	
备注	样品间标准差(s_s)依据《利用实验室间比对进行能力验证的统计方法》(GB/T 28043—2011)计算					

B 组样品方差分析结果 表 5-35

测试参数	全部样品测试总平均值	测试总次数 N	方差来源	自由度	平方和	均方	统计量 F	临界值 $F_{(10,11)}$
下屈服强度(MPa)	434.3	22	样品间	10	278.28	27.828	0.31	2.85
			样品内	11	148.00	88.773		
抗拉强度(MPa)	620.5	22	样品间	10	233.45	23.345	1.74	2.85
			样品内	11	976.50	13.455		
断后伸长率(%)	29.20	22	样品间	10	5.05	0.505	2.04	2.85
			样品内	11	2.73	0.248		
备注	本计算例中:$m=11$,$n=2$,$N=22$,自由度 $f_1=m-1=10$,自由度 $f_2=N-m=11$,均方 $MS_1=SS_1/f_1$,均方 $MS_2=SS_2/f_2$,统计量 $F=MS_1/MS_2$							

检验结论:根据表 5-35 样品方差分析结果,B 组钢筋样品各测试参数的统计量 F 均小于临界值 $F_{(10,11)}$,表明样品内和样品间无显著性差异,样品可以用于本次比对试验。

3)样品均匀性检验的评估

依照《利用实验室间比对进行能力验证的统计方法》(GB/T 28043—2011)对样品的均匀性进行评估。

(1)A 组样品均匀性评估。

评估结论:从表 5-36 所示 A 组样品各测试参数均匀性检验样品间标准差(s_s)来看,只有抗拉强度、下屈服强度参数的样品间标准差小于 0.3σ,断后伸长率参数的样品间标准差不满足小于等于 0.3σ 条件,应考虑样品间标准差对能力评定标准差的修正。其修正结果见表 5-37。

A 组样品间标准差与能力评定标准差对照表 表 5-36

测试参数	样品间标准差(s_s)	能力评定标准差(σ)	0.3σ	符合性($\leqslant 0.3\sigma$)
抗拉强度(MPa)	1.38	×.××	×.××	满足
下屈服强(MPa)	2.60	××.××	×.××	满足
断后伸长率(%)	0.38	×.××	×.××	不满足
备注	1. A 组使用样品批(炉)号为 Y123-6919(长度 500mm),样品编号为 J01-01。 2. 能力评定标准差(σ)源于本次“热轧带肋钢筋比对试验计划”A 组稳健标准差。 3. 数据统计采用《利用实验室间比对进行能力验证的统计方法》(GB/T 28043—2011)			

考虑 A 组样品间标准差对能力评定标准差的修正 表 5-37

测试参数	样品间标准差(s_s)	能力评定标准差(σ)	0.3σ	修正后的 σ_s($s_s>0.3\sigma$)
抗拉强度(MPa)	1.38	×.××	×.××	—
下屈服强度(MPa)	2.60	××.××	×.××	—
断后伸长率(%)	0.38	×.××	×.××	×.××
备注:	1. A 组使用样品批(炉)号为 Y123-6919(500mm),样品编号为 J01-01。 2. 能力评定标准差(σ)源于本次“热轧带肋钢筋比对试验计划”A 组稳健标准差。 3. 数据统计采用《利用实验室间比对进行能力验证的统计方法》(GB/T 28043—2011)。 4. 修正后的 $\sigma_s=(\sigma^2+s_s{}^2)^{1/2}$			

(2)B组样品均匀性评估。

评估结论:从表5-38所示B组样品各测试参数均匀性检验样品间标准差(s_s)来看,只有抗拉强度参数的样品间标准差小于0.3σ,其他两个参数的样品间标准差不满足小于等于0.3σ条件,应考虑样品间标准差对能力评定标准差的修正。其修正结果见表5-39。

B组样品间标准差与能力评价标准差对照表　　表5-38

测试参数	样品间标准差(s_s)	能力评定标准差(σ)	0.3σ	符合性(≤0.3σ)
抗拉强度(MPa)	2.22	×.××	×.××	满足
下屈服强度(MPa)	5.52	××.××	×.××	不满足
断后伸长率(%)	0.36	×.××	×.××	不满足
备注	1. B组使用样品批(炉)号为Y123-6918(450mm),样品编号为J01-02。 2. 能力评定标准差(σ)源于本次"热轧带肋钢筋比对试验计划"B组稳健标准差。 3. 数据统计采用《利用实验室间比对进行能力验证的统计方法》(GB/T 28043—2011)			

考虑B组样品标准偏差对能力验证能力评定标准偏差的修正　　表5-39

测试参数	样品间标准差(s_s)	能力评定标准差(σ)	0.3σ	修正后的σ_s (s_s>0.3σ)
抗拉强度(MPa)	2.22	×.××	×.××	
下屈服强度(MPa)	5.52	××.××	×.××	××.××
断后伸长率(%)	0.36	×.××	×.××	×.××
备注	1. B组使用样品批(炉)号为Y123-6918(450mm),样品编号为J01-02。 2. 能力评定标准差(σ)源于本次"热轧带肋钢筋比对试验计划"B组稳健标准差。 3. 数据统计采用《利用实验室间比对进行能力验证的统计方法》(GB/T 28043—2011)。 4. 修正后的$\sigma_s=(\sigma^2+s_s{}^2)^{1/2}$			

5.2.8.3 钢绞线样品均匀性检验报告

1)样品制备过程

选取两个批次批号为130126(4.3m)和134252-4(4.7m),型号为1×7ϕ15.20mm,1860MPa级别的预应力混凝土用钢绞线。分别制备成600支规格为ϕ15.2mm×1050mm的J02-01号样品、600支ϕ15.2mm×1150mm的J02-02样品。样品编号为J02-01和J02-02,每支样品用条形码加以标识。每份相同规格的样品3支,以专用包装盒进行包装。

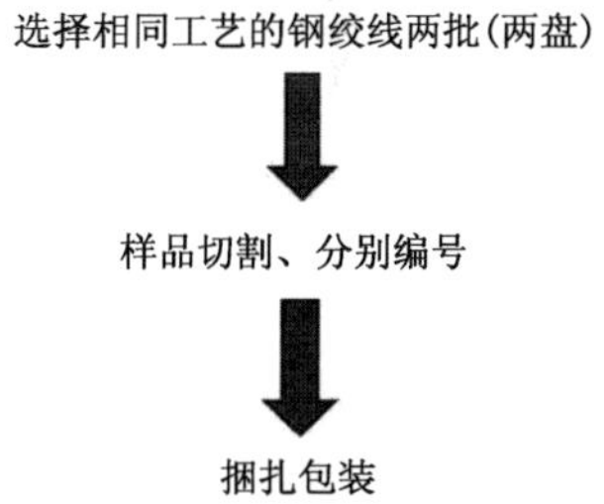

图5-25　样品制备程序

样品制备程序如图5-25所示,样品相关信息明细见表5-40。

样品相关信息明细　　表5-40

比对试验计划编号	样品名称及规格	样品批(盘)号	样品编号	样品组别
BD2013-J02	预应力混凝土用钢绞线(ϕ15.2mm×1050mm)	130126(4.3m)	J02-01	A组
	预应力混凝土用钢绞线(ϕ15.2mm×1150mm)	134252-4(4.7m)	J02-02	B组

2)均匀性检验

(1)A组样品均匀性检验结果统计。

A组样品批(盘)号为130126(4.3m),样品编号为J02-01。从该种样品中随机选择11

份，每个样品制备两个测试份量，将22份测试份量随机排序，得到每份的测量结果，整个测量在重复性条件下完成。

依照《金属材料　拉伸试验　第1部分：室温试验方法》(GB/T 228.1—2010)进行试验，样品均匀性检验测试结果见表5-41。依照《能力验证样品均匀性和稳定性评价指南》(CNAS-GL03:2006)4.2条，采用单因子方差分析法对检验结果进行统计处理，选取显著性水平为 $\alpha=0.05$。统计量与临界值 $F_{0.05(10,11)}$ 比较，单因子方差分析结果见表5-42。

A组样品均匀性检验测试结果　　表5-41

编号	规定非比例延伸力 $F_{p0.2}$ (kN)		弹性模量 E (GPa)		最大力 F_m (kN)		最大力总伸长率 A_{gt} (%)	
	结果	两次结果平均值	结果	两次结果平均值	结果	两次结果平均值	结果	两次结果平均值
1	238.9	238.2	200.00	197.0	264.5	264.1	6.6	6.5
2	237.6		194.00		263.7		6.4	
3	249.5	250.0	202.00	198.5	270.5	271.2	6.1	6.2
4	250.5		195.00		271.9		6.4	
5	238.2	237.6	192.00	194.0	263.9	263.4	6.2	6.4
6	236.9		196.00		262.8		6.5	
7	237.9	237.9	195.00	195.5	263.6	263.8	6.4	6.5
8	237.9		196.00		264.1		6.6	
9	239.9	244.8	197.00	196.5	265.6	268.0	6.9	6.7
10	249.8		196.00		270.5		6.5	
11	248.2	243.3	203.00	196.0	269.9	266.8	6.3	6.4
12	238.4		189.00		263.6		6.5	
13	239.6	245.7	201.00	201.5	265.4	269.1	6.3	6.2
14	251.8		202.00		272.8		6.1	
15	250.1	244.8	186.00	187.5	270.4	267.6	6.0	6.2
16	239.5		189.00		264.8		6.5	
17	239.9	249.0	200.00	201.5	265.4	270.4	6.5	6.7
18	258.2		203.00		275.4		6.9	
19	239.5	245.8	200.00	205.5	265.4	269.4	6.6	6.3
20	252.1		211.00		273.3		6.0	
21	251.9	250.6	193.00	195.5	273	272.6	6.1	6.1
22	249.2		198.00		272.2		6.1	
平均值	244.3		197.2		267.8		6.4	
样品间标准差 (s_s)	0.68		3.38		1.54		0.17	
备注	样品间标准差(s_s)依据《利用实验室间比对进行能力验证的统计方法》(GB/T 28043—2011)计算							

A 组样品方差分析结果 表 5-42

测试参数	全部样品测试总平均值	测试总次数 N	方差来源	自由度	平方和	均方	统计量 F	临界值 $F_{0.05(10,11)}$
规定非比例延伸力 $F_{p0.2}$(kN)	244.3	22	样品间	10	445.97	44.597	1.02	2.85
			样品内	11	480.28	43.662		
弹性模量 E (GPa)	197.2	22	样品间	11	439.27	43.927	2.08	2.85
			样品内	11	232.00	21.091		
最大力 F_m (kN)	267.8	22	样品间	11	191.45	19.145	1.34	2.85
			样品内	11	158.46	14.406		
最大力总伸长率 A_{gt} (%)	6.4	22	样品间	10	1.16	0.116	2.00	2.85
			样品内	11	0.64	0.058		
备注	本计算例中：$m=11$，$n=2$，$N=22$，自由度 $f_1=m-1=10$，自由度 $f_2=N-m=11$，均方 $MS_1=SS_1/f_1$，均方 $MS_2=SS_2/f_2$，统计量 $F=MS_1/MS_2$							

检验结论：根据表 5-42 样品方差分析结果，A 组钢绞线样品各测试参数的统计量 F 均小于临界值 $F_{0.05(10,11)}$，表明样品内和样品间无显著性差异，样品可以用于本次比对试验。

(2)B 组样品均匀性检验结果统计。

B 组样品批(盘)号为 134252－4(4.7m)，样品编号为 J02-02。从该种样品中随机选择 11 份，每个样品制备两个测试份量，将 22 份测试份量随机排序，得到每份的测量结果，整个测量在重复性条件下完成。

依照《金属材料　拉伸试验　第 1 部分：室温试验方法》(GB/T 228.1—2010)进行试验，样品均匀性检验测试结果见表 5-43。依照《能力验证样品均匀性和稳定性评价指南》(CNAS-GL03:2006)4.2 条，采用单因子方差分析法对检验结果进行统计处理，选取显著性水平为 $\alpha=0.05$。统计量与临界值 $F_{0.05(10,11)}$ 比较，单因子方差分析结果见表 5-44。

B 组样品均匀性检验测试结果 表 5-43

编号	规定非比例延伸力 $F_{p0.2}$ (kN)		弹性模量 E (GPa)		最大力 F_m (kN)		最大力总伸长率 A_{gt} (%)	
	结果	两次结果平均值	结果	两次结果平均值	结果	两次结果平均值	结果	两次结果平均值
1	248.5	249.8	203.4	201.0	275.12	275.8	6.7	6.6
2	251.0		198.6		276.5		6.6	
3	252.7	251.2	198.0	198.0	277.42	276.5	7.0	7.1
4	249.6		198.1		275.58		7.2	
5	250.2	244.9	194.9	180.1	276.96	276.4	6.8	7.0
6	239.5		165.3		275.73		7.1	
7	251.0	249.6	206.3	197.2	273.89	273.7	6.5	6.6
8	248.2		188.2		273.43		6.7	

续上表

编号	规定非比例延伸力 $F_{p0.2}$ (kN)		弹性模量 E (GPa)		最大力 F_m (kN)		最大力总伸长率 A_{gt} (%)	
	结果	两次结果平均值	结果	两次结果平均值	结果	两次结果平均值	结果	两次结果平均值
9	250.5	252.0	184.4	192.2	275.58	276.1	6.5	6.6
10	253.5		200.0		276.65		6.8	
11	253.9	251.5	204.4	200.8	276.65	275.6	6.6	6.6
12	249.0		197.2		274.65		6.5	
13	247.5	246.1	195.5	194.1	274.96	274.9	6.7	6.8
14	245.0		192.7		274.81		6.8	
15	245.2	247.9	193.0	195.0	270.66	273.6	5.4	6.0
16	250.5		197.0		276.5		6.6	
17	249.0	249.1	196.0	195.9	275.88	275.4	7.2	6.8
18	249.2		195.9		274.81		6.5	
19	251.0	243.1	199.5	197.9	274.19	274.3	7.1	7.4
20	235.2		196.3		274.35		7.6	
21	245.9	247.8	194.3	199.2	274.35	275.6	6.3	6.6
22	249.6		204.1		276.8		6.9	
平均值	248.4		195.6		275.2		6.7	
样品间标准差(s_s)	1.61		1.95		0.41		0.34	
备注	样品间标准差(s_s)依据《利用实验室间比对进行能力验证的统计方法》(GB/T 28043—2011)计算							

B组样品方差分析结果 表5-44

测试参数	全部样品测试总平均值	测试总次数 N	方差来源	自由度	平方和	均方	统计量 F	临界值 $F_{0.05(10,11)}$
规定非比例延伸力 $F_{p0.2}$(kN)	248.4	22	样品间	10	161.07	16.107	0.76	2.85
			样品内	11	234.46	21.315		
弹性模量 E (GPa)	195.6	22	样品间	11	673.74	67.374	0.90	2.85
			样品内	11	824.74	74.977		
最大力 F_m (kN)	275.2	22	样品间	11	21.02	2.102	0.87	2.85
			样品内	11	26.73	2.430		
最大力总伸长率 A_{gt} (%)	6.7	22	样品间	10	3.59	0.359	2.79	2.85
			样品内	11	1.42	0.129		
备注	本计算例中:$m=11$,$n=2$,$N=22$,自由度 $f_1=m-1=10$,自由度 $f_2=N-m=11$,均方 $MS_1=SS_1/f_1$,均方 $MS_2=SS_2/f_2$,统计量 $F=MS_1/MS_2$							

检验结论：根据表5-44样品方差分析结果，B组钢绞线样品各测试参数的统计量F均小于临界值$F_{0.05(10,11)}$，表明样品内和样品间无显著性差异，样品可以用于本次比对试验。

3)样品均匀性检验的评估

依照《利用实验室间比对进行能力验证的统计方法》(GB/T 28043—2011)对钢绞线样品的均匀性进行评估。

(1)A组样品均匀性评估。

评估结论：从表5-45所示A组样品各测试参数均匀性检验样品间标准差(s_s)来看，只有规定非比例延伸力和最大力总伸长率参数的样品间标准差小于0.3σ，其他两个参数的样品间标准差不满足小于等于0.3σ条件，应考虑样品间标准差对能力评定标准差的修正。其修正结果见表5-46。

A组样品间标准差与能力评定标准差对照表 表5-45

测试参数	样品间标准差(s_s)	能力评定标准差(σ)	0.3σ	符合性(≤0.3σ)
规定非比例延伸力$F_{p0.2}$(kN)	0.68	×.××	×.××	满足
弹性模量E(GPa)	3.38	×.××	×.××	不满足
最大力F_m(kN)	1.54	×.××	×.××	不满足
最大力总伸长率A_{gt}(%)	0.17	×.××	×.××	满足
备注	1. A组使用样品批(盘)号为130126(4.3m)，样品编号为J02-01。 2. 能力评定标准差(σ)源于本次“钢绞线比对试验计划”A组稳健标准差。 3. 数据统计采用《利用实验室间比对进行能力验证的统计方法》(GB/T 28043—2011)			

考虑A组样品间标准差对能力评定标准差的修正 表5-46

测试参数	样品间标准差(s_s)	能力评定标准偏差(σ)	0.3σ	修正后的σ_s($s_s>0.3\sigma$)
规定非比例延伸力$F_{p0.2}$(kN)	0.68	×.××	×.××	—
弹性模量E(GPa)	3.38	×.××	×.××	×.××
最大力F(kN)	1.54	×.××	×.××	×.××
最大力总伸长率A_{gt}(%)	0.17	×.××	×.××	—
备注	1. A组使用样品批(盘)号为130126(4.3m)，样品编号为J02-01。 2. 能力评定标准差(σ)源于本次“钢绞线比对试验计划”A组稳健标准差。 3. 数据统计采用《利用实验室间比对进行能力验证的统计方法》(GB/T 28043—2011)。 4. 修正后的$\sigma_s=(\sigma^2+{s_s}^2)^{1/2}$			

(2)B组样品均匀性评估。

评估结论:从表5-47所示B组样品各测试参数均匀性检验样品间标准差(s_s)来看,只有最大力参数的样品间标准差小于0.3σ,其他三个参数的样品间标准差不满足小于等于0.3σ条件,应考虑样品间标准差对能力评定标准差的修正。其修正结果见表5-48。

B组样品间标准差与能力评定标准差对照表 表5-47

测试参数	样品间标准差(s_s)	能力评定标准差(σ)	0.3σ	符合性(≤0.3σ)
规定非比例延伸力 $F_{p0.2}$(kN)	1.61	×.××	×.××	不满足
弹性模量 E(GPa)	1.95	×.××	×.××	不满足
最大力 F_m(kN)	0.41	×.××	×.××	满足
最大力总伸长率 A_{gt}(%)	0.34	×.××	×.××	不满足
备注	1. B组使用样品批(盘)号为134252-4(4.7m),样品编号为J02-02。 2. 能力评定标准差(σ)源于本次"钢绞线比对试验计划"B组稳健标准差。 3. 数据统计采用《利用实验室间比对进行能力验证的统计方法》(GB/T 28043—2011)			

考虑B组样品间标准差对能力评定标准差的修正 表5-48

测试参数	样品间标偏差(s_s)	能力评定标准差(σ)	0.3σ	修正后的σ_s(s_s>0.3σ)
规定非比例延伸力 $F_{p0.2}$(kN)	1.61	×.××	×.××	×.××
弹性模量 E(GPa)	1.95	×.××	×.××	×.××
最大力 F_m(kN)	0.41	×.××	×.××	—
最大力总伸长率 A_{gt}(%)	0.34	×.××	×.××	×.××
备注	1. B组使用样品批(盘)号为134252-4(4.7m),样品编号为J02-02。 2. 能力评定标准差(σ)源于本次"钢绞线比对试验计划"B组稳健标准差。 3. 数据统计采用《利用实验室间比对进行能力验证的统计方法》(GB/T 28043—2011)。 4. 修正后的$\sigma_s=(\sigma^2+s_s{}^2)^{1/2}$			

5.2.8.4　相关文件

1)被测样品接收状态确认表

被测样品接收状态确认表(钢绞线)

检测机构编号:BM-

<table>
<tr><td>计划编号及计划名称</td><td colspan="3">BD2013-J02 钢绞线(φ15.2mm)力学性能试验</td></tr>
<tr><td>组织机构</td><td colspan="3"></td></tr>
<tr><td>发送机构</td><td colspan="3">国家道路及桥梁质量监督检验中心
中国交通建设监理协会试验检测工作委员会</td></tr>
<tr><td>电话/传真</td><td>010-62075862,62358971/
010-62079556,62363039</td><td>联系人</td><td>肖雪,张芳</td></tr>
<tr><td>发送日期</td><td>2013 年 9 月　　日</td><td>运输单据号码</td><td></td></tr>
<tr><td>发送状态</td><td>完好□　　不完好□</td><td>发送人(签名)</td><td>何东霞</td></tr>
<tr><td colspan="4">接收检测机构名称:
联系地址:
邮编:
联系电话/传真:
联系人:　　　　　　接收人签名:　　　　　　接收时间:</td></tr>
<tr><td colspan="4">接收时,钢绞线样品是否良好:　　是□　　否□</td></tr>
<tr><td colspan="4">如需要,对接收状态的详细说明:</td></tr>
<tr><td colspan="4">备注:</td></tr>
</table>

被测样品接收状态确认表(钢筋)

检测机构编号:BM-

<table>
<tr><td>计划编号及计划名称</td><td colspan="3">BD2013-J01 热轧带肋钢筋(ϕ16mm)力学性能试验</td></tr>
<tr><td>组织机构</td><td colspan="3"></td></tr>
<tr><td>发送机构</td><td colspan="3">国家道路及桥梁质量监督检验中心
中国交通建设监理协会试验检测工作委员会</td></tr>
<tr><td>电话/传真</td><td>010-62075862,62358971/
010-62079556,62363039</td><td>联系人</td><td>肖雪,张芳</td></tr>
<tr><td>发送日期</td><td>2013 年 9 月 日</td><td>运输单据号码</td><td></td></tr>
<tr><td>发送状态</td><td>完好□ 不完好□</td><td>发送人(签名)</td><td>何东霞</td></tr>
<tr><td colspan="4">接收检测机构名称:
联系地址:
邮编:
联系电话/传真:
联系人: 接收人签名: 接收时间:</td></tr>
<tr><td colspan="4">接收时钢筋样品是否良好: 是□ 否□</td></tr>
<tr><td colspan="4">如需要,对接收状态的详细说明:</td></tr>
<tr><td colspan="4">备注:</td></tr>
</table>

2）比对试验计划指导书

比对试验计划指导书
BD2013-J01 热轧带肋钢筋（ϕ16mm）力学性能

本次比对试验计划中，贵检测机构的编号为 BM ____________。

为保证比对试验计划的顺利进行，特要求参加单位认真遵循下列条款：

一、样品

1. 采用两种规格的热轧带肋钢筋作为比对试验样品，样品规格分别为 ϕ16mm × 500mm 和 ϕ16mm × 450mm。

2. 向每个检测机构发放一种规格两支试样。样品采用试样盒包装。预计于 2013 年 9 月下旬开始发出，样品通过特快专递或邮局分发给各参与检测机构。

3. 各检测机构在收到样品时，应首先对样品是否完好进行确认，同时填写“被测样品接收状态确认表”，并传真至国家道路及桥梁质量监督检验中心。

二、检测

1. 试验前请使用其他试样先试拉，并调整好仪器设备的状态。

2. 请参照《金属材料 拉伸试验 第 1 部分：室温试验方法》（GB/T 228.1—2010）进行试验。在“比对试验结果报告表”中填报抗拉强度（R_m）、下屈服强度（R_{eL}）和断后伸长率（A_{80mm}）试验结果，并注明实际采用的试验速率控制方法。

（1）应变速率控制模式（方法 A）。

采用方法 A 进行拉伸试验的检测机构应具备以下条件：

①具有能实现应变闭环控制，且符合 GB/T 228.1—2010 附录 A 要求的试验机。

②屈服之前采用应变闭环控制，应变速率为 0.00025mm/（mm/s）。

③屈服阶段采用横梁位移控制，横梁位移速率为 0.00025$L_C$mm/s 或 0.015$L_C$mm/min（L_C 为扣除上下加持部分的长度）；或整个屈服阶段直接采用应变闭环控制，应变速率为 0.00025mm/（mm/s）。

④屈服完成之后采用横梁位移控制，横梁位移速率为 0.0067$L_C$mm/s。

（2）应力速率控制模式（方法 B）。

为了避免试验速率对试验数据的影响，使本项目获得很好的可比性，采用方法 B 进行拉伸试验的检测机构应统一按下面要求控制试验速率：

①对于普通液压式万能试验机，在弹性阶段应力速率控制在 20MPa/s 左右，油阀不再调节，屈服之后试验速率参照标准执行。

②对于电液伺服万能试验机或电子万能试验机，在弹性阶段和屈服阶段均采用位移速率 3mm/min，屈服之后试验速率参照标准执行。

3. 试验前，应确保试验机负荷的准确性以及试验软件的可靠性和有效性。

测定断后伸长率(A_{80mm}),为了避免试样断裂位置不符合 GB/T 228.1—2010 标准 20.1 所规定的条件而报废试样,检测机构可采用 GB/T 228.1—2010 附录 H 规定的移位法测定断后伸长率。

4. 试验推荐使用 200~600kN 试验机。

5. 试验结果的平均值依据以下条件修约:

(1)抗拉强度(R_m)、下屈服强度(R_{eL})修约至 1MPa。

(2)断后伸长率(A_{80mm})修约至 0.5%。

6. 请所有检测机构在"比对试验结果报告表"中填写试验机的相关信息,包括试验机名称、规格型号、负荷量程、制造厂、上次检定日期、试验速率等信息。

7. 检测机构接到样品进行试验前,应通知所在地省级质监机构的相关人员。

三、结果反馈

1. 各检测机构应在收到样品后尽快安排试验,并于收到样品后 10 个工作日内完成测试。各检测机构于收到样品后 20 个工作日内将"比对试验结果报告表"及本中心的检测报告、原始数据(包括试验曲线图)寄回承办单位。无故未按期提交试验结果报告表的检测机构,其结果将不列入本次计划统计。

2. 在本次比对试验计划实施过程中,各检测机构应独立完成测试并提交报告。

3. 检测报告的格式按照各检测机构的质量体系文件所规定的报告格式编制。

报告的委托单位为交通运输部质监总站,检测类别为比对试验。

四、比对试验物品返回

为了考察各检测机构的试验情况,在试验完毕后即将样品返回给承办单位(样品返回地址:北京市通州区大杜社乡交通部公路交通试验场;接收人:张芳;邮编:101103;电话:010-62358971)。

国家道路及桥梁质量监督检验中心(公章)

2013 年 9 月

比对试验计划指导书
BD2013-J02 钢绞线(ϕ15.2mm)力学性能

本次比对试验计划中,贵检测机构的编号为 BM ____________。

为保证比对试验计划的顺利进行,特要求参加单位认真遵循下列条款:

一、样品

1. 采用两种规格的钢绞线作为比对试验样品,样品规格分别为 ϕ15.2mm × 1050mm 和 ϕ15.2mm × 1150mm。

2. 向每个检测机构发放一种规格 3 支试样。样品采用试样盒包装。预计于 2013 年 9 月下旬开始发出，样品通过特快专递或邮局分发给各参与检测机构。

3. 各检测机构在收到样品时，应首先对样品是否完好进行确认，同时填写“被测样品接收状态确认表”，并传真至国家道路及桥梁质量监督检验中心。

二、检测

1. 试验前请使用其他试样先试拉，并调整好仪器设备的状态。

2. 最大力(F_m)、规定非比例延伸力($F_{p0.2}$)、最大力总伸长率(A_{gt})请参照《金属材料 拉伸试验 第 1 部分：室温试验方法》(GB/T 228.1—2010)进行试验；弹性模量(E)请参照《预应力混凝土用钢材试验方法》(GB/T 21839—2008)进行试验。在“比对试验结果报告表”中填报最大力(F_m)、规定非比例延伸力($F_{p0.2}$)、最大力总伸长率(A_{gt})和弹性模量(E)试验结果，并注明实际采用的试验速率控制方法。

(1)应变速率控制模式(方法 A)。

采用方法 A 进行拉伸试验的检测机构应具备以下条件：

①具有能实现应变闭环控制，且符合 GB/T 228.1—2010 附录 A 要求的试验机。

②屈服之前采用应变闭环控制，应变速率为 0.00025mm/(mm/s)。

③屈服阶段采用横梁位移控制，横梁位移速率为 0.00025$L_C$mm/s 或 0.015$L_C$mm/min (L_C为扣除上下加持部分的长度)；或整个屈服阶段直接采用应变闭环控制，应变速率为 0.00025mm/(mm/s)。

④屈服完成之后采用横梁位移控制，横梁位移速率为 0.0067$L_C$mm/s。

(2)应力速率控制模式(方法 B)。

为了避免试验速率对试验数据的影响，使本项目获得很好的可比性，采用方法 B 进行拉伸试验的检测机构应统一按下面要求控制试验速率：

①对于普通液压式万能试验机，在弹性阶段应力速率控制在 20MPa/s 左右，油阀不再调节，屈服之后试验速率参照标准执行。

②对于电液伺服万能试验机或电子万能试验机，在弹性阶段和屈服阶段均采用位移速率 10mm/min，屈服之后试验速率参照标准执行。

3. 试验前，应确保试验机负荷的准确性以及试验软件的可靠性和有效性。

4. 试验推荐使用 300 ~ 600kN 试验机。

5. 试验结果的平均值依据以下条件修约：

(1)最大力(F_m)修约至 1kN。

(2)规定非比例延伸力($F_{p0.2}$)修约至 1kN。

(3)最大力总伸长率(A_{gt})修约至 0.5%。

(4)弹性模量(E)修约至 1GPa。

6. 请所有检测机构在“比对试验结果报告表”中填写试验机的相关信息，包括试验机名称、规格型号、负荷量程、制造厂、上次检定日期、试验速率等信息。

7. 检测机构接到样品进行试验前，应通知所在地省级质监机构的相关人员。

四、结果反馈

1. 各检测机构应在收到样品后尽快安排试验，并于收到样品后 10 个工作日内完成测试。各检测机构于收到样品后 20 个工作日内将“比对试验结果报告表”及本中心的检测报告、原始数据（包括试验曲线图）寄回承担单位。无故未按期提交试验结果报告表的检测机构，其结果将不列入本次计划统计。

2. 在本次比对试验计划实施过程中，各检测机构应独立完成测试并提交报告。

3. 检测报告的格式按照各检测机构的质量体系文件所规定的报告格式编制。

报告的委托单位为交通运输部质监总站，检测类别为比对试验。

五、比对试验物品返回

为了考察各检测机构的试验情况，在试验完毕后即将样品返回给承办单位（样品返回地址：北京市通州区大杜社乡交通部公路交通试验场；接收人：张芳；邮编：101103；电话：010-62358971）。

国家道路及桥梁质量监督检验中心（公章）

2013 年 9 月

3）比对试验结果报告表

比对试验结果报告表

热轧带肋钢筋（ϕ16mm）力学性能试验

检测机构名称：__________　　检测机构编号：BM-

报告日期：__________

试验标准：《金属材料　拉伸试验　第 1 部分：室温试验方法》（GB/T 228.1—2010）

试验速率控制方法：□1 方法 A；□2 方法 B

试验项目	试验结果			计划编号	备注
	1	2	平均值		
抗拉强度 R_m（MPa）				BD2013-J01	
下屈服强度 R_{eL}（MPa）					
断后伸长率 A_{80mm}（%）					

注：1. 试验结果平均值处理依据以下条件修约：①抗拉强度（R_m）、下屈服强度（R_{eL}）修约至 1MPa；②断后伸长率（A_{80mm}）修约至 0.5%。

2. 不得涂改。

试验日期：__________　环境温度：______℃

试验速率：______________________________

（请详细注明各阶段的控制方式和试验速率）

引伸计厂商和型号：______________________　上次检定日期：__________

试验机名称及型号：______________________　负荷量程：__________

制造厂：______________________　上次检定日期：__________

试验机是否满足 GB/T 228.1—2010 附录 A：　是□；否□

检测人员（正楷签字）：　　审核人员（签字）：　　批准人（签字）：

检测单位（盖章）：

比对试验结果报告表

钢绞线(ϕ15.2mm)力学性能试验

检测机构名称:__________ 检测机构编号:BM-

报告日期:__________

试验标准:(1)《金属材料 拉伸试验 第1部分:室温试验方法》(GB/T 228.1—2010)

试验速率控制方法:□1 方法A;□2 方法B

(2)《预应力混凝土用钢材试验方法》(GB/T 21839—2008)

试验项目	试验结果			计划编号	备注
	1	2	平均值		
最大力 F_m(kN)				BD2013-J02	
规定非比例延伸力 $F_{p0.2}$(kN)					
最大力总伸长率 A_{gt}(%)					
弹性模量 E(GPa)					

注:1.试验结果平均值处理依据以下条件修约:①最大力(F_m)修约至1kN;②规定非比例延伸力($F_{p0.2}$)修约至1kN;③最大力总伸长率(A_{gt})修约至0.5%;④弹性模量(E)修约至1GPa。

2.不得涂改。

试验日期:__________ 环境温度:______℃

试验速率:________________________________

(请详细注明各阶段的控制方式和试验速率)

引伸计厂商和型号:______________________ 上次检定日期:__________

试验机名称及型号:______________________ 负荷量程:__________

制造厂:______________________ 上次检定日期:__________

试验机是否满足GB/T 228.1—2010附录A: 是□;否□

检测人员(正楷签字): 审核人员(签字): 批准人(签字):

检测单位(盖章):

5.3 2015年部分公路水运工程试验检测机构锚具静载锚固性能比对试验实例

5.3.1 前言

本报告是对2015年部分公路水运工程试验检测机构锚具静载锚固性能比对试验计划的组织、结果整理及分析过程的总结,本次比对试验由交通运输部统一部署,委托国家道路及桥梁质量监督检验中心、中国交通建设监理协会试验检测工作委员会具体组织,负责比对试验的实施与协调工作,负责样品的制备、均匀性和稳定性检验等工作。各省级交通运输主管部门或质监机构负责本辖区试验检测机构比对试验工作组织协调和监督。比对试验评价结果部省分享,由部统一公布。

部依据《公路水运工程试验检测管理办法》(交通部令〔2005〕第12号)、《合格评定 能力验证的通用要求》(GB/T 27043—2012)的要求运作能力验证计划。

关于选择能力验证计划及能力验证结果利用、CNAS能力验证领域和频次等相关要求和政策见《能力验证规则》(CNAS-RL02:2010)。

5.3.2 计划的特点

5.3.2.1 目的及意义

比对试验是检测质量控制和验证的一种重要手段,也可推动交通建设行业检测机构检测技术交流,促进检测水平的提高。通过比对试验可以比较各检测机构间检测数据的一致性,可以对机构自身检测质量及能力作出评价,检查其在技术或管理方面存在的问题,以便有针对性提出改进方法和纠正措施,不断提高检测机构的管理水平和检测质量。机构通过参加有效的比对试验活动,并获得满意结果,能够增加客户以及相关方对检测机构的信任。

目前国内外都把能力验证和比对试验活动作为检测机构保证检测质量的有效方法。《能力验证规则》(CNAS-RL02)规定:申请认可和获准认可的检测机构必须通过参加能力验证活动证明其技术能力;对于我国政府部门、行业组织运作的能力验证活动,只要能够证明其运作符合ISO/IEC指南43-1或ILAC-G13要求,CNAS也予以承认。

锚具使用量大面广,广泛用于桥梁、公路、水运等土建工程建筑,其质量的好坏直接影响到工程建设的安全,直接关系到人民生命和财产的安全。社会对锚具产品质量问题极为关注。

本次比对试验拟对锚具产品进行静载锚固性能项目的检验,这样可以真实反映日常检测的情况。

5.3.2.2 参加实验室概述

参加本次比对活动的检测机构共76家,抽取具有公路工程综合甲级、桥梁隧道工程专项等级证书的部分机构以及具有"锚具、钢绞线"项目增项的公路工程乙级试验检测机构。

5.3.2.3 检测参数及依据

1)检测参数

锚具效率系数(η_a)和总应变(ε_{apu})。

2)检测依据

钢绞线母材力学性能试验遵照《预应力混凝土用钢绞线》(GB/T 5224—2014)进行;试验用预应力钢绞线的有关要求遵照《公路桥梁预应力钢绞线用锚具、夹具和连接器》(JT/T 329—2010)的一般规定进行;测试锚具效率系数(η_a)和总应变(ε_{apu})遵照《公路桥梁预应力钢绞线用锚具、夹具和连接器》(JT/T 329—2010)和比对试验作业指导书的要求进行。

3)数值修约

(1)锚具效率系数(η_a)试验结果平均值修约至0.01。

(2)总应变(ε_{apu})试验结果平均值修约至0.1%。

5.3.2.4　实施进度

(1)国家道路及桥梁质量监督检验中心于2015年7月30日前完成了样品制备和均匀性试验。

(2)2015年9月10日前,检测机构完成比对试验报名工作。

(3)2015年9月30日前,完成样品编号与检测机构分组工作,比对承办单位将比对试验计划指导书和试验结果报告表邮寄至各省级交通质监机构和参加比对的检测机构。

(4)2015年10月30日前,完成样品的制备。

(5)2015年11月30日前,比对承办单位将比对试验样品发送至参加比对的检测机构。

(6)2015年12月20日前,试验检测机构应按照比对试验计划指导书的要求,在规定时间内完成试验和试验结果及报告的提交工作。

(7)2016年2月15日前,完成比对结果的统计分析,形成报告,由交通运输部安全与质量监督管理司公布比对试验结果。

5.3.2.5　样品描述

计划选取两个批次的YM15-4锚具作为样品。样品编号分别为J01-01和J01-02,每份样品用条形码加以标识。每个检测机构样品1份,以专用包装盒进行包装。

5.3.2.6　保密

为保证比对活动实施过程中的公正、严谨和比对结果的客观、准确,在本次比对试验活动中,根据报名情况按流水号赋予每个检测机构一个代码,不出现具体检测机构名称。凡说明参加检测机构的相关比对试验数据统计及结果评价时,均以检测机构代码表示。

5.3.3　统计分析的设计、有关的统计量和统计图表

5.3.3.1　统计分析的设计

本次比对试验对各检测机构的测定结果统计分析采用稳健技术处理,以所有参加者报告结果的稳健平均值(参加者的公议值)作为指定值,稳健标准差为能力评定标准差,计算各试验机构结果的z比分数,同时给出稳健平均值的标准不确定度。稳健平均值和稳健标准差的计算意义参见《利用实验室间比对进行能力验证的统计方法》(GB/T 28043—2011)。

本次比对试验涉及的统计量有结果总数、稳健平均值、稳健标准差、最小值、最大值和极差等,各统计量的意义及相关计算方法如下:

(1)结果总数——在统计分析中某项测定结果的总数。

(2)稳健平均值和稳健标准差的计算。

①稳健平均值 x^* 和稳健标准差 s^* 初始值的计算。

有 p 个数，按从小到大顺序排列：$x_1, x_2, \cdots\cdots, x_i, \cdots\cdots, x_p$

用 x^* 和 s^* 代表稳健平均值和稳健标准差，计算 x^* 和 s^* 的初始值：

$x^* = x_i$ 的中位值$(i=1,2,\cdots\cdots,p)$

$s^* = 1.483|x_i - x^*|$ 的中位值$(i=1,2,\cdots\cdots,p)$

②对 x^* 和 s^* 的修正。

计算 $\delta = 1.5s^*$，对于每个 $x_i(i=1,2,\cdots\cdots,p)$ 计算如下：

$$x_i^* = \begin{cases} x^* - \delta, 若\ x_i < x^* - \delta; \\ x^* + \delta, 若\ x_i > x^* + \delta; \\ x_i, 其他(介于两者之间) \end{cases}$$

由下式计算 x^* 和 s^* 的新值：

$$x^* = \frac{\sum x_i^*}{p}, s^* = 1.134\sqrt{\frac{\sum (x_i^* - x^*)^2}{p-1}}$$

稳健平均值 x^* 和稳健标准差 s^* 可以通过迭代计算得出，如用校正后的数据对 x^* 和 s^* 进行多次修正，直至过程收敛。当迭代后稳健平均值 x^* 和稳健标准差 s^* 的第三位有效数字没有变化时，即可认为过程是收敛的。

(3)稳健平均值不确定度的计算。

稳健平均值 x^* 标准不确定度为：

$$u_x = 1.25 \cdot \frac{s^*}{\sqrt{p}}$$

式中：s^*——稳健标准差；

p——试验机构数。

(4)最小值——一组结果中的最小值。

(5)最大值——一组结果中的最大值。

(6)极差——最大值与最小值之间的差值。

依据《利用实验室间比对进行能力验证的统计方法》(GB/T 28043—2011)的相关要求，对检测机构的检测结果，按下式计算 z 值：

$$z = \frac{x - X}{\sigma}$$

式中：x——检测机构测试结果；

X——指定值(稳健平均值)；

σ——能力评定标准差(稳健标准差)。

5.3.3.2 统计图表的说明

为了用图像清晰地表示各参加检测机构的比对试验结果，将 z 比分数按其大小顺序排列分别作柱状图，每一个柱状图标有该检测机构的代码。从图上每一个检测机构很容易将其能力与其他参加检测机构进行比对。

5.3.4 结果的判别和离群值

本次比对试验计划以 z 比分数评价每个参加检测机构的试验结果（能力），即：

$|z| \leqslant 2.0$，为满意结果（满意值）。

$2.0 < |z| < 3.0$，为基本满意结果（可疑值）。

$|z| \geqslant 3.0$，为不满意结果（离群值）。

不满意结果为统计分析中的离群值，基本满意结果为统计分析中的可疑值。在检测机构试验结果和统计处理一览表中（表5-51），凡加§处的数值为离群值，即 $|z| \geqslant 3.0$；加*处的数值为可疑值，即 $2.0 < |z| < 3.0$。为了准确判定各参加检测机构能力，对检测机构结果分别进行统计。

现将锚具静载锚固性能比对试验结果统计的76个检测机构可疑值和离群值的结果统计，见表5-49～表5-51。

可疑值和离群值的结果统计 表5-49

项目结果	锚具效率系数（η_a）	总应变（ε_{apu}）
$2 < \|z\| < 3$	BM-13、BM-76	BM-13、BM-25、BM-26、BM-39、BM-61
$\|z\| \geqslant 3$	—	BM-29、BM-76

各检测机构的锚具效率系数和总应变比对试验结果统计表 表5-50

结　果	机构代码	共计（个）	所占比例（%）
含有1个离群值	BM-29、BM-76	2	2.6
含有1个可疑值	BM-25、BM-26、BM-39、BM-61、BM-76	5	6.6
含有2个可疑值	BM-13	1	1.3
无离群值但含有可疑值 $2.0 < \|z\| < 3.0$	BM-13、BM-25、BM-26、BM-39、BM-61	5	6.6
含有离群值 $\|z\| \geqslant 3.0$	BM-29、BM-76	2	2.6

各检测机构锚具效率系数和总应变比对试验结果 z 比分数汇总表 表5-51

机构代码	锚具效率系数	总应变	备　注
	z 比分数	z 比分数	
BM-×××	0.4	0.8	满意
BM-×××	0.4	-1.9	满意
BM-×××	-0.4	0.8	满意
BM-×××	-0.4	-0.6	满意
BM-×××	1.2	-1.6	满意
BM-×××	-2.0	-0.6	满意

续上表

机构代码	锚具效率系数	总应变	备注
	z比分数	z比分数	
BM-×××	0.4	-0.2	满意
BM-×××	0.4	1.1	满意
BM-×××	-0.4	-0.2	满意
BM-×××	-0.4	1.1	满意
BM-×××	0.3	-0.2	满意
BM-×××	1.2	0.2	满意
BM-×××	*2.9	* -2.9	基本满意
BM-×××	-0.4	1.5	满意
BM-×××	1.2	0.8	满意
BM-×××	1.2	-0.6	满意
BM-×××	0.4	-0.6	满意
BM-×××	0.4	-0.9	满意
BM-×××	0.4	1.1	满意
BM-×××	-1.2	0.8	满意
BM-×××	0.4	0.1	满意
BM-×××	0.4	-0.6	满意
BM-×××	0.4	-0.2	满意
BM-×××	0.4	0.1	满意
BM-×××	-0.4	*2.1	基本满意
BM-×××	0.4	* -2.3	基本满意
BM-×××	-1.2	-0.9	满意
BM-×××	-1.2	-0.6	满意
BM-×××	-1.2	§3.8	不满意
BM-×××	1.2	-0.6	满意
BM-×××	-2.0	0.8	满意
BM-×××	-1.2	0.1	满意
BM-×××	-0.4	1.5	满意
BM-×××	0.4	-0.6	满意
BM-×××	-1.2	-0.6	满意
BM-×××	-1.2	1.1	满意

续上表

机构代码	锚具效率系数	总应变	备注
	z 比分数	z 比分数	
BM-×××	-0.4	-0.2	满意
BM-×××	0.9	-0.6	满意
BM-×××	-1.7	*2.2	基本满意
BM-×××	0.9	0.1	满意
BM-×××	0.0	-0.6	满意
BM-×××	-0.8	0.4	满意
BM-×××	-1.2	-0.6	满意
BM-×××	0.9	0.1	满意
BM-×××	0.0	1.0	满意
BM-×××	0.0	-0.3	满意
BM-×××	0.0	0.1	满意
BM-×××	-0.8	-1.8	满意
BM-×××	0.0	0.1	满意
BM-×××	0.0	0.1	满意
BM-×××	0.0	0.4	满意
BM-×××	0.0	-0.9	满意
BM-×××	-0.8	0.7	满意
BM-×××	1.2	-0.2	满意
BM-×××	-1.7	1.0	满意
BM-×××	0.4	0.1	满意
BM-×××	0.0	0.1	满意
BM-×××	-1.7	0.7	满意
BM-×××	-0.4	0.1	满意
BM-×××	0.0	-1.5	满意
BM-×××	-1.7	*2.9	基本满意
BM-×××	0.0	-0.3	满意
BM-×××	0.0	-0.3	满意
BM-×××	-0.8	-1.5	满意
BM-×××	-0.8	-0.6	满意
BM-×××	0.0	-0.6	满意

续上表

机构代码	锚具效率系数	总应变	备注
	z 比分数	z 比分数	
BM-×××	0.9	1.0	满意
BM-×××	-0.8	1.6	满意
BM-×××	0.9	1.8	满意
BM-×××	1.8	1.0	满意
BM-×××	0.9	1.0	满意
BM-×××	0.0	1.8	满意
BM-×××	-1.7	-0.9	满意
BM-×××	1.8	-0.6	满意
BM-×××	0.9	-0.3	满意
BM-×××	* -2.5	§5.0	不满意
可疑值(个)	7		
离群值(个)	2		

注:加§处的数值为离群值,即$|z|\geq 3.0$;加*处的数值为可疑值,即$2.0<|z|<3.0$。

根据比对试验结果及过程中掌握的情况,69家检测机构的试验结果为“满意值”,占总数的90.7%,表明绝大多数检测机构对本次比对试验比较重视,一定程度上反映出检测机构体系运行有效、内部管理规范、注重能力保持。检测能力值得肯定。

5.3.5 比对试验技术分析

5.3.5.1 概述

本次比对以数据统计结果为依据,以“满意”“基本满意”“不满意”确定并公布检测机构比对试验结果,统计情况如下。

1)总体情况统计

比对试验结果总体统计情况见表5-52。

比对试验结果总体统计表 表5-52

检测项目	机构总数	比对试验结果统计			
		标准	结果	机构数量	所占比例(%)
锚具效率系数(η_a)和总应变(ε_{apu})	76	2个参数试验结果全部为“满意值”	满意	69	90.8
		2个参数试验结果中含有“可疑值”,但无离群值	基本满意	5	6.6
		2个参数试验结果中含有“离群值”	不满意	2	2.6

2)按机构等级分类统计

比对试验结果按机构等级分类统计情况见表5-53。

比对试验结果按机构等级分类统计表 表5-53

检测项目	机构等级	机构总数	比对试验结果统计		
			结果	机构数量	所占比例(%)
锚具效率系数(η_a)和总应变(ε_{apu})	甲级、专项	47	满意	41	87.3
			基本满意	5	10.6
			不满意	1	2.1
	乙级	29	满意	28	96.6
			基本满意	0	0
			不满意	1	3.4

5.3.5.2 检测机构试验结果的主要影响因素分析

本次比对试验从检测机构的人员素质、体系运行、管理规范等方面暴露出一些问题,如下:

(1)有的检测机构试验人员对试验数据数值修约的规定不理解;大量机构未对破断后钢绞线断口形态进行描述,就在检测结论中对试验结果进行了判定,说明试验过程不严谨。

(2)有的甲级机构未将本次试验所用遵照《公路桥梁预应力钢绞线用锚具、夹具和连接器》(JT/T 329—2010)列入能力范围,在出具报告是否加盖计量认证章处理上存在疑问。说明机构在使用印、章方面存在管理问题,另外作为交通行业的检测机构在选择方法标准方面有缺陷。

(3)部分机构在原始记录的环节存在问题。如:有的检测机构比对试验结果、报告表记录设备信息不全,缺少名称及型号;有的机构记录与报告,报告与报表数据不一致;有的机构记录与报告中对实测极限拉力、计算钢绞线的平均极限拉力的单位使用不正确(将kN写为MPa)。

锚具效率系数和总应变比对试验数据的频率分布直方图见图5-26和图5-27,可以看出其频率分布直方图基本上符合正态分布特征。具体范围如下:

x组锚具效率系数直方图显示大部分数据在0.96~0.99之间。

总应变直方图显示大部分数据在3.5%~4.7%之间。

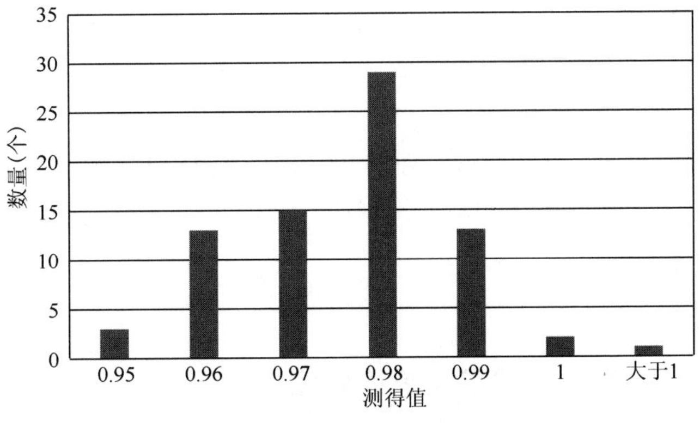

图5-26 x组锚具效率系数直方图

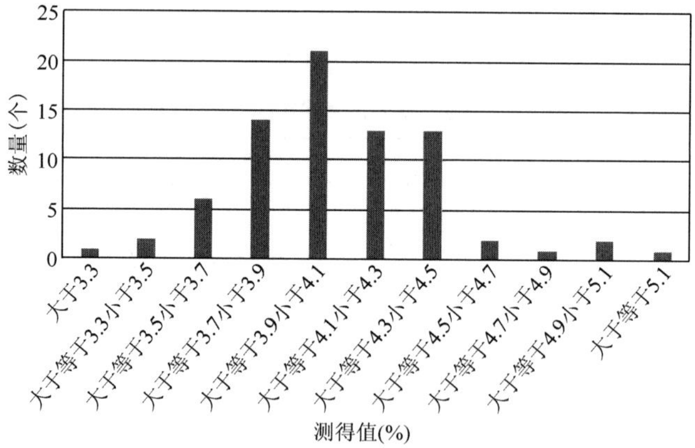

图 5-27　总应变直方图

5.3.6　结语

试验检测机构和广大从业人员应高度重视能力验证工作，加强试验检测能力建设，完善检测机构内部管理，规范试验检测从业行为，进一步提升试验检测行业整体素质、能力和水平。

各级质监机构应敦促检测机构强化教育培训、加强管理体系运行情况的监督检查，在资质换证复核评审过程中，重点应使检测人员从被动应付规则、准则要求，转变为主动按规定执行、操作。注重总结分析，不断提高比对试验等能力验证活动的规范性、科学性，积极探索建立能力验证工作常态化运行机制。

5.3.7　主要参考文献

(1)《合格评定能力验证通用要求》(ISO/IEC 17043:2010)。

(2)《利用实验室间比对的能力验证的统计方法》(ISO13528:2005)。

(3)《能力验证结果的统计处理和能力评价指南》(CNAS-GL02:2014)。

(4)《能力验证样品均匀性和稳定性评价指南》(CNAS-GL03:2006)。

(5)《利用实验室间比对进行能力验证的统计方法》(GB/T 28043—2011)。

(6)《合格评定　能力验证的通用要求》(GB/T 27043—2012)。

(7)《能力验证规则》(CNAS-RL02:2016)。

(8)《公路桥梁预应力钢绞线用锚具、夹具和连接器》(JT/T 329—2010)。

(9)《预应力混凝土用钢绞线》(GB/T 5224—2014)。

5.3.8　附件

5.3.8.1　检测机构的试验结果和统计处理

锚具效率系数 z 比分数柱状图如图 5-28 所示。总应变 z 比分数柱状图如图 5-29 所示。

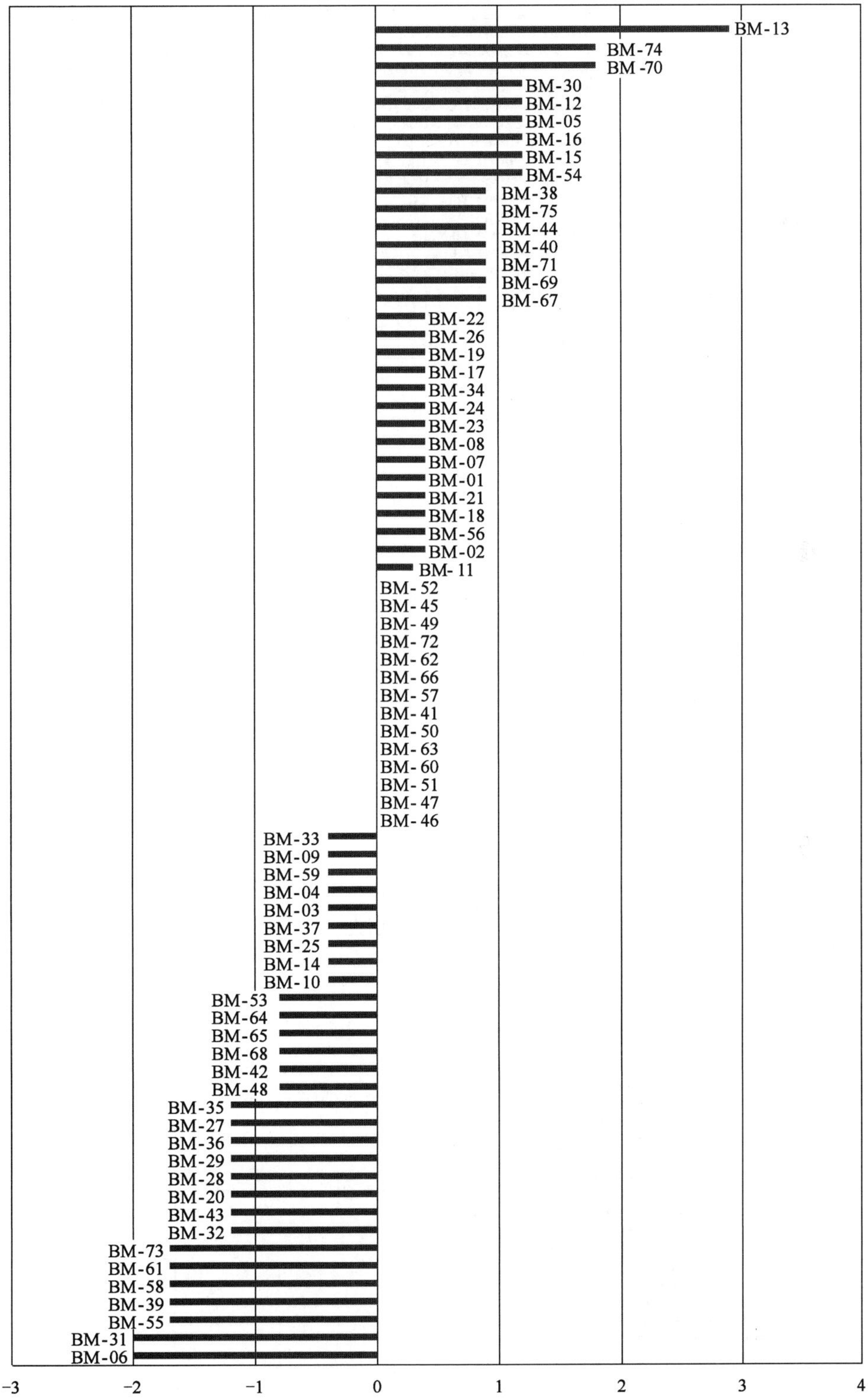

图 5-28 锚具效率系数 z 比分数柱状图

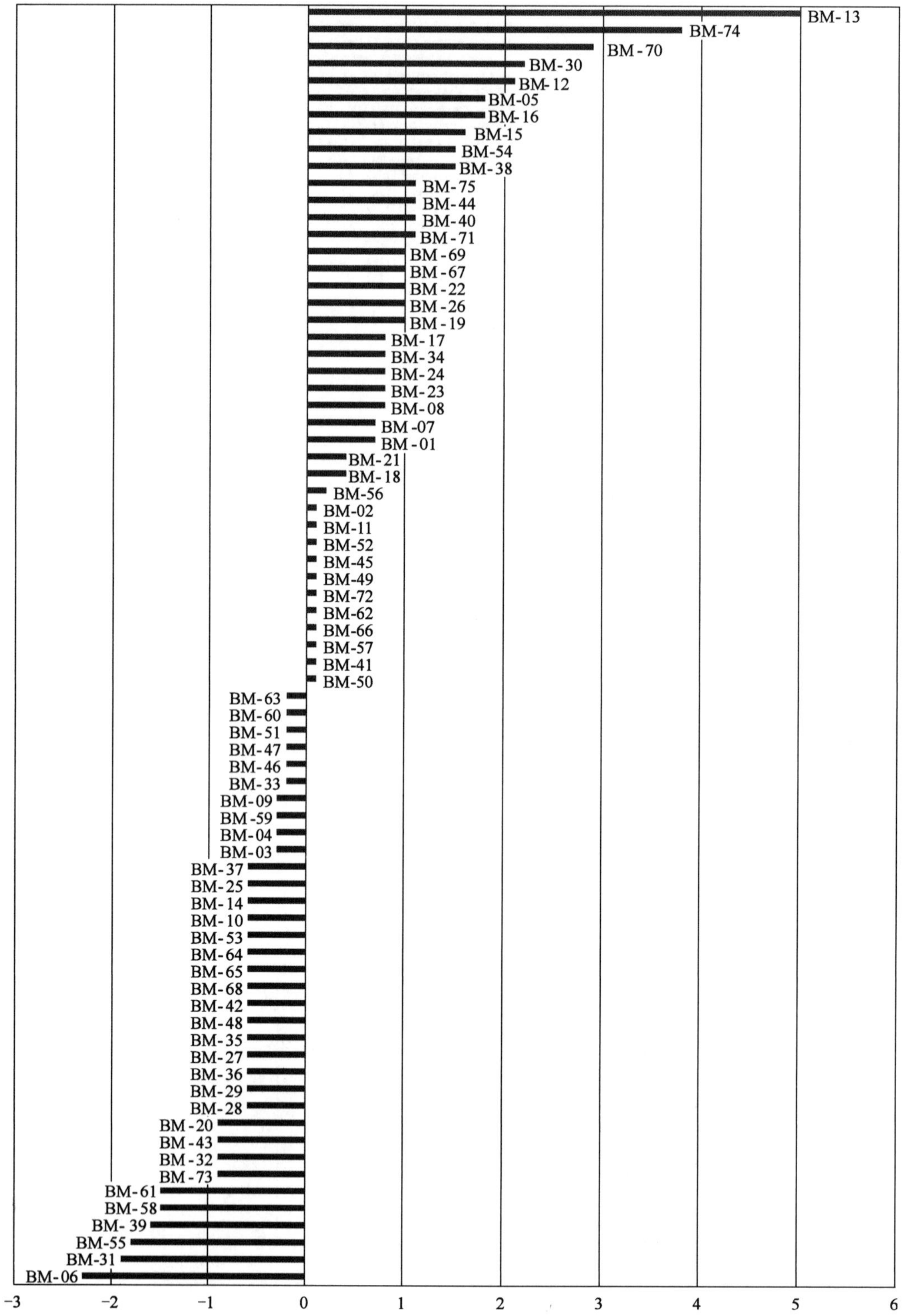

图 5-29　总应变 z 比分数柱状图

5.3.8.2　样品均匀性检验报告

1)样品制备过程

(1)计划选取两个批次的 YM15-4 锚具作为样品。样品编号分别为 J01-01 和 J01-02,每份样品用条形码加以标识。每个检测机构样品 1 份,以专用包装盒进行包装。

(2)样品制备程序如图 5-30 所示。

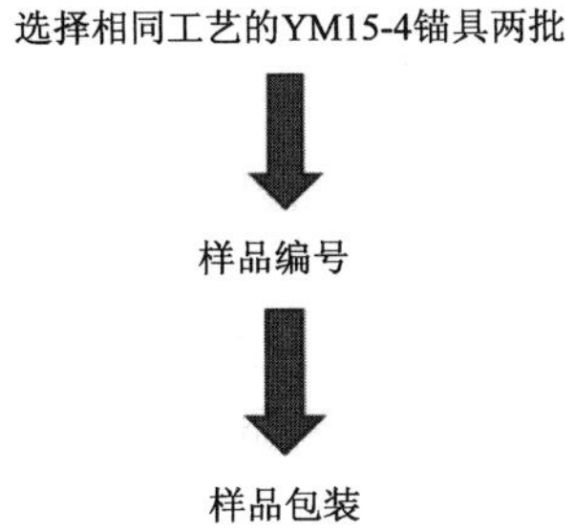

图 5-30　样品制备程序

2)均匀性检验

样品均匀性检验结果统计:

(1)由国家道路及桥梁质量监督检验中心的实验室进行均匀性检验。

(2)为保证样品的均匀性,从两批 YM15-4 锚具样品中分别随机抽取 g 份(个)样品,$g \geqslant 10$。

(3)每份样品重复测试次数大于等于 2 次。

(4)依据《公路桥梁预应力钢绞线用锚具、夹具和连接器》(JT/T 329—2010)进行静载锚固性能均匀性检验,测试锚具效率系数(η_a)、总应变(ε_{apu})。

(5)依据《能力验证样品均匀性和稳定性评价指南》(CNAS-GL03:2006)中规定的单因子方差分析法进行初步评价。若样品之间无显著性差异,则表明样品是均匀的。符合要求的样品可用于本次检测机构的比对试验。

(6)均匀性评估。

依照《利用实验室间比对进行能力验证的统计方法》(GB/T 28043—2011)对样品的均匀性进行评估。比较样品间标准差 s_s 和能力评定标准差(稳健标准差)σ。当$s_s \leqslant 0.3\sigma$ 时,可认为样品是充分均匀的。若样品间标准差 s_s 不满足小于等于 0.3σ 条件时,应考虑样品间标准差 s_s 对能力评定标准差(稳健标准差)的修正。X 组锚具样品均匀性检验测试结果见表 5-54,X 组锚具样品均匀性检验方差分析结果见表 5-55。

X 组锚具样品均匀性检验测试结果　　表 5-54

样品编号	效率系数 η_a		总应变 ε_{apu}	
	结果	三次结果平均值	结果	三次结果平均值
2011-193	0.97	0.97	2.4	2.50
	0.96		2.5	
	0.97		2.6	

续上表

样品编号	效率系数 η_a		总应变 ε_{apu}	
	结果	三次结果平均值	结果	三次结果平均值
2011-216	0.95	0.96	2.5	2.40
	0.96		2.3	
	0.96		2.4	
2011－220	0.96	0.97	2.4	2.40
	0.97		2.4	
	0.98		2.4	
2011-226	0.97	0.97	2.4	2.37
	0.97		2.2	
	0.96		2.5	
2011－251	0.97	0.97	2.3	2.30
	0.97		2.3	
	0.97		2.3	
2011-257	0.97	0.97	2.2	2.27
	0.97		2.2	
	0.97		2.4	
2011-264	0.97	0.97	2.4	2.37
	0.97		2.4	
	0.97		2.3	
2011-282	0.97	0.97	2.4	2.43
	0.98		2.4	
	0.97		2.5	
2011-310	0.97	0.97	2.4	2.37
	0.98		2.4	
	0.97		2.3	
2011－322	0.98	0.97	2.4	2.37
	0.97		2.4	
	0.97		2.3	

续上表

样品编号	效率系数 η_a		总应变 ε_{apu}	
	结果	三次结果平均值	结果	三次结果平均值
2011-420	0.97	0.97	2.3	2.23
	0.98		2.4	
	0.96		2	
平均值	0.97		2.36	

X 组锚具样品均匀性检验方差分析结果 表 5-55

测试参数	全部样品测试总平均值	测试总次数 N	方差来源	自由度	平方和	均方	统计量 F	临界值 $F_{0.05(10,22)}$
效率系数 η_a	0.969	33	组间(样品间)	10	0.00067	0.000067	1.85	2.30
			组内(样品内)	22	0.0008	0.000036		
总应变 ε_{apu}	2.364	33	组间(样品间)	10	0.1697	0.01697	1.65	2.30
			组内(样品内)	22	0.2267	0.010303		

表 5-55 所示各测试参数统计量 F 均小于临界值 $F_{0.05(10,22)}$，因样品内和样品间各测试参数无显著差异，表明锚具样品是均匀的。

本计算例中：$m=11$，$n=3$，$N=33$，自由度 $f_1=m-1=10$，自由度 $f_2=N-m=22$，均方 $MS_1=SS_1/f_1$，均方 $MS_2=SS_2/f_2$，统计量 $F=MS_1/MS_2$。

3）样品均匀性检验的评估

依照《利用实验室间比对进行能力验证的统计方法》(GB/T 28043—2011)对样品的均匀性进行评估，见表 5-56。

样品间标准差与能力评定标准差对照表 表 5-56

序号	测试参数	样品间标准差 (s_s)	0.3σ	符合性 ($s_s \leq 0.3\sigma$)	修正后的 σ_s ($s_s > 0.3\sigma$)
1	效率系数 η_a	0	×.×××	符合	—
2	总应变 ε_{apu}	0	×.××××	符合	—
备注		1. 表中能力评定标准差(σ)源于本次“2015 年部分公路水运工程试验检测机构锚具静载锚固性能比对试验计划”。 2. 数据统计采用《利用实验室间比对进行能力验证的统计方法》(GB/T 28043—2011)			

5.3.8.3 相关文件

1)被测样品接收状态确认表

被测样品接收状态确认表

检测机构编号:BM-

<table>
<tr><td>计划编号及计划名称</td><td colspan="3">BD2015-J01,锚具静载锚固性能试验</td></tr>
<tr><td>组织机构</td><td colspan="3"></td></tr>
<tr><td>发送机构</td><td colspan="3">国家道路及桥梁质量监督检验中心
中国交通建设监理协会试验检测工作委员会</td></tr>
<tr><td>电话/邮箱</td><td>010-62358971/ticc. cn@163. com</td><td>联系人</td><td>张芳</td></tr>
<tr><td>发送日期</td><td>2015 年 12 月 16 日</td><td>运输单据号码</td><td></td></tr>
<tr><td>发送状态</td><td>完好☑　　不完好□</td><td>发送人(签名)</td><td>张芳</td></tr>
<tr><td colspan="4">接收检测机构名称:
联系地址:
邮编:
联系电话/传真:
联系人:　　　　接收人签名:　　　　接收时间:</td></tr>
<tr><td colspan="4">接收时,样品是否良好:　　是□　　否□</td></tr>
<tr><td colspan="4">如需要,对接收状态的详细说明(可附照片):</td></tr>
<tr><td colspan="4">备注:</td></tr>
</table>

注:此表填写盖章后将扫描件发至 ticc. cn@163. com。

2)比对试验计划指导书

比对试验计划指导书
BD2015-J01 锚具静载锚固性能试验

共 4 页　第 1 页

本次比对试验计划中,贵检测机构的编号为 BM-____________。

为保证比对试验计划的顺利进行,特要求参加单位认真遵循下列条款:

一、样品

1. 提供两个批次的锚具作为样品。样品编号分别为 J01-01 和 J01-02。样品有关信息见表 5-57。

样品有关信息 表 5-57

比对试验计划编号	样品名称	规格型号	样品编号	备　注
BD2015-J01	锚具	YM15-4	J01-01	编号带T的检测机构样品数量各1份(各6套)。其他检测机构样品数量为其中的1份(6套)
			J01-02	
备注	—			

2. 向每个检测机构发放样品(每份样品6套)。

3. 各检测机构在收到样品时,应首先对样品是否完好进行确认,同时填写“被测样品接收状态确认表”,并将加盖公章的扫描件发送至中国交通建设监理协会试验检测工作委员会(ticc. cn@ 163. com)。

二、检测

1. 试验前请先从试验用预应力钢绞线(各检测机构自备)中截取6根钢绞线试件,依据《预应力混凝土用钢绞线》(GB/T 5224—2014)进行钢绞线母材力学性能试验,记录实测抗拉强度平均值f_{pm}(MPa),修约间隔10MPa。

2. 试验推荐使用强度级别为1860MPa的七根钢丝捻制的标准型钢绞线(1×7-15.20-1860-GB/T 5224—2014)。

3. 试验用预应力钢绞线的有关要求参照《公路桥梁预应力钢绞线用锚具、夹具和连接器》(JT/T 329—2010)的一般规定。

4. 试验用锚具每两套与钢绞线组成试验用钢绞线-锚具组装件,组装前应用干净棉布将夹片表面和锚板锥孔表面的油污擦干净,不应在锚固零件上添加影响锚固性能的物质。

5. 试验遵照《公路桥梁预应力钢绞线用锚具、夹具和连接器》(JT/T 329—2010)进行,测试锚具效率系数(η_a)和总应变(ε_{apu})。

6. 实际试验温度应在“比对试验结果报告表”中报出。

7. 样品测试过程中要始终保持被测样品的状态和特性不被改变,样品上的标记不被损坏。

8. 试验进行3次,单次试验结果和试验结果的平均值在“比对试验结果报告表”中报出。试验结果的平均值依据以下条件修约:

(1)锚具效率系数(η_a)试验结果平均值修约至0.01;

(2)总应变(ε_{apu})试验结果平均值修约至0.1%。

描述每次试验后的破坏状态(断裂位置、根数、形态等)并附相关照片(彩色)及说明。

9. 请所有检测机构在“比对试验结果报告表”中填写试验机的相关信息,包括试验机名称、规格型号、制造厂、上次检定/校准日期等信息。

10. 检测机构接到样品进行试验前,应通知所在地的省级交通质监机构进行现场见证,“比对试验结果报告表”未经见证人员签字视为无效报告。

三、结果反馈

1. 各检测机构应在收到样品后尽快安排试验,并于收到样品后10个工作日内完成测试。各检测机构于收到样品后20个工作日内将“比对试验结果报告表”及本中心的检测报告、原始数据及相关附件寄回至中国交通建设监理协会试验检测工作委员会[联系人:何东霞;地址：北京市海淀区西土城路八号；邮编：100088；电话：(010)62363039；手机：1381155167]，并将“比对试验结果报告表”及相关附件(照片等)电子版发送至 x. xiao@ rioh. cn。无故未按期提交试验结果报告表的检测机构，其结果将不列入本次计划统计。

2. 在本次比对试验计划实施过程中，各检测机构应独立完成测试并提交“比对试验结果报告表”。

3. 检测报告的格式按照各检测机构的质量体系文件所规定的报告格式编制。

报告的检测类别为比对试验，委托单位为中国交通建设监理协会试验检测工作委员会，委托人为何东霞。

四、比对试验物品返回

为了考察各检测机构的试验情况，在试验完毕后即将样品返回至交通部公路交通试验场(国家道路及桥梁质量监督检验中心)(地址：北京市通州区大杜社乡九德路；联系人：唐守恒)。

国家道路及桥梁质量监督检验中心(公章)

2015 年 12 月

3)比对试验结果报告表

比对试验结果报告表

锚具静载锚固性能试验

检测机构名称：__________　　检测机构编号：BM-

报告日期：__________

试验标准：《公路桥梁预应力钢绞线用锚具、夹具和连接器》(JT/T 329—2010)。

试验项目		试验结果				样品编号	备注
		1	2	3	平均值		
静载锚固性能	锚具效率系数(η_a)					J01-01	试验后破坏状态描述(断裂位置、根数、形态等)，相关照片及说明可另附页
						J01-02	
	总应变(ε_{apu},%)					J01-01	
						J01-02	
检测过程出现的问题或异常现象							

注：1. 试验结果的平均值依据以下条件修约：①锚具效率系数(η_a)试验结果平均值修约至 0.01；②总应变(ε_{apu})试验结果平均值修约至 0.1%。

2. 不得涂改。

试验日期：__________　环境温度：______℃

仪器名称及型号：______________________________　上次检定/校准日期：__________

制造厂：______________________________

检测人员(正楷签字)：　　审核人员(签字)：　　批准人(签字)：

检测单位(盖章)：

质监机构见证人(签字)：

5.4　2014年公路水运工程试验检测机构锚具（夹片）洛氏硬度比对试验实例

5.4.1　前言

本报告是对2014年公路水运工程试验检测机构锚具（夹片）洛氏硬度比对试验计划的组织、结果整理及分析过程的总结，本次比对试验由交通运输部统一部署，委托国家道路及桥梁质量监督检验中心、中国交通建设监理协会试验检测工作委员会具体组织，负责比对试验的实施与协调工作，负责样品的制备、均匀性和稳定性检验等工作。各省级交通运输主管部门或质监机构负责本辖区试验检测机构比对试验工作组织协调和监督。比对试验评价结果部省分享，由部统一公布。

部依据《公路水运工程试验检测管理办法》（交通部令〔2005〕第12号）、《合格评定　能力验证的通用要求》（GB/T 27043—2012）的要求运作能力验证计划。

关于选择能力验证计划及能力验证结果利用、CNAS能力验证领域和频次等相关要求和政策见《能力验证规则》（CNAS-RL02:2010）。

5.4.2　计划的特点

5.4.2.1　目的及意义

比对试验是检测机构质量控制和验证的一种重要手段，也是交通行业管理部门对检测机构能力保持情况的一种有效的监督检验方法。通过比对试验可以比较各检测机构间检测数据的一致性；可以对检测机构自身检测质量及能力作出评价，检查检测机构在技术或管理方面存在的问题，以便有针对性地提出改进方法和纠正措施，不断提高管理水平和检测质量。检测机构通过参加有效的比对试验活动，并获得满意结果，能够增加客户以及相关方对检测机构的信任。

目前国内外都把能力验证和比对试验活动作为检测机构保证检测质量的有效方法。《能力验证规则》（CNAS-RL02）规定：申请认可和获准认可的检测机构必须通过参加能力验证活动证明其技术能力；对于我国政府部门、行业组织运作的能力验证活动，只要能够证明其运作符合ISO/IEC指南43-1或ILAC-G13要求，CNAS也予以承认。

锚具使用量大面广，广泛用于桥梁及水运结构物等基础设施建设中，其质量的好坏直接影响到工程建设的安全，直接关系到人民生命和财产的安全。社会对锚具产品质量问题极为关注。锚具（夹片）产品洛氏硬度检测项目，是公路水运工程相关试验检测机构应具备的检测能力。

组织本次比对试验活动有四方面的目的：

（1）本次比对试验活动旨在验证检测机构的金属制品检测能力水平。

（2）推动交通运输行业检测单位检测技术交流，促进检测和管理水平的提高。

(3)通过组织和发布比对试验结果可以提高交通行业检测机构在社会当中的权威性,比对结果显示离散性大的机构,加大了将实际检测结果由合格判定为不合格的风险,应在检测机构中引起重视。

(4)同时比对试验是交通运输行业管理部门对检测机构能力保持情况的一种有效的监督检验方法。

5.4.2.2 参加实验室概述

按等级标准规定的参数范围,参加本次比对活动的检测机构共180家,其中包括已取得公路工程综合甲级、桥梁隧道工程专项、水运工程材料甲级的全部机构143家,具有洛氏硬度增项的公路工程综合乙级、水运工程材料乙级的机构35家。自愿参加的有两家为公路工程综合乙级。

5.4.2.3 检测参数及依据

1)检测参数

检测参数为洛氏硬度(HRC)。

2)检测依据

测试洛氏硬度(HRC)试验遵照《金属材料　洛氏硬度试验　第1部分:试验方法(A、B、C、D、E、F、G、H、K、N、T标尺)》(GB/T 230.1—2009)和比对试验作业指导书的要求进行。

3)数值修约

(1)洛氏硬度(HRC)单个测试结果值修约至0.1HRC;

(2)洛氏硬度(HRC)试验结果平均值修约至0.5HRC。

5.4.2.4 实施进度

(1)2016年8月25日前,试验检测机构完成比对试验报名工作。

(2)2016年9月10日前,主办单位将比对试验样品、被测样品接收状态确认表、作业指导书和试验结果报告表寄送给试验检测机构;将比对试验作业指导书和试验结果报告表邮寄至各省级交通质监机构。

(3)2016年9月30日前,试验检测机构应按照作业指导书及《公路工程沥青及沥青混合料试验规程》(JTG E20—2011)的要求完成试验,并将相关资料报送至主办单位。

(4)2016年11月15日前,主办单位完成试验结果统计分析,形成报告并上报交通运输部安全与质量监督管理司。

(5)2016年12月15日前,根据交通运输部安全与质量监督管理司的安排公布比对试验结果。

5.4.2.5 样品描述

选取了两个批次的YM15锚具(夹片)作为样品。样品编号分别为J01-01和J01-02,每支样品用条形码加以标识。每个检测机构样品1个,以专用包装盒进行包装。样品有关信息见表5-58。

样 品 有 关 信 息　　表 5-58

比对试验计划编号	样品名称	规格型号	样品编号	备注
BD2014-J01	锚具(夹片)	YM15L	J01-01	—
			J01-02	

样品制备程序如图 5-31 所示。

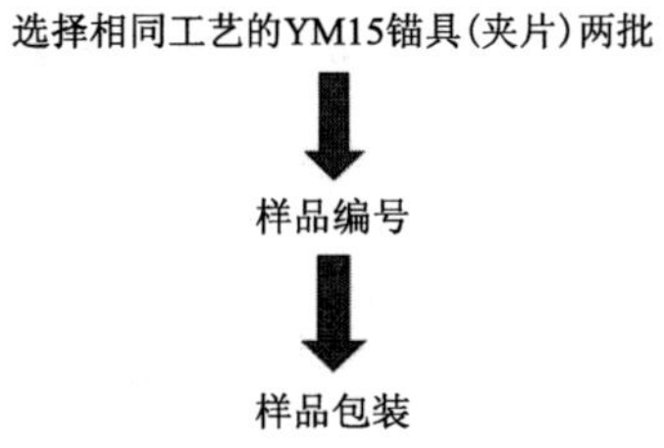

图 5-31　样品制备程序

5.4.2.6　保密

为保证比对活动实施过程中的公正、严谨和比对结果的客观、准确，在本次比对试验活动中，根据报名情况按流水号赋予每个检测机构一个代码，不出现具体检测机构名称。凡说明参加检测机构的相关比对试验数据统计及结果评价时，均以检测机构代码表示。

5.4.3　统计分析的设计、有关的统计量和统计图表

5.4.3.1　统计分析的设计

本次比对试验对各检测机构的测定结果统计分析采用稳健技术处理，以所有参加者报告结果的稳健平均值（参加者的公议值）作为指定值，稳健标准差作为能力评定标准差，计算各试验机构结果的 z 比分数，同时给出稳健平均值的标准不确定度。稳健平均值和稳健标准差的计算意义参见《利用实验室间比对进行能力验证的统计方法》（GB/T 28043—2011）。

本次比对试验涉及的统计量有结果总数、稳健平均值、稳健标准差、最小值、最大值和极差等，各统计量的意义及相关计算方法如下：

（1）结果总数——在统计分析中某项测定结果的总数。

（2）稳健平均值和稳健标准差的计算。

①稳健平均值 x^* 和稳健标准差 s^* 初始值的计算。

有 p 个数，按从小到大顺序排列：$x_1, x_2, \cdots\cdots, x_i, \cdots\cdots, x_p$

用 x^* 和 s^* 代表稳健平均值和稳健标准差，计算 x^* 和 s^* 的初始值：

$x^* = x_i$ 的中位值（$i = 1, 2, \cdots\cdots, p$）

$s^* = 1.483 |x_i - x^*|$ 的中位值（$i = 1, 2, \cdots\cdots, p$）

②对 x^* 和 s^* 的修正。

计算 $\delta = 1.5s^*$，对于每个 x_i（$i = 1, 2, \cdots\cdots, p$）计算如下：

$$x_i^* = \begin{cases} x^* - \delta, & 若\ x_i < x^* - \delta; \\ x^* + \delta, & 若\ x_i > x^* + \delta; \\ x_i, & 其他(介于两者之间) \end{cases}$$

由下式计算 x^* 和 s^* 的新值：

$$x^* = \frac{\sum x_i^*}{p}, s^* = 1.134\sqrt{\frac{\sum (x_i^* - x^*)^2}{p-1}}$$

稳健平均值 x^* 和稳健标准差 s^* 可以通过迭代计算得出，如用校正后的数据对 x^* 和 s^* 进行多次修正，直至过程收敛。当迭代后稳健平均值 x^* 和稳健标准差 s^* 的第三位有效数字没有变化时，即可认为过程是收敛的。

(3)稳健平均值不确定度的计算。

稳健平均值 x^* 标准不确定度为：

$$u_x = 1.25 \cdot \frac{s^*}{\sqrt{p}}$$

式中：s^*——稳健标准差；

p——试验机构数。

(4)最小值——一组结果中的最小值。

(5)最大值——一组结果中的最大值。

(6)极差——最大值与最小值之间的差值。

依据《利用实验室间比对进行能力验证的统计方法》(GB/T 28043—2011)的相关要求，对检测机构的检测结果，按下式计算 z 值：

$$z = \frac{x - X}{\sigma}$$

式中：x——检测机构测试结果；

X——指定值(稳健平均值)；

σ——能力评定标准差(稳健标准差)。

5.4.3.2 统计图表的说明

为了用图像清晰地表示各参加检测机构的比对试验结果，将 z 比分数按其大小顺序排列分别作柱状图，每一个柱状图标有该检测机构的代码。从图上每一个检测机构很容易将其能力与其他参加检测机构进行比对。

5.4.4 统计结果及结果评价

本次比对试验计划以 z 比分数评价每个参加检测机构的试验结果(能力)，即：

$|z| \leqslant 2.0$，为满意结果(满意值)。

$2.0 < |z| < 3.0$，为基本满意结果(可疑值)。

$|z| \geqslant 3.0$，为不满意结果(离群值)。

不满意结果为统计分析中的离群值，基本满意结果为统计分析中的可疑值。在检测机构试验结果和统计处理一览表中(表 5-60)，凡加 § 处的数值为离群值，即 $|z| \geqslant 3.0$；加 * 处的数值为可疑值，即 $2.0 < |z| < 3.0$。为了准确判定各参加检测机构能力，对检测机构结果分别进行统计。

现将锚具(夹片)洛氏硬度比对试验结果统计的 180 个检测机构统计结果汇总，见表 5-59、图 5-32，含两家自愿参加机构。相应 z 比分数汇总见表 5-60。

比对试验结果总体统计表

表 5-59

检测项目	机构总数	比对试验结果统计		
		结果	机构数量	所占比例(%)
锚具(夹片)洛氏硬度试验	180	满意	172	95.6
		基本满意	2	1.1
		不满意	6	3.3

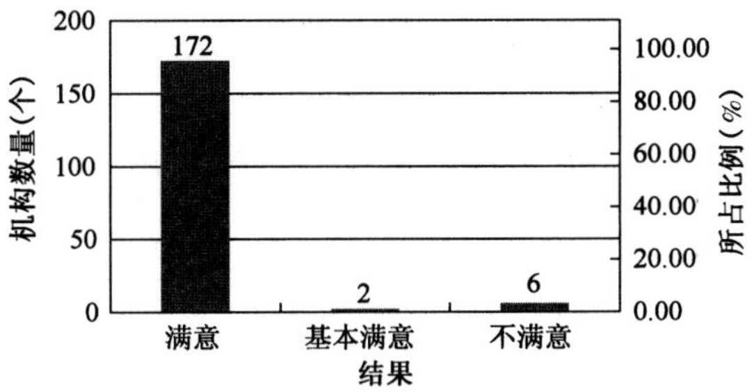

图 5-32 锚具(夹片)洛氏硬度比对试验结果分布图

各检测机构洛氏硬度比对试验结果 *z* 比分数汇总表

表 5-60

机构代码	平均值	*z* 比分数	备注
BM-×××	××.×	0.4	满意
BM-×××	××.×	0.4	满意
BM-×××	××.×	1.2	满意
BM-×××	××.×	-0.9	满意
BM-×××	××.×	-1.3	满意
BM-×××	××.×	0.4	满意
BM-×××	××.×	1.2	满意
BM-×××	××.×	-0.5	满意
BM-×××	××.×	-0.5	满意
BM-×××	××.×	1.2	满意
BM-×××	××.×	0.8	满意
BM-×××	××.×	0.8	满意
BM-×××	××.×	1.2	满意
BM-×××	××.×	-0.1	满意
BM-×××	××.×	§ -23.7	不满意
BM-×××	××.×	0.4	满意
BM-×××	××.×	0.4	满意
BM-×××	××.×	1.2	满意
BM-×××	××.×	0.4	满意
BM-×××	××.×	0.4	满意
BM-×××	××.×	-1.3	满意

续上表

机构代码	平均值	z比分数	备注
BM-×××	××.×	§ -8.8	不满意
BM-×××	××.×	§ -3.4	不满意
BM-×××	××.×	0.4	满意
BM-×××	××.×	-0.5	满意
BM-×××	××.×	0.8	满意
BM-×××	××.×	-0.9	满意
BM-×××	××.×	0.4	满意
BM-×××	××.×	1.6	满意
BM-×××	××.×	-0.1	满意
BM-×××	××.×	0.4	满意
BM-×××	××.×	0.4	满意
BM-×××	××.×	-0.9	满意
BM-×××	××.×	§ -10.4	不满意
BM-×××	××.×	1.2	满意
BM-×××	××.×	-0.1	满意
BM-×××	××.×	0.8	满意
BM-×××	××.×	0.4	满意
BM-×××	××.×	0.4	满意
BM-×××	××.×	-1.3	满意
BM-×××	××.×	-0.5	满意
BM-×××	××.×	-0.1	满意
BM-×××	××.×	1.6	满意
BM-×××	××.×	-0.9	满意
BM-×××	××.×	-0.1	满意
BM-×××	××.×	-0.1	满意
BM-×××	××.×	0.4	满意
BM-×××	××.×	-0.5	满意
BM-×××	××.×	1.2	满意
BM-×××	××.×	-0.5	满意
BM-×××	××.×	0.8	满意
BM-×××	××.×	0.4	满意
BM-×××	××.×	-0.1	满意
BM-×××	××.×	1.2	满意
BM-×××	××.×	1.2	满意
BM-×××	××.×	-0.9	满意

续上表

机构代码	平均值	z比分数	备注
BM-×××	××.×	−1.7	满意
BM-×××	××.×	1.2	满意
BM-×××	××.×	0.8	满意
BM-×××	××.×	0.8	满意
BM-×××	××.×	0.4	满意
BM-×××	××.×	0.8	满意
BM-×××	××.×	−0.9	满意
BM-×××	××.×	−0.5	满意
BM-×××	××.×	0.8	满意
BM-×××	××.×	−0.5	满意
BM-×××	××.×	−1.7	满意
BM-×××	××.×	1.2	满意
BM-×××	××.×	0.8	满意
BM-×××	××.×	0.4	满意
BM-×××	××.×	−1.3	满意
BM-×××	××.×	−1.7	满意
BM-×××	××.×	0.6	满意
BM-×××	××.×	§ −6.9	不满意
BM-×××	××.×	1.2	满意
BM-×××	××.×	0.3	满意
BM-×××	××.×	0.3	满意
BM-×××	××.×	0.3	满意
BM-×××	××.×	−0.1	满意
BM-×××	××.×	−1.4	满意
BM-×××	××.×	0.9	满意
BM-×××	××.×	−1.4	满意
BM-×××	××.×	−0.4	满意
BM-×××	××.×	0.6	满意
BM-×××	××.×	0.3	满意
BM-×××	××.×	−0.1	满意
BM-×××	××.×	−1.4	满意
BM-×××	××.×	0.6	满意
BM-×××	××.×	−1.4	满意
BM-×××	××.×	0.6	满意
BM-×××	××.×	−1.4	满意

续上表

机构代码	平均值	z 比分数	备注
BM-×××	××.×	0.6	满意
BM-×××	××.×	1.6	满意
BM-×××	××.×	0.9	满意
BM-×××	××.×	1.2	满意
BM-×××	××.×	-0.4	满意
BM-×××	××.×	0.9	满意
BM-×××	××.×	-0.7	满意
BM-×××	××.×	0.6	满意
BM-×××	××.×	-1.0	满意
BM-×××	××.×	-0.4	满意
BM-×××	××.×	1.2	满意
BM-×××	××.×	0.9	满意
BM-×××	××.×	0.3	满意
BM-×××	××.×	0.6	满意
BM-×××	××.×	-0.4	满意
BM-×××	××.×	0.3	满意
BM-×××	××.×	0.3	满意
BM-×××	××.×	0.3	满意
BM-×××	××.×	-0.4	满意
BM-×××	××.×	-1.0	满意
BM-×××	××.×	-1.4	满意
BM-×××	××.×	-0.4	满意
BM-×××	××.×	-0.7	满意
BM-×××	××.×	-0.4	满意
BM-×××	××.×	0.6	满意
BM-×××	××.×	0.9	满意
BM-×××	××.×	-1.0	满意
BM-×××	××.×	0.6	满意
BM-×××	××.×	0.6	满意
BM-×××	××.×	0.6	满意
BM-×××	××.×	-0.1	满意
BM-×××	××.×	-0.1	满意
BM-×××	××.×	1.2	满意
BM-×××	××.×	-1.0	满意
BM-×××	××.×	0.6	满意

续上表

机构代码	平均值	z比分数	备注
BM-×××	××.×	-1.7	满意
BM-×××	××.×	* -2.3	基本满意
BM-×××	××.×	-0.4	满意
BM-×××	××.×	0.9	满意
BM-×××	××.×	0.3	满意
BM-×××	××.×	-1.0	满意
BM-×××	××.×	0.9	满意
BM-×××	××.×	-1.7	满意
BM-×××	××.×	0.3	满意
BM-×××	××.×	-0.7	满意
BM-×××	××.×	0.9	满意
BM-×××	××.×	-0.1	满意
BM-×××	××.×	1.2	满意
BM-×××	××.×	1.2	满意
BM-×××	××.×	-0.4	满意
BM-×××	××.×	-1.3	满意
BM-×××	××.×	1.2	满意
BM-×××	××.×	0.6	满意
BM-×××	××.×	1.6	满意
BM-×××	××.×	-1.3	满意
BM-×××	××.×	-0.1	满意
BM-×××	××.×	-0.1	满意
BM-×××	××.×	-0.5	满意
BM-×××	××.×	-0.9	满意
BM-×××	××.×	-0.1	满意
BM-×××	××.×	-1.3	满意
BM-×××	××.×	-0.5	满意
BM-×××	××.×	-0.1	满意
BM-×××	××.×	-0.1	满意
BM-×××	××.×	0.4	满意
BM-×××	××.×	§ -5.0	不满意
BM-×××	××.×	-0.5	满意
BM-×××	××.×	0.8	满意
BM-×××	××.×	-1.3	满意
BM-×××	××.×	-1.0	满意

续上表

机构代码	平均值	z 比分数	备注
BM-×××	××.×	-0.7	满意
BM-×××	××.×	1.2	满意
BM-×××	××.×	0.9	满意
BM-×××	××.×	-1.0	满意
BM-×××	××.×	0.3	满意
BM-×××	××.×	* -2.7	基本满意
BM-×××	××.×	1.9	满意
BM-×××	××.×	-0.4	满意
BM-×××	××.×	-0.4	满意
BM-×××	××.×	1.6	满意
BM-×××	××.×	0.9	满意
BM-×××	××.×	0.3	满意
BM-×××	××.×	-0.1	满意
BM-×××	××.×	-0.7	满意
BM-×××	××.×	-0.1	满意
BM-×××	××.×	-0.4	满意
BM-×××	××.×	-0.5	满意
BM-×××	××.×	0.8	满意
BM-×××	××.×	-0.7	满意
可疑值(个)	2		
离群值(个)	6		

注:加 § 处的数值为离群值,即 $|z| \geq 3.0$;加 * 处的数值为可疑值,即 $2.0 < |z| < 3.0$。

根据比对试验结果及过程中掌握的情况,172 家检测机构的试验结果为“满意值”,占总数的 95.6%,表明绝大多数检测机构检测能力值得肯定。

5.4.5 比对试验技术分析

5.4.5.1 概述

各检测机构的锚具(夹片)洛氏硬度试验结果和统计处理汇总见表 5-61、表 5-62。

试验结果统计值及出现离群值和可疑值的数目统计表(A 组)　　表 5-61

结果总数(个)	稳健平均值	稳健标准差	标准不确定度	最小值	最大值	极差	可疑值(个)	离群值(个)
90	××.×	×.×	0.2	32.5	63	30.5	0	5

试验结果统计值及出现离群值和可疑值的数目统计表(B 组)　　表 5-62

结果总数(个)	稳健平均值	稳健标准差	标准不确定度	最小值	最大值	极差	可疑值(个)	离群值(个)
90	××.×	×.×	0.2	50.5	64	13.5	2	1

5.4.5.2 检测机构试验结果的主要影响因素分析

锚具(夹片)洛氏硬度试验是公路水运工程中最基本、最常用的试验,最主要的影响因素为仪器设备配备和管理、规程理解、现场操作三个方面。

1)硬度计

试验前对硬度计进行检查以保证工作状态正常,并符合GB/T 230.2的要求(对于C标尺示值误差应小于1.5HRC),对获得正确的试验结果十分重要。

2)锚具(夹片)硬度试验专用工装

本次比对试验采用的样品为锚具(夹片),其型号为YM15L,工作面为锥面。要求洛氏硬度试验时在专用工装上对夹片锥面的硬度进行检测,检测时应使硬度计压头施压方向与夹片外锥母线垂直。是否配置专用工装、专用工装的结构尺寸是否合适,对试验结果的影响十分显著。

3)操作技术

洛氏硬度试验操作技术对试验结果的影响十分明显。当试验条件选择好之后,样品的支承、试验力的施加和保持以及足够的压痕间距都十分重要。

(1)样品的支承。

试验前应对硬度计的压头、样品的表面(试验面和背面)、专用工装表面进行清洁。以保证在加力过程中处于稳定状态。样品应稳定地放置于专用工装上,以保证加力过程中样品不产生位移,这一点对于锚具(夹片)的洛氏硬度试验极其重要。

(2)试验力的施加和保持。

试验方法中对试验力保持时间的规定起到两个作用,一个是使试验材料在总试验力作用下塑性变形基本结束,另一个作用是按统一的试验力保持时间进行试验操作,使试验数据具有可比性。

(3)压痕间距。

在洛氏硬度试验中适当地保持压痕之间的距离或压痕距样品边缘的距离,对于获得正确的试验结果是十分重要的。当两相邻压痕中心距离太近时,由于压痕周围之间应变硬化使相邻压痕硬度值增高。本次比对试验,要求压痕之间最小距离以及压痕距边缘的距离不小于5mm。

本次比对试验中,有的检测机构试验人员对试验过程中是否需要工装不清楚,对曲面修正、数值修约的规定不理解,对试验前是否需要标准块进行询问,暴露出对标准的不理解以及实际操作少的问题。

上述所列举的影响因素并不完全包括所有的影响因素,例如仪器设备配置的合理性方面,由于本次试验参加的机构数量较多,仪器的种类差别很大。有些影响因素目前还无法对其影响进行量化。但为了使性能测定结果准确,重要的是按照标准试验方法的要求进行试验和测量,努力使各种因素的影响减至最小。

锚具(夹片)洛氏硬度比对试验数据的频率分布直方图见图5-33,可以看出其频率分布直方图基本上符合正态分布特征。具体范围如下:

A组硬度直方图显示大部分数据在58.5~63HRC之间。

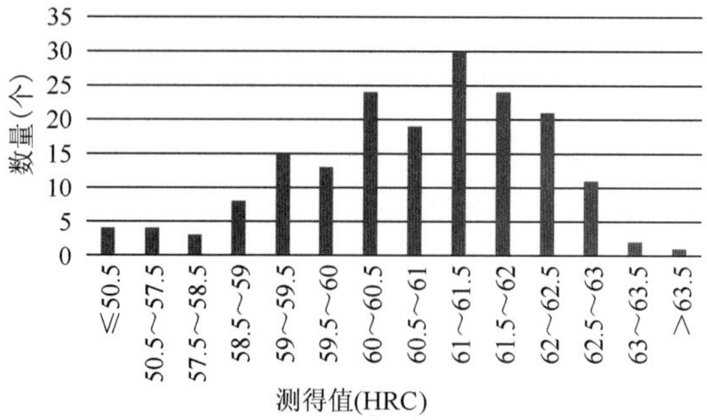

图 5-33　A 组硬度频率分布直方图

5.4.5.3　个别离群结果、可疑结果分析

受时间和财力所限,本次未对所有离群值或有可疑值的检测机构进行现场检查。

本次比对试验共有 6 个离群值和 2 个可疑值的检测机构,其 z 比分数均为负值,表明洛氏硬度试验结果值偏低。

(1)试验时未配置专用工装会导致洛氏硬度试验结果值偏低。

(2)样品与试验工装接触不稳定导致洛氏硬度试验结果值偏低。

(3)试验力保持时间过长会导致洛氏硬度试验结果值偏低。

(4)硬度计的试验力偏高、压头顶部曲率半径小于规定范围也会导致洛氏硬度试验结果值偏低。

若比对试验结果其 z 比分数为正值,表明洛氏硬度试验结果值偏高,表明问题出现在试验设备方面。试验力偏低、压痕测量装置负偏差均会引起硬度偏高。

本次比对试验 6 个离群值及其原因分析如下所示:

(1)检测机构 BM-015 所报送的三个值为 33.1、32.6、31.2,平均值为 32.5,z 比分数为 -23.7,为离群值,远远低于正常值。

原因分析:从 BM-015 检测机构报送的三个洛氏硬度观测值来看比较接近,分别为 33.1、32.6、31.2,最大极差为 1.9HRC。表明该检测机构存在系统性误差。国家道路及桥梁质量监督检验中心在与 BM－015 检测机构交流、沟通和对比试验中了解到,BM-015 检测机构使用的"专用工装"是由某锚具生产企业给检测机构配置的。也就是说,BM-015 检测机构本次使用的"专用工装"的芯轴直径可以适合某锚具企业生产的夹片或与其相同的夹片洛氏硬度试验,但不能满足其他锚具生产企业生产的夹片洛氏硬度试验。正是由于使用的"专用工装"的芯轴直径偏大,使得本次比对试验实际测试结果值偏小。这也是造成该检测机构此次比对试验结果为"不满意"的原因之一。

(2)检测机构 BM-074 所报送的三个值为 47.3、48.0、56.5,平均值为 50.5,z 比分数为 -6.9,为离群值,低于正常值。

原因分析:从 BM－074 检测机构报送的三个洛氏硬度观测值来看相差较大,分别为 47.3、48.0、56.5,最大极差为 9.2HRC。国家道路及桥梁质量监督检验中心在与 BM-074 检测机构交流、沟通和对比试验中了解到,由于 GB/T 230.1—2009 及相关试验规程中没有对试验专用工装做具体要求,BM-074 检测机构使用的"专用工装"是按照自己的理解和经验进行加工制作的。也就是说 BM-074 检测机构本次使用的"专用工装"并没有考虑导向装置和夹片的固定问题，这就对试验操作者提出了很高的要求，要正确找到母线上的测点比较困难。正是由于使用的“专用工装”没有设计导向装置，试验过程中夹片在试验专用工装上产生了移位，对试验结果产生了影响，这也是造成该检测机构此次比对试验结果为“不满意”的原因之一。

对于检测机构内试验误差，主要是由仪器设备和检测人员产生的，可以通过对试验设备进行定期核查和增强试验人员操作熟练程度来减小误差。对于检测机构间试验误差，主要是由仪器设备和检测人员以及检测环境产生的，应该对检测仪器设备、环境进行比较，使试验过程及试件环境都严格按有关标准执行，以保证检测结果的准确可靠。

5.4.6 结语

参加检测机构比对试验的目的是对检测机构综合能力进行考核，包括检测机构管理水平、试验机的测试能力、试验员的操作水平以及对标准试验方法的理解力，同时也对行业管理提供了有效的手段和方法。

本次比对试验计划达到了预期目的，比对试验结果基本令人满意。

通过本次组织180家检测机构进行锚具（夹片）洛氏硬度比对试验，为今后针对某些特殊金属制品类检测开展行业乃至全国性的比对试验计划活动积累了经验。

目前锚具（夹片）洛氏硬度试验有的机构配置了专用工装，有的机构未配置专用工装。是否使用专用工装会导致硬度试验结果值出现明显的偏差。另外试验工装基本上是由锚具生产企业给检测机构配置的，无统一的技术要求，结构差别较大（如有的不配芯轴，有的配芯轴但不配导向装置）且不能通用。通过本次比对试验可促使检测机构进一步了解锚具（夹片）生产现状，正确配备工装，提高锚具（夹片）洛氏硬度试验数据的可靠性、可比性。

技术建议：①通过本次比对试验后，希望针对锚具（夹片）洛氏硬度试验专用工装由研究单位、检测机构及生产企业联合进行一些研究，提出相关技术要求，供制定产品标准参考。②在今后实验室评审过程中作为重点，加强对锚具（夹片）洛氏硬度试验专用工装配置的核查，提高锚具（夹片）洛氏硬度试验数据的可比性。

5.4.7 主要参考文献

（1）《合格评定能力验证通用要求》（ISO/IEC 17043：2010）。

（2）《利用实验室间比对的能力验证的统计方法》（ISO 13528：2005）。

（3）《能力验证结果的统计处理和能力评价指南》（CNAS-GL02：2006）。

（4）《能力验证样品均匀性和稳定性评价指南》（CNAS-GL03：2006）。

（5）《利用实验室间比对进行能力验证的统计方法》（GB/T 28043—2011）。

（6）《能力验证规则》（CNAS-RL 02：2007）。

（7）《金属材料　洛氏硬度试验　第1部分：试验方法（A、B、C、D、E、F、G、H、K、N、T标尺）》（GB/T 230.1—2009）。

5.4.8 附件

5.4.8.1 检测机构的试验结果和统计处理

锚具硬度的 z 比分数柱状图如图5-34所示。

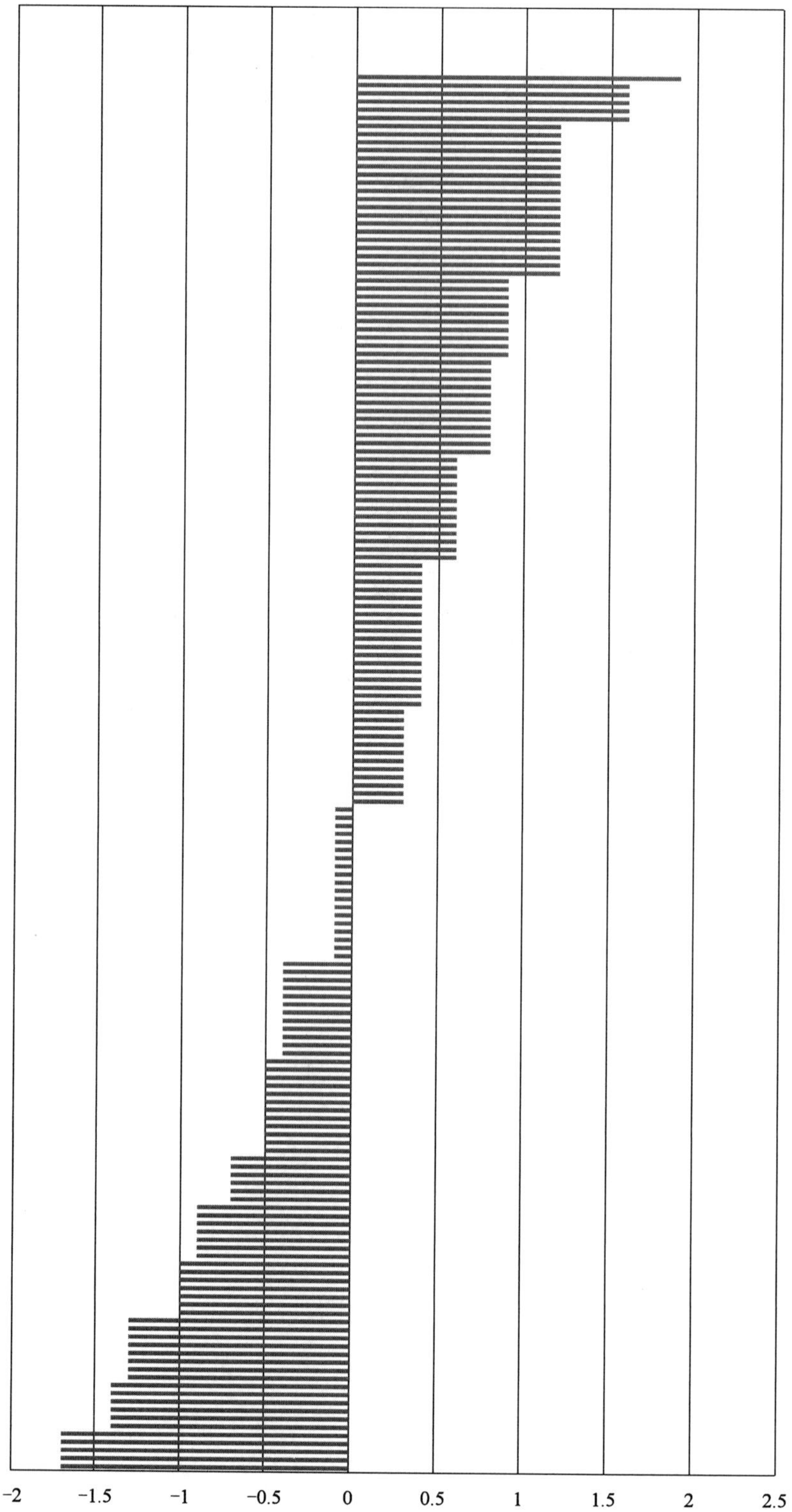

图 5-34　锚具硬度的 z 比分数柱状图

注:由于机构数量太多,无法清晰显示机构代码,本图仅为示意。

5.4.8.2　锚具(夹片)样品均匀性检验报告

1)样品制备过程

本次比对试验样品采用《公路桥梁预应力钢绞线锚具、夹具和连接器》(JT/T 329—2010)中规格型号为 YM15 锚具的工作夹片。

样品制备程序如图 5-35 所示,样品相关信息明细见表 5-63。

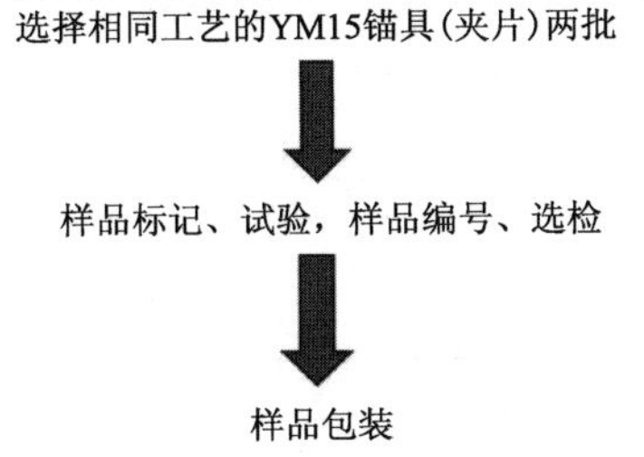

图 5-35　样品制备程序

锚具的工作夹片样品有关信息　　表 5-63

比对试验计划编号	样品名称	规格型号	标　记	样品批(炉)号	样品编号	样品组别
BD2014-J01	YM15 锚具(夹片)	YM15L	XZ	1407R-11	J01-01	A 组
BD2014-J01	YM15 锚具(夹片)	YM15L	XZ2	1408R-9	J01-02	B 组
备注	—					

2)均匀性检验

样品均匀性检验结果统计:

(1)国家道路及桥梁质量监督检验中心依据《金属材料　洛氏硬度试验　第 1 部分:试验方法(A、B、C、D、E、F、G、H、K、N、T 标尺)》(GB/T 230.1—2009)进行洛氏硬度(HRC)检验。

(2)为检验样品的均匀性,先从选检的两批 YM15 锚具(夹片)样品中分别随机抽取 12 个(片)样品。

(3)每个样品重复测试 4 次,第 1 点不计,记录其余三点的结果。

(4)试验结果处理依据以下条件修约:

①洛氏硬度(HRC)单个测试结果值修约至 0.1HRC;

②洛氏硬度(HRC)试验结果平均值修约至 0.5HRC。

(5)国家道路及桥梁质量监督检验中心依据《能力验证样品均匀性和稳定性评价指南》(CNAS-GL03:2006)中规定的单因子方差分析法进行初步评价。若样品之间无显著性差异,则表明样品是均匀的。样品均匀性检验统计结果见表 5-64(重复两次)。样品方差分析结果见表 5-65(重复两次)。

样品均匀性检验统计结果(重复两次)　　表 5-64

试样编号(A 组)	洛氏硬度(HRC)		试样编号(B 组)	洛氏硬度(HRC)	
	结果	两次结果平均值		结果	两次结果平均值
J01-01-1	63.5	63.6	J01-02-1	63.7	64.2
	63.7			64.8	

续上表

试样编号(A组)	洛氏硬度(HRC)		试样编号(B组)	洛氏硬度(HRC)	
	结果	两次结果平均值		结果	两次结果平均值
J01-01-2	63.5	63.2	J01-02-2	64	64.0
	62.9			63.9	
J01-01-3	62.8	62.8	J01-02-3	64.4	64.4
	62.8			64.4	
J01-01-4	63.5	63.2	J01-02-4	64.1	64.4
	63			64.6	
J01-01-5	63.6	63.5	J01-02-5	64	64.0
	63.4			64	
J01-01-6	63.2	63.2	J01-02-6	64	64.2
	63.1			64.4	
J01-01-7	63	63.2	J01-02-7	64.1	64.0
	63.3			64	
J01-01-8	62.7	63.1	J01-02-8	64	64.0
	63.5			64	
J01-01-9	63.5	63.2	J01-02-9	64.5	64.5
	63			64.5	
J01-01-10	62.4	62.6	J01-02-10	63.7	64.8
	62.9			66	
J01-01-11	63.6	63.6	J01-02-11	63.4	63.4
	63.6			63.4	
J01-01-12	63.1	63.2	J01-02-12	63.5	63.8
	63.4			64	
平均值	63.2		—	64.1	
样品间标准差(s_s)	0.198001		—	0.09594	
备注	样品间标准差(s_s)依据《利用实验室间比对进行能力验证的统计方法》(GB/T 28043—2011)计算。				

样品方差分析结果(重复两次) 表5-65

组别	测试参数	全部样品测试总平均值	测试总次数 N	方差来源	自由度	平方和	均方	统计量 F	临界值 $F_{(11,12)}$
A组	洛氏硬度(HRC)	63.2	24	样品间	11	1.7883	0.1626	1.93	2.72
				样品内	12	1.01	0.0842		
B组	洛氏硬度(HRC)	64.1	24	样品间	11	3.0883	0.2808	0.94	2.72
				样品内	12	3.59	0.2992		
备注	本计算例中:$m=12$,$n=2$,$N=24$,自由度 $f_1=m-1=11$,自由度 $f_2=N-m=12$,均方 $MS_1=SS_1/f_1$,均方 $MS_2=SS_2/f_2$,统计量 $F=MS_1/MS_2$								

检验结论：根据表5-65样品方差分析结果（重复两次），A组、B组锚具（夹片）样品所测试参数的统计量F均小于临界值$F_{(11,12)}$，表明样品内和样品间无显著性差异，样品可以用于本次比对试验。

3）样品均匀性检验的评估

依照《利用实验室间比对进行能力验证的统计方法》（GB/T 28043—2011）对样品的均匀性进行评估，见表5-66。

样品间标准差与能力评定标准差对照表

表5-66

组别	测试参数	样品间标准差（s_s）	能力评定标准差（σ）	0.3σ	符合性（$s_s \leq 0.3\sigma$）	修正后的σ_s（$s_s > 0.3\sigma$）
A组	洛氏硬度（HRC）	0.198001	×.××	×.××	满足	—
B组	洛氏硬度（HRC）	0.09594	×.××	×.××	满足	—
备注	1.表中能力评定标准差（σ）其值分别源于本次“锚具（夹片）比对试验计划”A组（样品编号J01-01）稳健标准差（1.2074）、B组（样品编号J01-02）稳健标准差（1.5443）。 2.数据统计采用《利用实验室间比对进行能力验证的统计方法》（GB/T 28043—2011）					

评估结论：从表5-66所示A组、B组样品所测试参数均匀性检验样品间标准差（s_s）来看，洛氏硬度（HRC）参数的样品间标准差均小于0.3σ，表明A组、B组样品充分均匀。

5.4.8.3 相关文件

1）被测样品接收状态确认表

被测样品接收状态确认表

检测机构编号：BM-

计划编号及计划名称	BD2014-J01，锚具（夹片）洛氏硬度试验		
发送机构	中国交通建设监理协会试验检测工作委员会		
电话/传真	010-62358971/62363039	联系人	何东霞
发送日期	2014年11月	运输单据号码	
发送状态	完好☑ 不完好☐	发送人（签名）	何东霞
接收检测机构名称： 联系地址： 邮编： 联系电话/传真： 联系人： 接收人签名： 接收时间：			
接收时，样品是否良好： 是☐ 否☐			
如需要，对接收状态的详细说明：如样品编号信息。			
备注：			

2）比对试验计划指导书

比对试验计划指导书
锚具（夹片）洛氏硬度试验

本次比对试验计划中，贵检测机构的编号为 BM-____________。

为保证比对试验计划的顺利进行，特要求参加单位认真遵循下列条款：

一、样品

1. 本次比对试验有两个批次的锚具（夹片）作为样品。样品编号分别为 J01-01 和 J01-02，每个检测机构只检测其中一种样品。样品有关信息见表 5-67。样品上原有测量均匀性压痕，已经过技术处理，无参照意义。

样品有关信息　　表 5-67

比对试验计划编号	样品名称	规格型号	样品编号	备注
BD2014-J01	锚具（夹片）	YM15L	J01-01	—
			J01-02	
备注	—			

2. 向每个检测机构发放一个样品。样品以专用包装盒包装，通过特快专递或邮局分发给各参加检测机构。

3. 各检测机构在收到样品时，应首先对样品是否完好进行确认，同时填写“被测样品接收状态确认表”。并传真至中国交通建设监理协会试验检测工作委员会。

二、检测

1. 试验前请使用其他试样先试打，并调整好仪器设备的状态。

2. 可使用（酒精）棉球除去样品表面的油脂，不准用砂纸和其他方法对样品表面加工。

3. 在专用工装上对夹片锥面的硬度进行检测，检测时应使硬度计压头施压方向与夹片外锥母线垂直。在样品上打四个压痕，两相邻压痕中心之间的距离不小于 5mm，任一压痕中心距试样边缘的距离不小于 5mm，在原始记录上记录 4 个测试值。填写“比对试验结果报告表”时，第 1 点测试值不计，选取其余 3 个测试值报出结果，并计算平均值。

4. 试验遵照《金属材料　洛氏硬度试验　第 1 部分：试验方法（A、B、C、D、E、F、G、H、K、N、T 标尺）》（GB/T 230.1—2009）进行，测试洛氏硬度（HRC）。

5. 实际试验温度应在“比对试验结果报告表”中报出。

6. 样品测试过程中要始终保持被测样品的状态和特性不被改变，样品上的标记不被损坏。

7. 试验结果处理依据以下条件修约：

（1）洛氏硬度（HRC）单个测试结果值修约至 0.1HRC；

（2）洛氏硬度（HRC）试验结果平均值修约至 0.5HRC。

8. 请所有检测机构在"比对试验结果报告表"中填写试验机的相关信息，包括试验机名称、规格型号、制造厂、上次检定日期等信息。

9. 检测机构接到样品进行试验前，应通知所在地的省级交通质监机构进行现场见证，"比对试验结果报告表"未经见证人员签字视为无效报告。

三、结果反馈

1. 各检测机构应在收到样品后尽快安排试验，在收到样品后10个工作日内完成测试。并将经质监机构确认的"比对试验结果报告表"及本中心的检测报告、原始数据提交给中国交通建设监理协会试验检测工作委员会。无故未按期提交结果报告表的检测机构，其结果将不列入本次计划统计。

2. 在本次比对试验计划实施过程中，各检测机构应独立完成测试并提交"比对试验结果报告表"。

3. 检测报告的格式按照各检测机构的质量体系文件所规定的报告格式编制。

四、比对试验物品返回

为了考察各检测机构的试验情况，在试验完毕后即将样品返回至中国交通建设监理协会试验检测工作委员会。

国家道路及桥梁质量监督检验中心(公章)

2014年10月

3)比对试验结果报告表

比对试验结果报告表

锚具(夹片)洛氏硬度试验

检测机构名称：__________　　检测机构编号：BM-

报告日期：__________

试验标准：《金属材料　洛氏硬度试验　第1部分：试验方法(A、B、C、D、E、F、G、H、K、N、T标尺)》(GB/T 230.1—2009)。

样品编号	试验结果(HRC)				计划编号	备注
	1	2	3	平均值		
J01-01					BD2014-J01	
J01-02						

注：1. 试验结果处理依据以下条件修约：①洛氏硬度(HRC)单个测试结果值修约至0.1HRC；②洛氏硬度(HRC)试验结果平均值修约至0.5HRC。

2. 不得涂改。

检测过程出现的问题或异常现象：

试验日期：__________　环境温度：______℃

仪器名称及型号：______________________________　上次检定日期：__________

制造厂：______________________________

检测人员(正楷签字)：　　审核人员(签字)：　　批准人(签字)：

检测单位(盖章)：

质监机构见证人(签字)：

5.5 2016 年公路工程试验检测机构沥青针入度及软化点比对试验实例

5.5.1 前言

本报告是对 2016 年公路工程试验检测机构沥青针入度及软化点比对试验计划的组织、结果整理及分析过程的总结,本次比对试验由交通运输部统一部署,委托中国交通建设监理协会试验检测工作委员会具体组织,负责比对试验的实施与协调工作。各省级交通运输主管部门或质监机构负责本辖区试验检测机构比对试验工作组织协调和监督;道路结构及材料交通行业重点实验室(北京)沥青实验室提供技术支持,负责样品的制备、均匀性和稳定性检验等工作。比对试验评价结果部省分享,由部统一公布。

交通运输部依据《公路水运工程试验检测管理办法》(交通部令〔2005〕第 12 号)、《合格评定 能力验证的通用要求》(GB/T 27043—2012)的要求运作能力验证计划。

关于选择能力验证计划及能力验证结果利用、CNAS 能力验证领域和频次等相关要求和政策见《能力验证规则》(CNAS-RL02:2016)。

本报告总结了 2016 年公路工程试验检测机构沥青针入度及软化点比对试验计划的组织、结果整理及分析。

5.5.2 计划的特点

5.5.2.1 目的及意义

比对试验是检测机构质量控制和验证的一种重要手段,也是交通行业管理部门对检测机构能力保持情况的一种有效的监督检验方法。通过比对试验可以比较各检测机构间检测数据的一致性;可以对检测机构自身检测质量及能力作出评价,检查检测机构在技术或管理方面存在的问题,以便有针对性地提出改进方法和纠正措施,不断提高管理水平和检测质量。检测机构通过参加有效的比对试验活动,并获得满意结果,能够增加客户以及相关方对检测机构的信任。

沥青是公路工程重要的建筑材料,是公路行业体量最大的大宗产品之一,其产品质量对于公路工程质量影响巨大。但是近些年受原油价格暴跌影响,沥青产品质量环境恶化,“十三五”期间沥青质量下行压力巨大。而“十三五”期间我国公路建设规模继续在高位运行,对沥青产品质量保证提出了更大的挑战。加强沥青产品试验方法比对试验具有非常重要的现实意义。沥青针入度和软化点是评价沥青质量的两项重要指标,其应用频率非常高,在沥青及沥青混合料试验方法中最具代表性,因此其比对试验结果可以作为一个检测机构试验人员操作能力、仪器设备状态和试验环境条件的综合评价。

组织本次比对试验活动有五方面的目的:

(1)本次比对试验活动旨在验证行业内试验检测机构的沥青检测能力水平。

(2)推动交通运输行业检测单位检测技术交流,促进检测和管理水平的提高。

(3)通过组织和发布比对试验结果可以提高交通行业检测机构在社会当中的权威性,比对结果显示离散性大的机构,加大了将实际检测结果由合格判定为不合格的风险,应在检测机构中引起重视。

(4)同时比对试验是交通运输行业管理部门对检测机构能力保持情况的一种有效的监督检验方法。

(5)通过将比对试验中发现的机构问题反馈机构的方式,促进机构检测技术的提高。

5.5.2.2 参加实验室概述

参加本次比对活动的检测机构共245家,其中指定参加的试验机构155家(具有公路工程试验检测综合甲级等级证书的机构98家,具有公路工程试验检测综合乙级等级证书的机构57家),自愿参加的90家。

5.5.2.3 检测参数及依据

1)检测参数

检测参数为25℃针入度及软化点。

2)检测依据

(1)按照《公路工程沥青及沥青混合料试验规程》(JTG E20—2011)中T 0604方法进行沥青25℃针入度试验。

(2)按照《公路工程沥青及沥青混合料试验规程》(JTG E20—2011)中T 0606方法进行沥青软化点试验。

5.5.2.4 实施进度

(1)2016年8月25日前,试验检测机构完成比对试验报名工作。

(2)2016年9月10日前,主办单位将比对试验样品、被测样品接收状态确认表、作业指导书和试验结果报告表寄送至试验检测机构;将比对试验作业指导书和试验结果报告表邮寄至各省级交通质监机构。

(3)2016年9月30日前,试验检测机构应按照作业指导书及《公路工程沥青及沥青混合料试验规程》(JTG E20—2011)的要求完成试验,并将相关资料报送至主办单位。

(4)2016年11月15日前,主办单位完成试验结果统计分析,形成报告并上报交通运输部安全与质量监督管理司。

(5)2016年12月15日前,根据交通运输部安全与质量监督管理司的安排公布比对试验结果。

5.5.2.5 样品描述

1)样品设计

选取了4个批号的基质沥青。样品编号分别为BD01-01、BD01-02、BD01-03、BD01-04,每支样品用条形码下一层级继续编号加以标识。每个检测机构样品 1 个,以专用包装盒进行包装。样品有关信息见表 5-68。

样品有关信息 表 5-68

比对试验计划编号	样品名称	规格型号	样品组编号	备注
BD2016-01	沥青标准样品	70 号 A 级	BD01-01	—
		70 号 A 级	BD01-02	
		90 号 A 级	BD01-03	
		70 号 A 级	BD01-04	

2)样品制备

(1)每次生产一个批次的样品,要求将大储存罐中沥青加热至 145℃ ±5℃,并充分搅拌均匀。

(2)一次性取代表性样品储存于不锈钢金属桶中,并再次搅拌均匀。

(3)在沥青温度低于 135℃之前,用小金属瓷盘取热沥青逐个人工注入 300mL 沥青留样灌中,注入沥青样品时采用电子秤称量质量,控制每个样品质量为 300g ±2g,取样如图 5-36 所示。

图 5-36 留样

(4)样品注入沥青留样灌之后,立即进行密封,并进行临时编号,统一标识沥青批号。

(5)将样品自然冷却后,在室内阴凉处避光保存。

5.5.2.6 保密

为保证比对活动实施过程中的公正、严谨和比对结果的客观、准确,在本次比对试验活动中,根据报名情况按流水号赋予每个检测机构一个代码,不出现具体检测机构名称。凡说明参加检测机构的相关比对试验数据统计及结果评价时,均以检测机构代码表示。

将检测机构随机归入不同的 4 组,按照不同的组进行数据统计分析,以参加者的公议值作为指定值计算各参加检测机构的 z 比分数。

5.5.3 统计分析的设计、有关的统计量和统计图表

5.5.3.1 统计分析的设计

本次比对试验对各检测机构的测定结果统计分析采用稳健技术处理,以所有参加者报告

结果的稳健平均值(参加者的公议值)作为指定值,稳健标准差作为能力评定标准差,计算各试验机构结果的 z 比分数,同时给出稳健平均值的标准不确定度。稳健平均值和稳健标准差的计算意义参见《利用实验室间比对进行能力验证的统计方法》(GB/T 28043—2011)。

本次比对试验涉及的统计量有结果总数、稳健平均值、稳健标准差、最小值、最大值和极差等,各统计量的意义及相关计算方法如下:

(1)结果总数——在统计分析中某项测定结果的总数。

(2)稳健平均值和稳健标准差的计算。

①稳健平均值 x^* 和稳健标准差 s^* 初始值的计算

有 p 个数,按从小到大顺序排列:$x_1, x_2, \cdots\cdots, x_i, \cdots\cdots, x_p$

用 x^* 和 s^* 代表稳健平均值和稳健标准差,计算 x^* 和 s^* 的初始值:

$x^* = x_i$ 的中位值($i = 1, 2, \cdots\cdots, p$)

$s^* = 1.483 |x_i - x^*|$ 的中位值($i = 1, 2, \cdots\cdots, p$)

②对 x^* 和 s^* 的修正。

计算 $\delta = 1.5s^*$,对于每个 x_i($i = 1, 2, \cdots\cdots, p$)计算如下:

$$x_i^* = \begin{cases} x^* - \delta, & \text{若 } x_i < x^* - \delta; \\ x^* + \delta, & \text{若 } x_i > x^* + \delta; \\ x_i, & \text{其他(介于两者之间)} \end{cases}$$

由下式计算 x^* 和 s^* 的新值:

$$x^* = \frac{\sum x_i^*}{p}, s^* = 1.134\sqrt{\frac{\sum (x_i^* - x^*)^2}{p - 1}}$$

稳健平均值 x^* 和稳健标准差 s^* 可以通过迭代计算得出,如用校正后的数据对 x^* 和 s^* 进行多次修正,直至过程收敛。当迭代后稳健平均值 x^* 和稳健标准差 s^* 的第三位有效数字没有变化时,即可认为过程是收敛的。

(3)稳健平均值不确定度的计算。

稳健平均值 x^* 标准不确定度为:

$$u_x = 1.25 \cdot \frac{s^*}{\sqrt{p}}$$

式中:s^*——稳健标准差;

p——试验机构数。

(4)最小值——一组结果中的最小值。

(5)最大值——一组结果中的最大值。

(6)极差——最大值与最小值之间的差值。

依据《利用实验室间比对进行能力验证的统计方法》(GB/T 28043—2011)的相关要求,对检测机构的检测结果,按下式计算 z 值:

$$z = \frac{x - X}{\sigma}$$

式中:x——检测机构测试结果;

X——指定值(稳健平均值);

σ——能力评定标准差(稳健标准差)。

5.5.3.2 统计图表的说明

为了用图像清晰地表示各参加检测机构的比对试验结果,将 z 比分数按其大小顺序排列分别作柱状图,每一个柱状图标有该检测机构的代码。从图上每一个检测机构很容易将其能力与其他参加检测机构进行比对。

5.5.4 统计结果及结果评价

本次比对试验计划以 z 比分数评价每个参加检测机构的试验结果(能力),即:

$|z|\leqslant 2.0$,为满意结果(满意值)。

$2.0<|z|<3.0$,为基本满意结果(可疑值)。

$|z|\geqslant 3.0$,为不满意结果(离群值)。

不满意结果为统计分析中的离群值,基本满意结果为统计分析中的可疑值。在检测机构试验结果和统计处理一览表中(表 5-71),凡加 § 处的数值为离群值,即 $|z|\geqslant 3.0$;加 * 处的数值为可疑值,即 $2.0<|z|<3.0$。为了准确判定各参加检测机构能力,对检测机构结果分别进行统计。

现将沥青针入度及软化点比对试验结果中 245 个检测机构可疑值和离群值的结果统计,见表 5-69,沥青软化点、针入度比对试验结果及 z 比分数见表 5-70 及表 5-71,沥青软化点、针入度比对试验结果分布见图 5-37、图 5-38。

可疑值和离群值的结果统计 表 5-69

项目结果	软化点	25℃ 针入度
$2<\|z\|<3$	BM-220、BM-093、BM-009、BM-057、BM-186、BM-104、BM-185、BM-090、BM-213、BM-083、BM-157	BM-044、BM-172、BM-018、BM-135、BM-232、BM-118、BM-080、BM-156、BM-125、BM-057、BM-214、BM-133、BM-035、BM-112、BM-247、BM-075、BM-110、BM-198、BM-181、BM-031、BM-233、BM-149、BM-066
$\|z\|\geqslant 3$	BM-172、BM-202、BM-019、BM-118、BM-156、BM-064、BM-035、BM-112、BM-075、BM-074、BM-233、BM-239	BM-159、BM-016、BM-202、BM-113、BM-120、BM-019、BM-178、BM-141、BM-118、BM-056、BM-161、BM-014、BM-105、BM-083、BM-239、BM-244

各检测机构的沥青针入度和软化点比对试验结果统计表 表 5-70

结果	机构代码	共计(个)	所占比例(%)
含有 1 个离群值	BM-172、BM-156、BM-064、BM-035、BM-112、BM-075、BM-074、BM-233、BM-016、BM-113、BM-120、BM-178、BM-141、BM-056、BM-161、BM-014、BM-105、BM-083、BM-244	19	7.8
含有 2 个离群值	BM-202、BM-019、BM-118、BM-239	4	1.6

续上表

结果	机构代码	共计(个)	所占比例(%)
含有1个可疑值	BM-220、BM-093、BM-009、BM-186、BM-104、BM-185、BM-090、BM-213、BM-083、BM-157、BM-044、BM-172、BM-018、BM-135、BM-232、BM-118、BM-080、BM-156、BM-125、BM-214、BM-133、BM-035、BM-112、BM-247、BM-075、BM-110、BM-198、BM-181、BM-031、BM-233、BM-149、BM-066	32	13
含有2个可疑值	BM-057	1	0.4
无离群值但含有可疑值 $2.0<\|z\|<3.0$	BM-220、BM-093、BM-009、BM-057、BM-186、BM-104、BM-185、BM-090、BM-213、BM-157、BM-044、BM-018、BM-135、BM-232、BM-080、BM-125、BM-214、BM-133、BM-247、BM-075、BM-110、BM-198、BM-181、BM-031、BM-149、BM-066	26	10.6
含有离群值 $\|z\|\geqslant3.0$	BM-172、BM-156、BM-064、BM-035、BM-112、BM-075、BM-074、BM-233、BM-016、BM-113、BM-120、BM-178、BM-141、BM-056、BM-161、BM-014、BM-105、BM-083、BM-244、BM-202、BM-019、BM-118、BM-239	23	9.4

各检测机构沥青针入度及软化点比对试验结果 z 比分数汇总表 表5-71

机构代码	软化点	针入度	备注
	z 比分数	z 比分数	
BM-×××	-0.1	0.8	满意
BM-×××	0.0	1.1	满意
BM-×××	-0.8	0.3	满意
BM-×××	0.5	-1.0	满意
BM-×××	-0.9	0.3	满意
BM-×××	-0.5	0.4	满意
BM-×××	-0.2	-0.9	满意
BM-×××	0.9	0.3	满意
BM-×××	* -2.4	-0.1	基本满意
BM-×××	-0.1	0.1	满意
BM-×××	-0.5	-0.1	满意
BM-×××	0.9	0.3	满意
BM-×××	-1.5	-1.5	满意
BM-×××	-1.5	§3.9	不满意
BM-×××	-0.4	0.3	满意
BM-×××	-0.8	§ -4.5	不满意
BM-×××	-1.4	0.1	满意
BM-×××	-0.4	*2.4	基本满意

续上表

机构代码	软化点	针入度	备注
	z 比分数	z 比分数	
BM-×××	§ -4.3	§4.5	不满意
BM-×××	-0.8	-0.6	满意
BM-×××	-0.8	1.1	满意
BM-×××	0.9	-0.2	满意
BM-×××	-0.1	0.1	满意
BM-×××	0.5	-1.0	满意
BM-×××	-0.8	-0.6	满意
BM-×××	-0.9	0.9	满意
BM-×××	0.5	0.1	满意
BM-×××	0.0	-0.6	满意
BM-×××	-0.4	-1.0	满意
BM-×××	-0.2	0.3	满意
BM-×××	1.2	* -2.2	基本满意
BM-×××	-0.1	0.4	满意
BM-×××	-1.8	-0.1	满意
BM-×××	-0.4	0.7	满意
BM-×××	§13.7	* -2.9	不满意
BM-×××	-0.1	0.1	满意
BM-×××	-0.4	0.3	满意
BM-×××	-0.5	0.4	满意
BM-×××	1.1	0.1	满意
BM-×××	-0.8	0.8	满意
BM-×××	-0.8	-1.0	满意
BM-×××	0.7	-0.1	满意
BM-×××	0.0	-0.6	满意
BM-×××	0.0	* -2.3	基本满意
BM-×××	0.5	0.1	满意
BM-×××	-0.9	-0.9	满意
BM-×××	-0.2	1.5	满意
BM-×××	1.4	-0.1	满意
BM-×××	0.7	-0.7	满意
BM-×××	0.1	0.4	满意
BM-×××	-0.5	-0.1	满意
BM-×××	0.0	-0.2	满意

续上表

机构代码	软化点	针入度	备注
	z 比分数	z 比分数	
BM-×××	0.5	1.5	满意
BM-×××	-0.8	2.0	满意
BM-×××	-0.1	§5.6	不满意
BM-×××	*2.4	* -2.9	基本满意
BM-×××	-0.2	0.3	满意
BM-×××	-1.3	-0.2	满意
BM-×××	-0.2	0.9	满意
BM-×××	0.0	0.3	满意
BM-×××	0.5	0.9	满意
BM-×××	-0.2	0.3	满意
BM-×××	§ -3.9	-0.3	不满意
BM-×××	-1.4	0.1	满意
BM-×××	-1.5	*2.1	基本满意
BM-×××	-0.1	-1.4	满意
BM-×××	0.1	1.0	满意
BM-×××	-1.2	0.4	满意
BM-×××	-0.4	-1.0	满意
BM-×××	0.1	0.4	满意
BM-×××	-0.1	-0.3	满意
BM-×××	-0.9	-0.9	满意
BM-×××	§3.6	1.5	不满意
BM-×××	§4.3	*2.3	不满意
BM-×××	0.0	0.3	满意
BM-×××	-0.1	0.8	满意
BM-×××	0.7	-1.3	满意
BM-×××	2.0	-0.1	满意
BM-×××	1.4	*2.8	基本满意
BM-×××	0.7	1.6	满意
BM-×××	-0.9	-0.3	满意
BM-×××	* -2.9	§ -3.4	不满意
BM-×××	-0.4	0.7	满意
BM-×××	-0.8	-1.0	满意
BM-×××	1.4	-1.5	满意
BM-×××	-0.9	-0.3	满意

续上表

机构代码	软化点	针入度	备注
	z 比分数	z 比分数	
BM-×××	1.1	0.8	满意
BM-×××	-0.1	-0.7	满意
BM-×××	*2.5	-1.5	基本满意
BM-×××	-0.8	0.4	满意
BM-×××	-0.2	0.3	满意
BM-×××	*2.7	0.3	基本满意
BM-×××	0.1	-0.7	满意
BM-×××	0.1	0.4	满意
BM-×××	-0.1	0.1	满意
BM-×××	-0.8	-0.6	满意
BM-×××	0.9	0.7	满意
BM-×××	0.5	-0.2	满意
BM-×××	0.5	-0.3	满意
BM-×××	-0.5	1.0	满意
BM-×××	1.8	1.6	满意
BM-×××	-0.1	0.8	满意
BM-×××	* -2.9	0.3	基本满意
BM-×××	1.2	§ -3.4	不满意
BM-×××	1.4	0.3	满意
BM-×××	0.9	-1.0	满意
BM-×××	0.1	-1.9	满意
BM-×××	-0.2	0.3	满意
BM-×××	-0.2	*2.7	基本满意
BM-×××	-1.2	-0.1	满意
BM-×××	§7.4	*2.6	不满意
BM-×××	0.1	§ -3.1	不满意
BM-×××	-0.2	-1.5	满意
BM-×××	0.0	-0.2	满意
BM-×××	-0.2	0.3	满意
BM-×××	0.5	0.3	满意
BM-×××	§3.9	§ -5.4	不满意
BM-×××	-0.2	0.3	满意
BM-×××	-0.5	§ -3.1	不满意
BM-×××	0.0	-1.0	满意

续上表

机构代码	软化点	针入度	备注
	z比分数	z比分数	
BM-×××	-1.8	-0.1	满意
BM-×××	-0.4	-0.2	满意
BM-×××	0.5	0.3	满意
BM-×××	0.1	*2.8	基本满意
BM-×××	0.5	-1.5	满意
BM-×××	1.1	0.1	满意
BM-×××	-1.4	0.1	满意
BM-×××	-0.1	0.4	满意
BM-×××	1.1	-0.7	满意
BM-×××	1.1	0.1	满意
BM-×××	-0.8	-0.7	满意
BM-×××	-0.1	* -2.5	基本满意
BM-×××	-0.2	0.9	满意
BM-×××	-1.7	*2.4	基本满意
BM-×××	-0.5	-0.1	满意
BM-×××	-1.7	-1.5	满意
BM-×××	0.5	-0.9	满意
BM-×××	-0.1	0.8	满意
BM-×××	0.5	-0.6	满意
BM-×××	-1.8	§ -10.1	不满意
BM-×××	0.7	1.6	满意
BM-×××	-1.4	0.8	满意
BM-×××	0.1	1.0	满意
BM-×××	-0.4	-0.6	满意
BM-×××	-1.5	0.3	满意
BM-×××	-0.4	0.3	满意
BM-×××	-0.2	0.9	满意
BM-×××	1.2	* -2.2	基本满意
BM-×××	0.5	0.4	满意
BM-×××	0.7	*2.2	基本满意
BM-×××	0.7	1.0	满意
BM-×××	0.5	0.1	满意
BM-×××	-1.7	0.3	满意
BM-×××	-0.8	0.8	满意

续上表

机构代码	软化点	针入度	备注
	z 比分数	z 比分数	
BM-×××	§3.9	*2.8	不满意
BM-×××	*2.5	-0.9	基本满意
BM-×××	0.1	-1.3	满意
BM-×××	0.1	0.4	满意
BM-×××	-1.4	§3.4	不满意
BM-×××	-0.1	0.1	满意
BM-×××	1.8	-0.3	满意
BM-×××	-0.2	-0.3	满意
BM-×××	1.2	-1.5	满意
BM-×××	0.0	-1.0	满意
BM-×××	-0.4	0.3	满意
BM-×××	0.9	0.7	满意
BM-×××	-1.2	1.6	满意
BM-×××	0.5	-0.3	满意
BM-×××	0.5	-1.0	满意
BM-×××	§3.2	* -2.3	不满意
BM-×××	0.5	-0.3	满意
BM-×××	0.7	1.6	满意
BM-×××	-0.5	-0.1	满意
BM-×××	-0.2	-1.5	满意
BM-×××	0.5	-0.3	满意
BM-×××	-1.8	§ -3.6	不满意
BM-×××	-1.4	0.1	满意
BM-×××	0.1	-0.7	满意
BM-×××	0.5	*2.7	基本满意
BM-×××	0.1	-0.1	满意
BM-×××	0.7	-1.3	满意
BM-×××	0.5	0.7	满意
BM-×××	*2.5	-0.3	基本满意
BM-×××	*2.5	0.3	基本满意
BM-×××	0.1	-0.7	满意
BM-×××	-0.5	0.4	满意
BM-×××	-0.2	0.3	满意
BM-×××	-0.5	-0.7	满意

续上表

机构代码	软化点	针入度	备注
	z 比分数	z 比分数	
BM-×××	1.8	1.2	满意
BM-×××	0.1	*2.8	基本满意
BM-×××	-0.8	-1.4	满意
BM-×××	0.5	0.3	满意
BM-×××	1.4	-0.7	满意
BM-×××	0.5	*2.7	基本满意
BM-×××	-0.2	1.5	满意
BM-×××	0.7	0.4	满意
BM-×××	1.4	0.3	满意
BM-×××	§4.5	§-13.1	不满意
BM-×××	0.5	0.3	满意
BM-×××	-0.5	-0.7	满意
BM-×××	0.0	0.3	满意
BM-×××	0.9	-0.6	满意
BM-×××	-0.2	-0.9	满意
BM-×××	-0.5	0.4	满意
BM-×××	0.1	-0.1	满意
BM-×××	-0.1	-1.4	满意
BM-×××	0.5	-0.3	满意
BM-×××	*2.5	0.3	基本满意
BM-×××	-0.8	*2.3	基本满意
BM-×××	-0.4	1.1	满意
BM-×××	1.4	-0.7	满意
BM-×××	-0.9	-0.3	满意
BM-×××	-2.0	0.8	满意
BM-×××	0.9	0.7	满意
BM-×××	*2.7	1.1	基本满意
BM-×××	0.0	-0.6	满意
BM-×××	0.5	0.3	满意
BM-×××	-1.3	-1.0	满意
BM-×××	-0.5	0.4	满意
BM-×××	0.7	-0.7	满意
BM-×××	0.1	*2.2	基本满意
BM-×××	-0.8	1.1	满意
BM-×××	-0.2	-0.3	满意

续上表

机构代码	软化点	针入度	备注
	z 比分数	z 比分数	
BM-×××	-0.1	0.8	满意
BM-×××	1.8	-1.4	满意
BM-×××	-1.3	*2.9	基本满意
BM-×××	§6.6	* -2.2	不满意
BM-×××	-1.5	0.3	满意
BM-×××	0.0	-1.0	满意
BM-×××	0.5	-1.0	满意
BM-×××	-1.8	-0.7	满意
BM-×××	§4.6	§7.0	不满意
BM-×××	-2.0	-0.3	满意
BM-×××	0.7	*2.2	基本满意
BM-×××	-0.5	-0.7	满意
BM-×××	1.1	-0.7	满意
BM-×××	1.2	§ -4.0	不满意
BM-×××	-0.8	0.1	满意
BM-×××	-0.8	-0.2	满意
BM-×××	-0.1	* -2.1	基本满意
BM-×××	-0.9	-0.9	满意
BM-×××	-0.2	-0.3	满意
BM-×××	-1.5	-0.9	满意
BM-×××	1.2	0.9	满意
BM-×××	0.5	-0.3	满意
可疑值(个)	39		
离群值(个)	27		

注:加§处的数值为离群值,即 $|z| \geq 3.0$;加*处的数值为可疑值,即 $2.0 < |z| < 3.0$。

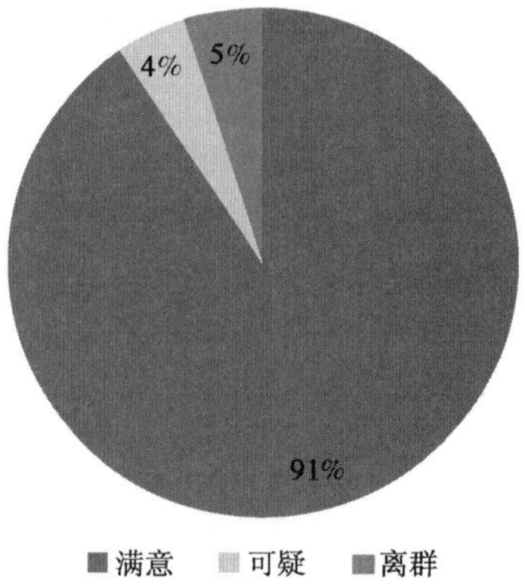

图 5-37 沥青软化点比对试验结果分布图

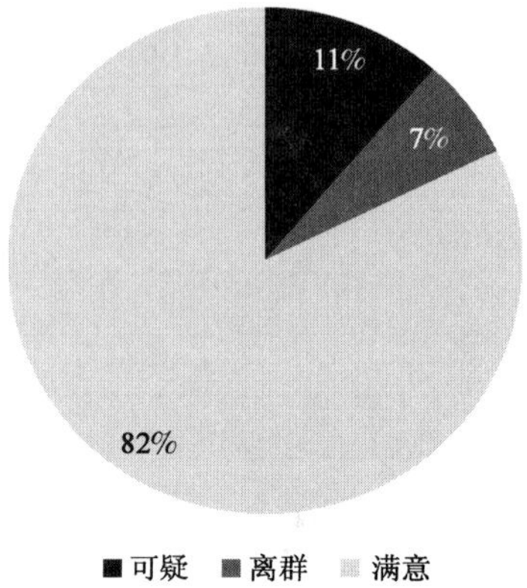

图 5-38 沥青针入度比对试验结果分布图

根据比对试验结果及过程中掌握的情况，193 家检测机构的试验结果为“满意值”，占总数的 78.8%，表明绝大多数检测机构检测能力值得肯定。

5.5.5　比对试验技术分析

5.5.5.1　概述

各检测机构的沥青软化点结果和统计处理汇总见表 5-72 ~ 表 5-75。

试验结果统计值及出现离群值和可疑值的数目统计表(1 组)　　表 5-72

结果总数(个)	稳健平均值	稳健标准差	标准不确定度	最小值	最大值	极差	可疑值(个)	离群值(个)
61	××.×	×.×	0.18	45	52	7	2	2

试验结果统计值及出现离群值和可疑值的数目统计表(2 组)　　表 5-73

结果总数(个)	稳健平均值	稳健标准差	标准不确定度	最小值	最大值	极差	可疑值(个)	离群值(个)
60	××.×	×.×	0.11	45	51.5	6.5	1	3

试验结果统计值及出现离群值和可疑值的数目统计表(3 组)　　表 5-74

结果总数(个)	稳健平均值	稳健标准差	标准不确定度	最小值	最大值	极差	可疑值(个)	离群值(个)
61	××.×	×.×	0.13	43	57	14	1	5

试验结果统计值及出现离群值和可疑值的数目统计表(4 组)　　表 5-75

结果总数(个)	稳健平均值	稳健标准差	标准不确定度	最小值	最大值	极差	可疑值(个)	离群值(个)
63	××.×	×.×	0.12	46	53	7	7	2

各检测机构的沥青 25℃针入度结果和统计处理汇总见表 5-76 ~ 表 5-79。

试验结果统计值及出现离群值和可疑值的数目统计表(1 组)　　表 5-76

结果总数(个)	稳健平均值	稳健标准差	标准不确定度	最小值	最大值	极差	可疑值(个)	离群值(个)
61	××.×	×.×	0.37	38	80	42	5	2

试验结果统计值及出现离群值和可疑值的数目统计表(2 组)　　表 5-77

结果总数(个)	稳健平均值	稳健标准差	标准不确定度	最小值	最大值	极差	可疑值(个)	离群值(个)
60	××.×	×.×	0.28	50	75	25	7	6

试验结果统计值及出现离群值和可疑值的数目统计表(3 组)　　表 5-78

结果总数(个)	稳健平均值	稳健标准差	标准不确定度	最小值	最大值	极差	可疑值(个)	离群值(个)
61	××.×	×.×	0.44	76	99	23	7	2

试验结果统计值及出现离群值和可疑值的数目统计表(4 组)　　表 5-79

结果总数(个)	稳健平均值	稳健标准差	标准不确定度	最小值	最大值	极差	可疑值(个)	离群值(个)
63	××.×	×.×	0.26	60	78	18	7	5

5.5.5.2　检测机构试验结果的主要影响因素分析

沥青针入度与软化点试验是公路工程中最基本、最常用的试验，最主要的影响因素为仪器设备、规程理解、现场操作方面，通过本次比对试验应从以下几点进行提高：

(1)应按照《公路工程试验检测仪器设备检定/校准指导手册》(质监综〔2013〕5 号)以及相关的技术标准对仪器设备进行检定/校准和结果确认，保证仪器设备的准确有效。如沥青针入度试验的关键是标准针的形状及尺寸，试验时要定期检查标准针，尤其不能使用针尖被损的标准针。

(2)制样时应将样品放在烘箱中加热并将其混合均匀，不得直接采用电炉或燃气炉明火加热样品。沥青样品注入试样皿和肩环时，试样不应留有气泡。软化点试样制作时，隔离剂均匀平整地涂抹在试样底板上，不应过厚；用热刮刀刮除环面上的试样时，应确保试样面和环面齐平；试样养护应采用适宜的设备，保持规定的温度和时间。

(3)针入度测试前，针入度仪应调整水平，检查标准针、针连杆和附加砝码的总质量，在测试过程中监测温度的变化，避免质量不准确、温度偏差导致测定结果不准确。

(4)软化点试验过程中应保证起始温度和升温速率。

本次比对试验中，有的检测机构试验人员对试验过程中是否需要工装不清楚，对曲面修正、数值修约的规定不理解，对试验前是否需要标准块进行询问，暴露出对标准的不理解以及实际操作少的问题。

上述所列举的影响因素并不完全包括所有的影响因素，例如仪器设备配置的合理性方面，由于本次试验参加的机构数量较多，仪器的种类差别很大。有些影响因素目前还无法对其影响进行量化。但为了使性能测定结果准确，重要的是按照标准试验方法的要求进行试验和测量，努力使各种因素的影响减至最小。

沥青软化点与针入度比对试验数据的频率分布直方图见图 5-39、图 5-40，可以看出其频率分布直方图基本上符合正态分布特征。具体范围如下：

x 组软化点直方图显示大部分数据在 45.5 ~ 48.5℃之间。

x 组针入度直方图显示大部分数据在 65 ~ 73mm 之间。

5.5.5.3　问题分析

1)共性问题

(1)部分试验检测机构提供的原始记录表存在信息不全的问题，如缺少任务单编号和软化点升温过程记录信息等。

(2)部分试验检测机构提供的报告信息不全，如缺少地址、样品接收日期和检测日期等。

(3)大部分试验检测机构仪器设备检定/校准参数不全、不能覆盖有效量程、结果不符合标准要求。

(4)部分机构未按照作业指导书要求提供审核和批准人员的资格证书证明材料。

(5)部分机构试验前检查环节有所缺失,如钢球质量、直径、升温速率等。

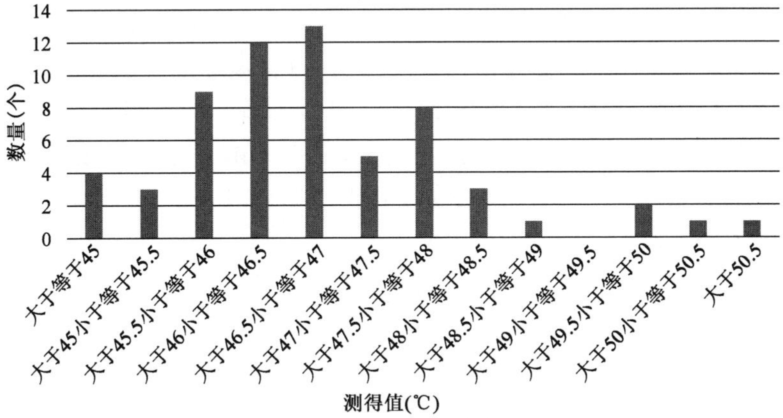

图 5-39　*x* 组软化点频率分布直方图

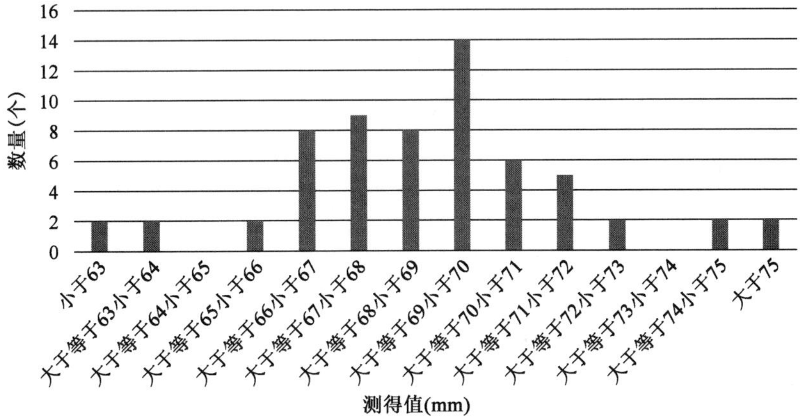

图 5-40　*x* 组针入度频率分布直方图

2)个别问题

个别机构报告与记录信息不一致,如记录中没有填写设备信息,但报告中出现;报告用章不规范,如未盖等级章、盖章位置不正确;报告结论不适宜,如未按照《公路沥青路面施工技术规范》(JTG F40—2004)做出结论;结果计算数值修约有误或未按照规范要求修约;试验人员未持桥隧专业资格证书。

5.5.6　结语

参加检测机构比对试验的目的是对检测机构综合能力进行考核,包括检测机构管理水平、试验机的测试能力、试验员的操作水平以及对标准试验方法的理解力,同时也对行业管理提供了有效的手段和方法。

本次比对试验计划达到了预期目的,比对试验结果基本令人满意。

通过本次组织245家检测机构进行沥青针入度及软化点比对试验,为今后针对材料类检测开展行业乃至全国性的比对试验计划活动积累了经验。

5.5.7 主要参考文献

(1)《合格评定能力验证通用要求》(ISO/IEC 17043:2010)。
(2)《利用实验室间比对的能力验证的统计方法》(ISO 13528:2005)。
(3)《能力验证结果的统计处理和能力评价指南》(CNAS-GL02:2014)。
(4)《能力验证样品均匀性和稳定性评价指南》(CNAS-GL03:2006)。
(5)《利用实验室间比对进行能力验证的统计方法》(GB/T 28043—2011)。
(6)《合格评定　能力验证的通用要求》(GB/T 27043—2012)。
(7)《能力验证规则》(CNAS-RL02:2016)。
(8)《公路工程沥青及沥青混合料试验规程》(JTG E20—2011)。

5.5.8 附件

5.5.8.1 检测机构的试验结果和统计处理

沥青软化点的 z 比分数柱状图如图 5-41 所示。沥青针入度的 z 比分数柱状图如图 5-42 所示。

5.5.8.2 沥青样品均匀性检验报告

1)样品制备过程

为了保证本次比对试验的科学、公正、公平,本次沥青针入度和软化点比对试验样品的制备选择具有高质量管理水平的炼油厂家,采用单一原油生产纯基质沥青,最终选择中石化 × × × 沥青厂、中海油 × × × 沥青厂两家单位生产了 4 个批号的基质沥青。

每次生产一个批次的样品,要求将大储存罐中沥青加热至 145℃ ±5℃,并充分搅拌均匀;然后一次性取代表性样品储存于不锈钢金属桶中,并再次搅拌均匀;在沥青温度低于 135℃之前,用小金属瓷盘取热沥青逐个人工注入 300mL 沥青留样灌(图 5-43)中,注入沥青样品时采用电子秤称量质量,控制每个样品质量为 250g ±2g。样品注入沥青留样灌之后,立即进行密封,并编写序号,规则是 1、2、3……,并统一标识沥青批号(图 5-44)。将样品自然冷却后,在室内阴凉处避光保存。

2)均匀性检验

样品均匀性检验结果统计:

(1)国家道路及桥梁质量监督检验中心依据《公路工程沥青及沥青混合料试验规程》(JTG E20—2011)中的 T 0604 和 T 0606 进行软化点、针入度试验,其中针入度每组平行 3 次,软化点每组平行 2 次。

(2)试验结果处理依据以下条件修约:

测定值不得修约,平均值按要求进行修约。

(3)按照《能力验证样品均匀性和稳定性评价指南》(CNAS-GL03:2006)的单因子方差分析和 $s_s \leq 0.3\sigma$ 检验样品的均匀性。样品均匀性检验数据详见表 5-80 ~ 表 5-87。

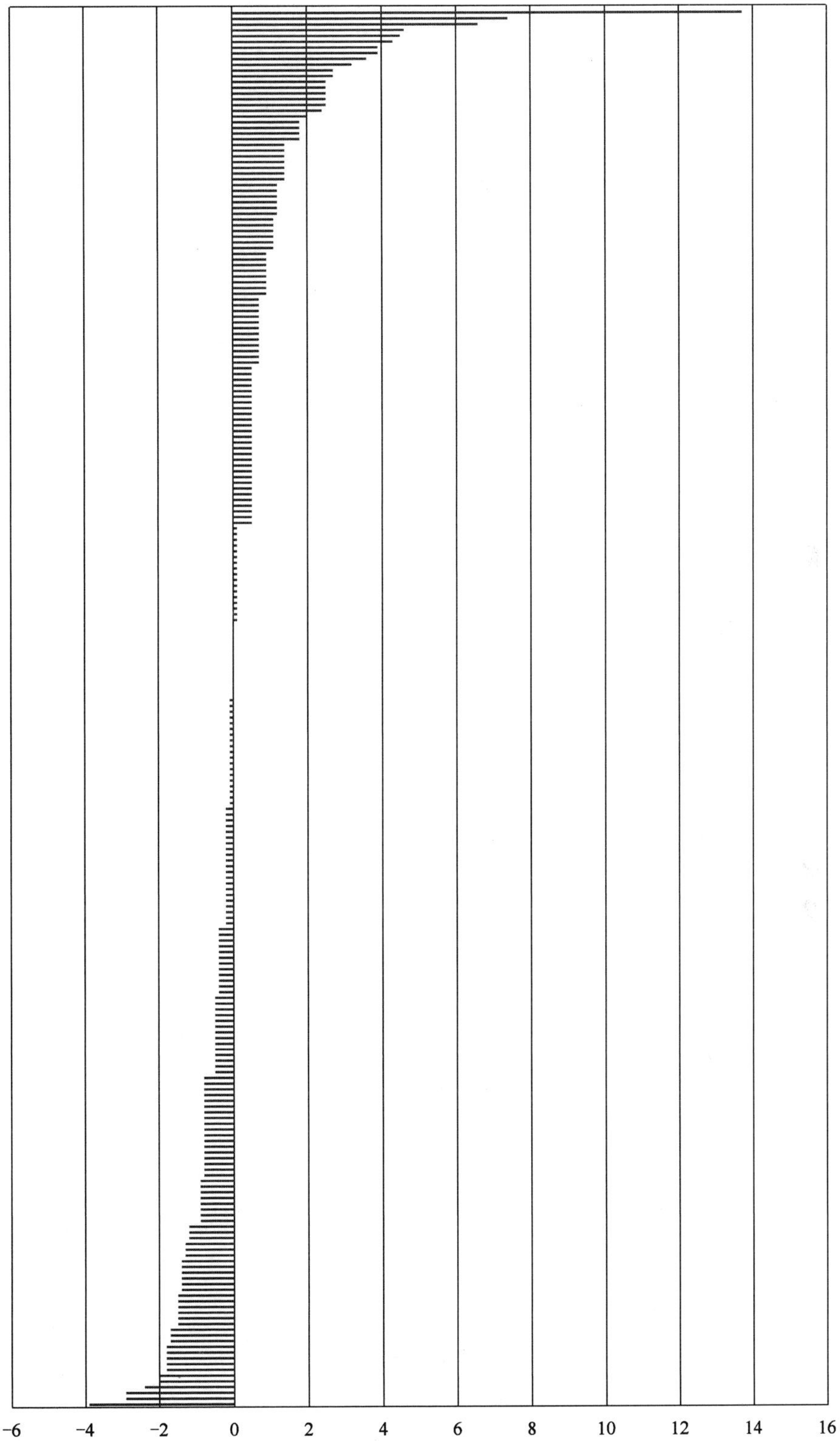

图 5-41　软化点 z 比分数柱状图

注：由于机构数量太多，无法清晰显示机构代码，本图仅为示意。

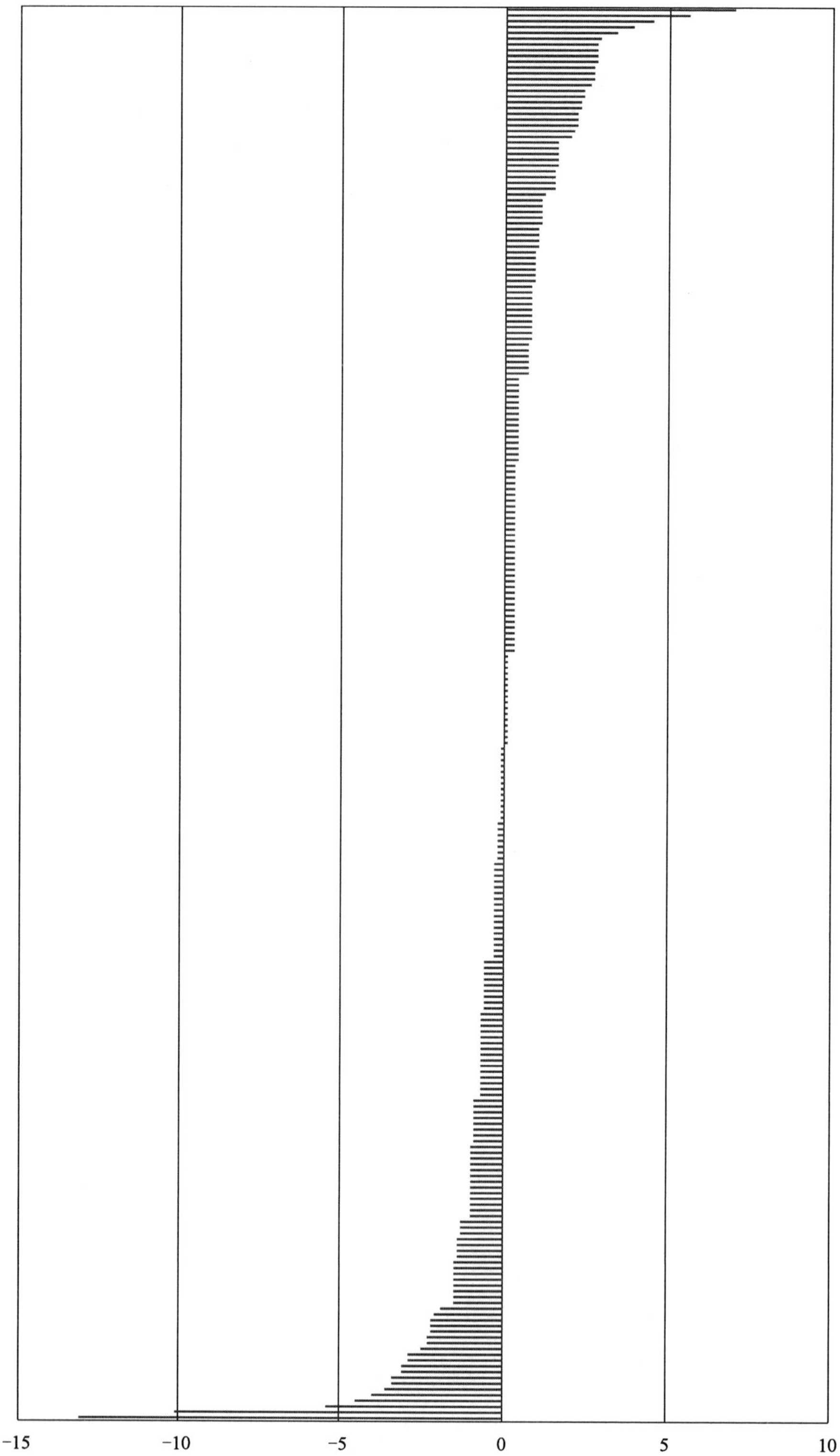

图 5-42　针入度 z 比分数柱状图

注:由于机构数量太多,无法清晰显示机构代码,本图仅为示意。

图 5-43 沥青留样灌

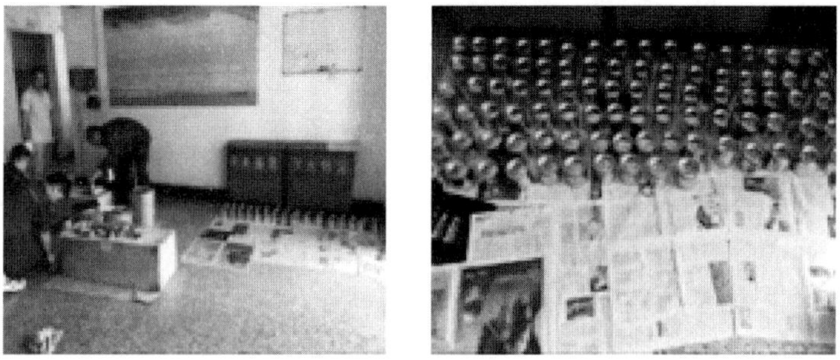

图 5-44 灌样及样品编号

第 1 批次样品均匀性评价结论：计算的 F 值 < F 临界值，这表明在 0.05 显著性水平下，样品内和样品间无显著性差异，样品是均匀的。同时 $s_s \leqslant 0.3s$（稳健标准差），说明第 1 批次样品均匀性能够满足本次能力验证要求。

第 1 批次样品均匀性测试结果 表 5-80

样品序号	针入度(0.1mm)			软化点(℃)		
	测试值 1	测试值 2	样品平均值	测试值 1	测试值 2	样品平均值
1	69.5	67.2	68.7	47.0	46.5	47.1
11	69.5	70.6		47.2	46.6	
16	66.5	68.8		46.4	47.3	
31	68.1	67.3		47.3	46.4	
46	70.0	69.3		48.7	47.3	
51	67.8	66.9		46.9	47.1	
71	70.4	69.7		46.8	46.3	
74	69.3	69.5		47.3	46.5	
76	67.0	70.4		48.0	47.3	
86	67.2	69.6		47.8	47.3	

第 1 批次样品均匀性评价结果 表 5-81

序　号	参　数	针入度	软化点
1	样品间平方和 SS_1	18.332	3.910
2	样品内平方和 SS_2	15.790	2.930
3	自由度 f_1	9	9
4	自由度 f_2	10	10
5	样品间均方 MS_1	2.037	0.434
6	样品间均方 MS_2	1.579	0.293
7	统计量 F	1.290	1.483
8	临界值 $F_{0.05(9,10)}$	3.02	3.02
9	不均匀性标准偏差 s_s	0.478	0.266
10	全部样品测试的总平均值 $\overline{\overline{X}}$	68.7	47.1
11	比对试验稳健标准差 s	×.×××	×.×××
12	$0.3s$	×.×××	×.×××

第 2 批次样品均匀性评价结论：计算的 F 值 $<F$ 临界值，这表明在 0.05 显著性水平下，样品内和样品间无显著性差异，样品是均匀的。同时 $s_s \leq 0.3s$（稳健标准差），说明第 2 批次样品均匀性能够满足本次能力验证要求。

第 2 批次样品均匀性测试结果 表 5-82

样品序号	针入度(0.1mm)			软化点(℃)		
	测试值 1	测试值 2	样品平均值	测试值 1	测试值 2	样品平均值
1	67.9	66.9	67.1	48.1	49.4	48.3
10	67.9	68.0		47.5	48.2	
19	66.1	65.7		48.5	48.1	
28	68.6	66.6		48.3	48.7	
38	66.9	68.8		47.5	48.0	
46	67.0	66.1		48.5	49.0	
56	67.3	69.0		48.4	48.5	
64	67.2	66.7		47.9	47.9	
74	65.8	67.5		48.1	48.0	
83	66.7	65.8		48.6	48.0	

第 2 批次样品均匀性评价结果 表 5-83

序　号	参　数	针入度	软化点
1	样品间平方和 SS_1	10.822	2.358
2	样品内平方和 SS_2	8.215	1.690
3	自由度 f_1	9	9
4	自由度 f_2	10	10

续上表

序　号	参　数	针　入　度	软　化　点
5	样品间均方 MS_1	1.202	0.262
6	样品间均方 MS_2	0.822	0.169
7	统计量 F	1.464	1.550
8	临界值 $F_{0.05(9,10)}$	3.02	3.02
9	不均匀性标准偏差 s_s	0.436	0.216
10	全部样品测试的总平均值 $\overline{\overline{X}}$	67.1	48.3
11	比对试验稳健标准差 s	×.×××	×.×××
12	$0.3s$	×.×××	×.×××

第 3 批次样品均匀性评价结论：计算的 F 值 < F 临界值，这表明在 0.05 显著性水平下，样品内和样品间无显著性差异，样品是均匀的。同时 $s_s \leq 0.3s$（稳健标准差），说明第 3 批次样品均匀性能够满足本次能力验证要求。

第 3 批次样品均匀性测试结果　　表 5-84

样品序号	针入度(0.1mm)			软化点(℃)		
	测试值 1	测试值 2	样品平均值	测试值 1	测试值 2	样品平均值
1	82.8	83.6	84.1	45.9	46.2	46.4
8	84.6	84.5		46.6	47.1	
15	84.1	82.9		46.3	47.5	
22	83.3	83.9		46.4	47.1	
29	84.7	85.2		45.5	46.3	
36	84.6	84.7		46.6	46.7	
43	84.1	85.1		46.6	46.7	
50	84.1	83.8		45.9	46.4	
57	82.9	84.4		46.0	46.9	
64	85.2	84.0		45.9	46.0	

第 3 批次样品均匀性评价结果　　表 5-85

序　号	参　数	针　入　度	软　化　点
1	样品间平方和 SS_1	6.733	2.622
2	样品内平方和 SS_2	3.745	2.000
3	自由度 f_1	9	9
4	自由度 f_2	10	10
5	样品间均方 MS_1	0.748	0.296
6	样品间均方 MS_2	0.375	0.200
7	统计量 F	1.997	1.479
8	临界值 $F_{0.05(9,10)}$	3.02	3.02

续上表

序　号	参　数	针　入　度	软　化　点
9	不均匀性标准偏差 s_s	0.432	0.219
10	全部样品测试的总平均值 $\overline{\overline{X}}$	84.1	46.4
11	比对试验稳健标准差 s	×.×××	×.×××
12	0.3s	×.×××	×.×××

第 4 批次样品均匀性评价结论：计算的 F 值 < F 临界值，这表明在 0.05 显著性水平下，样品内和样品间无显著性差异，样品是均匀的。同时 $s_s \leqslant 0.3s$（稳健标准差），说明第 4 批次样品均匀性能够满足本次能力验证要求。

第 4 批次样品均匀性测试结果　　表 5-86

样品序号	针入度(0.1mm)			软化点(℃)		
	测试值 1	测试值 2	样品平均值	测试值 1	测试值 2	样品平均值
1	66.0	66.8	66.8	48.2	48.7	48.1
11	66.4	65.9		48.3	47.8	
21	67.2	65.3		47.2	47.9	
31	67.2	67.9		47.8	47.7	
41	66.7	66.4		48.6	48.2	
51	67.4	67.8		48.5	47.8	
61	65.3	66.5		48.4	48.0	
71	66.7	67.1		48.1	49.3	
81	67.5	67.9		48.1	47.7	
91	67.1	66.0		47.8	47.7	

第 4 批次样品均匀性评价结果　　表 5-87

序　号	参　数	针　入　度	软　化　点
1	样品间平方和 SS_1	7.645	2.348
2	样品内平方和 SS_2	4.105	1.710
3	自由度 f_1	9	9
4	自由度 f_2	10	10
5	样品间均方 MS_1	0.849	0.261
6	样品间均方 MS_2	0.411	0.171
7	统计量 F	2.066	1.526
8	临界值 $F_{0.05(9,10)}$	3.02	3.02
9	不均匀性标准偏差 s_s	0.468	0.212
10	全部样品测试的总平均值 $\overline{\overline{X}}$	66.8	48.1
11	比对试验稳健标准差 s	×.×××	×.×××
12	0.3s	×.×××	×.×××

5.5.8.3 样品稳定性评价报告

根据大量文献,沥青样品常温下性能较为稳定,能够确保在整个比对试验周期内样品的稳定,但是为了保证本次比对试验的可靠性,进行了样品的稳定性验证。

从制备的每批次样品中随机抽取6罐进行稳定性试验。

每罐样品室内再次加热、分成两组样品,每组样品均按照《公路工程沥青及沥青混合料试验规程》(JTG E20—2011)中的T 0604和T 0606进行软化点、针入度试验,其中针入度每组平行3次,软化点每组平行2次。

按照《能力验证样品均匀性和稳定性评价指南》(CNAS-GL03:2006)的t检验法中两个平均值之间的一致性评定样品的稳定性,样品稳定性测试结果见表5-88~表5-91。

第1批次样品稳定性评价结论:计算的$t < t_{0.05(14)}$,这表明在0.05显著性水平下,样品是稳定的。说明第1批次样品稳定性能够满足本次能力验证要求。

第1批次样品稳定性测试结果 表5-88

序　号	针入度(0.1mm)		软化点(℃)	
	8月11日测试值	10月11日测试值	8月11日测试值	10月11日测试值
1	68.4	69.5	46.8	47.0
2	70.1	69.4	46.9	46.6
3	67.7	68.5	46.9	47.3
4	67.7	68.7	46.9	47.7
5	69.7	68.7	48	47.6
6	67.4	69.9	47	47.0
7	70.1	—	46.6	—
8	69.4	—	46.9	—
9	68.7	—	47.7	—
10	68.4	—	47.6	—
平均值	68.8	69.1	47.1	47.2
标准偏差	1.013	0.560	0.462	0.415
t	0.630		0.290	
$t_{0.05(14)}$	1.761		1.761	

第2批次样品稳定性评价结论:计算的$t < t_{0.05(14)}$,这表明在0.05显著性水平下,样品是稳定的。说明第2批次样品稳定性能够满足本次能力验证要求。

第2批次样品稳定性测试结果 表5-89

序　号	针入度(0.1mm)		软化点(℃)	
	8月13日测试值	10月12日测试值	8月13日测试值	10月12日测试值
1	67.4	67.6	48.8	48.3
2	68.0	66.7	47.9	48.7
3	65.9	68.0	48.3	48.4

续上表

序　号	针入度(0.1mm)		软化点(℃)	
	8 月 13 日测试值	10 月 12 日测试值	8 月 13 日测试值	10 月 12 日测试值
4	67.6	68.5	48.5	48.7
5	67.9	66.7	47.8	48.5
6	66.6	67.6	48.8	48.0
7	68.2	—	48.5	—
8	67.0	—	47.9	—
9	66.7	—	48.1	—
10	66.3	—	48.3	—
平均值	67.2	67.5	48.3	48.4
标准偏差	0.779	0.714	0.363	0.266
t	0.668		0.338	
$t_{0.05(14)}$	1.761		1.761	

第 3 批次样品稳定性评价结论：计算的 $t < t_{0.05(14)}$，这表明在 0.05 显著性水平下，样品是稳定的。说明第 3 批次样品稳定性能够满足本次能力验证要求。

第 3 批次样品稳定性测试结果　　表 5-90

序　号	针入度(0.1mm)		软化点(℃)	
	8 月 18 日测试值	10 月 13 日测试值	8 月 18 日测试值	10 月 13 日测试值
1	83.2	84.3	46.1	46.0
2	84.6	85.3	46.9	46.8
3	83.5	84.5	46.9	46.5
4	83.6	84.3	46.8	46.7
5	85	84.6	45.9	47.3
6	84.7	83.6	46.7	46.4
7	84.6	—	46.7	—
8	84	—	46.2	—
9	83.7	—	46.5	—
10	84.6	—	46	—
平均值	84.3	84.5	46.5	46.6
标准偏差	0.557	0.611	0.386	0.436
t	0.510		0.305	
$t_{0.05(14)}$	1.761		1.761	

第 4 批次样品稳定性评价结论：计算的 $t < t_{0.05(14)}$，这表明在 0.05 显著性水平下，样品是稳定的。说明第 4 批次样品稳定性能够满足本次能力验证要求。

第 4 批次样品稳定性测试结果　　表 5-91

序　　号	针入度(0.1mm)		软化点(℃)	
	8 月 21 日测试值	10 月 14 日测试值	8 月 21 日测试值	10 月 14 日测试值
1	66.4	67.2	48.5	48.1
2	66.2	67.2	48.1	47.9
3	66.3	66.5	47.6	48.3
4	67.6	67.5	47.8	48.0
5	66.6	67.5	48.4	48.0
6	67.6	66.9	48.2	48.6
7	65.9	—	48.2	—
8	66.9	—	48.7	—
9	67.7	—	47.9	—
10	66.6	—	47.8	—
平均值	66.8	67.1	48.1	48.2
标准偏差	0.646	0.383	0.349	0.259
t	0.782		0.344	
$t_{0.05(14)}$	1.761		1.761	

5.5.8.4　相关文件

1)被测样品接收状态确认表

被测样品接收状态确认表

检测机构编号:BM-

计划名称(编号)	沥青针入度及软化点比对试验(BD2016-01)		
样品名称及标识	沥青		
发送机构	中国交通建设监理协会试验检测工作委员会		
电话/E-Mail	010-62358971 ticc.cn@163.com	发送日期	2016 年　　月
发送状态	完好☑　　不完好□	发送人(签名)	张芳
样品接收时,样品是否完好:是□　　否□ 如有异常请详细描述样品状态(附图片):			
接收检测机构名称(全称): 联系地址: 邮编: 联系电话/传真: 联系人:　　接收人(签名):　　接收时间:			
备注:			

注:请接收单位收到样品后,仔细核对样品状态后填报本表,并将扫描件以及描述样品状态的图片(如有)一并发送至指定邮箱,原件随试验结果报告表及报告等相关材料寄送至指定地址(见通知)。

2）比对试验计划作业指导书

沥青比对试验作业指导书

本次比对试验计划中，贵试验检测机构的编号 BM-＿＿＿＿＿＿＿。

为保证比对试验计划的顺利进行，特要求参加单位认真遵循下列条款：

1. 主办单位统一向各试验检测机构随机寄送一份 300g 道路石油沥青样品，样品用金属容器封装，并有相应的标识。收到样品时，应首先对样品状态进行确认，同时填写“被测样品接收状态确认表”，并将扫描件以及描述样品状态的图片（如有）一并发送至指定邮箱，并将原件随“比对试验结果报告表”及报告等相关材料寄送至指定地址（见通知）。

2. 试验检测机构在收到样品确认无误后，应上报所在地省级交通质监机构，以确定具体试验时间。

3. 试验检测机构在收到样品后应按照要求尽快进行试验，制件后，应在 6h 内完成要求的试验，开封后的样品须一次使用。

4. 参加比对试验的人员须是检测机构登记在职人员，且持有公路工程试验检测工程师（或检测员）证。

5. 试验前试验人员要认真检查仪器设备运转是否正常，仪器设备是否在检校周期内。试验结束后检查、记录主要试验设备状态。

6. 本次比对试验共两项：沥青针入度试验（25℃）、沥青软化点试验（环球法）。采用的试验规程、试验要求及注意事项见表 5-92。

7. 省级交通质监机构派见证人员进行现场见证试验，在“比对试验结果报告表”中签字。

8. 各试验检测机构要对关键操作过程进行视频录像，录像画面要清晰，作为现场见证和事后追溯的依据，视频内容包括显示实验室外观全景、试验人员本人、主要试验设备；试验准备、制件及试验过程；反映最终试验结果的试验设备数据显示及结果填写等；试样冷却、恒温过程可不录像。如影像资料不能反映试验过程，或反映不全面、不真实，则不能作为见证和追溯的依据。

9. 各试验检测机构按 JTG E20—2011 相关试验方法要求进行数值修约，填写“比对试验结果报告表”。报告的格式按照各试验检测机构的质量体系文件所规定的报告格式编制。

10. 试验结束后，试验检测机构须将参与本次比对试验的人员和设备信息、比对试验结果报告表、试验原始记录、试验报告原件各一份纸质材料以及保存试验过程视频资料的 U 盘一并邮寄给主办单位。无故未按期提交材料的试验检测机构，其结果将不列入本次结果统计，并以不满意处理。

中国交通建设监理协会试验检测工作委员会（公章）

2016 年 9 月

比对试验采用的试验规程、试验要求及注意事项 表 5-92

名 称	试验规程	试验要求	注意事项
试样准备	JTG E20—2011/T 0602—2011	按照 3.1.1 应用恒温烘箱加热	(1)将装有试样的盛样器带盖放入恒温烘箱加热,不得采用电炉或煤气炉明火直接加热。加热温度为 135℃左右,直至全部沥青熔化。 (2)试样加热熔化之后,搅拌均匀,然后按各试验规定浇模,所有项目尽量一次性浇灌;若温度降低可放入烘箱中适当加热,但反复加热次数不得超过 2 次。 (3)制作试件时,应避免产生气泡,且不得反复搅动沥青。 (4)沥青样品无须脱水,无须 0.6mm 滤筛过筛
针入度试验	JTG E20—2011/T 0604—2011	(1)试验温度:25℃; (2)标准针及其附件总质量为:100g ±0.05g; (3)贯入时间:5s; (4)同一试样 3 次平行试验; (5)按照试验规程要求进行试验	(1)在灌模结束后及时加盖玻璃板,进行防尘处理。 (2)室温冷却不少于 1.5h;冷却完成后,试件应在 25℃ ±0.1℃恒温水槽中保温不少于 1.5h。 (3)试验前检查针及附件的质量。 (4)按照要求进行针入度试验,每次试验后换一根干净标准针或将标准针取下用蘸有三氯乙烯的棉花或布揩净,再用干棉花或布擦干。 (5)试验时及时记录试验原始数据
软化点试验(环球法)	JTG E20—2011/T 0606—2011	(1)同一试样平行试验两次; (2)按照试验规程要求进行试验	(1)试验前检查仪器升温速率每分钟是否满足 5℃ ±0.5℃。 (2)试验前应检查两球的尺寸、重量是否符合规范要求。 (3)将准备好的沥青试样徐徐注入试样环内至略高出环面为止;试样冷却 30min 后,用热刮刀刮除环面上的试样,使其与环面齐平。 (4)按照要求进行软化点试验。试验前将装有试样的试验环连同底板、金属支架、钢球、定位环等在 5℃ ±0.5℃恒温水槽中保温 15min 以上;试验起始温度应达到规程要求的 5℃ ±0.5℃;加热时温度上升速率应达到每分钟 5℃ ±0.5℃要求。 (5)试验时及时记录试验原始数据

3）比对试验结果报告表

比对试验结果报告表

沥青针入度及软化点比对试验

检测机构名称：__________ 检测机构编号：BM-__________

报告日期：__________

针入度试验				试验温度： ℃
次数		1	2	3
测定值	0.1mm			
平均值	0.1mm			
试验过程出现的问题或异常现象				
软化点试验				
次数		1	2	
测定值	℃			
平均值	℃			
试验过程出现的问题或异常现象				

注：1. 数据不得涂改，测定值不得修约，平均值按要求进行修约。
2. 试验过程如未出现问题或异常现象，可填写"无"。

试验日期：2016 年 月 日

检测(签字)： 审核(签字)： 批准(签字)：

试验检测机构(盖章)：

交通质监机构见证人(签字)：

5.6 2017 年公路工程试验检测机构交通标志反光膜逆反射系数比对试验实例

5.6.1 前言

本报告是对 2017 年公路工程试验检测机构交通标志反光膜逆反射系数比对试验计划的组织、结果整理及分析过程的总结，本次比对试验由交通运输部统一部署，委托中国交通建设监理协会试验检测工作委员会具体组织，负责比对试验的实施与协调工作。各省级交通运输主管部门或质监机构负责本辖区试验检测机构比对试验工作组织协调和监督；国家交通安全设施质量监督检验中心逆反射实验室提供技术支持，负责样品的制备、均匀性和稳定性检验等工作。比对试验评价结果部省分享，由部统一公布。

交通运输部依据《公路水运工程试验检测管理办法》(交通运输部令〔2016〕第 80 号)、《合格评定 能力验证的通用要求》(GB/T 27043—2012)的要求运作能力验证计划。

关于选择能力验证计划及能力验证结果利用、CNAS 能力验证领域和频次等相关要求和政策见《能力验证规则》(CNAS-RL02:2016)。

5.6.2　计划的特点

5.6.2.1　目的及意义

目前国内外都把能力验证和比对试验活动作为检测机构保证检测质量的有效方法。《能力验证规则》(CNAS-RL02)规定:申请认可和获准认可的检测机构必须通过参加能力验证活动证明其技术能力;对于我国政府部门、行业组织运作的能力验证活动,只要能够证明其运作符合 ISO/IEC 指南 43-1 或 ILAC-G13 要求,CNAS 也予以承认。

交通标志是重要的交通安全设施,在道路交通中起着规范、警示、诱导服务的功能,在保障交通安全方面具有非常重要的作用。一方面,可以提高道路使用者的安全性,另一方面,可以提高道路的通行效率。反光膜是制作交通标志的主要材料,其逆反射系数是反光膜性能的关键参数,直接影响交通标志的夜间视认性能。因此在实际应用中,各使用单位对反光膜产品的逆反射系数非常关注,通常委托试验检测机构对其质量进行检测,出具准确报告。目前多数试验检测机构都使用便携式逆反射系数测量仪测量反光膜的逆反射系数,这种仪器是一种相对测量方法,其精度取决于标准样品的传递精度和使用者的操作水平。但由于各种原因,有的试验检测机构并没有按规定进行规范溯源,导致各试验检测机构之间的测量误差过大,有的试验检测机构对自身的检测数据都缺乏信心。组织全国公路工程试验检测机构交通标志反光膜逆反射系数比对试验,对于规范行业检测管理工作、统一量值、保障反光膜逆反射系数的检测能力,进而确保交通标志的作用具有重要的意义。

5.6.2.2　参加实验室概述

具有公路工程综合甲级及交通工程专项等级的 103 家试验检测机构参加了本次比对活动。

5.6.2.3　检测参数及依据

1)检测参数

检测参数为交通标志反光膜逆反射系数。

2)检测依据

测试交通标志反光膜逆反射系数试验遵照《道路交通反光膜》(GB/T 18833—2012)和比对试验作业指导书的要求进行。

3)数值修约

(1)1°观测角测得的数据,平均值保留至小数点后 1 位;

(2)其余观测角测得的数据,平均值保留至个位。

5.6.2.4 实施进度

(1)2017 年 7 月 20 日前,试验检测机构完成比对试验报名工作。

(2)2017 年 7 月 25 日前,主办单位将比对试验样品、被测样品接收状态确认表、作业指导书和比对试验结果报告表寄送至试验检测机构;将比对试验作业指导书和试验结果报告表邮寄至各省级交通质监机构。

(3)2017 年 8 月 25 日前,试验检测机构应按照作业指导书及《道路交通反光膜》(GB/T 18833—2012)的要求完成试验,并将相关资料报送至主办单位。

(4)2017 年 9 月 30 日前,主办单位完成试验结果统计分析,形成报告并上报交通运输部安全与质量监督管理司。

(5)2017 年 12 月 30 日前,根据交通运输部安全与质量监督管理司的安排公布比对试验结果。

5.6.2.5 样品描述

本次比对试验样品从美国 3M 公司采购两个批次、绿色、Ⅳ类反光膜两卷。每个批次的反光膜,沿幅宽的同一个方向裁剪尺寸规格为 150mm × 150mm 的反光膜 250 块,制得 250 块样品。共计 500 块。由主办单位统一制备、封装及编号。

样品有关信息见表 5-93。

样品有关信息　　表 5-93

样品名称	样品编号	型　号	规　格	备　注
反光膜	BD-01-1 号～85 号	Ⅳ类	150mm × 150mm	绿色,美国 3M 公司生产
	BD-02-1 号～85 号			

5.6.2.6 保密

为保证比对活动实施过程中的公正、严谨和比对结果的客观、准确,在本次比对试验活动中,根据报名情况按流水号赋予每个检测机构一个代码,不出现具体检测机构名称。凡说明参加检测机构的相关比对试验数据统计及结果评价时,均以检测机构代码表示。

5.6.3 统计分析的设计、有关的统计量和统计图表

5.6.3.1 统计分析的设计

本次比对试验对各检测机构的测定结果统计分析采用稳健技术处理,以所有参加者报告结果的稳健平均值(参加者的公议值)作为指定值,稳健标准差作为能力评定标准差,计算各试验机构结果的 z 比分数,同时给出稳健平均值的标准不确定度。稳健平均值和稳健标准差的计算意义参见《利用实验室间比对进行能力验证的统计方法》(GB/T 28043—2011)。

本次比对试验涉及的统计量有结果总数、稳健平均值、稳健标准差、最小值、最大值和极差等,各统计量的意义及相关计算方法如下:

(1)结果总数——在统计分析中某项测定结果的总数。

(2)稳健平均值和稳健标准差的计算。

①稳健平均值 x^* 和稳健标准差 s^* 初始值的计算。

有 p 个数,按从小到大顺序排列:$x_1,x_2,\cdots\cdots,x_i,\cdots\cdots,x_p$

用 x^* 和 s^* 代表稳健平均值和稳健标准差,计算 x^* 和 s^* 的初始值:

$x^*=x_i$ 的中位值($i=1,2,\cdots\cdots,p$)

$s^*=1.483|x_i-x^*|$的中位值($i=1,2,\cdots\cdots,p$)

②对 x^* 和 s^* 的修正。

计算 $\delta=1.5s^*$,对于每个 $x_i(i=1,2,\cdots\cdots,p)$计算如下:

$$x_i^*=\begin{cases}x^*-\delta,\text{若 } x_i<x^*-\delta;\\ x^*+\delta,\text{若 } x_i>x^*+\delta;\\ x_i,\text{其他(介于两者之间)}\end{cases}$$

由下式计算 x^* 和 s^* 的新值:

$$x^*=\frac{\sum x_i^*}{p},s^*=1.134\sqrt{\frac{\sum(x_i^*-x^*)^2}{p-1}}$$

稳健平均值 x^* 和稳健标准差 s^* 可以通过迭代计算得出,如用校正后的数据对 x^* 和 s^* 进行多次修正,直至过程收敛。当迭代后稳健平均值 x^* 和稳健标准差 s^* 的第三位有效数字没有变化时,即可认为过程是收敛的。

(3)稳健平均值不确定度的计算。

稳健平均值 x^* 标准不确定度为:

$$u_x=1.25\cdot\frac{s^*}{\sqrt{p}}$$

式中:s^*——稳健标准差;

p——试验机构数。

(4)最小值——一组结果中的最小值。

(5)最大值——一组结果中的最大值。

(6)极差——最大值与最小值之间的差值。

依据《利用实验室间比对进行能力验证的统计方法》(GB/T 28043—2011)的相关要求,对检测机构的检测结果,按下式计算 z 值:

$$z=\frac{x-X}{\sigma}$$

式中:x——检测机构测试结果;

X——指定值(稳健平均值);

σ——能力评定标准差(稳健标准差)。

5.6.3.2　统计图表的说明

为了用图像清晰地表示各参加检测机构的比对试验结果,将 z 比分数按其大小顺序排列分别作柱状图,每一个柱状图标有该检测机构的代码。从图上每一个检测机构很容易将其能力与其他参加检测机构进行比对。

5.6.4 统计结果及结果评价

比对试验结果以“满意”“基本满意”“不满意”确定，并按照数据统计分析、文件材料及视频资料审查进行综合评判。

（1）数据统计分析评价。

比对试验采用了《利用实验室间比对进行能力验证的统计方法》（GB/T 28043—2011）进行数据统计分析处理，以 z 比分数对试验结果进行评价，$|z|\leqslant2.0$ 为满意值、$2.0<|z|<3.0$ 为可疑值、$|z|\geqslant3.0$ 为离群值，分别对应满意、基本满意、不满意。

（2）文件材料及视频资料审查评价。

根据比对试验作业指导书和相关标准规范，邀请有关专家对试验检测机构提交的比对试验结果报告表、原始记录、试验报告、试验人员和设备信息表、试验人员证书、仪器检定校准证书、视频资料等进行符合性审查评价。

详见检测机构试验结果和统计处理一览表（表5-96）。

现将参加交通标志反光膜逆反射系数比对试验结果统计的103个检测机构统计结果汇总，如表5-94、表5-95所示。

比对试验数据结果的分布情况统计表　　表5-94

结　果	机构代码	共计(个)	所占比例(%)
全部满意结果 $|z|\leqslant2$ 的实验室	—	74	71.8
含1个离群值	BM-G027、BM-G053、BM-G055、BM-G090、BM-G012、BM-G020、BM-G101、BM-G111、BM-G115	9	8.7
含2个离群值	BM-G038、BM-G048、BM-G066、BM-G113	4	3.9
含3个离群值	BM-G043、BM-G063	2	1.9
含1个可疑值	BM-G043、BM-G050、BM-G056、BM-G059、BM-G063、BM-G098、BM-G012、BM-G013、BM-G025、BM-G028、BM-G031、BM-G041、BM-G066、BM-G108、BM-G113、BM-G115	16	15.5
含2个可疑值	BM-G017、BM-G020、BM-G038、BM-G048、BM-G052、BM-G073	6	5.8
含3个可疑值	BM-G100	1	1
含5个可疑值	BM-G027	1	1
既有离群值又有可疑值	BM-G027、BM-G043 、BM-G063、BM-G012、BM-G020、BM-G038、BM-G048、BM-G066、BM-G113、BM-G115	10	9.7
仅有1个离群值无可疑值	BM-G053、BM-G055、BM-G090、BM-G101、BM-G111	5	4.9
仅有1个可疑值无离群值	BM-G050、BM-G059、BM-G098、BM-G013 、BM-G028、BM-G031、BM-G041 、BM-G108	8	7.4

续上表

结　果	机构代码	共计(个)	所占比例(%)
无离群值但含有可疑值 $2<\|z\|<3$	BM-G017、BM-G050、BM-G056、BM-G059、BM-G098、BM-G100、BM-G013、BM-G025、BM-G028、BM-G031、BM-G041、BM-G052、BM-G073、BM-G108	14	13.6
含有离群值 $\|z\|\geqslant 3$	BM-G027、BM-G053、BM-G055、BM-G090、BM-G012、BM-G020、BM-G101、BM-G111、BM-G115、BM-G038、BM-G048、BM-G066、BM-G113、BM-G043、BM-G063	15	14.6

按试验检测机构总体情况统计结果　　表 5-95

检测参数	机构总数（个）	比对试验统计结果		
		结果	机构数量	所占比例(%)
交通标志反光膜逆反射系数	103	满意	55	53.4
		基本满意	27	26.2
		不满意	21	20.4

根据比对试验数据统计分析及文件材料、视频资料审查的综合评价结果，103 家试验检测机构中，55 家试验检测机构的试验结果为“满意”，占总数的 53.4%；27 家试验检测机构的试验结果为“基本满意”，占总数的 26.2%；21 家试验检测机构的试验结果为“不满意”，占总数的 20.4%。数据结果 z 比分数汇总见表 5-96。

各检测机构交通标志反光膜逆反射系数比对试验数据结果 z 比分数汇总表　　表 5-96

机构代码	0.2° −4°	0.2°15°	0.2°30°	0.5° −4°	0.5°15°	0.5°30°	1° −4°	1°15°	1°30°
BM-×××	−0.17	0.70	2.00	−0.94	−0.85	−0.78	−1.80	−0.10	1.60
BM-×××	−0.07	0.34	0.40	−0.56	0.00	−0.78	−0.50	−0.50	0.66
BM-×××	1.31	1.38	1.08	−0.28	−0.29	−0.17	−0.10	−0.50	−0.84
BM-×××	−1.29	−1.51	−1.25	0.51	−1.18	0.64	−1.00	−1.30	−1.37
BM-×××	−0.17	−0.66	−0.44	1.89	1.49	1.62	−0.80	−0.70	−0.94
BM-×××	−0.24	−0.43	−0.17	0.12	1.39	1.78	−1.00	0.00	0.45
BM-×××	0.09	−0.57	−0.73	1.03	0.94	0.95	−0.10	0.05	0.24
BM-×××	0.41	−0.33	−0.73	1.79	1.79	1.75	0.16	0.43	0.45
BM-×××	0.46	0.22	0.32	−1.33	−1.11	−0.91	§3.23	*2.41	0.55
BM-×××	−0.43	−1.17	−0.65	0.33	−0.77	1.08	1.17	1.95	*2.90
BM-×××	−2.00	−0.39	0.00	−1.13	−0.77	−0.12	−1.60	−2.00	−1.97
BM-×××	−2.00	−2.00	−1.62	−0.75	−0.25	−0.65	−0.90	−1.20	−1.03
BM-×××	−0.52	−0.49	−0.35	−0.96	−0.98	−0.83	−0.30	−0.40	0.45
BM-×××	0.60	1.10	1.26	0.61	0.50	0.15	*2.09	*2.69	1.20

续上表

机构代码	0.2° -4°	0.2°15°	0.2°30°	0.5° -4°	0.5°15°	0.5°30°	1° -4°	1°15°	1°30°
BM-×××	1.45	1.15	0.90	0.51	0.40	0.32	0.06	0.00	-0.19
BM-×××	-0.48	-0.20	-0.32	-0.31	0.17	0.02	-0.40	-0.20	0.45
BM-×××	*2.65	§3.41	*2.18	-0.88	-1.11	-1.31	1.03	0.43	-0.61
BM-×××	0.74	0.93	1.43	-1.26	-0.78	-0.83	1.36	1.62	0.13
BM-×××	-1.08	-1.39	-1.87	-0.08	0.40	0.80	-1.10	-1.30	-1.27
BM-×××	1.66	*2.50	1.70	0.08	0.00	-0.12	0.74	0.28	0.45
BM-×××	0.39	-0.09	0.01	0.61	0.90	1.95	-0.70	-1.00	-0.41
BM-×××	§ -3.26	* -2.13	* -2.77	* -2.84	* -2.17	* -2.46	0.85	0.80	1.74
BM-×××	1.50	1.24	0.56	1.47	*2.31	1.21	-0.40	-0.30	0.45
BM-×××	0.51	0.76	1.05	-0.88	-1.11	-0.78	1.22	-0.20	-0.61
BM-×××	-0.22	-0.69	-0.97	0.20	0.51	0.68	-0.70	-0.70	-0.50
BM-×××	-1.63	* -2.31	-1.94	-1.58	-1.79	-1.71	1.03	1.19	1.39
BM-×××	0.30	-0.14	-0.73	0.14	0.86	0.42	-0.90	-0.80	-0.82
BM-×××	0.46	1.27	0.90	1.01	0.90	0.64	1.19	0.72	-0.41
BM-×××	-0.10	0.19	-0.53	-0.08	-0.19	-0.66	0.62	-0.70	-0.84
BM-×××	-0.17	-0.38	-0.53	0.91	-0.09	0.64	-0.80	-0.80	0.13
BM-×××	-1.22	-1.00	-1.69	-0.57	0.60	-0.34	-1.10	-0.50	-0.62
BM-×××	1.17	0.47	1.08	0.32	0.70	0.80	-0.20	0.06	0.13
BM-×××	*2.65	§3.77	2.58	-0.05	0.86	1.21	-0.50	1.19	4.44
BM-×××	-1.01	-0.21	-0.26	0.02	0.50	0.32	-0.20	0.23	0.66
BM-×××	0.32	0.76	0.72	-0.28	-0.19	-0.50	-0.10	-1.40	-1.59
BM-×××	*2.44	1.30	0.97	0.97	0.86	1.48	0.84	1.19	0.55
BM-×××	0.96	1.43	1.17	-0.67	-0.98	-0.99	-1.20	-0.90	-0.09
BM-×××	-0.10	-0.26	0.09	-2.44	-1.38	-0.99	§4.86	§3.76	§3.67
BM-×××	0.60	0.36	-0.35	0.91	0.01	-0.99	0.11	-0.50	-1.37
BM-×××	1.14	1.96	0.73	-1.33	-1.87	-1.58	1.08	1.04	1.08
BM-×××	-0.80	-0.60	-1.16	-0.28	-0.39	-0.83	-0.70	-0.50	0.45
BM-×××	-0.66	-0.66	-0.44	0.12	1.00	1.62	-1.00	-0.40	-0.73
BM-×××	§ -3.46	§ -3.09	-0.49	* -2.09	* -2.22	-1.98	-1.10	-1.40	-1.03
BM-×××	0.46	0.93	0.90	-0.96	-0.88	-0.99	-0.60	0.06	0.56
BM-×××	1.80	0.02	0.09	*2.38	-0.19	1.62	0.17	0.23	-0.41
BM-×××	0.67	-0.26	-0.89	1.69	1.29	1.13	-0.80	-0.30	-0.73
BM-×××	2.00	*2.34	1.53	-0.82	-1.28	-1.18	*2.94	0.35	-0.19

续上表

机构代码	0.2° −4°	0.2°15°	0.2°30°	0.5° −4°	0.5°15°	0.5°30°	1° −4°	1°15°	1°30°
BM-×××	−0.52	0.30	0.63	−0.77	−0.59	0.15	−0.30	−0.30	§7.31
BM-×××	−0.07	−0.20	−1.05	0.58	0.94	0.42	−0.90	−0.60	−0.40
BM-×××	§3.63	1.15	0.54	0.91	−1.57	−1.64	0.40	0.31	0.24
BM-×××	−1.22	−1.56	−0.17	* −2.14	−1.67	−1.15	0.11	−0.50	1.74
BM-×××	0.39	0.59	0.72	0.91	0.30	0.15	1.13	0.06	−0.09
BM-×××	−0.03	0.42	0.45	1.50	0.70	−0.17	0.68	−0.30	−0.41
BM-×××	−0.38	−0.66	−0.08	0.91	0.30	0.32	0.85	*2.20	0.66
BM-×××	−0.17	0.47	−0.26	−0.37	0.11	−0.01	0.23	0.39	0.99
BM-×××	0.61	−0.20	−0.08	1.03	1.11	1.08	−0.10	0.00	−0.29
BM-×××	−0.03	−0.54	0.01	* −2.14	−1.47	−0.99	§4.86	§3.92	§3.46
BM-×××	1.29	0.58	−0.24	0.84	1.45	1.08	−0.60	0.05	−0.82
BM-×××	−0.12	0.04	0.73	0.08	−0.17	0.02	−0.20	0.35	0.03
BM-×××	§ −3.14	−1.95	1.21	−1.64	−0.51	−0.12	0.40	*2.26	§3.28
BM-×××	1.24	1.06	0.08	1.03	1.79	0.95	0.12	0.89	0.24
BM-×××	−0.80	0.10	0.08	−0.24	−0.51	−0.91	−0.30	−0.90	−0.71
BM-×××	−0.31	−1.05	−1.42	1.60	1.19	−0.01	−0.20	0.64	0.88
BM-×××	0.96	1.10	1.35	−1.26	−0.59	−0.83	−1.00	0.14	0.66
BM-×××	−0.24	0.36	0.63	−0.67	−0.09	−0.66	0.00	−0.40	0.45
BM-×××	*2.13	0.52	0.65	0.90	0.51	0.28	−0.80	−1.90	−2.39
BM-×××	−0.48	−0.02	0.00	0.65	0.09	−0.65	0.02	−0.90	−0.82
BM-×××	−0.17	−0.51	−1.29	1.60	1.37	0.95	−1.20	−1.40	−1.13
BM-×××	−0.22	0.88	0.89	0.27	0.34	0.02	1.41	0.96	0.24
BM-×××	−0.22	1.30	1.29	−0.69	−0.42	−0.65	0.12	0.13	0.03
BM-×××	0.41	0.52	0.32	−0.50	−1.02	−1.18	0.64	0.05	−0.19
BM-×××	−0.17	−1.35	−0.49	−0.12	−0.42	1.08	−0.40	−0.50	0.45
BM-×××	−0.74	−0.69	−0.89	0.52	0.34	0.28	0.26	0.51	0.97
BM-×××	0.25	0.94	0.65	0.01	0.00	−0.52	1.03	1.72	1.71
BM-×××	−0.24	0.13	0.09	−0.18	0.11	−0.50	−0.60	−1.20	−1.59
BM-×××	−1.72	−1.62	−1.42	−0.57	−0.19	−0.01	−1.10	−1.30	−1.16
BM-×××	0.39	0.53	−0.53	0.61	1.19	1.95	−1.20	−1.50	−0.84
BM-×××	−0.64	−0.33	−0.16	−0.05	−0.08	−0.25	−1.00	−0.90	−1.03
BM-×××	−1.01	0.30	−0.26	0.81	0.70	0.32	1.19	§3.43	1.74
BM-×××	−0.24	−0.32	−0.35	0.22	1.29	1.78	−0.60	0.14	−0.09

续上表

机构代码	0.2° -4°	0.2°15°	0.2°30°	0.5° -4°	0.5°15°	0.5°30°	1° -4°	1°15°	1°30°
BM-×××	0.46	-0.14	-0.57	0.52	1.37	0.95	-0.70	-0.60	-0.50
BM-×××	-1.06	-1.77	-2.00	-1.01	-0.42	-0.52	-0.70	-0.60	-1.03
BM-×××	1.17	0.93	0.99	0.02	0.21	-0.01	0.06	0.39	-0.94
BM-×××	-0.74	-0.27	0.08	-0.63	-0.25	-0.65	-0.50	-0.40	-0.61
BM-×××	2.00	1.10	1.61	-0.18	-1.18	-0.01	1.30	0.88	1.74
BM-×××	0.53	-0.15	0.63	-0.47	1.09	1.46	0.68	1.29	0.56
BM-×××	*2.22	1.66	1.70	-0.87	-0.68	-0.99	1.24	0.97	-0.19
BM-×××	-1.72	-1.28	-1.16	-0.08	0.40	0.15	-1.20	-1.30	-0.73
BM-×××	-1.22	-0.38	0.09	* -2.90	-1.08	-2.13	*2.09	1.71	1.09
BM-×××	-1.42	0.46	0.08	-0.12	-0.17	-0.52	1.27	1.57	§5.49
BM-×××	-0.31	-0.38	-1.16	0.51	1.09	-0.34	-0.60	0.47	0.34
BM-×××	-0.85	-0.63	-0.57	0.20	-0.08	0.02	0.40	0.05	0.03
BM-×××	0.14	-0.75	-0.41	0.71	-0.08	0.55	-0.80	-0.40	-0.92
BM-×××	0.30	-1.17	-0.65	0.08	-0.25	0.55	1.32	-0.20	0.03
BM-×××	-0.87	-0.71	0.18	0.12	-0.88	-0.01	0.73	0.80	0.45
BM-×××	-0.22	0.76	0.65	-0.82	-1.19	-0.91	* -2.60	-1.20	0.66
BM-×××	0.11	-1.34	-1.51	-0.28	-0.09	0.32	-0.80	-0.30	-0.94
BM-×××	0.04	-0.51	-0.81	1.73	2.00	1.35	-0.30	0.20	-1.34
BM-×××	0.51	0.16	0.08	0.08	-0.59	-0.52	1.12	2.00	§3.81
BM-×××	1.61	0.04	-0.89	1.67	1.97	0.28	-0.50	-1.20	-1.76
BM-×××	-0.17	0.10	0.16	0.33	0.51	0.42	*2.13	§3.86	§5.07
BM-×××	-0.87	0.13	-0.26	0.71	0.60	0.15	0.06	-0.10	-0.62
BM-×××	0.77	0.46	-0.08	1.79	0.20	*2.41	-0.20	§3.16	-0.82

注:加§处的数值为离群值,即 $|z| \geq 3.00$;加*处的数值为可疑值,即 $2.00 < |z| < 3.00$。

说明:其中每家检测机构,数据结果出现离群值,数据结果综合评价为离群;无离群值,出现可疑结果,数据结果综合评价为可疑;数据结果中既无离群值又无可疑值,数据结果综合评价为满意。

综上所述,在本次参加试验的 103 家检测机构中,74 家检测机构的试验结果实验室间比对为"满意值",占总数的 71.8%,14 家检测机构的试验结果为"可疑",占总数的 13.6%,15 家检测机构的试验结果为"离群",占总数的 14.6%。

5.6.5 比对试验技术分析

5.6.5.1 概述

各检测机构的试验数据结果和统计处理汇总见表 5-96,试验结果出现离群值和可疑值的数目统计见表5-97,1°30°结果统计见表5-98。

9个试验结果出现离群值和可疑值的数目统计表 表5-97

项目结果	0.2° -4°	0.2°15°	0.2°30°	0.5° -4°	0.5°15°	0.5°30°	1° -4°	1°15°	1°30°
2 < |z| < 3	BM-G098 BM-G020 BM-G038 BM-G041 BM-G073	BM-G027 BM-G025 BM-G031 BM-G052	BM-G027 BM-G020 BM-G038	BM-G027 BM-G043 BM-G050 BM-G056 BM-G063 BM-G100 BM-G048	BM-G027 BM-G028 BM-G048	BM-G027 BM-G100 BM-G115	BM-G017 BM-G052 BM-G100 BM-G108 BM-G113	BM-G017 BM-G059 BM-G012 BM-G066	BM-G013 BM-G073
|z|≥3	BM-G027 BM-G055 BM-G048 BM-G066	BM-G020 BM-G038 BM-G048					BM-G043 BM-G063 BM-G100 BM-G012	BM-G043 BM-G063 BM-G090 BM-G113 BM-G115	BM-G043 BM-G053 BM-G063 BM-G038 BM-G066 BM-G101 BM-G111 BM-G113

1°30°结果统计表 表5-98

结果总数（个）	稳健平均值	稳健标准差	标准不确定度	最小值	最大值	极差	可疑值（个）	离群值（个）
52	×.××	×.×××	0.163	3.3	11.6	8.3	0	3

5.6.5.2 数据正态分布或单峰分布的检查

交通标志反光膜逆反射系数比对试验数据的频率分布直方图见图5-45、图5-46,可以看出其频率分布直方图基本上符合单峰分布特征。

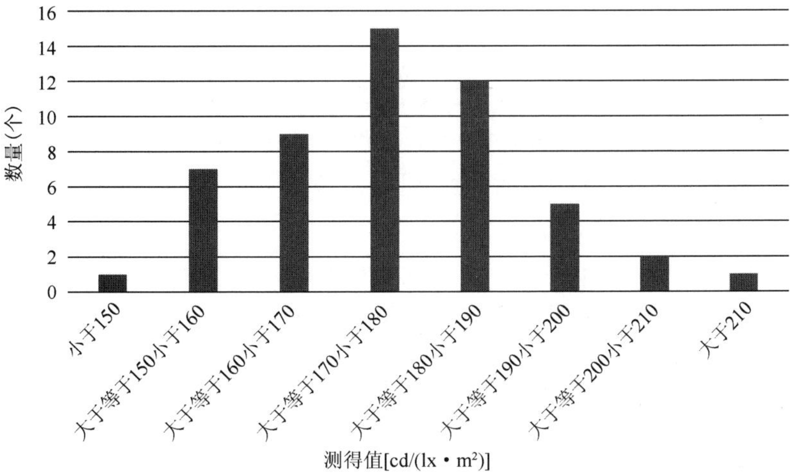

图5-45 1组0.2° -4°数据直方图

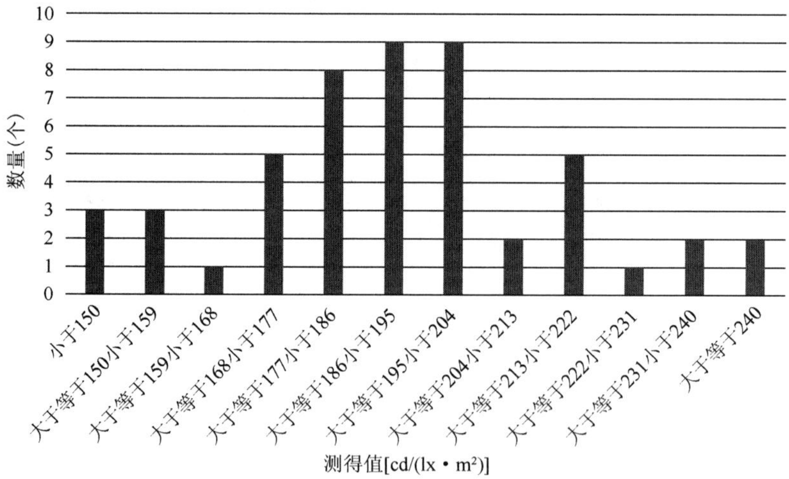

图 5-46　2 组 0.2° -4°数据直方图

1 组 0.2° -4°数据直方图显示,大部分数据符合正态或单峰分布规律。2 组 0.2° -4°数据直方图显示,数据分布符合正态或单峰分布规律。

5.6.5.3　检测机构试验结果的主要影响因素分析

本次比对试验主要从不满意结果分布情况、设备种类以及人员操作三个方面对影响试验结果的因素进行了分析:

(1)不满意结果分布分析。

各测量条件下不满意结果的统计分析见表 5-99。

各测量条件下不满意结果的统计分析　　表 5-99

测量条件	0.2° -4°	0.2°15°	0.2°30°	0.5° -4°	0.5°15°	0.5°30°	1° -4°	1°15°	1°30°
不满意结果数量	4	3	0	0	0	0	3	5	8
不满意结果占比(%)	17	13	0	0	0	0	13	5	35

从数据不满意结果分布来看,小入射角度和大入射角度出现离群值比例较高,尤其以 1°30°最高,达到 35%,说明在小入射角度和大入射角度时,测量稳定性变差。

(2)设备种类的影响。

不同生产厂家不满意结果的统计分析见表 5-100。

不同生产厂家不满意结果的统计分析　　表 5-100

序　　号	厂 家 名 称	用　户　数	出现不满意数	占其用户比(%)
1	厂家 1	25	3	12.00
2	厂家 2	15	4	26.67
3	厂家 3	35	1	2.86
4	厂家 4	23	7	30.43

续上表

序 号	厂家名称	用 户 数	出现不满意数	占其用户比(%)
5	厂家5	1	0	0
6	厂家6	3	0	0
7	厂家7	1	0	0

便携式逆反射系数测量仪生产厂家相对集中,从数据结果来看厂家2和厂家4提供的设备出现不满意的比重较大,分别为26.67%与30.43%,这与后期整改过程中结果非满意单位采取重新购置性能更稳定可靠的设备完成复核比对并获得满意结果的现象呼应,反映出设备是影响检测准确性的关键因素之一。

(3)技术操作影响。

公路工程试验检测机构应针对交通标志反光膜逆反射系数测试工作,制定或细化操作规程,加强人员培训,确保不同试验人员在设备校准、测试、数据处理等环节的一致性。

5.6.6 结语

所谓实验室间比对,就是一个组织机构按照预先设定的条件,将相同或类似的样品分发给两个或多个实验室进行检测或者测量,然后将各个实验室的结果进行汇总,并按规定的要求进行处理、评价和说明;是基于现有的方法标准、设备情况、量值溯源情况等识别实验室之间的差异,寻找实验室存在的问题,并采取措施加以改进。2017年公路工程试验检测机构交通标志反光膜逆反射系数比对试验发现的问题,通过实验室为期三个月的整改后,重新进行了复核比对试验,所有数据不满意的实验室除一家一个值为基本满意以外,其余均为满意结果,证明各家机构采用的整改措施有效,本次比对试验有效地识别出了存在的问题,促进了行业在该参数检测水平上的提升。同时,本次比对试验突破了以往以数据为主的结果评价方式,正式引入了文件材料和视频资料审查综合评价结果,建立了基于提交材料的四层次评价体系,更加科学、客观、全面地反映交通领域试验检测机构的真实水平,也为之后比对试验标准规范的建立进一步夯实了基础。

5.6.7 主要参考文献

(1)《合格评定能力验证通用要求》(ISO/IEC 17043:2010)。
(2)《利用实验室间比对的能力验证的统计方法》(ISO 13528:2005)。
(3)《能力验证结果的统计处理和能力评价指南》(CNAS-GL02:2014)。
(4)《能力验证样品均匀性和稳定性评价指南》(CNAS-GL03:2006)。
(5)《利用实验室间比对进行能力验证的统计方法》(GB/T 28043—2011)。
(6)《道路交通反光膜》(GB/T 18833—2012)。
(7)《能力验证规则》(CNAS-RL02:2016)。

5.6.8 附件

5.6.8.1 检测机构的试验结果和统计处理

各测量条件下的 z 比分数柱状图如图5-47～图5-55所示。

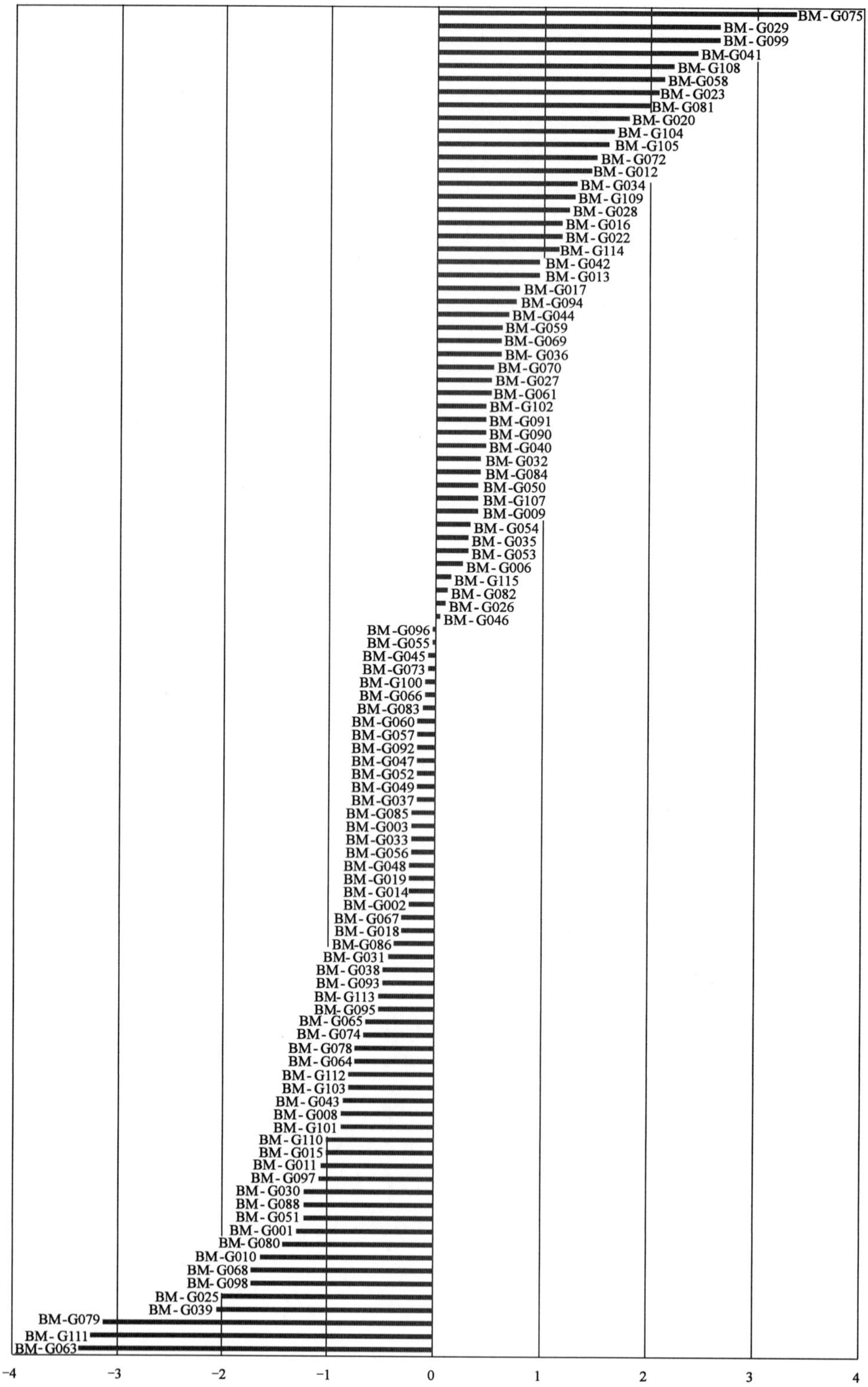

图 5-47　0.2°－4°z 比分数柱状图

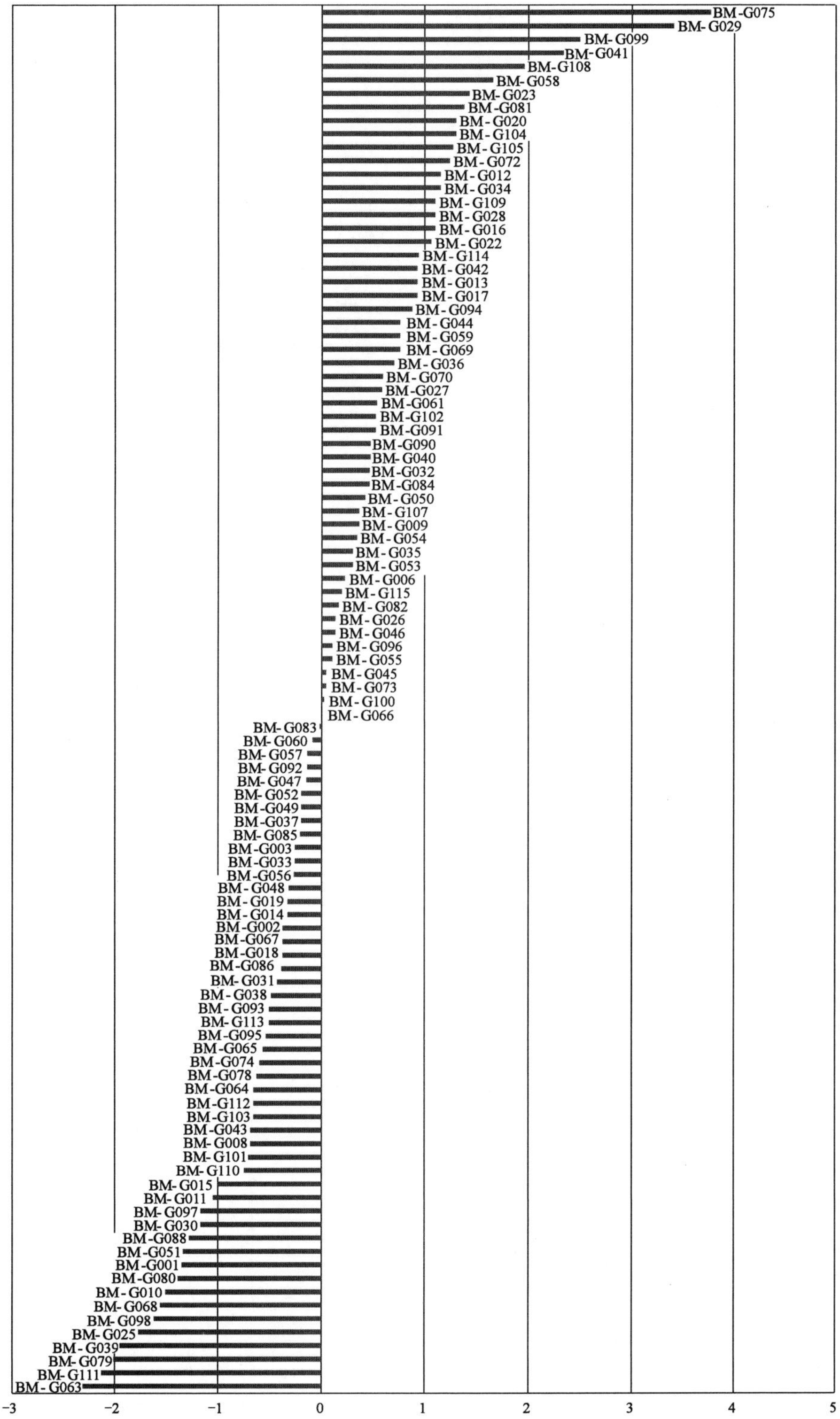

图 5-48　0.2°15° z 比分数柱状图

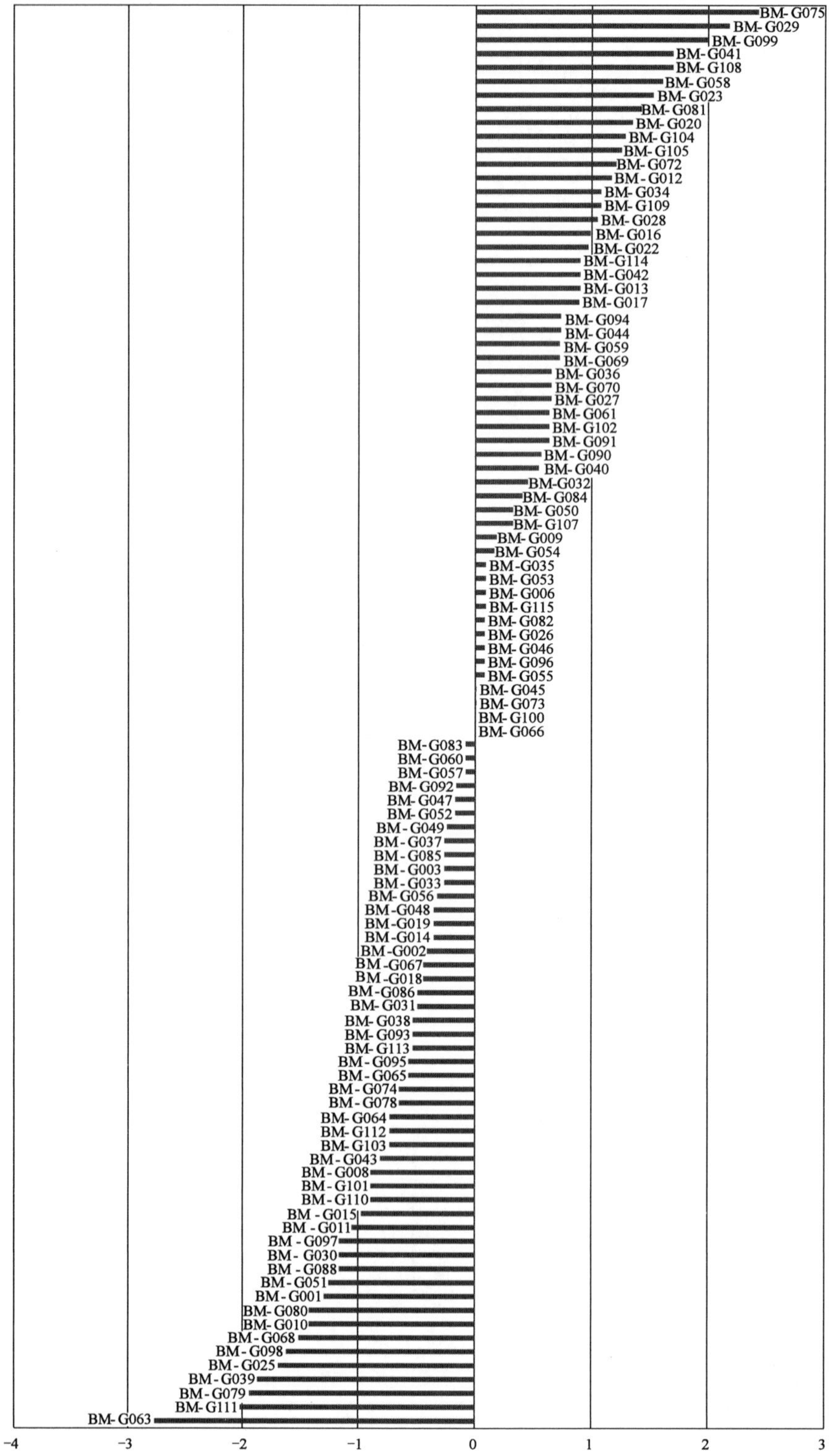

图 5-49　0.2°30° z 比分数柱状图

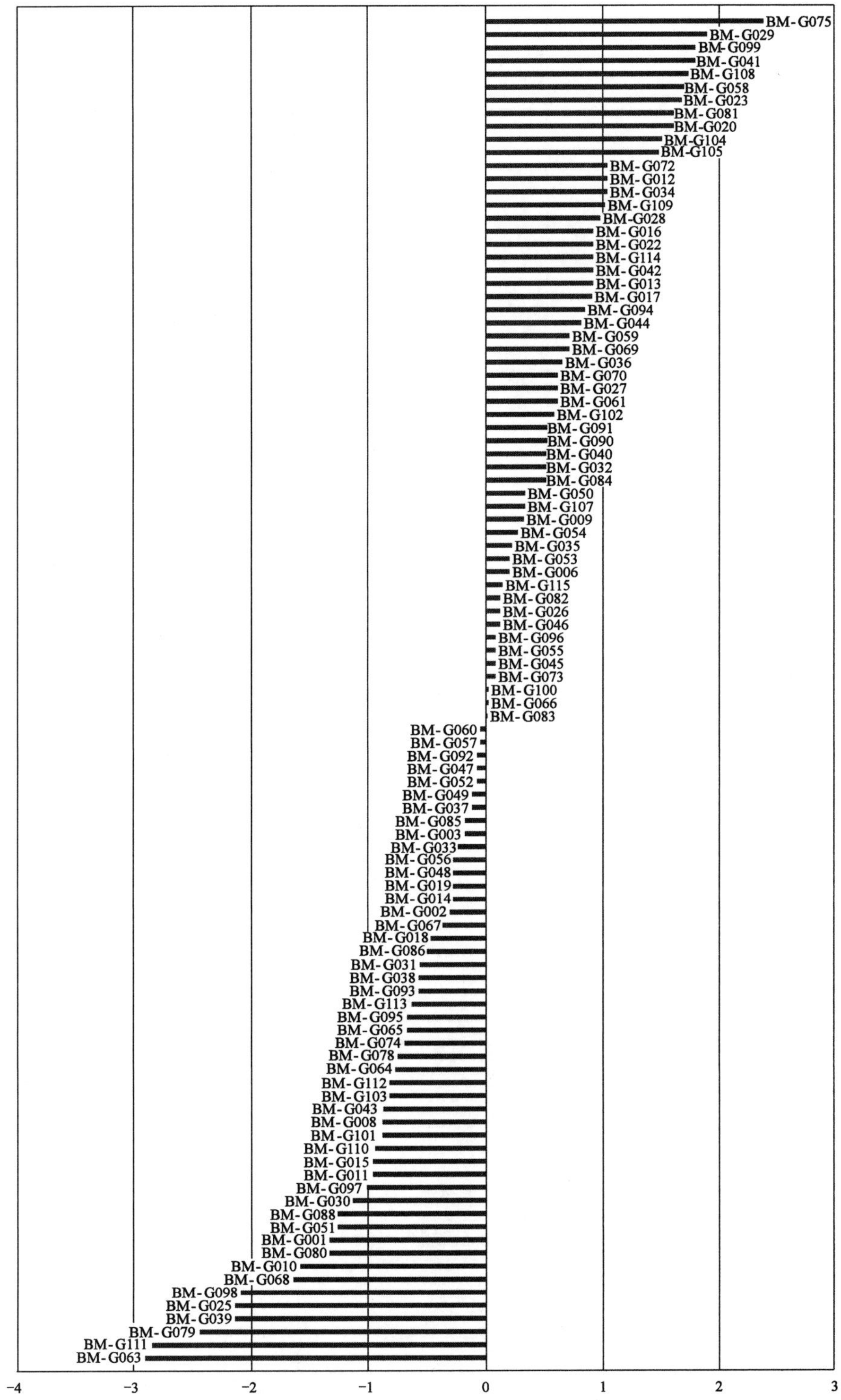

图 5-50　0.5°－4° z 比分数柱状图

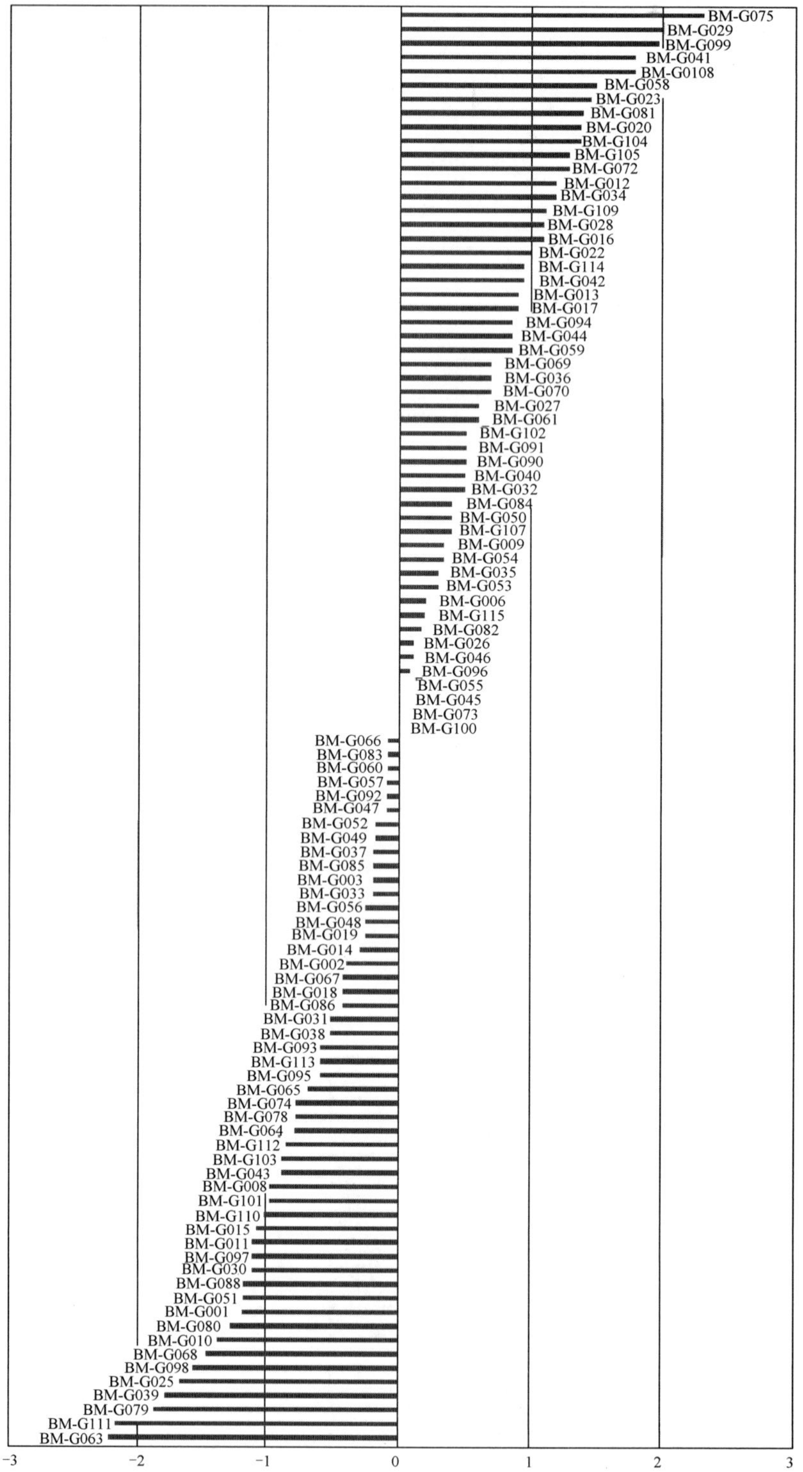

图 5-51　0.5°15° z 比分数柱状图

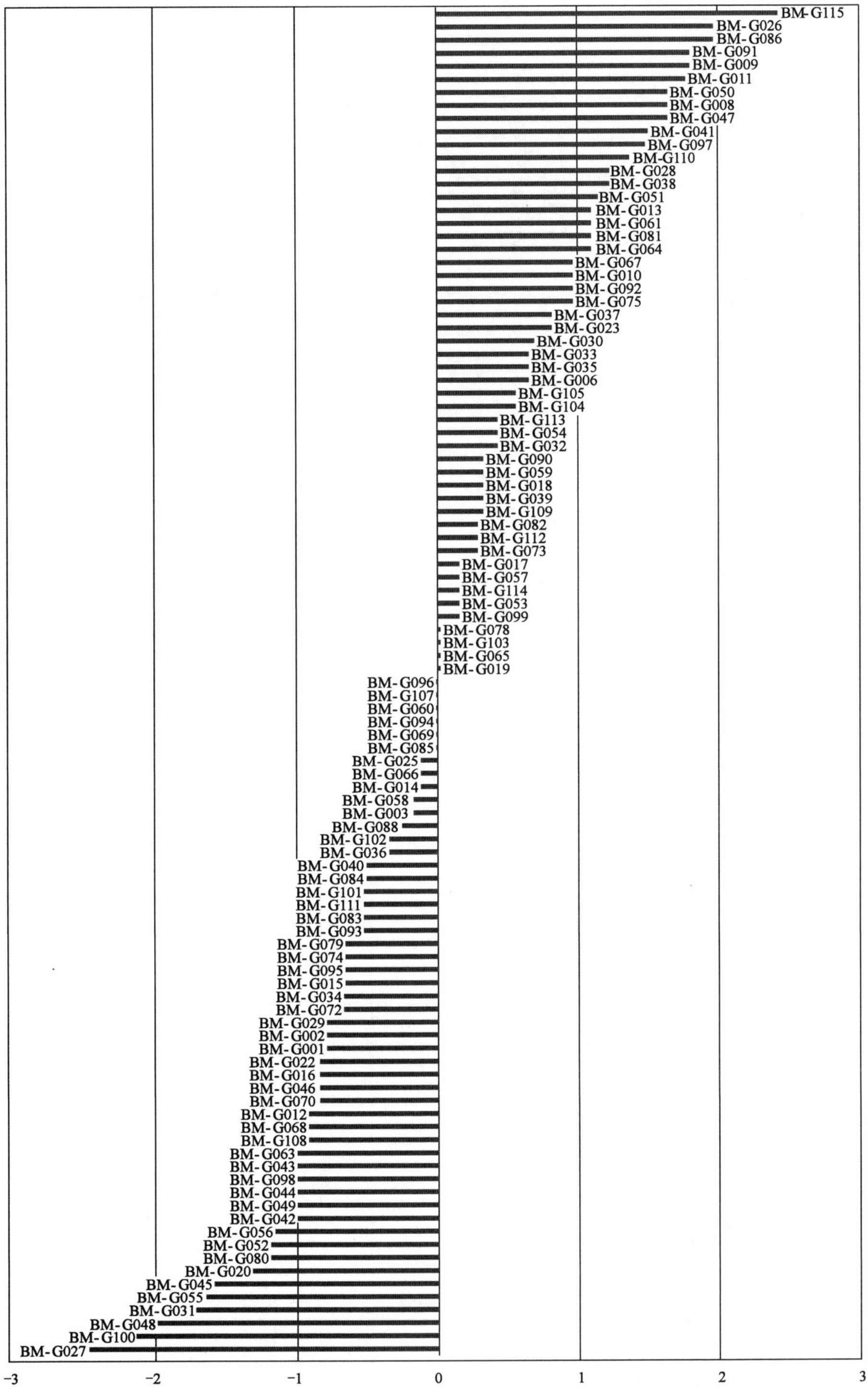

图 5-52　0.5°30° z 比分数柱状图

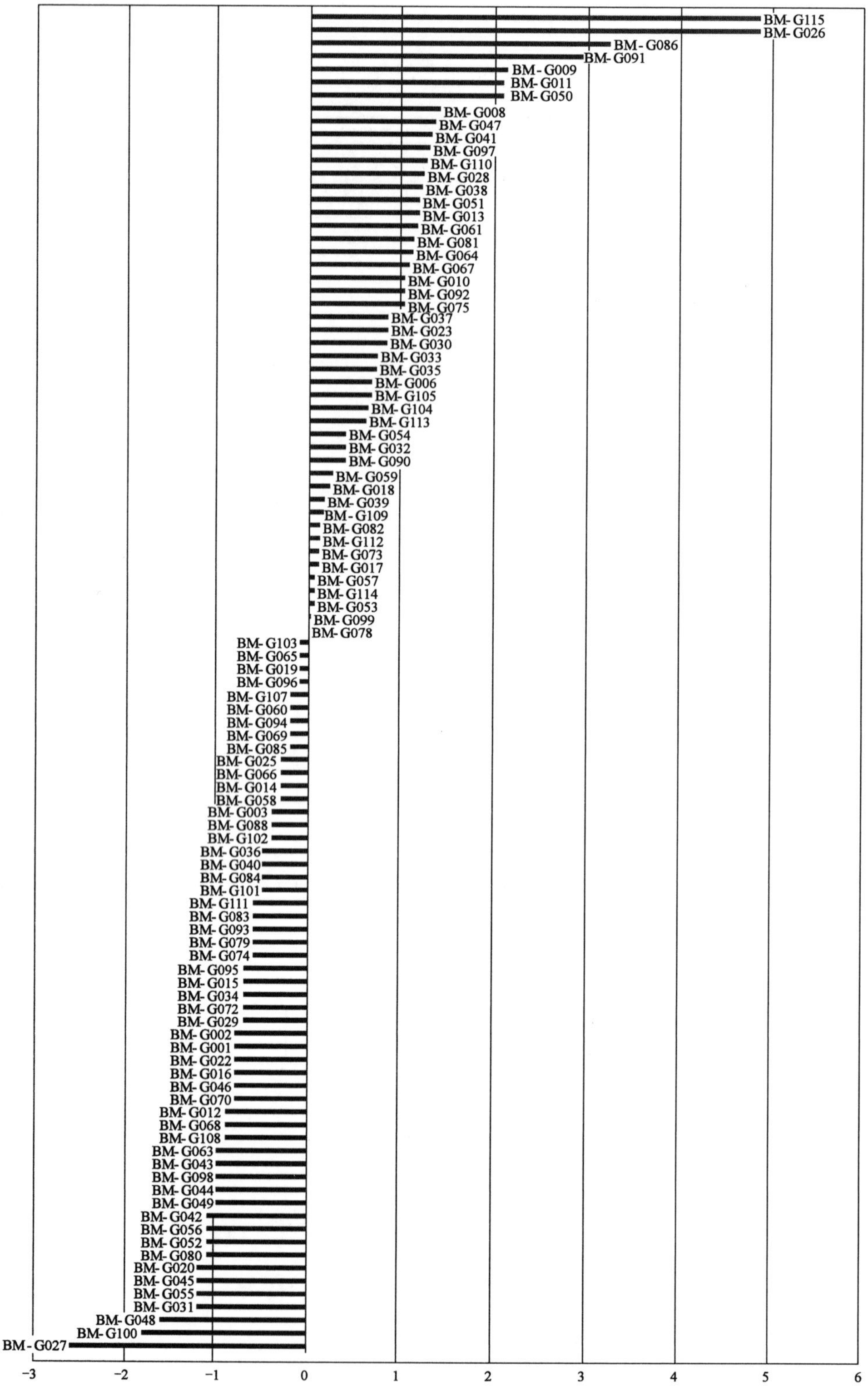

图 5-53　1°－4° z 比分数柱状图

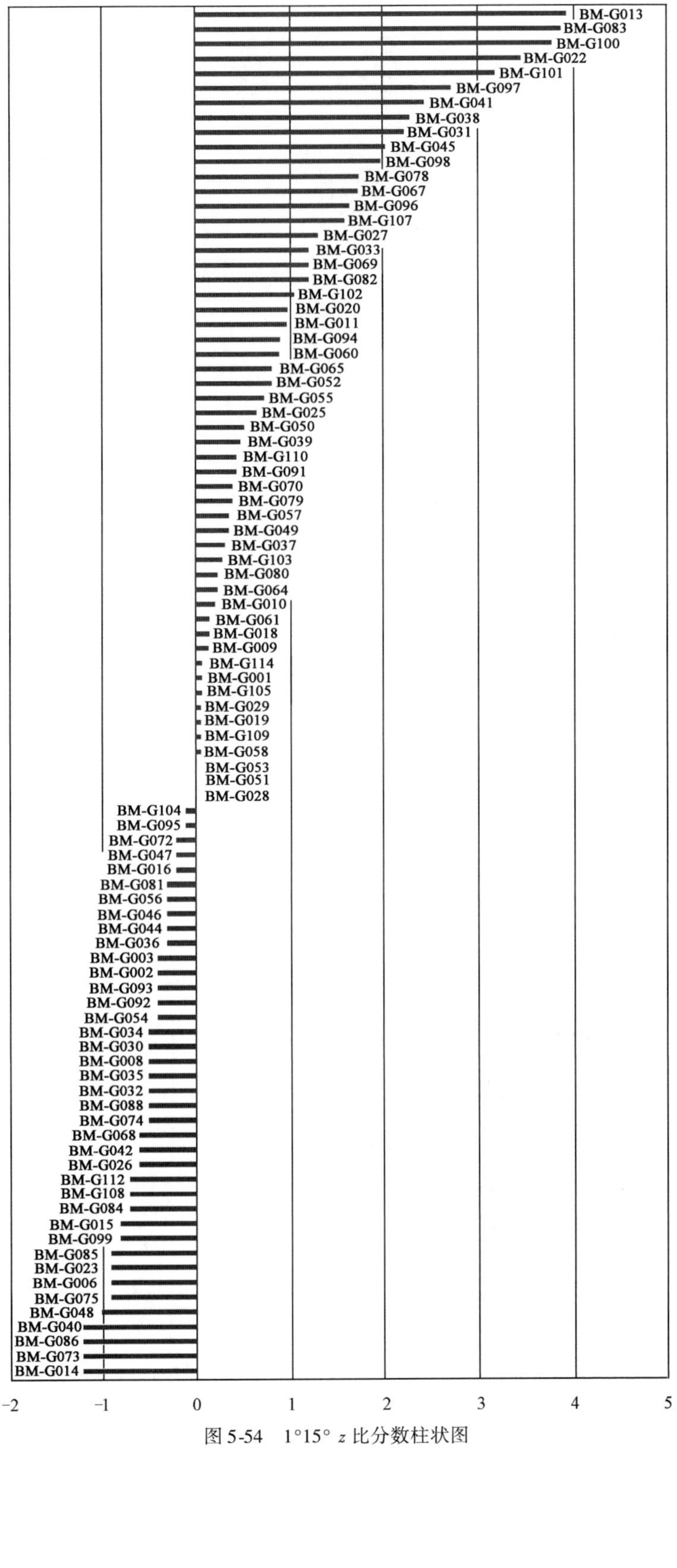

图 5-54　1°15° z 比分数柱状图

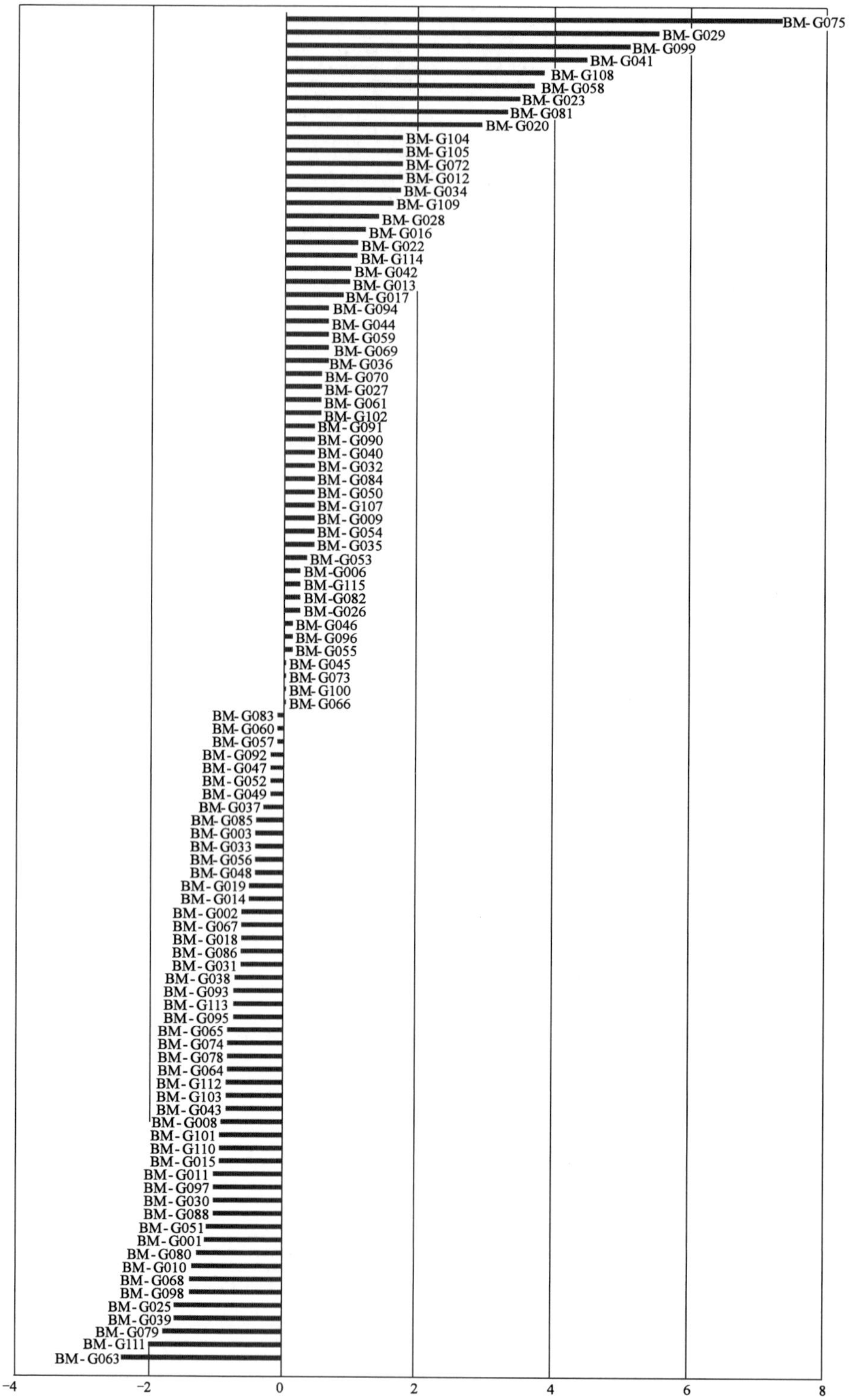

图 5-55　1°30° z 比分数柱状图

5.6.8.2 样品均匀性检验报告

1)均匀性检验

样品均匀性检验结果统计:

(1)国家交通安全设施质量监督检验中心依据《道路交通反光膜》(GB/T 18833—2012)进行交通标志反光膜逆反射系数检验。

(2)样品的抽取数量依据《利用实验室间比对进行能力验证的统计方法》(GB/T 28043—2011)和《能力验证样品均匀性和稳定性评价指南》(CNAS-GL03)。通过随机抽样程序,从1 ~240号(第一组,第一批)中抽取10块样品,从241 ~480号(第二组,第二批)中抽取10块样品。

(3)依据《道路交通反光膜》(GB/T 18833—2012)中6.2的规定进行样品调节。即将样品在温度23℃ ±2℃,相对湿度50% ±10%的环境中放置24h以上,然后进行试验。采用逆反射系数测量仪(便携式)进行逆反射系数测量。打开测量仪器,预热,直至显示数据稳定。按照仪器说明书进行使用前黑板零点校准,而后按照仪器配套校准板的数值进行校准。本次样品均匀性检验采用的测量几何条件为:观测角0.2°,入射角 -4°。将样品放置在铝板上,按照标记方向,采用图5-56规定的方式选取测点进行测量,每个样品每次测量5个点,重复测量次数为2次。

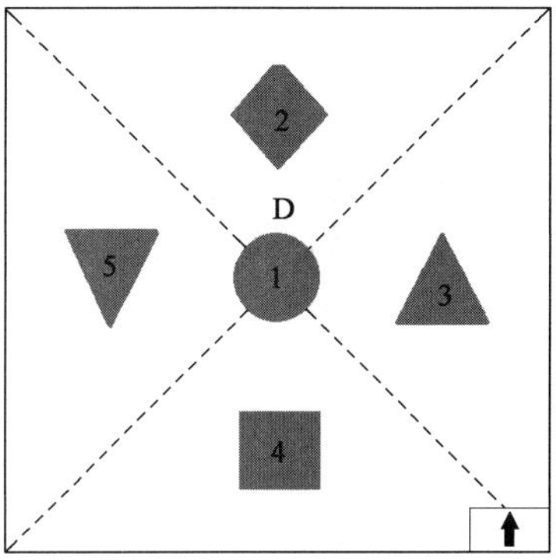

图5-56 逆反射系数测量点位置

第一组样品测试结果见表5-101。

第一组样品测试结果[cd/(lx · m²)] 表5-101

样品号(i)		测试次数(j)												两次测量平均值
		1						2						
		1	2	3	4	5	平均值	1	2	3	4	5	平均值	
1	BD-01-151号	124	120	115	121	119	120	121	121	115	122	118	119	120
2	BD-01-168号	117	117	121	117	118	118	116	115	122	116	115	117	118
3	BD-01-169号	118	117	116	117	120	118	119	117	118	117	121	118	118
4	BD-01-59号	114	122	118	116	122	118	120	124	119	116	119	120	119
5	BD-01-60号	118	121	116	118	118	118	120	120	116	118	116	118	118
6	BD-01-82号	121	121	118	116	119	119	119	116	122	119	117	119	119
7	BD-01-85号	120	116	121	121	117	119	121	116	114	120	118	118	118
8	BD-01-23号	116	120	125	120	119	120	121	118	126	123	116	121	120
9	BD-01-18号	118	121	118	118	121	119	118	122	118	118	119	119	119
10	BD-01-170号	120	122	117	122	118	120	123	121	122	121	118	121	120
总平均值		119												

单因子方差分析结果见表5-102。

第一组方差分析结果 表5-102

方差来源	自由度	平方和	均方	F
样品间	9	14	1.556	2.22
样品内	10	7	0.700	

根据表5-102（重复两次）样品方差分析结果，第一组反光膜样品所测试参数的统计量$F=2.22<F_{0.05(9,10)}=3.02$，本次比对采用算法A计算稳健标准差，需待数据收回之后进行统计，比较样品间标准差和能力标准差，决定是否修正能力标准差。

第二组样品测试结果见表5-103。

第二组样品测试结果[cd/(lx·m^2)] 表5-103

样品号(i)		测试次数(j) 1						2						两次测量平均值
		1	2	3	4	5	平均值	1	2	3	4	5	平均值	
1	BD-01-420号	130	132	132	134	126	121	128	129	133	127	134	130	130
2	BD-01-418号	128	128	129	132	134	130	128	128	127	130	133	129	130
3	BD-01-358号	132	130	134	130	132	132	132	129	133	131	130	131	132
4	BD-01-439号	127	134	128	128	131	130	128	132	132	126	131	130	130
5	BD-01-331号	129	128	134	130	126	129	129	128	135	130	126	130	130
6	BD-01-284号	128	129	130	127	126	128	129	129	127	130	130	129	128
7	BD-01-305号	127	131	130	128	131	129	130	129	130	128	132	130	130
8	BD-01-339号	128	133	133	128	134	131	129	132	134	130	133	132	132
9	BD-01-288号	129	128	129	131	126	129	131	130	131	131	127	130	130
10	BD-01-287号	127	130	129	130	130	129	129	130	128	129	132	130	130
总平均值		130												

单因子方差分析结果见表5-104。

第二组方差分析结果 表5-104

方差来源	自由度	平方和	均方	F
样品间	9	24	2.667	2.96
样品内	10	9	0.900	

$F=2.96<F_{0.05(9,10)}=3.02$，第二组反光膜样品是均匀的。

根据表5-104样品方差分析结果（重复两次），第二组反光膜样品所测试参数的统计量$F=2.96<F_{0.05(9,10)}=3.02$，本次比对采用算法A计算稳健标准差，需待数据收回之后进行统计，比较样品间标准差和能力标准差，决定是否修正能力标准差。

2）样品均匀性检验的评估

依照《利用实验室间比对进行能力验证的统计方法》（GB/T 28043—2011）对样品的均匀

性进行评估，样品间标准差与能力评定标准差见表 5-105。

样品间标准差与能力评定标准差对照表 表 5-105

组别	测试参数	样品间标准差(s_s)	能力评定标准差(σ)	0.3σ	符合性($s_s \leq 0.3\sigma$)	修正后的 σ_s($s_s > 0.3\sigma$)
1 组	逆反射系数[cd/(lx · m^2)]	0.65	××.×××	××.×××	满足	—
2 组	逆反射系数[cd/(lx · m^2)]	0.94	××.×××	××.×××	满足	—
备注	1. 表中能力评定标准差(σ)源于本次"交通标志反光膜逆反射系数比对试验计划" 1 组稳健标准差(14.228)、2 组稳健标准差(19.159)。 2. 数据统计采用《利用实验室间比对进行能力验证的统计方法》(GB/T 28043—2011)					

评估结论：从表 5-105 所示 1 组、2 组样品所测试参数均匀性检验样品间标准差(s_s)来看，交通标志反光膜逆反射系数[cd/(lx · m^2)]参数的样品间标准差均小于 0.3σ，表明 1 组、2 组样品充分均匀。

5.6.8.3 样品稳定性检验报告

1)检验与评价依据

国家交通安全设施质量监督检验中心依据《道路交通反光膜》(GB/T 18833—2012)进行交通标志反光膜逆反射系数检验。数据依据《利用实验室间比对进行能力验证的统计方法》(GB/T 28043—2011)、《能力验证样品均匀性和稳定性评价指南》(CNAS-GL03)进行处理。

2)稳定性检验样品抽取

样品的抽取数量依据《利用实验室间比对进行能力验证的统计方法》(GB/T 28043—2011)和《能力验证样品均匀性和稳定性评价指南》(CNAS-GL03)。通过随机抽样程序，从1 ~240号(第一组，第一批)中抽取 6 块样品，从 241 ~480 号(第二组，第二批)中抽取 6 块样品。

3)检验步骤

(1)依据《道路交通反光膜》(GB/T 18833—2012)中 6.2 的规定进行样品调节。即将样品在温度 23℃ ±2℃，相对湿度 50% ±10% 的环境中放置 24h 以上，然后进行试验。

(2)采用逆反射系数测量仪(便携式)进行逆反射系数测量。打开测量仪器，预热，直至显示数据稳定。按照仪器说明书进行使用前黑板零点校准，而后按照仪器配套校准板的数值进行校准。本次样品稳定性检验采用的测量几何条件为：观测角 0.2°，入射角 -4°。

(3)将样品放置在铝板上，按照标记方向，采用图 5-56 规定的方式选取测点进行测量。每个样品每次测量 5 个点。

(4)一个月后，对抽取的稳定性检验样品按照上述步骤进行第二次测量。

4)检验结果与评价

本次稳定性检验采用 t 检验法(两个平均值之间的一致性)。按下式计算 t 值：

$$t = \frac{|\overline{x_2} - \overline{x_1}|}{\sqrt{\frac{(n_1 - 1)s_1^2 + (n_2 - 1)s_2^2}{n_1 + n_2 - 2} \cdot \frac{n_1 + n_2}{n_1 \cdot n_2}}}$$

式中：$\overline{x_1}$——第一次检验测量数据的平均值；

$\overline{x_2}$——第二次检验测量数据的平均值；

s_1——第一次检验测量数据的标准偏差；

s_2——第二次检验测量数据的标准偏差；

n_1——第一次检验测量的测量次数；

n_2——第二次检验测量的测量次数。

为了保证平均值和标准偏差的准确度，n_1 和 n_2 均为 6。

若 $t < t_{0.05(10)} = 2.23$，则两个平均值之间无显著性差异，样品是稳定的。第一组样品测试结果见表 5-106。

第一组样品测试结果[cd/(lx · m²)]　　表 5-106

样品号		1						2					
		1	2	3	4	5	平均值	1	2	3	4	5	平均值
1	BD-01-131 号	123	122	112	125	117	120	125	125	111	124	119	121
2	BD-01-173 号	121	119	119	118	122	120	124	122	122	118	122	122
3	BD-01-184 号	120	119	117	116	113	117	121	121	120	116	114	118
4	BD-01-200 号	124	125	123	117	121	122	122	125	123	118	121	122
5	BD-01-156 号	119	117	117	115	117	117	118	119	119	117	117	118
6	BD-01-51 号	117	117	118	114	117	117	118	117	119	115	117	117

t 检验法分析结果见表 5-107。

第一组样品分析结果　　表 5-107

第一次检验测量数据的平均值 $\overline{x_1}$ [cd/(lx · m²)]	第一次检验测量数据的标准偏差 s_1	第一次检验测量的测量次数 n_1	t
119	2.168	6	0.83
第二次检验测量数据的平均值 $\overline{x_2}$ [cd/(lx · m²)]	第二次检验测量数据的标准偏差 s_2	第二次检验测量的测量次数 n_2	
120	2.002	6	

$t = 0.83 < t_{0.05(10)} = 2.23$，第一组反光膜样品是稳定的。第二组样品测试结果见表 5-108。

第二组样品测试结果[cd/(lx · m²)]　　表 5-108

样品号		1						2					
		1	2	3	4	5	平均值	1	2	3	4	5	平均值
1	BD-01-367 号	127	131	123	133	130	129	131	138	130	125	129	131
2	BD-01-369 号	132	127	130	132	136	131	133	130	134	132	135	133
3	BD-01-376 号	132	131	133	132	131	132	131	132	135	134	134	133
4	BD-01-377 号	132	132	131	133	131	132	134	134	134	132	134	134
5	BD-01-480 号	132	131	134	134	128	132	134	132	130	132	131	132
6	BD-01-478 号	126	130	130	126	126	128	125	129	133	126	128	128

t 检验法分析结果见表 5-109。

第二组样品分析结果 表 5-109

第一次检验测量数据的平均值 $\overline{x_1}$[cd/(lx·m²)]	第一次检验测量数据的标准偏差 s_1	第一次检验测量的测量次数 n_1	t
131	1.751	6	0.89
第二次检验测量数据的平均值 $\overline{x_2}$[cd/(lx·m²)]	第二次检验测量数据的标准偏差 s_2	第二次检验测量的测量次数 n_2	
132	2.137	6	

$t=0.89<t_{0.05(10)}=2.23$,第二组反光膜样品是稳定的。

5.6.8.4 相关文件

1)被测样品接收状态确认表

被测样品接收状态确认表

检测机构编号:BM-

计划名称(编号)	交通标志反光膜逆反射系数比对试验(BD2017-01)		
样品名称及标识	交通标志反光膜		
发送机构	中国交通建设监理协会试验检测工作委员会		
电话/E-Mail	010-62358971 ticc. cn@163. com	发送日期	2017 年 7 月 25 日
发送状态	完好☑ 不完好☐	发送人(签名)	张芳
样品接收时,样品是否完好:是☐ 否☐ 如有异常请详细描述样品状态(附图片):			
接收试验检测机构名称(全称): (公章) 联系地址: 邮编: 联系电话/传真: 联系人: 接收人(签名): 接收时间:			
备注:			

注:请接收单位收到样品后,仔细核对样品状态后填报本表,并将盖章后的扫描件以及描述样品状态的图片(如有)一并发送至指定邮箱 ticc. cn@163. com。本表原件随试验相关材料及资料邮寄至主办单位。

2）比对试验计划指导书

交通标志反光膜逆反射系数比对试验计划指导书

本次比对试验计划中，贵试验检测机构的编号 BM-__________。

为保证比对试验计划的顺利进行，特要求参加单位认真遵循下列条款：

1. 主办单位统一向各试验检测机构随机寄送 1 份反光膜样品（Ⅳ类，尺寸为 150mm × 150mm），样品用盒子封装，并有相应的标识（样品编号、测量方向标记）。收到样品时，应首先对样品状态进行确认，同时填写“被测样品接收状态确认表”，并将扫描件、描述样品状态的图片（样品如存在问题时请提供）发送至指定邮箱 ticc. cn@ 163. com，并将原件随试验结果报告表及报告等相关材料寄送至北京市海淀区西土城路八号 02 写字楼 101 室（交通运输部公路科学研究所院内），联系人：李 双，联系电话：（010）62358975。

2. 试验检测机构在收到样品确认无误后，应上报所在地省级交通质监机构，以确定具体试验时间。

3. 试验检测机构在收到样品后，应根据《道路交通反光膜》（GB/T 18833—2012）中 6.2 的规定进行样品调节，而后进行检测。

4. 参加比对试验的人员须是检测机构登记在职人员，且持有公路工程试验检测工程师或试验检测员证（交通工程或交通安全设施专业）。

5. 试验前试验人员要认真检查仪器设备运转是否正常，仪器设备是否在检校周期内。试验结束后检查、记录主要试验设备状态。

6. 本次比对试验共一项：交通标志反光膜逆反射系数。采用的试验标准、试验要求及注意事项见表 5-110。

比对试验采用的试验标准、试验要求及注意事项 表 5-110

<table>
<tr><th>名称</th><th>试验标准</th><th>试验要求</th><th>注意事项</th></tr>
<tr><td>样品调节</td><td rowspan="2">GB/T 18833—2012</td><td>试验前，将样品在温度 23℃ ±2℃，相对湿度 50% ±10% 的环境中放置 24h 以上，然后进行试验</td><td>—</td></tr>
<tr><td>逆反射系数测量</td><td>（1）试验在温度 23℃ ±2℃，相对湿度 50% ±10% 的环境中进行。
（2）测量几何条件为：观测角 0.2°、0.5°、1°，入射角 −4°、15°、30°，共九种组合。按照仪器说明书进行使用前黑板零点校准，每种组合测量前均应按照仪器配套校准板的数值进行校准。
（3）每种测量几何条件组合在样品上取 5 个点（不同位置）进行测量，取点位置见逆反射系数测量点确定方法［见 3）］。
（4）样品须放置在铝板上，沿标记方向测量</td><td>（1）采用便携式逆反射系数测量仪进行逆反射系数测量。不采用《逆反射系数测试方法共平面几何法》（JT/T 689—2007）规定的测试方法。
（2）打开测量仪器，预热，直至显示数据稳定后开始测试。
（3）测量时，手柄方向与标记方向呈水平状态</td></tr>
</table>

7. 省级交通质监机构派见证人员进行现场见证试验，在试验结果报告表中签字。

8. 各试验检测机构要对关键操作过程进行视频录像，录像画面要清晰，作为现场见证和事后追溯的依据，视频内容包括显示实验室外观全景、试验人员本人、主要试验设备；试验环境温湿度、九种组合测量几何条件的测试过程；反映最终试验结果的试验设备数据显示及结果填写等。样品调节过程可不录像。如影像资料不能反映试验过程，或反映不全面、不真实，则不能作为见证和追溯的依据。

9. 修约要求：1°观测角测得的数据，平均值保留至小数点后 1 位；其余观测角测得的数据，平均值保留至个位。报告的格式按照各试验检测机构的质量体系文件所规定的报告格式编制。

10. 试验结束后，试验检测机构须将参与本次比对试验的人员和设备信息（表 5-111）、比对试验结果报告表［见 4）］、试验原始记录、试验报告原件各一份纸质材料以及保存试验过程视频资料的 U 盘一并邮寄给主办单位。无故未按期提交材料的试验检测机构，其结果将不列入本次结果统计，并以不满意处理。

比对试验人员和设备信息表　　表 5-111

人员信息			设备信息				
序号	姓名	试验检测人员证书编号	设备名称	型号规格	主要技术参数	生产厂家	设备编号

注：附试验检测人员证书复印件以及设备检/校证书复印件，主要设备包括：逆反射系数测量仪。

11. 本次比对试验结果以“满意”“基本满意”“不满意”确定，并按照数据统计分析、试验检测机构提交文件资料与视频专家审查相结合进行综合评判。

中国交通建设监理协会试验检测工作委员会（公章）

2017 年 7 月

3)逆反射系数测量点确定方法

逆反射系数测量点确定方法

中国交通建设监理协会试验检测工作委员会是本次实验室比对工作的样品提供单位,针对检测设备的特点及保证检测数据的一致性的要求,九种测量几何条件组合均采用如下方法确定逆反射系数测量点:

按样品正面标记的测量方向,在1所示的中心区域选取一点进行测量,作为第1个测量点。样品按对角线划分为其他四个类三角形区域(依次标记为2、3、4、5),分别在每个区域中各选取一点进行测量。总计测量5点,见图5-56。

4)比对试验结果报告表

比对试验结果报告表

交通标志反光膜逆反射系数比对试验

检测机构名称: 检测机构编号:

报告日期:

测量几何条件		逆反射系数[cd/(lx·m²)]					
		测试值					平均值
观测角	入射角	1	2	3	4	5	
0.2°	-4°						
	15°						
	30°						
0.5°	-4°						
	15°						
	30°						
1°	-4°						
	15°						
	30°						
试验过程出现的问题或异常现象							

注:1.数据不得涂改。每种测量几何条件测得的数据无须修约,直接填写在表中"测试值"列。最后一列按要求进行修约,给出平均值。

2.试验过程如未出现问题或异常现象,可填写"无"。

试验日期: 年 月 日

检测(签字): 审核(签字): 批准(签字):

试验检测机构(盖章):

交通质监机构见证人(签字):

5.7 2017年水运工程试验检测机构水泥氯离子含量及凝结时间比对试验实例

5.7.1 前言

本报告是对2017年水运工程试验检测机构水泥氯离子含量及凝结时间比对试验计划的组织、结果整理及分析过程的总结，本次比对试验由交通运输部统一部署，委托中国交通建设监理协会试验检测工作委员会具体组织，负责比对试验的实施与协调工作。各省级交通运输主管部门或质监机构负责本辖区试验检测机构比对试验工作组织协调和监督；厦门捷航工程检测技术有限公司水泥检测实验室提供技术支持，负责样品的制备、均匀性和稳定性检验等工作。比对试验评价结果部省分享，由部统一公布。

交通运输部依据《公路水运工程试验检测管理办法》(交通运输部令〔2016〕第80号)、《合格评定　能力验证的通用要求》(GB/T 27043—2012)的要求运作能力验证计划。

关于选择能力验证计划及能力验证结果利用、CNAS能力验证领域和频次等相关要求和政策见《能力验证规则》(CNAS-RL02:2018)。

5.7.2 计划的特点

5.7.2.1 目的及意义

目前国内外都把能力验证和比对试验活动作为检测机构保证检测质量的有效方法。《能力验证规则》(CNAS-RL02)规定：申请认可和获准认可的检测机构必须通过参加能力验证活动证明其技术能力；对于我国政府部门、行业组织运作的能力验证活动，只要能够证明其运作符合ISO/IEC指南43-1或ILAC-G13要求，CNAS也予以承认。

氯盐是廉价而易得的工业原料，它在水泥生产中具有明显的经济价值。一方面，它可以作为熟料煅烧的矿化剂，能够降低烧成温度，有利于节能高产；而且可以降低混凝土中水的冰点温度，防止混凝土早期受冻；另一方面，氯离子又是混凝土中钢筋锈蚀的重要因素。由于钢筋锈蚀是混凝土破坏的主要形式之一，所以，各国对水泥中氯离子含量都做出了相应的规定，因此，氯离子含量成为水泥中的重要检测指标。水泥的凝结时间直接影响混凝土的凝结硬化强度，为了保证混凝土有充分的时间进行搅拌、运输、浇捣等一系列的施工过程，必须要求水泥有个合理稳定的初凝时间。初凝时间过短，往往来不及施工，甚至来不及运输到施工工地；同时为了加快施工进度，缩短工期，需要混凝土较快硬化，缩短脱模时间。终凝时间过长会使施工人员难以适应，妨碍工程进展。因此，凝结时间也成了水泥中的重要检测指标。

5.7.2.2 参加实验室概述

具有水运工程材料甲级机构25家，水运工程材料乙级机构30家，共55家试验检测机构参加了本次比对活动。

5.7.2.3 检测参数及依据

1)检测参数

检测参数为水泥氯离子含量、水泥凝结时间。

2)检测依据

测试水泥氯离子含量及凝结时间试验遵照《水泥化学分析方法》(GB/T 176—2008)、《水泥标准稠度用水量、凝结时间、安定性检验方法》(GB/T 1346—2011)和比对试验作业指导书的要求进行。

3)数值修约

测定值不得修约,平均值按作业指导书要求进行修约。

5.7.2.4 实施进度

(1)2017 年 7 月 20 日前,试验检测机构完成比对试验报名工作。

(2)2017 年 7 月 25 日前,主办单位将比对试验样品、被测样品接收状态确认表、作业指导书和试验结果报告表寄送至试验检测机构;将比对试验作业指导书和试验结果报告表邮寄至各省级交通质监机构。

(3)2017 年 8 月 25 日前,试验检测机构应按照作业指导书及《水泥化学分析方法》(GB/T 176—2008)、《水泥标准稠度用水量、凝结时间、安定性检验方法》(GB/T 1346—2011)的要求完成试验,并将相关资料报送至主办单位。

(4)2017 年 9 月 30 日前,主办单位完成试验结果统计分析,形成报告并上报至交通运输部安全与质量监督管理司。

(5)2017 年 12 月 30 日前,根据交通运输部安全与质量监督管理司的安排公布比对试验结果。

5.7.2.5 样品描述

本次比对试验样品为 3800g 水泥,样品用两层塑料密封袋封装后装入金属筒中,并有相应的标识。

5.7.2.6 保密

为保证比对活动实施过程中的公正、严谨和比对结果的客观、准确,在本次比对试验活动中,根据报名情况按流水号赋予每个检测机构一个代码,不出现具体检测机构名称。凡说明参加检测机构的相关比对试验数据统计及结果评价时,均以检测机构代码表示。

5.7.3 统计分析的设计、有关的统计量和统计图表

5.7.3.1 统计分析的设计

本次比对试验对各检测机构的测定结果统计分析采用稳健技术处理,以所有参加者报告

结果的稳健平均值(参加者的公议值)作为指定值,稳健标准差作为能力评定标准差,计算各试验机构结果的 z 比分数,同时给出稳健平均值的标准不确定度。稳健平均值和稳健标准差的计算意义参见《利用实验室间比对进行能力验证的统计方法》(GB/T 28043—2011)。

本次比对试验涉及的统计量有结果总数、稳健平均值、稳健标准差、最小值、最大值和极差等,各统计量的意义及相关计算方法如下:

(1)结果总数——在统计分析中某项测定结果的总数。

(2)稳健平均值和稳健标准差的计算。

①稳健平均值 x^* 和稳健标准差 s^* 初始值的计算。

有 p 个数,按从小到大顺序排列:$x_1, x_2, \cdots\cdots, x_i, \cdots\cdots, x_p$

用 x^* 和 s^* 代表稳健平均值和稳健标准差,计算 x^* 和 s^* 的初始值:

$x^* = x_i$ 的中位值($i = 1, 2, \cdots\cdots, p$)

$s^* = 1.483|x_i - x^*|$的中位值($i = 1, 2, \cdots\cdots, p$)

②对 x^* 和 s^* 的修正。

计算 $\delta = 1.5s^*$,对于每个 x_i($i = 1, 2, \cdots\cdots, p$)计算如下:

$$x_i^* = \begin{cases} x^* - \delta, 若\ x_i < x^* - \delta; \\ x^* + \delta, 若\ x_i > x^* + \delta; \\ x_i, 其他(介于两者之间) \end{cases}$$

由下式计算 x^* 和 s^* 的新值:

$$x^* = \frac{\sum x_i^*}{p}, s^* = 1.134\sqrt{\frac{\sum(x_i^* - x^*)^2}{p-1}}$$

稳健平均值 x^* 和稳健标准差 s^* 可以通过迭代计算得出,如用校正后的数据对 x^* 和 s^* 进行多次修正,直至过程收敛。当迭代后稳健平均值 x^* 和稳健标准差 s^* 的第三位有效数字没有变化时,即可认为过程是收敛的。

(3)稳健平均值不确定度的计算。

稳健平均值 x^* 标准不确定度为:

$$u_x = 1.25 \cdot \frac{s^*}{\sqrt{p}}$$

式中:s^*——稳健标准差;

p——试验机构数。

(4)最小值——一组结果中的最小值。

(5)最大值——一组结果中的最大值。

(6)极差——最大值与最小值之间的差值。

依据《利用实验室间比对进行能力验证的统计方法》(GB/T 28043—2011)的相关要求,对检测机构的检测结果,按下式计算 z 值:

$$z = \frac{x - X}{\sigma}$$

式中：x——检测机构测试结果；

X——指定值(稳健平均值)；

σ——能力评定标准差(稳健标准差)。

5.7.3.2 统计图表的说明

为了用图像清晰地表示各参加检测机构的比对试验结果，将 z 比分数按其大小顺序排列分别作柱状图，每一个柱状图标有该检测机构的代码。从图上每一个检测机构很容易将其能力与其他参加检测机构进行比对。

5.7.4 结果的判别和离群值

比对试验结果以"满意""基本满意""不满意"确定，并按照数据统计分析、文件材料及视频资料审查进行综合评判。

(1)数据统计分析评价。

比对试验采用了《利用实验室间比对进行能力验证的统计方法》(GB/T 28043—2011)进行数据统计分析处理，以 z 比分数对试验结果进行评价，$|z| \leq 2.00$ 为满意值、$2.00 < |z| < 3.00$为可疑值、$|z| \geq 3.00$ 为离群值，分别对应满意、基本满意、不满意。

(2)文件材料及视频资料审查评价。

根据比对试验作业指导书和相关标准规范，邀请有关专家对试验检测机构提交的比对试验结果报告表、原始记录、试验报告、试验人员和设备信息表、试验人员证书、仪器检定校准证书、视频资料等进行符合性审查评价。

详见检测机构试验结果和统计处理一览表(表 5-113)。

现将参加水运工程试验检测机构水泥氯离子含量及凝结时间结果统计的 55 个检测机构统计结果汇总，见表 5-112。

按试验检测机构总体情况统计结果 表 5-112

检测参数	机构总数	比对试验统计结果		
		结果	机构数量	所占比例(%)
水泥凝结时间及氯离子含量	55	满意	47	85.5
		基本满意	6	10.9
		不满意	2	3.6

根据比对试验数据统计分析及文件材料、视频资料审查的综合评价结果，55 家试验检测机构中，47 家试验检测机构的试验结果为"满意"，占总数的 85.5%；6 家试验检测机构的试验结果为"基本满意"，占总数的 10.9%；2 家试验检测机构的试验结果为"不满意"，占总数的 3.6%。水运工程材料甲级机构试验结果未出现"不满意"，出现不满意的 2 家为水运工程材料乙级机构。

表5-113为各检测机构水泥氯离子含量及凝结时间比对试验数据结果 z 比分数汇总，表5-114为比对试验结果中离群值和可疑值的统计。图5-57～图5-59为各检测机构分别在初凝时间、终凝时间、氯离子含量三个参数中出现离群值、可疑值、满意值的比例。比对试验数据结果的分布情况见表5-115。

各检测机构水泥氯离子含量及凝结时间比对试验数据结果 z 比分数汇总表　表5-113

机构代码	初凝时间		终凝时间		氯离子含量	
	数据	z 值	数据	z 值	数据	z 值
BM-×××	×××	-0.36	×××	-0.55	×××	0.00
BM-×××	×××	-0.18	×××	* -2.46	×××	0.50
BM-×××	×××	-0.70	×××	-0.33	×××	0.00
BM-×××	×××	-1.05	×××	-1.09	×××	-0.50
BM-×××	×××	-0.10	×××	0.82	—	—
BM-×××	×××	-0.10	×××	0.13	×××	0.50
BM-×××	×××	-0.01	×××	0.05	×××	0.50
BM-×××	×××	1.81	×××	1.35	×××	0.00
BM-×××	×××	-1.31	×××	-1.54	×××	0.00
BM-×××	×××	-0.53	×××	-0.55	×××	0.50
BM-×××	×××	-0.01	×××	-0.33	×××	0.00
BM-×××	×××	-0.18	×××	-0.63	×××	0.00
BM-×××	×××	-1.40	×××	-1.62	×××	0.50
BM-×××	×××	0.77	×××	0.97	×××	0.00
BM-×××	×××	-0.53	×××	-1.77	×××	1.00
BM-×××	×××	-1.31	×××	-1.09	×××	0.00
BM-×××	×××	§3.19	×××	1.88	×××	-1.50
BM-×××	×××	1.89	×××	0.59	×××	1.00
BM-×××	×××	-0.88	×××	-1.77	—	—
BM-×××	×××	0.33	×××	0.51	×××	*2.50
BM-×××	×××	1.63	×××	2.00	×××	§3.50
BM-×××	×××	*2.41	×××	0.89	—	—
BM-×××	×××	0.25	×××	-1.32	×××	1.00
BM-×××	×××	-0.53	×××	-0.10	×××	0.50
BM-×××	×××	0.33	×××	-0.02	×××	0.00
BM-×××	×××	0.51	×××	0.36	×××	-1.50
BM-×××	×××	*2.24	×××	1.50	×××	0.00
BM-×××	×××	-0.18	×××	-0.55	×××	-1.00
BM-×××	×××	-0.10	×××	-0.25	×××	0.50
BM-×××	×××	1.20	×××	1.12	×××	-0.50
BM-×××	×××	0.68	×××	1.96	×××	—

续上表

机构代码	初凝时间		终凝时间		氯离子含量	
	数据	z值	数据	z值	数据	z值
BM-×××	×××	-0.01	×××	-0.55	×××	0.00
BM-×××	×××	-1.40	×××	-1.01	×××	1.00
BM-×××	×××	-0.18	×××	-0.25	×××	0.00
BM-×××	×××	-0.70	×××	0.13	—	—
BM-×××	×××	-0.44	×××	-1.16	—	—
BM-×××	×××	*2.93	×××	1.88	×××	0.00
BM-×××	×××	1.89	×××	0.44	—	—
BM-×××	×××	-0.27	×××	-0.10	—	—
BM-×××	×××	-0.70	×××	-0.78	—	—
BM-×××	×××	-0.01	×××	-0.25	- -	- -
BM-×××	×××	0.77	×××	1.27	—	—
BM-×××	×××	0.94	×××	1.81	—	—
BM-×××	×××	-0.70	×××	0.13	×××	-1.00
BM-×××	×××	-1.05	×××	-1.24	×××	* -2.90
BM-×××	×××	-0.44	×××	0.59	×××	-1.00
BM-×××	×××	1.55	×××	0.51	×××	0.50
BM-×××	×××	-0.53	×××	-0.40	×××	-1.00
BM-×××	×××	0.85	×××	0.13	×××	-1.00
BM-×××	×××	1.63	×××	1.58	×××	0.50
BM-×××	×××	-0.88	×××	-0.55	×××	-1.50
BM-×××	×××	1.37	×××	0.51	×××	0.50
BM-×××	×××	-1.83	×××	-0.02	—	—
BM-×××	×××	-0.70	×××	0.21	×××	-0.50
BM-×××	×××	-1.83	×××	-0.02	—	—

注:加§处的数值为离群值,即$|z|\geq 3.0$;加*处的数值为可疑值,即$2.0<|z|<3.0$。

3个试验结果出现离群值和可疑值的数目统计表 表5-114

项目结果	初凝时间	终凝时间	氯离子含量
$2<|z|<3$	BM-S027、BM-S032、BM-S044	BM-S003	BM-S024
$|z|\geq 3$	BM-S020	—	BM-S025、BM-S055

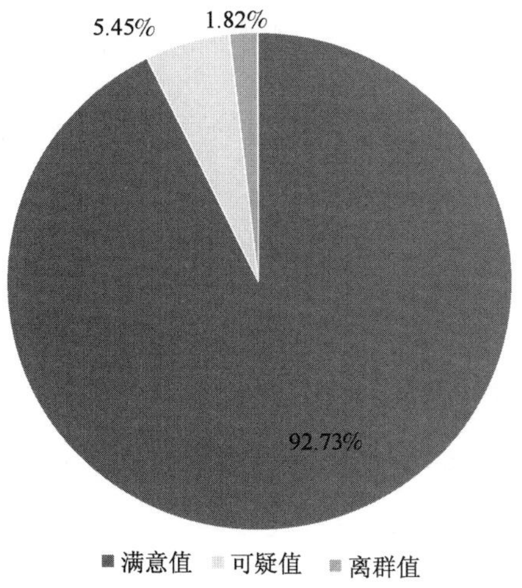

图 5-57　必须参加试验检测机构初凝时间统计图

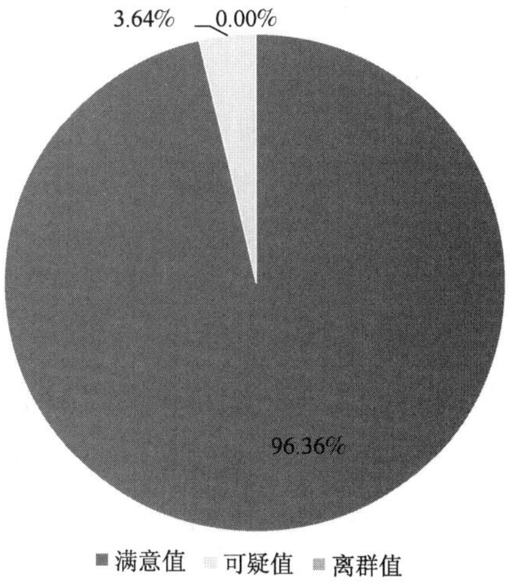

图 5-58　必须参加试验检测机构终凝时间统计图

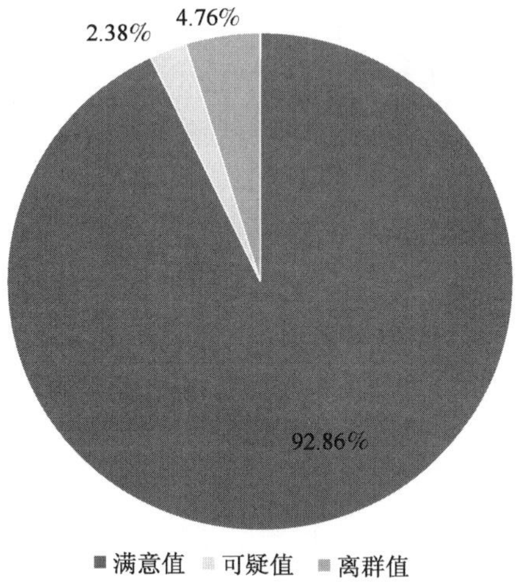

图 5-59　必须参加试验检测机构氯离子含量统计图

比对试验数据结果的分布情况统计表　　表 5-115

结　果	机构代码	共计(个)	所占比例(%)
全部满意结果 $\|z\| \leq 2$ 的实验室	—	47	85.5
含 1 个离群值	BM-S020、BM-S025、BM-S055	3	5.5
含 1 个可疑值	BM-S003、BM-S024、BM-S027、BM-S032、BM-S044	5	9
无离群值但含有可疑值 $2 < \|z\| < 3$	BM-S003、BM-S024、BM-S027、BM-S032、BM-S044	5	9
含有离群值 $\|z\| \geq 3$	BM-S020、BM-S025、BM-S055	3	5.5

说明:其中每家检测机构,3 个或 2 个数据结果出现离群值,数据结果综合评价为离群;无离群值,出现可疑结果,数据结果综合评价为可疑;数据结果中既无离群值又无可疑值,数据结果综合评价为满意。

综上所述,在 55 家参加比对试验的检测机构中,47 家检测机构的试验结果为"满意值",占总数的 85.5%,6 家检测机构的试验结果为"可疑",占总数的 10.9%,2 家检测机构的试验结果为"离群",占总数的 3.6%。

5.7.5 比对试验技术分析

5.7.5.1 数据正态分布或单峰分布的检查

水泥初、终凝时间比对试验数据的频率分布直方图见图 5-60、图 5-61,可以看出其频率分布直方图基本上符合单峰分布特征。具体范围如下:

(1)初凝时间数据直方图显示符合正态或单峰分布规律。

(2)终凝时间数据直方图显示符合正态或单峰分布规律。

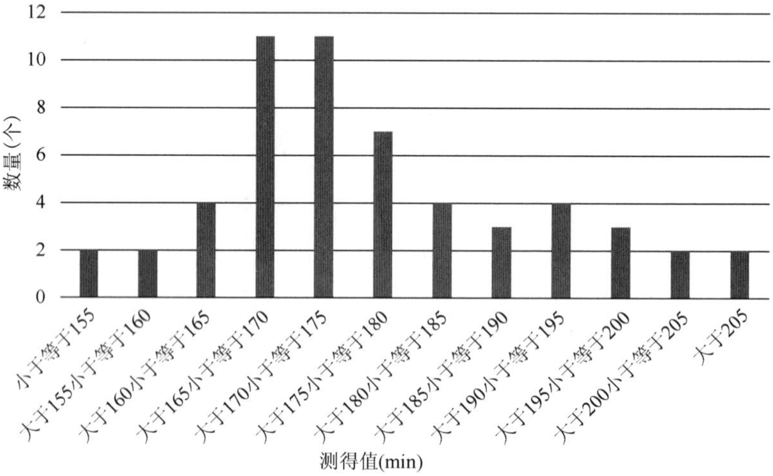

图 5-60 初凝时间数据直方图

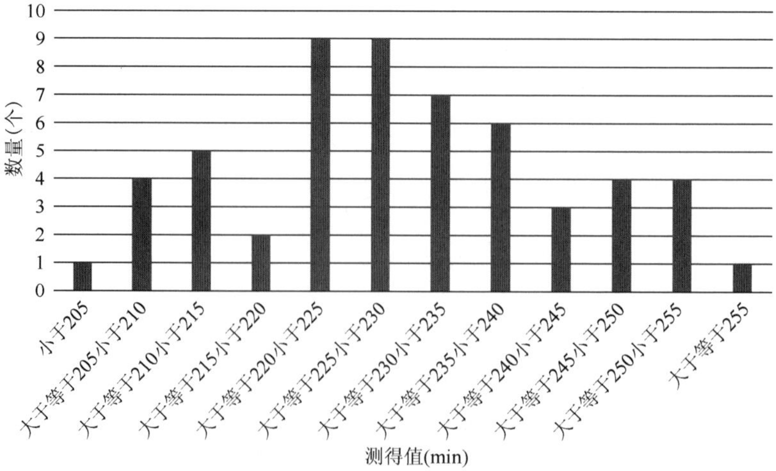

图 5-61 终凝时间数据直方图

5.7.5.2 检测机构试验结果的主要影响因素分析

1)出现的问题

(1)部分试验检测机构水泥的标稠试验和凝结时间试验的浆体入模及拍打抹面刮浆操作不规范。

(2)部分试验检测机构原始记录信息不完整,在凝结时间和氯离子含量测定中,原始记录缺少过程信息。

(3)部分试验检测机构在氯离子含量测定过程中滴定终点的颜色把握不准确。

(4)个别试验检测机构在氯离子含量测定中,仅进行了一次空白试验。

(5)个别试验检测机构凝结时间测定的调零不规范,个别甚至没调零。

(6)个别试验检测机构凝结时间试样直接用标稠用水量的试样。

2)技术建议

(1)水泥凝结时间测定时,净浆的入模成型操作应严格按标准规定执行,防止对试件扰动,进而影响试件的密实度,导致影响试验的结果等。

(2)建议在氯离子含量测定过程中滴定终点的颜色把握以色卡为准。

5.7.6 结语

本次比对试验通过对试验检测机构数据、文件材料和视频资料综合审查,找到了存在的一些系统问题,如原始记录信息不全,无法复现试验过程,设备校准参数不全,无法保证试验结果的准确有效。对于发现的问题,试验检测机构和检测人员,应该举一反三,认真学习标准规范,不断完善原始记录,应按照公路水运工程试验检测仪器设备计量管理及相关技术标准的要求,加强仪器设备量值溯源工作的管理,保证仪器设备检定/校准的参数齐全、测量点适用、量程范围覆盖、结果符合,不断提高检测机构的技术水平和结果的有效性。

5.7.7 主要参考文献

(1)《合格评定能力验证通用要求》(ISO/IEC 17043:2010)。

(2)《利用实验室间比对的能力验证的统计方法》(ISO 13528:2005)。

(3)《能力验证结果的统计处理和能力评价指南》(CNAS-GL02:2014)。

(4)《能力验证样品均匀性和稳定性评价指南》(CNAS-GL03:2006)。

(5)《利用实验室间比对进行能力验证的统计方法》(GB/T 28043—2011)。

(6)《水泥化学分析方法》(GB/T 176—2008)。

(7)《水泥标准稠度用水量、凝结时间、安定性检验方法》(GB/T 1346—2011)。

(8)《能力验证规则》(CNAS-RL02:2016)。

5.7.8 附件

5.7.8.1 检测机构的试验结果和统计处理

初凝时间、终凝时间、氯离子含量的 z 比分数柱状图分别如图 5-62、图 5-63、图 5-64 所示。

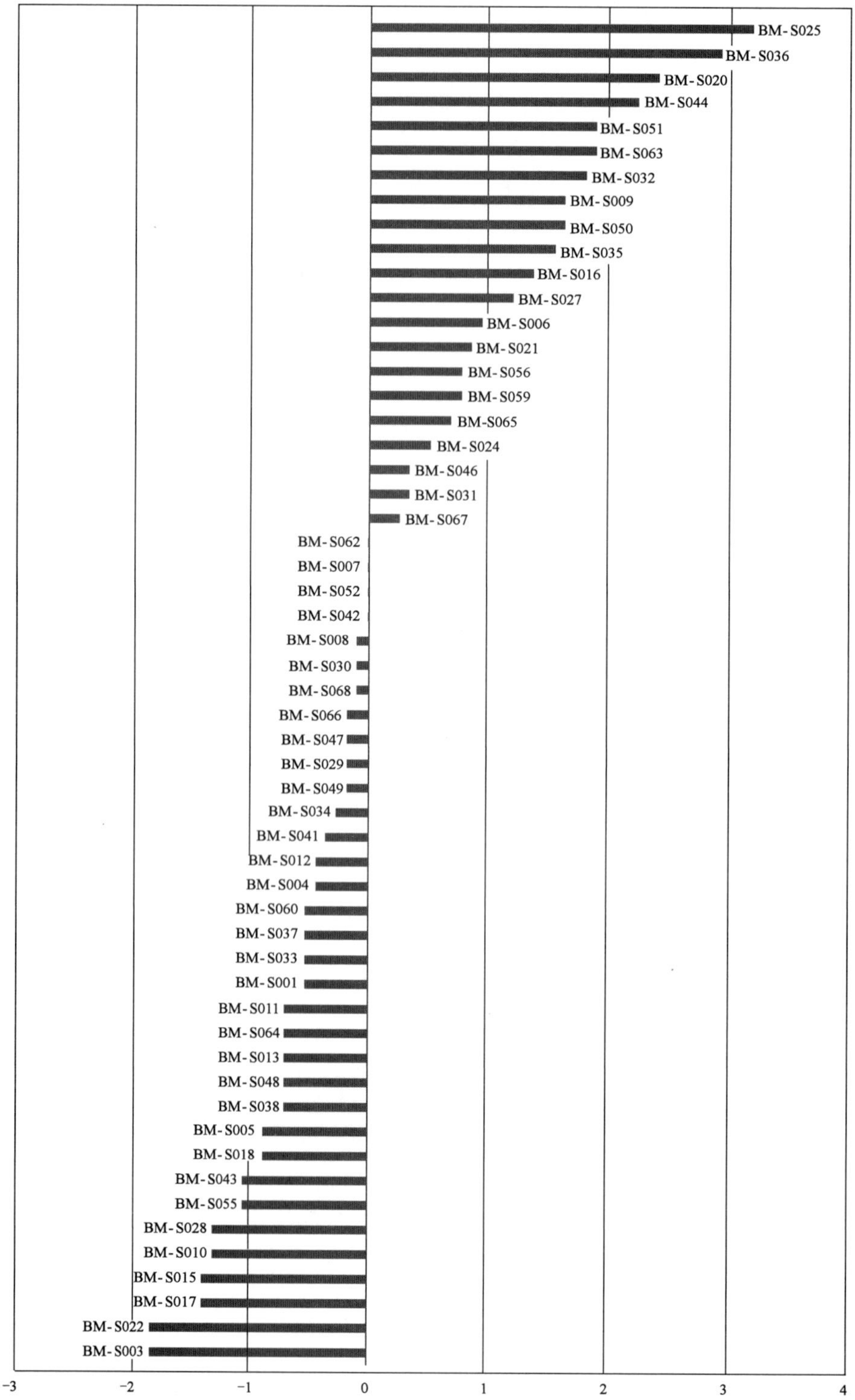

图 5-62　初凝时间 z 比分数柱状图

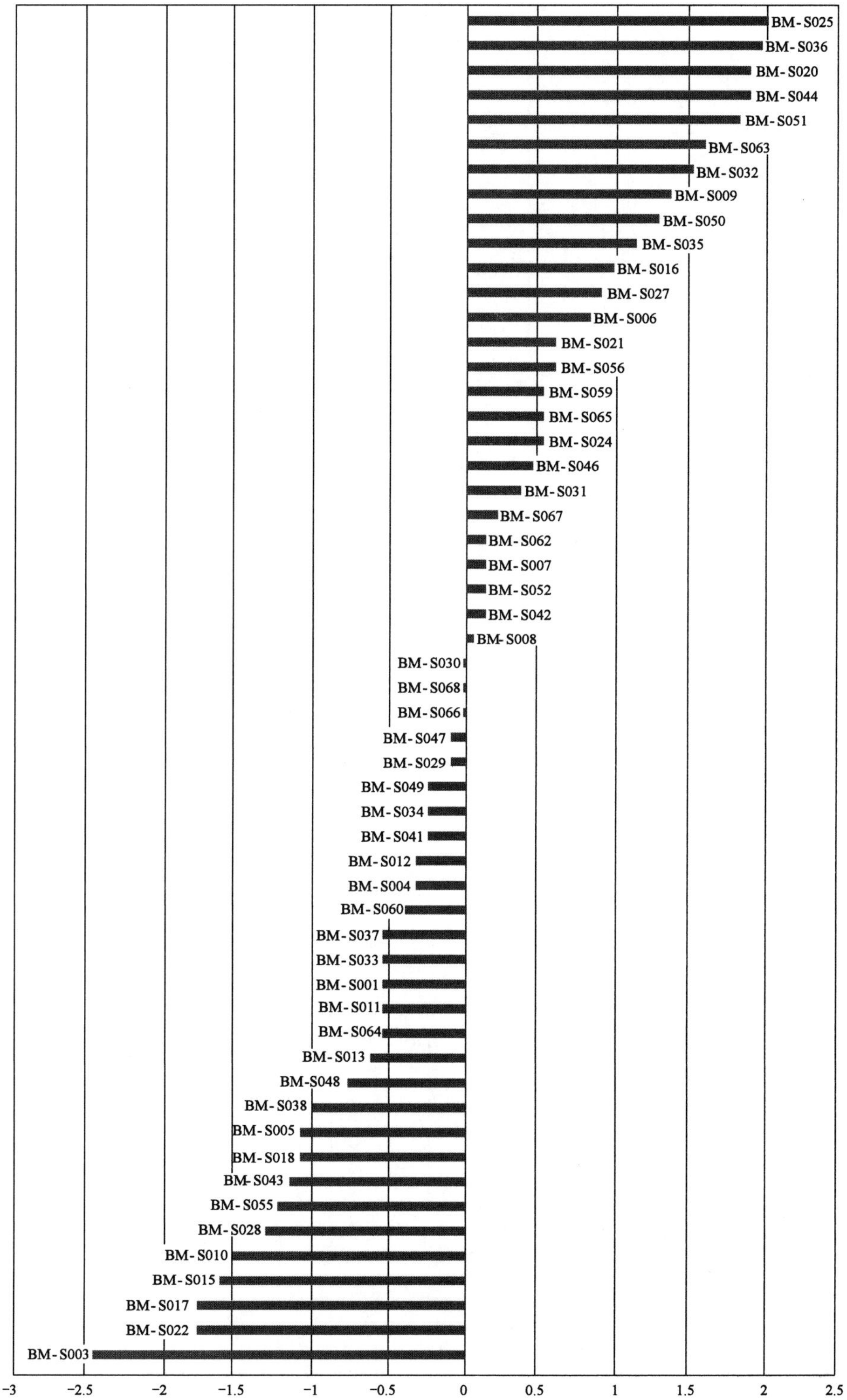

图 5-63 终凝时间 z 比分数柱状图

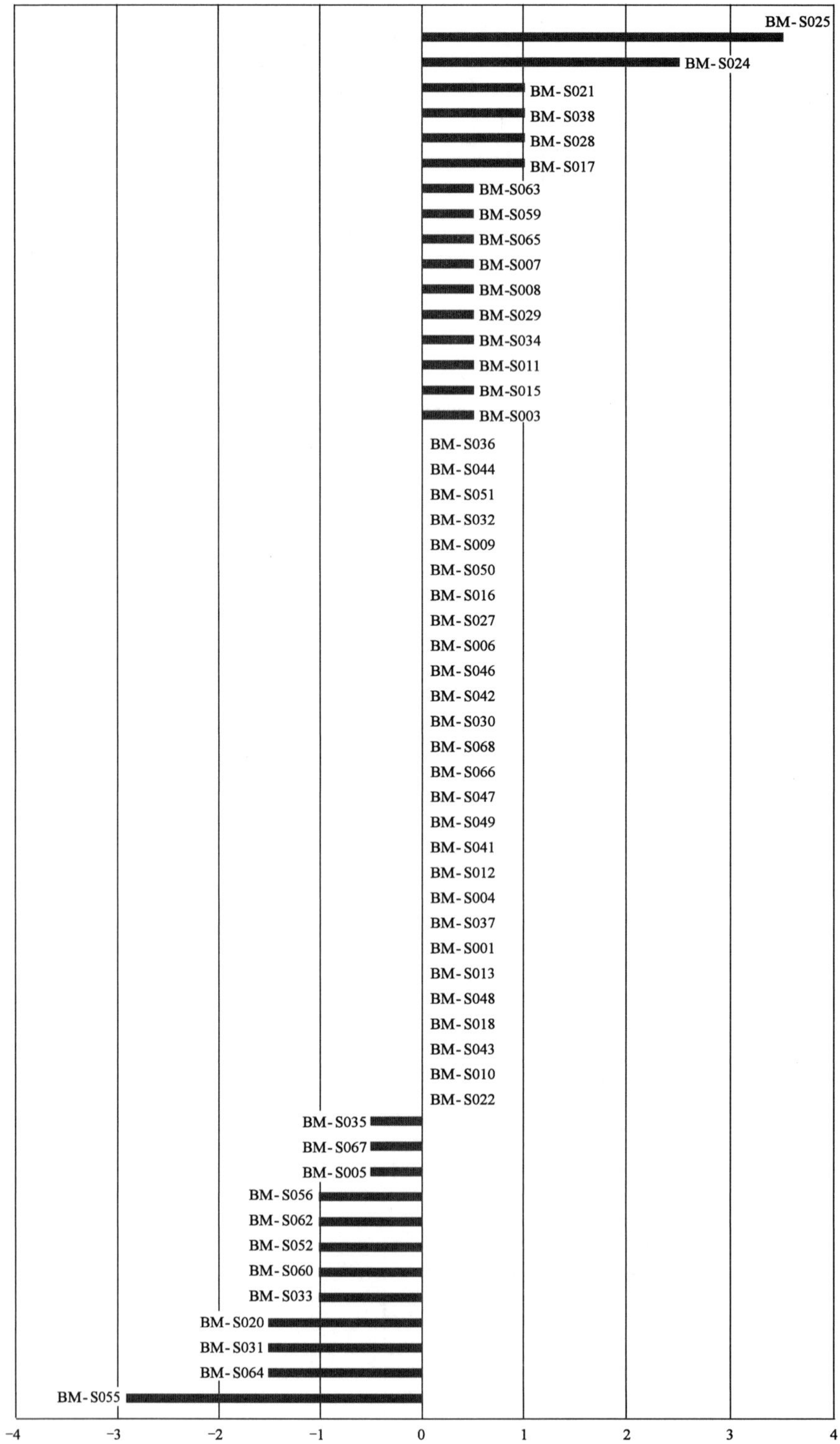

图 5-64　氯离子含量 z 比分数柱状图

5.7.8.2　样品均匀性检验报告

1)均匀性检验

样品均匀性检验结果统计:

(1)厦门捷航工程检测技术有限公司依据《水泥化学分析方法》(GB/T 176—2008)、《水泥标准稠度用水量、凝结时间、安定性检验方法》(GB/T 1346—2011)进行水泥凝结时间、氯离子含量检验。

(2)样品的抽取数量依据《利用实验室间比对进行能力验证的统计方法》(GB/T 28043—2011)和《能力验证样品均匀性和稳定性评价指南》(CNAS-GL03)。通过随机抽样程序,抽取10个样品。样品测试结果见表5-116,第一组方差分析结果见表5-117。

样品测试结果　　表5-116

检测项目	氯离子(%)		初凝时间(min)		终凝时间(min)		备注
测试次数							
样品号	1	2	1	2	1	2	
1	0.024	0.024	165	172	189	203	
2	0.023	0.023	184	176	202	208	
3	0.023	0.024	175	170	202	196	
4	0.024	0.023	168	170	195	202	
5	0.024	0.024	168	170	194	202	
6	0.023	0.023	169	171	198	205	
7	0.023	0.024	164	173	189	203	
8	0.024	0.024	169	166	194	195	
9	0.024	0.024	172	166	193	195	
10	0.024	0.024	167	170	197	202	
总平均值	0.0236		170.2		198.2		

第一组方差分析结果　　表5-117

序号	检测项目	方差来源	自由度	平方和	均方	*F*
1	氯离子(%)	样品间	9	3.05×10^{-6}	3.39×10^{-7}	2.26
		样品内	10	1.50×10^{-6}	1.50×10^{-7}	
2	初凝时间(min)	样品间	9	243.2	27.03	1.90
		样品内	10	142.5	14.25	
3	终凝时间(min)	样品间	9	201.2	22.36	0.68
		样品内	10	328.0	32.80	

F临界值$F_{0.05(9,10)}=3.02$,水泥均匀性试验中三个检测项目的计算F值分别为2.26、1.90、0.68,均小于F临界值,这表明在0.05显著性水平时,样品是均匀的。

2)样品均匀性检验的评估

依照《利用实验室间比对进行能力验证的统计方法》(GB/T 28043—2011)对样品的均匀性进行评估。样品间标准差与能力评定标准差见表5-118。

样品间标准差与能力评定标准差对照表 表5-118

序号	测试参数	样品间标准差(s_s)	0.3σ	符合性($s_s \leqslant 0.3\sigma$)	修正后的σ_s($s_s > 0.3\sigma$)
1	氯离子(%)	0.000307	×.××××	符合	—
2	初凝时间(min)	2.52	×.××	符合	—
3	终凝时间(min)	不均匀性标准差视为0	×.××	符合	—
备注	1.表中能力评定标准差(σ)源于本次"2017年水运工程试验检测机构水泥氯离子含量及凝结时间比对试验计划"。 2.数据统计采用《利用实验室间比对进行能力验证的统计方法》(GB/T 28043—2011)				

评估结论:从表5-118所示样品所测试参数均匀性检验样品间标准差(s_s)来看,氯离子、初凝时间、终凝时间参数的样品间标准差均小于0.3σ,表明样品充分均匀。

5.7.8.3 样品稳定性检验报告

1)检验与评价依据

厦门捷航工程检测技术有限公司依据《水泥化学分析方法》(GB/T 176—2008)、《水泥标准稠度用水量、凝结时间、安定性检验方法》(GB/T 1346—2011)进行水泥凝结时间、氯离子含量检验。数据依据《利用实验室间比对进行能力验证的统计方法》(GB/T 28043—2011)、《能力验证样品均匀性和稳定性评价指南》(CNAS-GL03)进行处理。

2)稳定性检验样品抽取

样品的抽取数量依据《利用实验室间比对进行能力验证的统计方法》(GB/T 28043—2011)和《能力验证样品均匀性和稳定性评价指南》(CNAS-GL03)。通过随机抽样程序,从制备好的样品中抽出6个样品。

3)检验结果与评价

本次稳定性检验采用t检验法(两个平均值之间的一致性)。按下式计算t值:

$$t = \frac{|\overline{x_2} - \overline{x_1}|}{\sqrt{\frac{(n_1 - 1)s_1^2 + (n_2 - 1)s_2^2}{n_1 + n_2 - 2} \cdot \frac{n_1 + n_2}{n_1 \cdot n_2}}}$$

式中:$\overline{x_1}$——第一次检验测量数据的平均值;

$\overline{x_2}$——第二次检验测量数据的平均值;

s_1——第一次检验测量数据的标准偏差;

s_2——第二次检验测量数据的标准偏差;

n_1——第一次检验测量的测量次数;

n_2——第二次检验测量的测量次数。

为保证平均值和标准偏差的准确度，n_1 和 n_2 均为6。

若 $t < t_{0.05(10)} = 2.23$，则两个平均值之间无显著性差异，样品是稳定的。t 检验法分析结果见表5-119。

t 检验法分析结果 表5-119

序号	检测项目	第一次检验		第二次检验		t
		平均值	标准偏差	平均值	标准偏差	
1	氯离子(%)	0.0235	8.37×10^{-4}	0.0237	5.16×10^{-4}	0.415
2	初凝时间(min)	170.8	3.60	172.3	4.84	0.609
3	终凝时间(min)	198	7.32	201.8	3.43	1.16

t 临界值 $t_{0.05(10)} = 2.23$，水泥稳定性试验中三个检测项目的计算 t 值分别为0.415、0.609、1.16，均小于 t 临界值，这表明在0.05显著性水平时，样品是稳定的。

5.7.8.4 相关文件

1）被测样品接收状态确认表

被测样品接收状态确认表

试验检测机构编号：BM-

计划名称(编号)	水泥氯离子含量及凝结时间比对试验(BD2017-02)		
样品名称及标识	水泥		
发送机构	中国交通建设监理协会试验检测工作委员会		
电话/E-Mail	010-62358971 ticc.cn@163.com	发送日期	2017年7月31日
发送状态	完好☑ 不完好☐	发送人(签名)	张芳
样品接收时，样品是否完好：是☐ 否☐ 如有异常请详细描述样品状态(附图片)：			
接收试验检测机构名称(全称)： 联系地址： 邮编： 联系电话/传真： 联系人： 接收人(签名)： 接收时间：			
备注：			

注：请接收单位收到样品后，仔细核对样品状态后填报本表，并将盖章后的扫描件以及描述样品状态的图片(如有)一并发送至指定邮箱ticc.cn@163.com。本表原件随试验相关材料及资料邮寄至主办单位。

2)比对试验计划指导书

水泥氯离子含量及凝结时间比对试验计划指导书

本次比对试验计划中,贵试验检测机构的编号 BM- ____________________。

为保证比对试验计划的顺利进行,特要求参加单位认真遵循下列条款:

1.主办单位统一向各试验检测机构随机寄送一份3000g水泥样品,样品用两层塑料密封袋封装后装入金属筒中,并有相应的标识。收到样品时,应首先对样品状态进行确认,同时填写"被测样品接收状态确认表",并将扫描件以及描述样品状态的图片一并发送至指定邮箱,并将原件随试验结果报告表及记录报告等相关材料寄送至指定地址(见通知)。

2.试验检测机构在收到样品确认无误后,应上报所在地省级交通质监机构,以确定具体试验时间。

3.试验检测机构在收到样品后应按照要求尽快进行试验。

4.参加比对试验的人员须是检测机构登记在职人员,且持有水运工程试验检测工程师(或检测员)证。人员应挂牌上岗操作,挂牌上应有该人员的照片及证书名称和证书号。

5.试验前试验人员要认真检查仪器设备运转是否正常,仪器设备是否在检校周期内,并予以记录;试验结束后再次检查、记录主要试验设备状态。

6.本次比对试验共两项:水泥氯离子含量、水泥凝结时间。采用的试验规程、试验要求及注意事项见表5-120。

比对试验采用的试验规程、试验要求及注意事项 表5-120

名称		试验规程	试验要求	注意事项
凝结时间试验	试样准备	《水泥标准稠度用水量、凝结时间、安定性检验方法》(GB/T 1346—2011)	(1)将水泥样品过0.9mm方孔筛后充分混合均匀。 (2)将混合均匀的样品于温度为20℃±2℃,相对湿度不低于50%的实验室内静置24h	实验室温度应为20℃±2℃,相对湿度应不低于50%
	试验过程	《水泥标准稠度用水量、凝结时间、安定性检验方法》(GB/T 1346—2011)	(1)试验室环境温度应为20℃±2℃,相对湿度应不低于50%。 (2)湿气养护箱的温度应为20℃±1℃,相对湿度不低于90%。 (3)试验用水采用称量法计量。 (4)开始凝结时间试验前,先应进行标准稠度用水量的测定,试杆沉入净浆并距底板6mm±1mm的水泥净浆为标准稠度净浆。	(1)试样、拌和水和用具的温度应与实验室温度一致。 (2)试验前应检查水泥净浆搅拌机的搅拌锅与搅拌叶片之间的间隙是否满足2mm±1mm要求;检查标准稠度试杆、初凝测针、终凝测针以及维卡仪滑动杆,与试杆、试针连接的滑动杆表面应光滑,能靠重力自由下落,不得有紧涩和旷动现象。 (3)应保证所有与水泥净浆接触的仪器设备和各类用具均润湿。 (4)加水时注意不要溅出,倒水入搅拌锅应注意盛水容器中水是否已倾倒干净(尽量与称量水前扣重时的状态一致),应严格控制在5~10s内小心将水泥倒入已盛好水的搅拌锅中。

续上表

名称		试验规程	试验要求	注意事项
凝结时间试验	试验过程	《水泥标准稠度用水量、凝结时间、安定性检验方法》(GB/T 1346—2011)	(5)以标准稠度用水量拌制标准稠度净浆进行凝结时间试验;试针沉至距底板4mm ± 1mm时为初凝,试针沉入试体0.5mm时,即环形附件开始不能在试体上留下痕迹时为终凝。 (6)按照检验方法标准要求进行试验	(5)低速搅拌结束后,注意将搅拌叶片和搅拌锅壁上的水泥浆体刮入锅中,一并继续搅拌。 (6)取适量水泥净浆一次性装入试模中,浆体略超过试模上端,然后用宽约25mm的直边刀轻轻拍打浆体5次以排除孔隙,在试模三分之一处分别向外锯掉多余净浆,最后沿试模边轻抹浆体一次使表面光滑,操作过程中不要压实净浆。 (7)标准稠度用水量测定时,试件中心定在试杆下,降低试杆与水泥净浆表面接触,放松螺丝使试杆垂直自主沉入水泥净浆中,在试杆停止沉入或释放试杆30s时记录试杆距底板之间的距离(在读取数值时应注意视线和维卡仪刻度保持齐平),从搅拌结束开始到测试完毕整个操作过程应在1.5min内完成。 (8)在最初测定初凝时间的操作时应轻轻扶持金属杆,以防试针撞弯,但结果以自由下落为准。 (9)在整个测试过程中试针沉入的位置至少要距试模内壁10mm。试针不得落入原针孔。 (10)临近初凝时,每隔5min(或更短时间)测定一次,临近终凝时,每隔15min(或更短时间)测定一次,到达初凝时应立即重复测一次,当两次结论相同时才能确定到达初凝状态;终凝测试时应将试模连同浆体以平移的方式从玻璃板取下,翻转180°进行测试,到达终凝时,需要在试体另外两个不同点测试,确认结论相同才能确定到达终凝状态。每次测试完毕须将试针擦净并将试模放回湿气养护箱内,整个测试过程要防止试模受振。 (11)试验时应同步在试验原始记录表中填写试验数据
氯离子的测定(基准法)	试样准备	《水泥化学分析方法》(GB/T 176—2008)	采用四分法或缩分器将试样缩分至约100g,经80μm方孔筛筛析,用磁铁吸去筛余物质中金属铁,将筛余物经过研磨后使其全部通过孔径为80μm方孔筛,充分混匀,装入试样瓶中密封备用	尽可能快速地进行试样的制备,以防止吸潮

续上表

名　　称		试验规程	试验要求	注意事项
氯离子的测定（基准法）	试验过程	《水泥化学分析方法》（GB/T 176—2008）	（1）应进行空白试验。 （2）同一试样平行试验两次，用两次试验结果的平均值表示测定结果。 （3）按照试验方法标准要求进行试验	（1）所用试剂应不低于分析纯，所用水应符合 GB/T 6682 中规定的三级水要求。 （2）硝酸银标准溶液必须储存于棕色试剂瓶中，避光保存。 （3）硫酸铁铵指示剂溶液配制过程中，硫酸铁铵需添加过饱和直至晶体析出为止，再加入硝酸（1+2）溶液。 （4）标准溶液必须张贴标识，体现名称、浓度、标定日期、有效日期、配制人员。 （5）称取约 5g 试样，精确至 0.0001g，置于 400mL 烧杯中，加入 50mL 水，搅拌使试样完全分散，在搅拌下加入 50mL 硝酸（1+2），加热煮沸，在搅拌下微沸 1～2min。 （6）移取 5.00mL 硝酸银标准溶液时须使用 5.00mL 单标线移液管，单标线移液管使用之前需用硝酸银标准溶液进行润洗，润洗次数为 3 次，单标线移液管读取时视线与凹液面最低处齐平，凹液面必须与单标线相切。 （7）试液抽气过滤应采用预先用硝酸（1+100）溶液洗涤过的慢速滤纸或预先用硝酸（1+100）溶液洗涤过的玻璃砂芯漏斗进行。 （8）抽滤的溶液应在弱光或暗处冷却至 25℃以下。 （9）用硫氰酸铵标准溶液滴定至产生的红棕色在摇动下不消失为止。 （10）滴定所用硫氰酸铵标准溶液的体积小于 0.5mL 时，需用减少一半的试样质量重新试验。 （11）应对不加入试样的空白样按同样的方法步骤进行空白试验。 （12）氯离子测定结果以% 表示至小数点后三位。 （13）试验时应同步在试验原始记录表中填写试验数据

7. 省级交通质监机构派见证人员进行现场见证试验，在试验结果报告表中签字。

8. 各试验检测机构要对关键操作过程进行视频录像，录像画面要清晰，作为现场见证和事后追溯的依据，视频内容包括显示实验室外观全景、试验人员本人及其挂牌、主要试验设备及其标识；试验准备、制件及试验过程；反映最终试验结果的试验设备数据显示及结果填写等。试样冷却、恒温以及养护箱中的养护和标准溶液的配制过程可不录像。如影像资料不能反映试验过程，或反映不全面、不真实，则不能作为见证和追溯的依据。

9. 各试验检测机构按《水泥化学分析方法》（GB/T 176—2008）和《水泥标准稠度用水量、凝结时间、安定性检验方法》（GB/T 1346—2011）相关试验方法要求进行数值修约，填写比对试验结果报告表。试验原始记录、试验报告的格式按照各试验检测机构的质量体系文件所规定的报告格式编制。

10. 试验结束后,试验检测机构须将参与本次比对试验的人员和设备信息、比对试验结果报告表、试验原始记录、试验报告原件各一份纸质材料以及保存试验过程视频资料的 U 盘一并邮寄给主办单位。无故未按期提交材料的试验检测机构,其结果将不列入本次结果统计,并以不满意处理。

中国交通建设监理协会试验检测工作委员会(公章)
2017 年 7 月

3)比对试验结果报告表

比对试验结果报告表

水泥氯离子含量及凝结时间比对试验

检测机构名称:__________　　检测机构编号:BM-______

报告日期:_____________

凝结时间	试验环境温湿度:　℃　%	
初凝时间(min)		
终凝时间(min)		
试验过程出现的问题或异常现象		
氯离子含量:_________%	试验环境温度:　℃	
次数	1	2
测定值(%)		
平均值(%)		
试验过程出现的问题或异常现象		

注:1. 数据不得涂改,测定值不得修约,平均值按要求进行修约。
2. 试验过程如未出现问题或异常现象,可填写“无”。

试验日期:2017 年　　月　　日

检测(签字):　　审核(签字):　　批准(签字):

试验检测机构(盖章):

交通质监机构见证人(签字):

5.8 2019年公路水运工程试验检测机构混凝土外加剂pH值及氯离子含量比对试验实例

5.8.1 前言

本报告是对2019年度公路水运工程试验检测机构混凝土外加剂pH值及氯离子含量比对试验计划的组织、结果整理及分析过程的总结，本次比对试验由交通运输部统一部署，委托中国交通建设监理协会试验检测工作委员会具体组织，负责比对试验的实施与协调工作。各省级交通运输主管部门或质监机构负责本辖区试验检测机构比对试验工作组织协调和监督；苏交科集团股份有限公司混凝土外加剂实验室提供技术支持，负责样品的制备、均匀性和稳定性检验等工作。比对试验评价结果部省分享，由部统一公布。

部依据《合格评定 能力验证的通用要求》(GB/T 27043—2012)的要求运作能力验证计划。

关于选择能力验证计划及能力验证结果利用、CNAS能力验证领域和频次等相关要求和政策见《能力验证规则》(CNAS-RL02:2018)。

5.8.2 计划的特点

5.8.2.1 目的及意义

混凝土外加剂应用改善了新拌和硬化混凝土的性能，促进混凝土新技术的发展，有助于节约资源和环境保护。其质量影响到我国每年数千亿元基础设施混凝土工程的力学性能和耐久性。

减水剂是外加剂中的主要产品，氯离子的含量、pH值直接关系到混凝土结构中钢筋的使用年限，影响结构混凝土的耐久性。目前氯离子含量、pH值检测的准确度取决于操作人员的规范性以及熟练程度，而交通行业普遍对化学类试验关注度不够，属于薄弱环节，各试验检测机构之间的检测结果经常存在较大差异。

通过本次比对可以给全国公路水运工程试验检测机构化学类试验质量考评提供参考，进一步规范各公路水运工程试验检测机构在化学分析领域的检测行为。

5.8.2.2 参加实验室概述

具有公路工程综合甲级、水运工程材料甲级等级的144家试验检测机构参加了混凝土外加剂pH值及氯离子含量比对试验。

5.8.2.3 检测参数及依据

1)检测项目

检测项目见表5-121。

检 测 项 目 表 5-121

计划编号	比对试验计划名称	测量项目	备注
BD2019-01	混凝土减水剂比对试验	pH 值	—
		氯离子含量	

2)检测依据

测试混凝土减水剂 pH 值、氯离子含量试验遵照《混凝土外加剂匀质性试验方法》(GB/T 8077—2012)和比对试验作业指导书的要求进行。

3)数值修约

每个样品按作业指导书要求进行修约,给出平均值。

5.8.2.4 实施进度

(1)2019 年 5 月 30 日前,试验检测机构完成比对试验确认参加工作。

(2)2019 年 6 月 10 日前,承办单位将比对试验样品、被测样品接收状态确认表、作业指导书和试验结果报告表寄送至试验检测机构;将比对试验作业指导书和试验结果报告表邮寄至各省级交通质监机构。

(3)2019 年 7 月 15 日前,试验检测机构应按照作业指导书及《混凝土外加剂匀质性试验方法》(GB/T 8077—2012)的要求完成试验,并将文件材料及视频资料报送至承办单位。

(4)2019 年 8 月 15 日前,承办单位完成试验结果统计分析,形成报告并上报至交通运输部安全与质量监督管理司。

(5)2019 年 10 月 30 日前,交通运输部安全与质量监督管理司公布比对试验结果。

5.8.2.5 样品描述

为了确保比对试验的准确性和有效性,本次采用比对样品进行比对试验。各检测机构收到样品后按照相关试验规程及作业指导书要求在各检测机构自行进行试验,综合评价试验人员操作能力、设备状态及环境条件。样品分为 3 组,针对一个检测机构,仅寄送一组样品,同时避免检测机构多次重复试验。本次比对试验样品采用高效减水剂,样品有关信息见表 5-122。

样 品 有 关 信 息 表 5-122

样品名称	样品编号	型号	规格	备注
高效减水剂样品	BD-01-××	型号 1(待定)	定制(300g)	使用耐酸碱、耐高温的聚乙烯瓶进行分装
	BD-02-××	型号 2(待定)		
	BD-03-××	型号 3(待定)		

5.8.2.6 保密

为保证比对活动实施过程中的保密性,在本次比对试验活动中,根据报名情况按流水号赋予每个检测机构一个代码,不出现具体检测机构名称。凡说明参加检测机构的相关比对试验数据统计及结果评价时,均以检测机构代码表示。

5.8.3 统计分析的设计、有关的统计量和统计图表

5.8.3.1 统计分析的设计

本次比对试验对各检测机构的测定结果统计分析采用稳健技术处理，以所有参加者报告结果的稳健平均值（参加者的公议值）作为指定值，稳健标准差作为能力评定标准差，计算各试验机构结果的 z 比分数，同时给出稳健平均值的标准不确定度。稳健平均值和稳健标准差的计算意义参见《利用实验室间比对进行能力验证的统计方法》（GB/T 28043—2011）。

本次比对试验涉及的统计量有结果总数、稳健平均值、稳健标准差、最小值、最大值和极差等，各统计量的意义及相关计算方法如下：

（1）结果总数——在统计分析中某项测定结果的总数。

（2）稳健平均值和稳健标准差的计算。

①稳健平均值 x^* 和稳健标准差 s^* 初始值的计算。

有 p 个数，按从小到大顺序排列：$x_1, x_2, \cdots\cdots, x_i, \cdots\cdots, x_p$

用 x^* 和 s^* 代表稳健平均值和稳健标准差，计算 x^* 和 s^* 的初始值：

$x^* = x_i$ 的中位值（$i = 1, 2, \cdots\cdots, p$）

$s^* = 1.483|x_i - x^*|$ 的中位值（$i = 1, 2, \cdots\cdots, p$）

②对 x^* 和 s^* 的修正。

计算 $\delta = 1.5s^*$，对于每个 x_i（$i = 1, 2, \cdots\cdots, p$）计算如下：

$$x_i^* = \begin{cases} x^* - \delta, 若\ x_i < x^* - \delta; \\ x^* + \delta, 若\ x_i > x^* + \delta; \\ x_i, 其他（介于两者之间） \end{cases}$$

由下式计算 x^* 和 s^* 的新值：

$$x^* = \frac{\sum x_i^*}{p}, s^* = 1.134\sqrt{\frac{\sum (x_i^* - x^*)^2}{p-1}}$$

稳健平均值 x^* 和稳健标准差 s^* 可以通过迭代计算得出，如用校正后的数据对 x^* 和 s^* 进行多次修正，直至过程收敛。当迭代后稳健平均值 x^* 和稳健标准差 s^* 的第三位有效数字没有变化时，即可认为过程是收敛的。

（3）稳健平均值不确定度的计算。

稳健平均值 x^* 标准不确定度为：

$$u_x = 1.25 \cdot \frac{s^*}{\sqrt{p}}$$

式中：s^*——稳健标准差；

p——试验机构数。

（4）最小值——一组结果中的最小值。

（5）最大值——一组结果中的最大值。

（6）极差——最大值与最小值之间的差值。

依据《利用实验室间比对进行能力验证的统计方法》(GB/T 28043—2011)的相关要求，对检测机构的检测结果，按下式计算 z 值：

$$z=\frac{x-X}{\sigma}$$

式中：x——检测机构测试结果；

X——指定值(稳健平均值)；

σ——能力评定标准差(稳健标准差)。

5.8.3.2　统计图表的说明

为了用图像清晰地表示各参加检测机构的比对试验结果，将 z 比分数按其大小顺序排列分别作柱状图，每一个柱状图标有该检测机构的代码。从图上每一个检测机构很容易将其能力与其他参加检测机构进行比对。

5.8.4　结果的判别和离群值

比对试验结果以“满意”“基本满意”“不满意”确定，并按照数据统计分析、文件材料及视频资料审查进行综合评判。

(1)数据统计分析评价。

比对试验采用了《利用实验室间比对进行能力验证的统计方法》(GB/T 28043—2011)进行数据统计分析处理，以 z 比分数对试验结果进行评价，$|z|\leqslant 2.00$ 为满意值、$2.00<|z|<3.00$为可疑值、$|z|\geqslant 3.00$ 为离群值，分别对应满意、基本满意、不满意。

(2)文件材料及视频资料审查评价。

根据比对试验作业指导书和相关标准规范，邀请有关专家对试验检测机构提交的比对试验结果报告表、原始记录、试验报告、试验人员和设备信息表、试验人员证书、仪器检定校准证书、视频资料等进行符合性审查评价。

详见检测机构试验结果和统计处理一览表(表 5-124)。

现将参加 2019 年公路水运工程试验检测机构混凝土外加剂 pH 值及氯离子含量比对试验结果统计的 144 个检测机构统计结果汇总，见表 5-123。

按试验检测机构总体情况统计结果　　表 5-123

检 测 参 数	机 构 总 数	比对试验统计结果		
		结果	机构数量	所占比例(%)
pH 值及氯离子含量	144	满意	107	74.3
		基本满意	17	11.8
		不满意	20	13.9

根据比对试验数据统计分析及文件材料、视频资料审查的综合评价结果，144 家试验检测机构中，107 家试验检测机构的综合评价结果为“满意”，占总数的 74.3%，表明绝大多数试验检测机构体系运行有效，内部管理规范，注重能力保持，检测水平较高。17 家试验检测机构的综合评价结果为“基本满意”，占总数的 11.8%。20 家试验检测机构的综合评价结果为“不满

意”，占总数的13.9%。具有水运工程材料甲级的26家试验检测机构中，2家试验检测机构的综合评价结果为“不满意”，占比7.7%，3家试验检测机构的综合评价结果为“基本满意”，占比11.5%。表明水运工程材料甲级试验检测机构检测水平略优于整体水平，整体看来仍有部分试验检测机构的检测水平有待改进。

表5-124～表5-126为各检测机构混凝土外加剂pH值及氯离子含量比对试验数据结果。

各检测机构混凝土外加剂pH值及氯离子含量比对试验数据结果z比分数汇总表 表5-124

编　号	pH值z值	氯离子含量(%)z值
BM-×××	1.57	-0.10
BM-×××	0.83	-0.58
BM-×××	-1.34	§14.50
BM-×××	-0.78	-0.93
BM-×××	-0.78	0.85
BM-×××	-0.69	-0.70
BM-×××	§4.28	0.80
BM-×××	-1.52	-1.35
BM-×××	-0.78	0.08
BM-×××	-0.41	* -2.99
BM-×××	0.60	-0.38
BM-×××	*2.53	0.68
BM-×××	-1.15	0.15
BM-×××	-0.90	0.17
BM-×××	-0.05	-0.55
BM-×××	0.27	0.55
BM-×××	0.16	-0.48
BM-×××	-0.41	0.97
BM-×××	-0.65	-0.17
BM-×××	0.70	*2.30
BM-×××	-0.24	-0.04
BM-×××	-0.51	0.70
BM-×××	0.92	0.83
BM-×××	*2.99	0.60
BM-×××	0.97	-0.23
BM-×××	0.11	-0.13
BM-×××	0.57	0.20
BM-×××	-0.41	-0.25
BM-×××	0.33	1.97

续上表

编　　号	pH 值 z 值	氯离子含量(%) z 值
BM-×××	0.21	-1.00
BM-×××	§ -10.91	-0.29
BM-×××	-0.65	0.03
BM-×××	-0.65	0.57
BM-×××	1.65	-1.11
BM-×××	-0.53	0.63
BM-×××	0.60	-0.48
BM-×××	-0.51	0.00
BM-×××	-0.05	-0.55
BM-×××	1.32	-1.10
BM-×××	-0.53	0.25
BM-×××	1.69	-0.48
BM-×××	0.70	-0.83
BM-×××	-0.65	0.08
BM-×××	0.57	-0.13
BM-×××	-0.28	1.10
BM-×××	0.46	*2.40
BM-×××	0.27	-0.78
BM-×××	-0.78	* -2.92
BM-×××	* -2.14	-1.33
BM-×××	0.70	-0.50
BM-×××	0.43	-0.36
BM-×××	0.21	0.20
BM-×××	-0.16	1.50
BM-×××	§4.53	§11.40
BM-×××	0.60	0.50
BM-×××	0.05	0.05
BM-×××	-0.65	-0.12
BM-×××	1.07	0.40
BM-×××	*2.46	0.48
BM-×××	-1.50	-0.63
BM-×××	-0.38	1.06
BM-×××	-1.32	§ -4.09
BM-×××	0.58	0.42
BM-×××	0.09	1.27

续上表

编　　号	pH 值 z 值	氯离子含量(%)z 值
BM-×××	-0.37	0.33
BM-×××	-0.28	1.20
BM-×××	-0.41	0.23
BM-×××	-1.18	-0.48
BM-×××	0.27	0.43
BM-×××	§3.18	§8.83
BM-×××	-0.37	-0.20
BM-×××	§ -4.03	-1.58
BM-×××	-0.28	0.50
BM-×××	0.84	1.40
BM-×××	0.03	-0.58
BM-×××	-0.85	0.65
BM-×××	1.94	-0.53
BM-×××	§6.24	-0.18
BM-×××	-0.05	1.08
BM-×××	-1.02	§20.93
BM-×××	*2.69	1.08
BM-×××	* -2.14	§11.80
BM-×××	1.37	-0.05
BM-×××	1.32	-0.93
BM-×××	-0.37	0.34
BM-×××	0.57	1.66
BM-×××	0.57	0.43
BM-×××	-0.65	-0.08
BM-×××	0.03	-0.09
BM-×××	0.03	1.94
BM-×××	-0.04	0.90
BM-×××	0.84	-0.93
BM-×××	* -2.14	1.75
BM-×××	-1.59	0.64
BM-×××	0.21	-1.48
BM-×××	§ -3.49	-0.79
BM-×××	-0.69	0.08
BM-×××	0.57	0.19
BM-×××	1.07	0.50

续上表

编　　号	pH 值 z 值	氯离子含量(%)z 值
BM-×××	0.44	-0.73
BM-×××	-0.65	-0.28
BM-×××	-1.01	-0.63
BM-×××	0.16	0.53
BM-×××	0.44	-0.08
BM-×××	-0.16	0.18
BM-×××	-0.78	1.99
BM-×××	-0.16	-0.78
BM-×××	*2.19	-1.70
BM-×××	-1.86	0.29
BM-×××	0.03	0.41
BM-×××	0.44	0.58
BM-×××	*2.85	§7.43
BM-×××	-0.53	0.00
BM-×××	-0.37	0.38
BM-×××	0.44	-1.00
BM-×××	*2.80	-0.12
BM-×××	-0.53	-0.75
BM-×××	1.94	0.10
BM-×××	0.03	§4.23
BM-×××	-1.64	§3.98
BM-×××	-0.24	-0.35
BM-×××	1.51	1.65
BM-×××	-1.02	0.35
BM-×××	0.58	-0.05
BM-×××	0.76	-1.25
BM-×××	*2.53	1.00
BM-×××	0.44	-0.45
BM-×××	0.33	-0.40
BM-×××	0.03	-0.39
BM-×××	0.33	0.02
BM-×××	§5.16	-0.98
BM-×××	-0.51	0.06
BM-×××	-1.19	-0.70
BM-×××	-0.65	§-6.13

续上表

编　　号	pH 值 z 值	氯离子含量(%)z 值
BM-×××	-1.18	0.58
BM-×××	-0.69	0.75
BM-×××	-0.78	0.43
BM-×××	*2.21	-1.60
BM-×××	-0.24	0.35
BM-×××	-1.98	-1.25
BM-×××	-0.69	0.15
BM-×××	-0.51	0.60
BM-×××	*2.32	-0.78
BM-×××	0.60	-0.53
BM-×××	§ -15.01	-0.87

注:加 § 处的数值为离群值,即 $|z|\geqslant 3.00$;加 * 处的数值为可疑值,即 $2.00<|z|<3.00$。

2 个试验结果出现离群值和可疑值的数目统计表　　表 5-125

项 目 结 果	pH　值	氯离子含量
$2<\|z\|<3$	BM-012、BM-024、BM-049、BM-059、BM-077、BM-081、BM-082、BM-093、BM-096、BM-108、BM-112、BM-116、BM-126、BM-138、BM-143	BM-010、BM-020、BM-046、BM-048、BM-119、BM-120
$\|z\|\geqslant 3$	BM-007、BM-031、BM-054、BM-070、BM-072、BM-078、BM-131、BM-145	BM-003、BM-054、BM-062、BM-070、BM-080、BM-082、BM-112、BM-134

比对试验数据结果的分布情况统计表　　表 5-126

结　　果	机 构 代 码	共计(个)	所占比例(%)
全部满意结果 $\|z\|\leqslant 2$ 的实验室	—	112	77.8
含 1 个离群值	BM-003、BM-007、BM-031、BM-062、BM-072、BM-078、BM-080、BM-082、BM-096、BM-112、BM-119、BM-120、BM-131、BM-134、BM-145	15	10.4
含 2 个离群值	BM-054、BM-070	2	1.4
含 1 个可疑值	BM-010、BM-012、BM-020、BM-024、BM-046、BM-048、BM-049、BM-059、BM-077、BM-081、BM-082、BM-093、BM-108、BM-112、BM-116、BM-126、BM-138、BM-143	18	12.5
1 个离群值 1 个可疑值	BM-082、BM-112	2	1.4
无离群值但有可疑值	BM-010、BM-012、BM-020、BM-024、BM-046、BM-048、BM-049、BM-059、BM-081、BM-093、BM-108、BM-116、BM-126、BM-138、BM-143	15	10.4
含有离群值	BM-003、BM-007、BM-031、BM-054、BM-062、BM-070、BM-072、BM-078、BM-080、BM-082、BM-096、BM-112、BM-119、BM-120、BM-131、BM-134、BM-145	17	11.8

说明:其中每家检测机构,2 个或 1 个数据结果出现离群值,数据结果综合评价为离群;无离群值,出现可疑结果,数据结果综合评价为可疑;数据结果中既无离群值又无可疑值,数据结果综合评价为满意。

综上所述,在参加经对试验的 144 家检测机构中,112 家检测机构的数据结果实验室间比对为"满意值",占总数的 77.8%,15 家检测机构的数据结果为"可疑",占总数的 11.1%,17 家检测机构的试验结果为"离群",占总数的 11.8%。

5.8.5 比对试验技术分析

5.8.5.1 数据正态分布或单峰分布的检查

氯离子比对试验数据的频率分布直方图见图 5-65,可以看出其频率分布直方图基本上符合单峰分布特征。

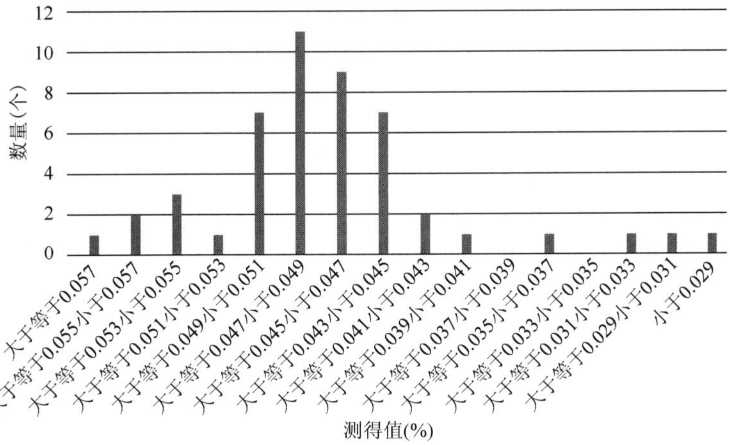

图 5-65 氯离子数据直方图

5.8.5.2 检测机构试验结果的主要影响因素分析

1)出现的问题

通过对视频材料和文件资料的审查,发现了一些有待进一步改进规范的问题,有些问题是技术进步带来的新问题,应该引起广大技术人员的重视,而有些问题是在每次比对试验中都会反复发生的问题,需要加强该方向的人员的培训工作。如下:

(1)使用氯离子全自动电位滴定仪的试验检测机构所提供的原始记录,普遍缺少电位滴定曲线的存储路径编号。该问题是由于自动化设备的逐渐普及带来的,原始记录应该能复现试验的过程,提供自动化设备的索引是必不可缺的一环。

(2)试验检测报告缺少任务单编号、样品名称、数量、资质标识、仪器设备等信息。该问题反映出报告管理上有些机构还存在一定问题,应完善自身的体系文件,并加强实施过程的监督工作。

(3)采用自动电位滴定仪的试验检测机构,有较多未计量容量示值误差。该问题为校准参数不全,在历次比对试验中都有所反映,是常见问题,是机构对检测结果量值溯源影响因素认识不到位的体现,需要加强对量值溯源体系的学习。

(4)有试验检测机构在 pH 值试验时,未测量并记录溶液温度、未轻摇试杯;在氯离子含量检测时,用移液管直接从试剂瓶中取样、滴定过程中未对溶液进行电磁搅拌。该问题反映出个别检测机构技术不过关,应加强对化学试验的培训工作。

2)技术建议

(1)试验检测机构应按照公路水运工程试验检测仪器设备计量管理及相关技术标准的要求,加强化学分析试验用具的量值溯源管理。

(2)试验检测机构应加强化学分析试验的影响因素的控制,严格每一个操作环节,同时,应加强检测数据结果的复核和审核,确保结果准确。

(3)当使用全自动化学分析设备时,试验检测机构应确保其电子采集数据和记录的可追溯性。

5.8.6 结语

本次比对试验结果符合统计分析规律,采取了数据统计分析与专家后期视频审查相结合的模式,有针对性地寻找问题,提出改进建议,对整个交通行业化学领域检测技术全面提升和改进起到了有力的促进作用。众所周知,比对试验是评价实验室能力的可靠手段,非满意结果的整改则是提高检测技术的有效方式,而如何才能更加行之有效地发现问题,采取切实可行的纠正措施一直以来都是困扰检测行业的问题。通过本次比对试验的技术摸索有力地说明,应重视数据结果与过程的再验证,从数据中发现问题,从视频过程中寻找产生问题的原因,不断推动技术的进步。

5.8.7 主要参考文献

(1)《合格评定能力验证通用要求》(ISO/IEC 17043:2010)。
(2)《利用实验室间比对的能力验证的统计方法》(ISO 13528:2005)。
(3)《能力验证结果的统计处理和能力评价指南》(CNAS-GL002:2018)。
(4)《能力验证样品均匀性和稳定性评价指南》(CNAS-GL003:2018)。
(5)《利用实验室间比对进行能力验证的统计方法》(GB/T 28043—2011)。
(6)《混凝土外加剂匀质性试验方法》(GB/T 8077—2012)。
(7)《能力验证规则》(CNAS RL02:2018)。

5.8.8 附件

5.8.8.1 检测机构的试验结果和统计处理

pH 值 z 比分数柱状图如图 5-66 所示,氯离子含量 z 比分数柱状图如图 5-67 所示。

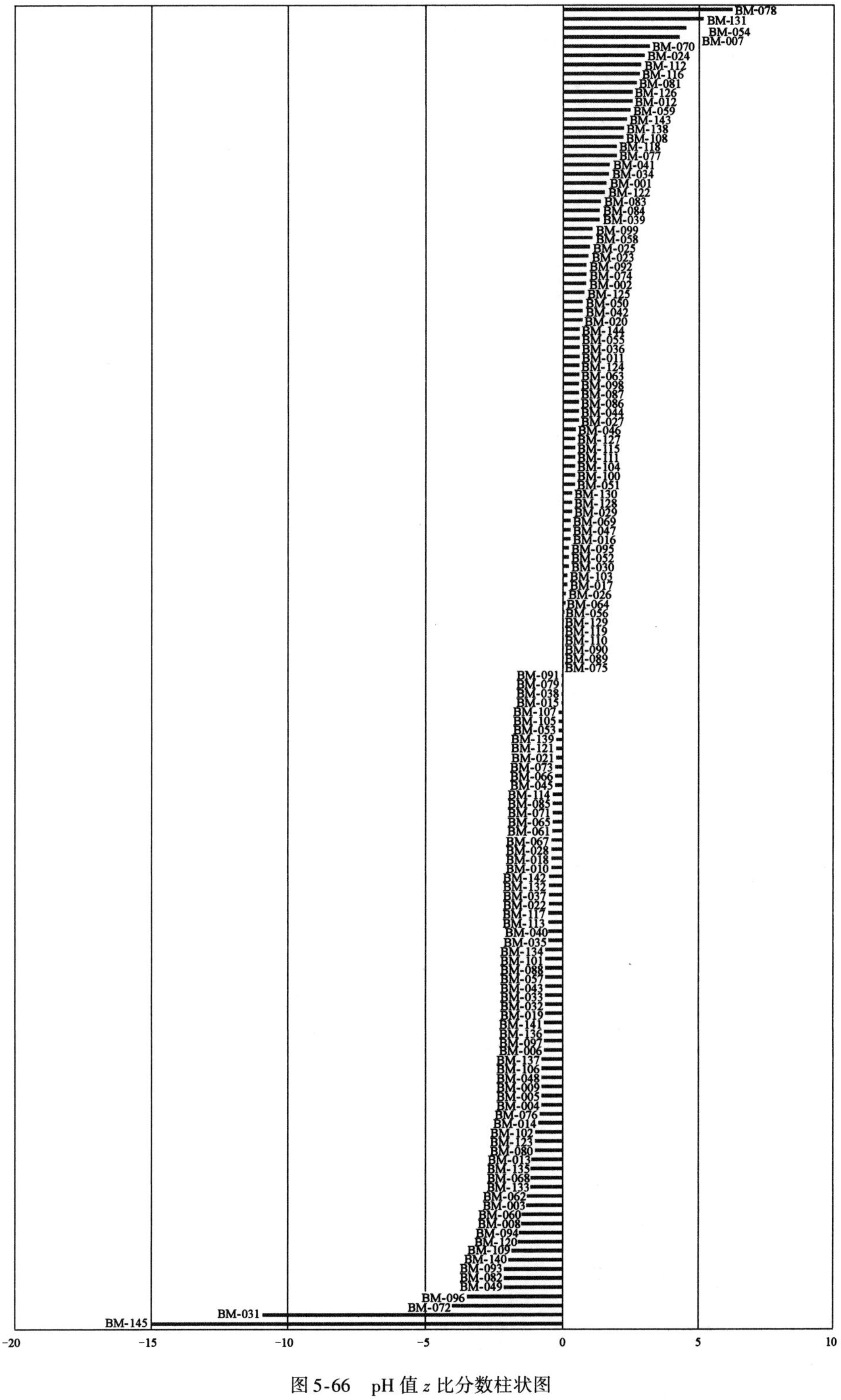

图 5-66 pH 值 z 比分数柱状图

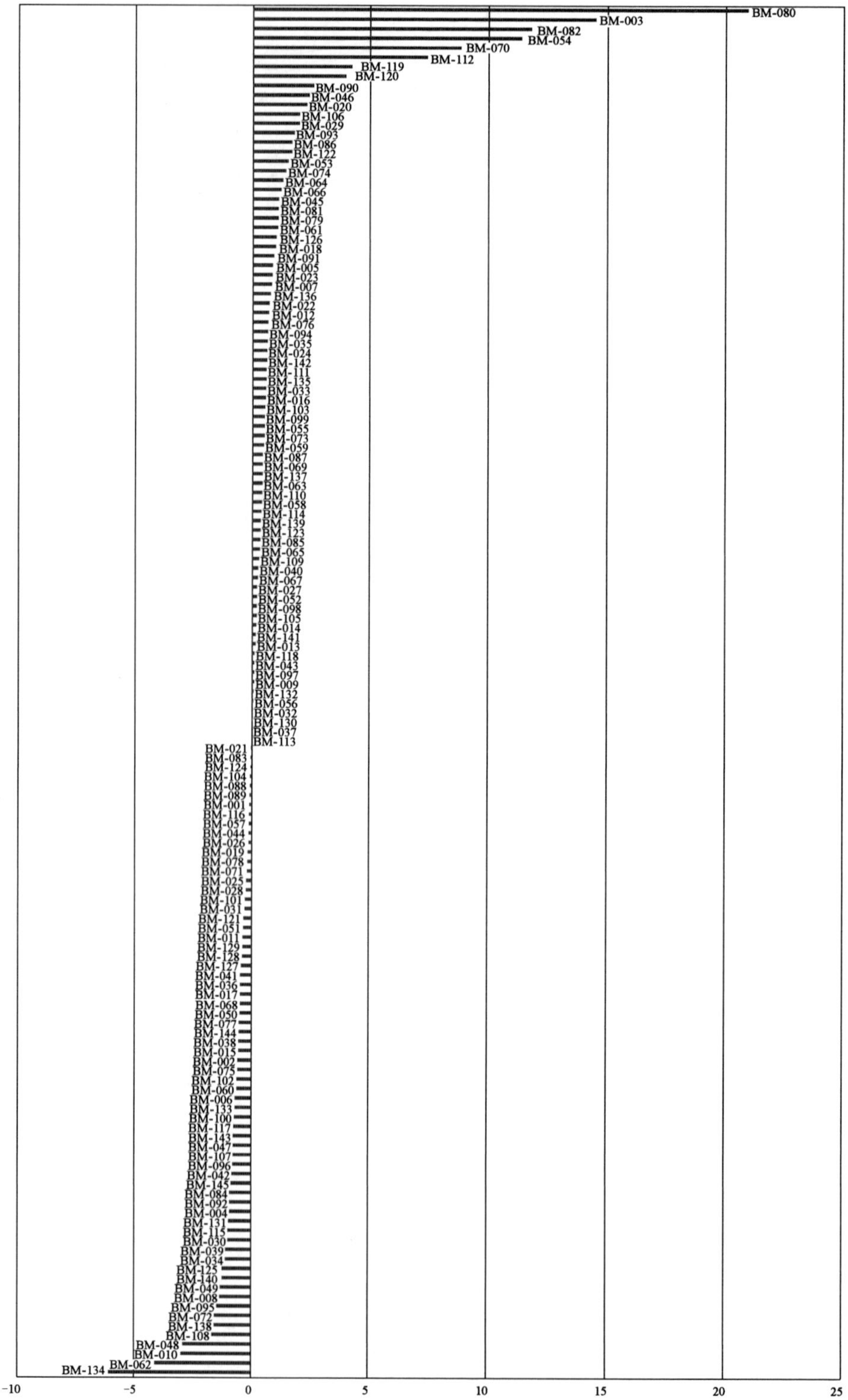

图 5-67　氯离子含量 z 比分数柱状图

5.8.8.2 样品均匀性检验报告

1）均匀性检验

样品均匀性检验结果统计：

（1）苏交科集团股份有限公司混凝土外加剂实验室依据《混凝土外加剂匀质性试验方法》（GB/T 8077—2012）进行了外加剂 pH 值和氯离子含量检验。

（2）在制备好的样品中随机抽取 10 份样品，在重复条件下测试 2 次。依照《能力验证样品均匀性和稳定性评价指南》（CNAS-GL003：2018），采用单因子方差分析法对检验结果进行统计处理，选取显著性水平为 $\alpha=0.05$，统计量与临界值 $F_{0.05(9,10)}$ 比较，选取满足要求的样品用于比对试验。在比对试验获得了能力评定标准差 σ 之后，采用 $s_s \leqslant 0.3\sigma$ 进行验证，对于不满足条件的 σ，进行修正。

第 x 组样品均匀性分析见表 5-127、表 5-128。

第 x 组样品均匀性分析表（pH 值） 表 5-127

样品编号	B02	pH 值测定结果			
		1		2	
2-1		8.361		8.375	
2-2		8.347		8.344	
2-3		8.339		8.471	
2-4		8.365		8.330	
2-5		8.481		8.402	
2-6		8.365		8.351	
2-7		8.367		8.319	
2-8		8.386		8.470	
2-9		8.356		8.347	
2-10		8.428		8.416	
总平均值		8.381			
方差来源		自由度	平方和	均方	F
样品间		9	0.02704	0.00300	1.72
样品内		10	0.01744	0.00174	
评价		F 临界值 $F_{0.05(9,10)}=3.02$，F 值计算结果为 1.72，表明在 95% 置信概率下，与其他因素对测试结果的影响相比，样品的均匀性是可接受的			

第 x 组样品均匀性分析表(氯离子含量) 表 5-128

样品编号	B02	氯离子含量测定结果(%)			
		1		2	
2-1		0.04374		0.04516	
2-2		0.03984		0.04465	
2-3		0.04057		0.04457	
2-4		0.04585		0.04202	
2-5		0.03994		0.03804	
2-6		0.03448		0.04209	
2-7		0.03560		0.03908	
2-8		0.03765		0.03247	
2-9		0.04092		0.04562	
2-10		0.03520		0.03940	
总平均值		0.04034			
方差来源		自由度	平方和	均方	F
样品间		9	0.000198	0.00002	2.00
样品内		10	0.000098	0.00001	
评价		F 临界值 $F_{0.05(9,10)}=3.02$,F 值计算结果为 2.00,表明在 95% 置信概率下,与其他因素对测试结果的影响相比,样品的均匀性是可接受的			

2)样品均匀性检验的评估

依照《利用实验室间比对进行能力验证的统计方法》(GB/T 28043—2011)对样品的均匀性进行评估。样品间标准差与能力评定标准差见表 5-129。

样品间标准差与能力评定标准差对照表 表 5-129

序号	测试参数	样品间标准差(s_s)	0.3σ	符合性($s_s \leq 0.3\sigma$)	修正后的 σ_s($s_s > 0.3\sigma$)
1	x 组 pH 值	0.025	×.×××	符合	—
2	x 组氯离子	0.00022	×.××××	符合	—
备注		1. 表中能力评定标准差(σ)源于本次"2019 年公路水运工程试验检测机构混凝土外加剂 pH 值及氯离子含量比对试验计划"。 2. 数据统计采用《利用实验室间比对进行能力验证的统计方法》(GB/T 28043—2011)			

评估结论:从表 5-129 所示样品所测试参数均匀性检验样品间标准差(s_s)来看,pH 值、氯离子参数的样品间标准差小于 0.3σ,表明样品充分均匀。

5.8.8.3 样品稳定性检验报告

稳定性试验安排在均匀性试验之后,考虑本次试验样品为外加剂,测试项目属于化学类,受环境影响较大,发样期间为夏季,温度较高,因此稳定性试验安排了常温稳定性试验和高温稳定性试验。采用 t 检验法，比较两个平均值之间是否存在显著差异。测量方法与均匀性检验用的测量方法相同。

1）检验与评价依据

苏交科集团股份有限公司混凝土外加剂实验室依《混凝土外加剂匀质性试验方法》（GB/T 8077—2012）进行 pH 值、氯离子含量检验。数据依据《利用实验室间比对进行能力验证的统计方法》（GB/T 28043—2011）、《能力验证样品均匀性和稳定性评价指南》（CNAS-GL03）进行处理。

2）稳定性检验样品抽取

样品的抽取数量依据《利用实验室间比对进行能力验证的统计方法》（GB/T 28043—2011）和《能力验证样品均匀性和稳定性评价指南》（CNAS-GL03）。通过随机抽样程序，从制备好的样品中抽出 6 个样品。

3）检验结果与评价

本次稳定性检验采用 t 检验法（两个平均值之间的一致性）。按下式计算 t 值：

$$t = \frac{|\overline{x_2} - \overline{x_1}|}{\sqrt{\dfrac{(n_1 - 1)s_r^2 + (n_2 - 1)s_2^2}{n_1 + n_2 - 2} \cdot \dfrac{n_1 + n_2}{n_1 \cdot n_2}}}$$

式中：$\overline{x_1}$——第一次检验测量数据的平均值；

$\overline{x_2}$——第二次检验测量数据的平均值；

s_1——第一次检验测量数据的标准偏差；

s_2——第二次检验测量数据的标准偏差；

n_1——第一次检验测量的测量次数；

n_2——第二次检验测量的测量次数。

为了保证平均值和标准偏差的准确度，n_1 和 n_2 均为 6。

若 $t < t_{0.05(10)} = 2.23$，则两个平均值之间无显著性差异，样品是稳定的。

4）50℃稳定性分析结果

第 x 组样品 50℃稳定性分析见表 5-130。

第 x 组样品稳定性分析表（50℃）　　表 5-130

测试参数：pH 值		经 50℃摆放 24h 后的稳定性分析						
序号	条件	天数	测试值 1	测试值 2	样品平均值	总平均值	标准偏差	t
3-1	25℃放置	1	13.441	13.518	13.480	13.422	0.0504	2.13
3-3		1	13.424	13.406	13.415			
3-5		1	13.373	13.367	13.370			
3-11	50℃放置 24h 后	8	13.342	13.421	13.382	13.369	0.0327	
3-12		8	13.388	13.340	13.364			
3-13		8	13.391	13.333	13.362			
查表得 $t_{0.05(10)} = 2.28$，$t < t_{0.05(10)}$，则两次结果之间无显著差异，认为样品 50℃下 pH 值的稳定性为可接受的								

续上表

测试参数:氯离子含量		经50℃摆放24h后的稳定性分析						
序号	条件	天数	测试值1	测试值2	样品平均值	总平均值	标准偏差	t
3-1	25℃放置	1	0.05722	0.05167	0.054445	0.05185	0.0031	0.96
3-4		1	0.05384	0.04731	0.050575			
3-5		1	0.04992	0.05113	0.050525			
3-11	50℃放置24h后	3	0.05647	0.04962	0.053045	0.05342	0.0026	
3-12		3	0.05496	0.05123	0.053095			
3-13		3	0.05611	0.05216	0.054135			
查表得 $t_{0.05(10)}=2.28$,$t<t_{0.05(10)}$,则两次结果之间无显著差异,认为样品50℃下氯离子含量的稳定性为可接受的								

5)常温稳定性分析结果

第 x 组样品常温稳定性分析见表5-131。

第 x 组样品常温稳定性分析表　　表5-131

测试参数:pH值		常温稳定性						
序号	日期	天数	测试值1	测试值2	样品平均值	总平均值	标准偏差	t
3-1	2019.4.23	1	13.441	13.518	13.480	13.422	0.0504	0.51
3-3		1	13.424	13.406	13.415			
3-7		1	13.373	13.367	13.370			
3-14	2019.5.14	20	13.345	13.488	13.4165	13.407	0.0476	
3-15		20	13.364	13.439	13.4015			
3-16		20	13.391	13.416	13.4035			
查表得 $t_{0.05(10)}=2.28$,$t<t_{0.05(10)}$,则两次结果之间无显著差异,认为样品常温保存20d pH值的稳定性为可接受的								
测试参数:氯离子含量		常温稳定性						
序号	日期	天数	测试值1	测试值2	样品平均值	总平均值	标准偏差	t
3-1	2019.4.23	1	0.05722	0.05167	0.054445	0.05185	0.0031	0.59
3-4		1	0.05384	0.04731	0.050575			
3-5		1	0.04992	0.05113	0.050525			
3-14	2019.5.14	20	0.05216	0.05279	0.05248	0.05270	0.0017	
3-15		20	0.05474	0.05496	0.05485			
3-16		20	0.05140	0.05016	0.05078			
查表得 $t_{0.05(10)}=2.28$,$t<t_{0.05(10)}$,则两次结果之间无显著差异,认为样品常温保存20d氯离子含量的稳定性为可接受的								

5.8.8.4　相关文件

1）被测样品接收状态确认表

被测样品接收状态确认表

检测机构编号：

<table>
<tr><td>计划名称（编号）</td><td colspan="3">混凝土外加剂比对试验（BD2019-01）</td></tr>
<tr><td>样品名称及标识</td><td colspan="3">高效减水剂</td></tr>
<tr><td>发送机构</td><td colspan="3">中国交通建设监理协会试验检测工作委员会</td></tr>
<tr><td>电话/E-Mail</td><td>010-62358975
ticc.cn@163.com</td><td>发送日期</td><td></td></tr>
<tr><td>发送状态</td><td>完好□　不完好□</td><td>发送人（签名）</td><td></td></tr>
<tr><td colspan="4">样品接收时，样品是否完好：是□　　否□
如有异常请详细描述样品状态（附图片）：</td></tr>
<tr><td colspan="4">接收试验检测机构名称（全称）：　　　　（公章）

联系地址：
邮编：
联系电话/传真：
联系人：　　　　接收人（签名）：　　　　接收时间：</td></tr>
<tr><td colspan="4">备注：</td></tr>
</table>

注：请接收单位收到样品后，仔细核对样品状态后填报本表，并将盖章后的扫描件以及描述样品状态的图片（如有）一并发送至指定邮箱 ticc.cn@163.com。本表原件随试验相关材料及资料邮寄至主办单位。

2）比对试验计划指导书

2019 年公路水运工程试验检测机构
混凝土外加剂 pH 值及氯离子含量比对试验计划指导书

本次比对试验计划中，贵试验检测机构的编号为 BM-＿＿＿＿＿＿。

为保证比对试验计划的顺利进行，特要求参加单位认真遵循下列条款：

1. 承办单位统一向各试验检测机构随机寄送一份 300g 外加剂样品，样品设有相应标识。试验检测机构收到样品时，应首先对样品进行确认，同时填写“被测样品接收状态确认表”

[见1)],盖章后将扫描件发送至:ticc.cn@163.com。

2. 试验检测机构在收到样品并确认无误后,应上报所在地的省级交通质监机构,以确定具体的试验时间。

3. 试验检测机构在收到样品后应按照规范及作业指导书要求尽快进行试验。

4. 参加比对试验的人员必须是检测机构登记的在职人员,且持有公路水运工程试验检测工程师或助理检测工程师(检测员)证书。

5. 试验人员在试验前要认真检查仪器设备运转是否正常,仪器设备是否在检校周期内。试验结束后检查、记录主要试验仪器设备状态。

6. 本次比对试验共两项:外加剂 pH 值、外加剂氯离子含量。采用的试验标准、试验要求及注意事项见表5-132。

比对试验采用的试验标准、试验要求及注意事项 表5-132

名　　称	试验标准	试验要求	注意事项
pH值	《混凝土外加剂匀质性试验方法》(GB/T 8077—2012)	(1)按照电极使用说明书进行所选用电极的活化。 (2)酸度计按照出厂说明书进行校正。 (3)同一样品平行试验两次,同步记录试验数据,并计算平均值,平均值保留小数点后两位	(1)被测溶液温度应为20℃ ±3℃。 (2)选择容量适合的试杯盛装外加剂比对样品。 (3)用蒸馏水、外加剂比对样品依次冲洗电极。 (4)将电极浸入外加剂中轻轻摇动试杯,使溶液均匀,待酸度计读数稳定1min后记录读数。 (5)用蒸馏水冲洗电极,进行电极的养护
氯离子含量	《混凝土外加剂匀质性试验方法》(GB/T 8077—2012)(11.1 电位滴定法)	(1)按照电极使用说明书进行电极活化、标定。 (2)应使用电位滴定法进行硝酸银标准溶液的标定,标定结果保留至0.0001mol/L。 (3)同一样品平行试验两次,用两次试验结果的平均值表示试验结果,氯离子含量(%)单值保留小数点后四位,平均值(%)保留小数点后三位	(1)所用试剂应不低于分析纯,所用水应符合现行GB/T 6682中规定的三级水要求。 (2)硝酸银标准溶液必须储存于棕色试剂瓶中,避光保存。 (3)标准溶液必须张贴标识,体现名称、浓度、标定日期、有效期、配置日期。 (4)称取外加剂比对样品0.5000~5.0000g,放入干燥烧杯中,加入200mL蒸馏水和4mL硝酸(1+1),使用玻璃棒搅拌均匀。 (5)用移液管移入10mL 0.1000mol/L的氯化钠标准溶液。氯化钠标准溶液的移入应使用10mL的单标线移液管或分度移液管一次移入。移液管在使用前应使用氯化钠标准溶液进行润洗。溶液读取时视线应与溶液凹液面最低处平齐,凹液面必须与量具刻度线相切。 (6)溶液中加入搅拌子,插入电极,开启电磁搅拌。

续上表

名　　称	试 验 标 准	试 验 要 求	注 意 事 项
氯离子含量	《混凝土外加剂匀质性试验方法》(GB/T 8077—2012)(11.1 电位滴定法)	(1)按照电极使用说明书进行电极活化、标定。 (2)应使用电位滴定法进行硝酸银标准溶液的标定,标定结果保留至0.0001mol/L。 (3)同一样品平行试验两次,用两次试验结果的平均值表示试验结果,氯离子含量(%)单值保留小数点后四位,平均值(%)保留小数点后三位	(7)在稳定电磁搅拌的条件下用硝酸银标准溶液缓慢滴定。在使用滴定管前,应排空气体,并检查滴定管是否漏液,并在装液前使用标准溶液进行滴定管的润洗。 (8)电势变化增快时应放慢滴定速度,待电势稳定后记录数据并继续滴定,记录电势和对应的滴定管读数。 (9)使用二次微商法计算得到第一个终点时硝酸银标准溶液消耗的体积 V_1。 (10)在此溶液中再次加入10mL 0.1000mol/L的氯化钠标准溶液,继续用硝酸银标准溶液滴定至第二个等当点出现。记录电势和对应的滴定管读数。用二次微商法计算第二个终点时硝酸银标准溶液消耗的体积 V_2。 (11)进行空白试验。用二次微商法计算硝酸银标准溶液消耗的体积 V_{01}、V_{02}。计算外加剂中氯离子所消耗的硝酸银标准溶液体积,体积(mL)保留两位小数。 (12)试验时应同步在试验原始记录表中填写试验数据

7. 省级交通质监机构派见证人员进行现场见证试验,并在试验结果报告表中签字。

8. 试验机构应对关键操作过程进行录像,要求画面清晰,作为现场见证和事后追溯的依据;视频内容包括显示实验室外观全景、试验人员本人、主要试验仪器设备及标识,试验准备、酸度计校正过程,反映最终试验结果的试验仪器设备数据显示及结果数据填写过程。溶液配制过程可不录像。如视频资料不能反映试验全过程或反映不真实的,则不能作为见证和追溯的依据。

9. 依据试验方法进行数据记录、计算后,按照作业指导书要求进行结果有效数字保留,填写比对试验结果报告表。原始记录及报告格式按照各试验检测机构的质量体系文件所规定的格式编制。

10. 试验结束后试验检测机构须在2019年7月15日前邮寄被测样品接收状态确认表、本次比对试验人员和设备信息表、比对试验结果报告表、设备检定/校准证书复印/扫描件、各试验检测机构试验原始记录表及试验报告原件、试验过程视频录像记录U盘。无故未按期提交材料及资料的试验检测机构,其结果将不列入本次结果统计,并以不满意处理。

11. 本次比对结果以“满意”“基本满意”“不满意”确定,并按照数据统计分析、试验检测机构提交材料与视频资料专家审核结论相结合进行综合评判。

12. 承办单位邮寄方式：

地　址：北京市海淀区西土城路八号02写字楼307室

（交通运输部公路科学研究所院内）

收件人：李双

电　话：(010)62358975

邮　编：100088

中国交通建设监理协会试验检测工作委员会

2019年4月

3）比对试验结果报告表

比对试验结果报告表

外加剂pH值及氯离子含量比对试验

试验检测机构名称：　　　　　　　　　　试验检测机构编号：

报告日期：

项　目	结　果			测试方法
	1	2	平均值	
pH值				
氯离子含量(%)				
试验过程出现的问题或异常现象				

注：1. 数据不得涂改，每个样品按作业指导书要求进行修约，给出平均值。

2. 测试方法应记录规范号，如GB/T 8077—2012。

3. 试验过程如未出现问题或异常现象，可填写"无"。

试验日期：　　年　　月　　日

试验（签字）：　　审核（签字）：　　批准（签字）：

试验检测机构（盖章）：

交通质监机构见证人（签字）：

5.9　2019年公路工程试验检测机构锚具（夹片）洛氏硬度比对试验实例

5.9.1　前言

本报告是对编号内的2019年公路工程试验检测机构锚具（夹片）洛氏硬度比对试验计划结果的总结，该计划由中路高科交通检测检验认证有限公司（国家道路及桥梁质量监督检验中心）负责组织并实施。

中路高科交通检测检验认证有限公司（国家道路及桥梁质量监督检验中心）依据《合格评

定 能力验证的通用要求》(GB/T 27043—2012)的要求运作能力验证计划。

关于选择能力验证计划及能力验证结果利用、CNAS 能力验证领域和频次等相关要求和政策见《能力验证规则》(CNAS-RL02:2018)。

5.9.2 计划的特点

5.9.2.1 目的及意义

锚具使用量大面广,广泛用于桥梁及结构物等基础设施建设中,其质量的好坏直接影响到工程建设的安全,直接关系到人民生命和财产的安全。社会对锚具产品质量问题极为关注。锚具(夹片)产品洛氏硬度检测项目,是公路工程相关试验检测机构应具备的检测能力。

组织本次比对试验活动有以下五方面的目的:

(1)本次比对试验活动旨在验证检测机构的金属制品检测能力水平。

(2)推动检测单位检测技术交流,促进检测和管理水平的提高。

(3)通过组织和发布比对试验结果可以提高交通行业检测机构在社会当中的权威性,比对结果显示离散性大的机构,加大了将实际检测结果由合格判定为不合格的风险,应在检测机构中引起重视。

(4)同时比对试验是交通运输行业管理部门对检测机构能力保持情况的一种有效的监督检验方法。

(5)本次比对纳入国际机构,以期衡量国内与境外机构的检测结果的差异性。

5.9.2.2 参加实验室概述

本次比对计划共有 21 家检测机构报名参加,21 家返回了检测结果。其中 20 家为国内机构,均具有公路工程资质,1 家为境外机构,是乌克兰国立航空大学。

5.9.2.3 检测参数及依据

1)检测参数

检测参数为洛氏硬度(HRC)。

2)检测依据

测试洛氏硬度(HRC)试验遵照《金属材料 洛氏硬度试验 第 1 部分:试验方法》(GB/T 230.1—2018)和比对试验作业指导书(详见 5.9.8.3)的要求进行。

5.9.2.4 实施进度

(1)2019 年 6 月 15 日前,检测机构完成比对试验报名工作。

(2)2019 年 7 月 30 日前,比对承办单位将比对试验样品、夹片硬度测试工装,被测样品接收状态确认表、比对试验计划指导书和试验结果报告表寄送至参加比对的检测机构。

(3)2019 年 8 月 20 日前,试验检测机构应按照比对试验作业指导书的要求,在规定时间内完成试验,将试验结果报告表及报告提交给国家道路及桥梁质量监督检验中心。

(4)2019 年 9 月 30 日前,完成试验结果的统计分析,形成结果报告表,并邮寄给各参加单位。

5.9.2.5 样品描述

(1)选取了两个批次的 YM15 锚具(夹片)作为样品,每个批次为 100 个。样品编号分别为 J01-01-(随机编号)和 J01-02-(随机编号),每支样品用条形码加以标识。向每个检测机构发放两个样品及一套工装。样品及工装以专用包装盒包装,通过专递分发给各参加检测机构。以专用包装盒进行包装。样品有关信息见表 5-133。

样品有关信息　　表 5-133

比对试验计划编号	样品名称	规格型号	样品编号	备注
NLYZ-2019-01	锚具(夹片)	YM15L	J01-01-(随机编号)	—
			J01-02-(随机编号)	

样品制备程序如图 5-68 所示。

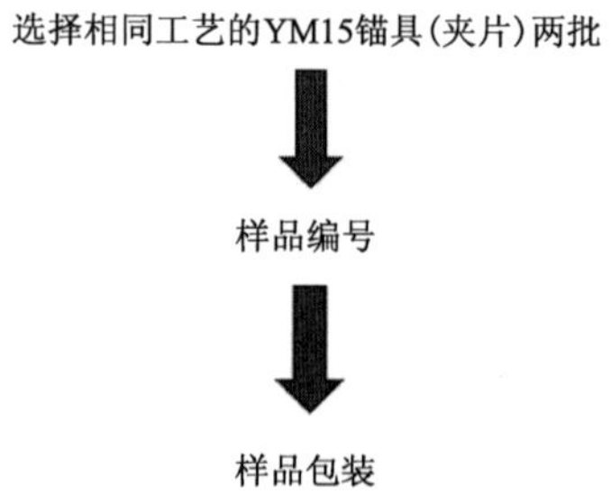

图 5-68　样品制备程序图

(2)样品的均匀性检验与评价。

均匀性检验由中路高科交通检测检验认证有限公司(国家道路及桥梁质量监督检验中心)完成。样品分发前进行了均匀性检验,回收后进行了一致性验证。均匀性检验报告见 5.9.8.2。

5.9.2.6 保密

为保证比对活动实施过程中的保密性,在本次比对试验活动中,根据报名情况按流水号赋予每个检测机构一个代码,不出现具体检测机构名称。凡说明参加检测机构的相关比对试验数据统计及结果评价时,均以检测机构代码表示。

5.9.3 统计分析的设计、有关的统计量和统计图表

5.9.3.1 统计分析的设计

1)双样品统计说明

本次比对试验为实验室发放了双样品和相应的工装,旨在考量最大程度相同条件下检测结果的差异,采用每个参加者结果对的标准化和以及标准化差衡量结果的系统误差和随机误差。

2)统计分析方法

(1)稳健技术介绍。

本次比对试验对各检测机构的测定结果统计分析采用稳健技术处理,以所有参加者报告结果的稳健平均值(参加者的公议值)作为指定值,稳健标准差作为能力评定标准差,计算各试验机构结果的 z 比分数,同时给出稳健平均值的标准不确定度。稳健平均值和稳健标准差的计算意义参见《利用实验室间比对进行能力验证的统计方法》(GB/T 28043—2011)。

本次比对试验涉及的统计量有结果总数、稳健平均值、稳健标准差、最小值、最大值和极差等，各统计量的意义及相关计算方法如下：

①结果总数——在统计分析中某项测定结果的总数。

②稳健平均值和稳健标准差的计算。

a. 稳健平均值 x^* 和稳健标准差 s^* 初始值的计算。

有 p 个数，按从小到大顺序排列：$x_1, x_2, \cdots\cdots, x_i, \cdots\cdots, x_p$

用 x^* 和 s^* 代表稳健平均值和稳健标准差，计算 x^* 和 s^* 的初始值：

$x^* = x_i$ 的中位值（$i = 1, 2, \cdots\cdots, p$）

$s^* = 1.483|x_i - x^*|$ 的中位值（$i = 1, 2, \cdots\cdots, p$）

b. 对 x^* 和 s^* 的修正。

计算 $\delta = 1.5s^*$，对于每个 x_i（$i = 1, 2, \cdots\cdots, p$）计算如下：

$$x_i^* = \begin{cases} x^* - \delta, 若\ x_i < x^* - \delta; \\ x^* + \delta, 若\ x_i > x^* + \delta; \\ x_i, 其他（介于两者之间） \end{cases}$$

由下式计算 x^* 和 s^* 的新值：

$$x^* = \frac{\sum x_i^*}{p}, s^* = 1.134\sqrt{\frac{\sum (x_i^* - x^*)^2}{p-1}}$$

稳健平均值 x^* 和稳健标准差 s^* 可以通过迭代计算得出，如用校正后的数据对 x^* 和 s^* 进行多次修正，直至过程收敛。当迭代后稳健平均值 x^* 和稳健标准差 s^* 的第三位有效数字没有变化时，即可认为过程是收敛的。

③稳健平均值不确定度的计算。

稳健平均值 x^* 标准不确定度为：

$$u_x = 1.25 \cdot \frac{s^*}{\sqrt{p}}$$

式中：s^*——稳健标准差；

p——试验机构数。

④最小值——一组结果中的最小值。

⑤最大值——一组结果中的最大值。

⑥极差——最大值与最小值之间的差值。

（2）双样品统计介绍。

假设结果对是从样品 A 和 B 两个样品中获得的。首先按照下式计算每个参加者结果对的标准化和（用 S^* 表示）和标准化差（用 D^* 表示），即：

$$S^* = (A+B)/\sqrt{2}, D^* = (A-B)/\sqrt{2}（保留\ D\ 的 + 或 - 号）$$

通过计算每个参加者结果对的标准化和以及标准化差，可以得出所有参加者的 S^* 和 D^* 的中位值和标准化四分位差，即 med(S^*)、NIQR(S^*)、med(D^*)、NIQR(D^*)。

依据所有参加者的 S^* 和 D^* 的中位值和标准化四分位差，可以计算 z_B、z_W 值：

$$z_B = \frac{S^* - \mathrm{med}(S^*)}{\mathrm{NIQR}(S^*)} 和\ z_W = \frac{D^* - \mathrm{med}(D^*)}{\mathrm{NIQR}(D^*)}$$

z_B 主要反映结果的系统误差，z_W 主要反映结果的随机误差。$z_B \geqslant 3.00$ 表明该样品对的两个结果太高，$z_B \leqslant -3.00$ 表明其结果太低，$|z_W| \geqslant 3.00$ 表明其两个结果间的差值太大。

5.9.3.2 统计图表的说明

为了用图像清晰地表示各参加检测机构的比对试验结果，将 z 比分数按其大小顺序排列分别作柱状图，每一个柱状图标有该检测机构的代码。从图上每一个检测机构很容易将其能力与其他参加检测机构进行比对。

5.9.3.3 标准化和以及标准化差的 z 比分数说明

z_B 表示标准化和的 z 比分数，z_W 表示标准化差的 z 比分数，统计分析方法如上诉述。

5.9.3.4 结果评价

本次比对试验计划以 z 比分数评价每个参加检测机构的试验结果（能力），即：

$|z_B| \leqslant 2.00$ 为满意结果（满意值）。

$2.00 < |z_B| < 3.00$ 为基本满意结果（可疑值）。

$|z_B| \geqslant 3.00$ 为不满意结果（离群值）。

$|z_W| \leqslant 2.00$ 为满意结果（满意值）。

$2.00 < |z_W| < 3.00$ 为基本满意结果（可疑值）。

$|z_W| \geqslant 3.00$ 为不满意结果（离群值）。

不满意结果为统计分析中的离群值，基本满意结果为统计分析中的可疑值。为了清晰表示各实验室参加能力验证计划的结果，采用 z 比分数按大小顺序排列作柱状图表示。

5.9.4 统计结果及结果评价

5.9.4.1 主要统计量

本次能力验证计划主要统计量的汇总见表 5-134 和表 5-135。

试验结果统计值及出现离群值和可疑值的数目统计表（S^* 值） 表 5-134

结果总数（个）	稳健平均值	稳健标准差	标准不确定度	最小值	最大值	极差	可疑值（个）	离群值（个）
21	85.83	3.00	0.84	78.15	89.36	11.21	0	0

试验结果统计值及出现离群值和可疑值的数目统计表（D^* 值） 表 5-135

结果总数（个）	稳健平均值	稳健标准差	标准不确定度	最小值	最大值	极差	可疑值（个）	离群值（个）
21	-0.108	0.732	0.205	-1.91	2.26	4.17	3	1

5.9.4.2　统计结果

本次比对试验，采用每个参加者结果对的标准化和以及标准化差衡量结果的系统误差和随机误差。最终参加本次比对计划并上报结果的21家实验室中，20家检测机构的试验结果实验室间比对为“满意值”，占总数的95.2%，1家检测机构的试验结果实验室间比对为“基本满意”，占总数的4.8%，实验室内比对离群1家表明两个结果间的差值太大，可疑值3家表明两个结果间的差值较大。这4家实验室内的精密度较低。具体统计见表5-136、表5-137。

z_B 统计表　　表5-136

检测项目	机构总数	比对试验结果统计			
		结果	机构数量	机构代码	所占比例(%)
洛氏硬度	21	满意	20	BM-001、BM-002、BM-003、BM-004、BM-005、BM-006、BM-007、BM-008、BM-009、BM-010、BM-011、BM-012、BM-013、BM-014、BM-015、BM-016、BM-017、BM-018、BM-019、BM-020	95.2
		基本满意	1	BM-021	4.8
		不满意	0	—	0.0

z_W 统计表　　表5-137

检测项目	机构总数	比对试验结果统计			
		结果	机构数量	机构代码	所占比例(%)
洛氏硬度	21	满意	17	BM-001、BM-002、BM-003、BM-004、BM-005、BM-006、BM-007、BM-008、BM-010、BM-013、BM-015、BM-016、BM-017、BM-018、BM-019、BM-020、BM-021	81.0
		基本满意	3	BM-009、BM-011、BM-014	14.3
		不满意	1	BM-012	4.7

5.9.4.3　结果评价

本次能力验证计划结果采用 z_B、z_W 表示，检测结果及 z_B、z_W 统计值见5.9.8中的表5-138、表5-139。同时，z 比分数按大小顺序排列作柱状图表示，每个柱条标有该实验室的代码。从该柱状图上各实验室很容易将其结果与其他实验室进行比较，了解所处水平（图5-71、图5-72）。

本次能力验证计划是从统计的角度来判定实验室的测试结果。在本次计划中实验室如出现基本满意或不满意结果，应结合自身测试过程及依据的标准所规定的判定要求进行分析，查找原因。

5.9.5 比对试验技术分析

5.9.5.1 检测机构试验结果的主要影响因素分析

锚具(夹片)洛氏硬度试验是较为基本和常用的试验,本次比对试验向每个实验室下发了两个类似的样品,不仅对实验室间的差别进行了了解,同时对同一实验室内部情况进行了分析。

1)实验室内差异分析

BM-009、BM-011、BM-012 三个实验室,z_W 绝对值均大于 2。其中 BM-009、BM-011 的 z_W 小于 -2,BM-012 的 z_W 大于 3,实验室内的随机误差明显高于其他参加者的实验室,即一个样品的结果过高,而另一个则过低。

需要采用实验室内人员比对或者设备比对的方式,寻找出出现随机误差过大的原因。

2)实验室间差异分析

最主要的影响因素为设备、规程理解、现场操作等方面,本次比对着重对工装带来的影响进行了研究:

(1)硬度计。

试验前对硬度计进行检查以保证工作状态正常,并符合 GB/T 230.2 的要求(对于 C 标尺示值误差应小于 1.5HRC),示值误差虽然在标准规定的范围内,若接近限值应该考虑修正,对获得准确的试验结果十分重要。

(2)操作技术。

洛氏硬度试验操作技术对试验结果的影响十分明显。当试验条件选择好之后,样品的支承、工装的使用、试验力的施加和保持以及足够的压痕间距都十分重要。

①样品的支承。

试验前应对硬度计的压头、样品的表面(试验面和背面)、专用工装表面进行清洁。同时应核查工装的工作状态,导向杆底的压痕、导向块底的凸起、磕碰、导向块挡板的松动都会降低硬度值。本次比对将返回的工装和夹片重新进行试验,发现 BM-002、BM-014、BM-011 硬度值偏低,原因如上所述。

另外,洛氏硬度计应放置于有足够刚性的操作台上,保证硬度值稳定可靠。

②工装的使用。

应使用合理的工装,样品应稳定地安放于专用工装上,以保证加力过程中样品与导杆的相对位置不再发生变化,在加力过程中处于稳定状态。打第二点第三点应移动导向块或导向杆,优先导向块,如果夹片发生移动,相当于都是第一点,值偏小。目前市场上存在一种工装下部带有对中装置,此种工装在一次对中后,打第二点第三点都需要移动夹片,值均偏低。

③试验力的施加和保持。

试验方法中对试验力保持时间的规定有两个作用,一个作用是使试验材料在总试验力作用下塑性变形基本结束,另一个作用是按统一的试验力保持时间进行试验操作,使试验数据具有可比性。

④足够的压痕间距。

在洛氏硬度试验中适当地保持压痕之间的距离或压痕距样品边缘的距离,对于获得正确的试验结果是十分重要的。当两相邻压痕中心距离太近时,由于压痕周围之间应变硬化,使相邻压痕硬度值增高。本次比对试验,要求压痕之间最小距离以及压痕距边缘的距离不小于5mm,压痕中心距试样边缘的距离不小于8mm。

本次比对试验中个别试验检测机构对同一夹片打了接近40个点,反映出对操作能力不自信,影响结果真实性和可追溯性。

上述所列举的影响因素并不完全包括所有的影响因素,例如仪器设备配置的合理性方面,由于本次试验参加的机构数量较多,仪器的种类差别很大。有些影响因素目前还无法对其影响进行量化。但为了使性能测定结果准确,重要的是按照标准试验方法的要求进行试验和测量,努力使各种因素的影响减至最小。

对于检测机构内试验误差,主要是由仪器设备和检测人员产生的,可以通过对试验设备进行定期核查并增强试验人员操作熟练程度来减小误差。对于检测机构间试验误差,主要是由仪器设备和检测人员以及检测环境产生的,应该对检测仪器设备、环境进行比较,使试验过程及试件环境都严格按有关标准执行,以保证检测结果的准确可靠。

5.9.5.2 数据正态分布或单峰分布的检查

X_A 数据分布直方图见图5-69,可以看出基本上符合单峰分布特征。

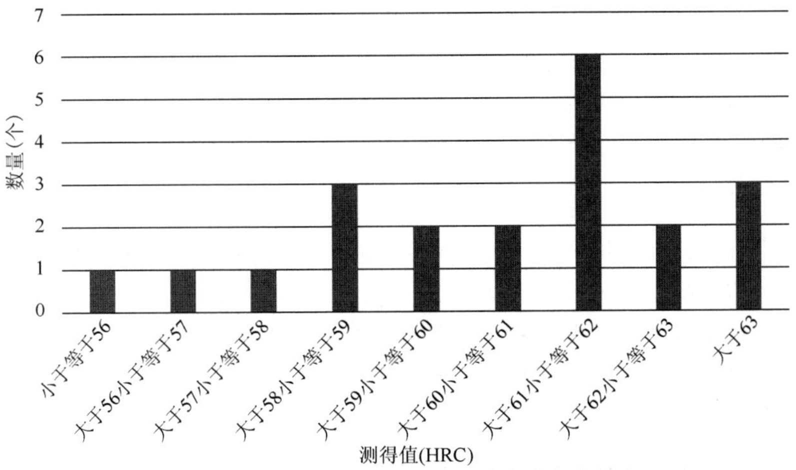

图5-69 X_A[J01-02-(随机编号)]数据分布直方图

5.9.5.3 尧敦图反映的实验室差异分析

图5-70为夹片洛氏硬度尧敦图。尧敦图是为两个样品的结果对而设计的。尧敦图能显著地表示出实验室的系统偏差。每个实验室的结果对,用黑点"·"表示。图中的椭圆表示约为95%概率的置信区域,椭圆的中心为两个样品中位值的交点。

通过尧敦图可以发现数据中没有离群值。红色椭圆外的点大体相当于那些 z 比分数大于2或小于 -2 的值。结果在椭圆之外但还不是离群值的实验室应当复查它们的结果。

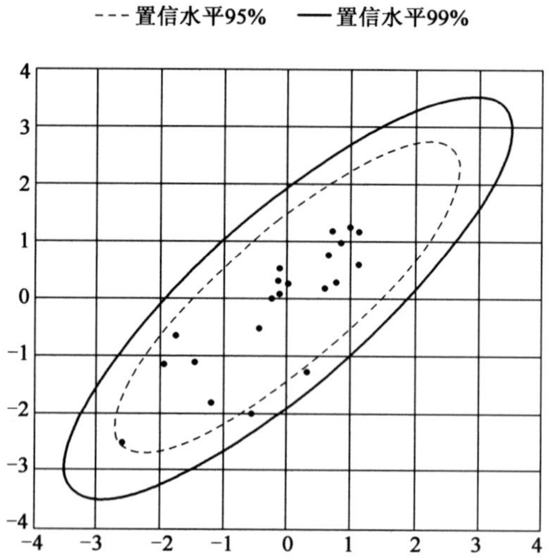

图 5-70 夹片洛氏硬度尧敦图

5.9.5.4 技术建议

(1)本次比对试验是在统一工装的基础上进行的,从结果可以看出,除 BM-021 外,其他实验室均为满意,说明检测设备及工装带来的影响已经降低,在今后的检测工作中,检测单位应该加强对工装的要求,在投入使用前应该对工装是否对检测结果有影响作出核查和判断。

(2)在检测过程中,加强对操作环节的把控,注意工装的使用方法,注意控制各试验点间距,降低边缘效应对试验结果的影响。

5.9.6 结语

通常参加比对试验的目的是对检测机构综合能力进行考核,包括检测机构管理水平、试验机的测试能力、试验员的操作水平以及对标准试验方法的理解力。本次比对试验统一了试验工装,并对每个实验室发放两个相似样品,旨在观察实验室间差异的同时,着重了解实验室内的变异性。试验结果表明,绝大多数实验室内变异很小,一致性好,个别实验室出现了变异性较大的现象,需要进一步寻找原因;工装统一后,各实验室的结果进一步一致,出现偏离的情况明显减少,说明正确配备工装可提高锚具(夹片)洛氏硬度试验数据的可靠性、可比性。

5.9.7 主要参考文献

(1)《合格评定能力验证通用要求》(ISO/IEC 17043:2010)。
(2)《利用实验室间比对的能力验证的统计方法》(ISO 13528:2005)。
(3)《能力验证结果的统计处理和能力评价指南》(CNAS-GL002:2018)。
(4)《能力验证样品均匀性和稳定性评价指南》(CNAS-GL003:2018)。
(5)《利用实验室间比对进行能力验证的统计方法》(GB/T-28043—2011)。

(6)《金属材料　洛氏硬度试验　第1部分:试验方法》(GB/T 230.1—2018)。
(7)《能力验证规则》(CNAS-RL02:2018)。

5.9.8　附件

5.9.8.1　检测机构的试验结果和统计处理

检测机构的试验结果见表5-138、表5-139及图5-71、图5-72。

检测机构的试验结果表　　表5-138

机构代码	X_1	X_A	备　注
BM-001	62.25	62.25	
BM-002	58.00	57.20	
BM-003	60.50	61.75	
BM-004	60.45	60.9	
BM-005	62.05	61.10	
BM-006	63.30	63.05	
BM-007	60.20	60.75	
BM-008	59.70	59.75	
BM-009	56.25	58.50	
BM-010	62.35	63.05	
BM-011	56.75	59.45	
BM-012	61.45	58.25	
BM-013	63.00	63.20	
BM-014	59.50	56.75	
BM-015	60.75	61.25	
BM-016	60.40	61.35	
BM-017	62.65	62.65	
BM-018	57.40	58.55	
BM-019	63.30	61.90	
BM-020	62.50	61.30	
BM-021	54.50	56.00	

注:X_1 代表J01-01-(随机编号)结果;X_A 代表J01-02-(随机编号)结果。

检测机构 z_B、z_W 汇总表 表 5-139

机构代码	S	S^*	z_B	D	D^*	z_W
BM-001	124.50	88.05	0.74	0.00	0.00	0.15
BM-002	115.20	81.47	-1.45	0.80	0.57	0.92
BM-003	122.25	86.46	0.21	-1.25	-0.88	-1.06
BM-004	121.35	85.82	0.00	-0.45	-0.32	-0.29
BM-005	123.15	87.09	0.42	0.95	0.67	1.07
BM-006	126.35	89.36	1.17	0.25	0.18	0.39
BM-007	120.95	85.54	-0.10	-0.55	-0.39	-0.38
BM-008	119.45	84.48	-0.45	-0.05	-0.04	0.10
BM-009	114.75	81.15	-1.56	-2.25	-1.59	* -2.03
BM-010	125.40	88.68	0.95	-0.70	-0.50	-0.53
BM-011	116.20	82.18	-1.21	-2.70	-1.91	* -2.46
BM-012	119.70	84.65	-0.39	3.20	2.26	§3.24
BM-013	126.20	89.25	1.14	-0.20	-0.14	-0.04
BM-014	116.25	82.21	-1.20	2.75	1.94	*2.80
BM-015	122.00	86.28	0.15	-0.50	-0.35	-0.33
BM-016	121.75	86.10	0.09	-0.95	-0.67	-0.77
BM-017	125.30	88.61	0.93	0.00	0.00	0.15
BM-018	115.95	82.00	-1.27	-1.15	-0.81	-0.96
BM-019	125.20	88.54	0.90	1.40	0.99	1.50
BM-020	123.80	87.55	0.57	1.20	0.85	1.31
BM-021	110.50	78.15	* -2.56	1.50	1.06	1.34
可疑值(个)	4					
离群值(个)	1					

注:1. 加 § 处的数值为离群值,即 $|z| \geq 3.00$;加 * 处的数值为可疑值,即 $2.00 < |z| < 3.00$。

2. 表中 S 为结果和,S^* 为标准化和,D 为结果差,D^* 为标准化差。

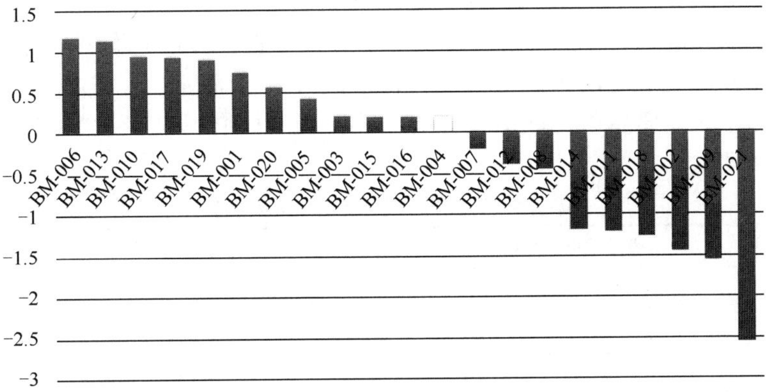

图 5-71　z_B 柱状图

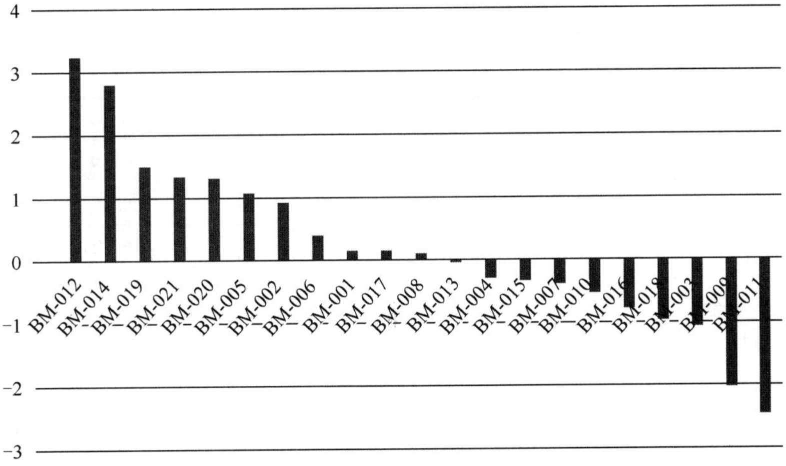

图 5-72　z_W 柱状图

5.9.8.2　样品均匀性检验报告和稳定性分析说明

1)均匀性检验

样品均匀性检验结果统计:

(1)国家道路及桥梁质量监督检验中心依据《金属材料　洛氏硬度试验　第 1 部分:试验方法》(GB/T 230.1—2018)进行洛氏硬度(HRC)检验。

(2)为检验样品的均匀性,先从选检的两批 YM15 锚具(夹片)样品中分别随机抽取 12 个(片)样品。

(3)在样品上打三个压痕,两相邻压痕中心之间的距离不小于 5mm,压痕中心距试样边缘的距离不小于 8mm,在原始记录上记录 3 个测试值。填写试验结果报告表时,第 1 点测试值不计,选取其余 2 个测试值报出结果,并计算平均值。

(4)试验结果处理依据以下条件修约:

①洛氏硬度(HRC)单个测试结果值修约至 0.1HRC;

②洛氏硬度(HRC)试验结果平均值修约至0.01HRC。

(5)国家道路及桥梁质量监督检验中心依据《能力验证样品均匀性和稳定性评价指南》(CNAS-GL003:2018)中规定的单因子方差分析法进行初步评价。若样品之间无显著性差异，则表明样品是均匀的。样品均匀性检验统计结果见表5-140(重复两次)。样品方差分析结果见表5-141(重复两次)。

样品均匀性检验统计结果(重复两次)　　表5-140

试样编号(XZ1组)	洛氏硬度(HRC)		试样编号(XZ1A组)	洛氏硬度(HRC)	
	结果	两次结果平均值		结果	两次结果平均值
J01-01-30	62.6	62.70	J01-02-19	63.9	63.40
	62.8			62.9	
J01-01-37	62.4	62.45	J01-02-22	62.5	62.45
	62.5			62.4	
J01-01-45	62.6	62.80	J01-02-41	61.5	62.25
	63.0			63.0	
J01-01-85	64.0	63.50	J01-02-65	62.9	63.20
	63.0			63.5	
J01-01-100	63.1	63.55	J01-02-107	62.2	62.20
	64.0			62.2	
J01-01-135	62.6	62.75	J01-02-119	63.1	63.30
	62.9			63.5	
J01-01-138	63.4	63.70	J01-02-126	63.5	63.70
	64.0			63.9	
J01-01-141	61.9	62.25	J01-02-134	63.5	63.75
	62.6			64.0	
J01-01-154	63.5	63.55	J01-02-179	63.5	63.50
	63.6			63.5	
J01-01-169	63.9	63.85	J01-02-195	63.0	63.20
	63.8			63.4	
J01-01-180	63.5	63.45	J01-02-211	63.9	63.65
	63.4			63.4	
J01-01-204	62.6	63.00	J01-02-213	64.0	63.70
	63.4			63.4	
平均值	63.13		平均值	63.19	
样品间标准差(s_s)	0.46		样品间标准差(s_s)	0.47	
备注	样品间标准差(s_s)依据《利用实验室间比对进行能力验证的统计方法》(GB/T 28043—2011)计算				

样品方差分析结果(重复两次)　　表 5-141

组别	测试参数	全部样品测试总平均值	测试总次数 N	方差来源	自由度	平方和	均方	统计量 F	临界值 $F_{(11,12)}$
XZ1 组	洛氏硬度(HRC)	63.13	24	样品间	11	6.25	0.57	3.14	2.72
				样品内	12	1.40	0.12		
XZ1A 组	洛氏硬度(HRC)	63.19	24	样品间	11	7.22	0.66	4.86	2.72
				样品内	12	2.48	0.21		
备注	本计算例中:$m=12$,$n=2$,$N=24$,自由度 $f_1=m-1=11$,自由度 $f_2=N-m=12$,均方 $MS_1=SS_1/f_1$,均方 $MS_2=SS_2/f_2$,统计量 $F=MS_1/MS_2$								

评价结论:根据表 5-141 样品方差分析结果(重复两次),XZ1 组、XZ1A 组锚具(夹片)样品所测试参数的统计量 F 均大于临界值 $F_{(11,12)}$,在 2014 年本中心承担了"2014 年公路水运工程试验检测机构锚具(夹片)洛氏硬度比对试验",参加单位 180 个,获得的能力标准差 σ 为 1.55 +,样品间标准差小于或接近 0.3σ,另外对样品本身及生产等环节进行检查未发现明显异常,确定采用本批样品,并在样品回收后进行均匀性验证。下面介绍结果收回之后进行的样品间标准差和能力标准差的验证。

2)验证

结果回收后,依照《利用实验室间比对进行能力验证的统计方法》(GB/T 28043—2011)对样品的均匀性进行了验证。样品间标准与能力评定标准差对照如表 5-142 所示。

样品间标准差与能力评定标准差对照表　　表 5-142

组别	测试参数	样品间标准差(s_s)	能力评定标准差(σ)	0.3σ	符合性($s_s \leqslant 0.3\sigma$)	修正后的 σ_s($s_s>0.3\sigma$)
XZ1 组	洛氏硬度(HRC)	0.46	2.30	0.69	满足	—
XZ1A 组	洛氏硬度(HRC)	0.47	1.97	0.59	满足	—
备注	1. 表中能力评定标准差(σ)源于本次"锚具(夹片)比对试验计划" XZ1 组[样品编号 J01-01-(随机编号)]稳健标准差(2.30)、XZ1A 组[样品编号 J01-02-(随机编号)]稳健标准差(1.97)。 2. 数据统计采用《利用实验室间比对进行能力验证的统计方法》(GB/T 28043—2011)					

评估结论:从表 5-142 所示 XZ1 组、XZ1A 组样品所测试参数均匀性检验样品间标准差(s_s)来看,洛氏硬度(HRC)参数的样品间标准差均小于 0.3σ,表明 XZ1 组、XZ1A 组样品的均匀性不影响参加者的结果。

3)稳定性分析说明

金属材质比较稳定,通过"2014 年公路水运工程试验检测机构锚具(夹片)洛氏硬度比对试验"分析,稳定性无明显变化,故不再做稳定性检验。

5.9.8.3 相关文件

1)被测样品接收状态确认表

被测样品接收状态确认表

检测机构编号:BM-

计划编号及计划名称	NLYZ-2019-01 ,锚具(夹片)洛氏硬度试验		
发送机构	国家道路及桥梁质量监督检验中心		
电话/传真	010-62079574	联系人	李海燕
发送日期	2019 年 10 月	运输单据号码	
发送状态	完好☑ 不完好□	发送人(签名)	汪娜
接收检测机构名称: 联系地址: 邮编: 联系电话/传真: 联系人: 接收人签名: 接收时间:			
接收时,样品是否良好: 是 □ 否□			
如需要,对接收状态的详细说明:如样品编号信息			
备注:			

2)比对试验作业指导书

比对试验作业指导书

锚具(夹片)洛氏硬度试验(NLYZ-2019-01)

本次比对试验计划中,贵检测机构的编号为 BM- ____________。

为保证比对试验计划的顺利进行,特要求参加单位认真遵循下列条款:

一、样品

1. 为了查找造成结果偏离的误差原因,本次比对试验采用样品对,给每个检测机构发送两个样品。样品有关信息见表 5-143。样品上原有测量均匀性压痕,已经过技术处理,无参照意义。

样品有关信息　　表5-143

比对试验计划编号	样品名称	规格型号	样品编号	备　注
NLYZ-2019-01	锚具(夹片)	YM15L	J01-01	—
备注	—			

2. 向每个检测机构发放两个样品及一套工装。样品及工装以专用包装盒包装,通过特快专递分发给各参加检测机构。

3. 各检测机构在收到样品时,应首先对样品是否完好进行确认,同时填写“被测样品接收状态确认表”。扫描发送至845584105@qq.com。

二、检测

1. 试验前请使用其他试样先试打,并调整好仪器设备的状态。

2. 可使用(酒精)棉球除去样品表面的油脂,不准用砂纸和其他方法对样品表面加工。

3. 采用发送的专用工装对夹片锥面的硬度进行检测,检测时应使硬度计压头施压方向与夹片外锥母线垂直。在样品上打三个压痕,两相邻压痕中心之间的距离不小于5mm,压痕中心距试样边缘的距离不小于8mm,在原始记录上记录3个测试值。填写“比对试验结果报告表”时,第1点测试值不计,选取其余2个测试值报出结果,并计算平均值。

4. 试验遵照《金属材料　洛氏硬度试验　第1部分:试验方法》(GB/T 230.1—2018)进行,测试洛氏硬度(HRC)。

5. 实际试验温度应在“比对试验结果报告表”中报出。

6. 样品测试过程中要始终保持被测样品的状态和特性不被改变,样品上的标记不被损坏。

7. 试验结果处理依据以下条件修约:

(1)洛氏硬度(HRC)单个测试结果值修约至0.1HRC;

(2)洛氏硬度(HRC)试验结果平均值修约至0.01HRC。

8. 请所有检测机构在“比对试验结果报告表”中填写试验机的相关信息,包括试验机名称、规格型号、制造厂、上次检定日期等信息。

三、结果反馈

1. 各检测机构应在收到样品后尽快安排试验,在收到样品后10个工作日内完成测试。并将“比对试验结果报告表”及本中心的检测报告、原始数据提交给国家道路及桥梁质量监督检验中心。

无故未按期提交结果报告表的检测机构,其结果将不列入本次计划统计。

2. 在本次比对试验计划实施过程中,各检测机构应独立完成测试并提交“比对试验结果报告表”。

3. 检测报告的格式按照各检测机构的质量体系文件所规定的报告格式编制。

4. 试验结束后应将样品返回组织单位。

中路高科交通检测检验认证有限公司
国家道路及桥梁质量监督检验中心
2019年6月

组织单位：中路高科交通检测检验认证有限公司(国家道路及桥梁质量监督检验中心)
联系人：李海燕：(010)62079574，15201423263
地址：北京市海淀区西土城路八号，北楼301
邮编：100088

3）比对试验结果报告表

比对试验结果报告表

锚具(夹片)洛氏硬度试验(NLYZ-2019-01)

检测机构名称：__________ 检测机构编号：BM-

报告日期：__________

试验标准：《金属材料 洛氏硬度试验 第1部分：试验方法》(GB/T 230.1—2018)

样品编号	试验结果(HRC)			计划编号	备注
	1	2	平均值		
J01-01-				NLYZ-2019-01	
J01-02-					

注：1. 不得涂改。
2. 试验结果处理依据以下条件修约：
(1)洛氏硬度(HRC)单个测试结果值修约至0.1HRC；
(2)洛氏硬度(HRC)试验结果平均值修约至0.01HRC。

检测过程出现的问题或异常现象：

试验日期： 环境温度： ℃

仪器名称及型号： 上次检定日期：

制造厂：

检测人员(签字)： 审核人员(签字)： 批准人(签字)：

检测单位(盖章)：

附 录 1

1 比对试验目的

1.1 对交通行业管理的意义

比对试验是交通行业管理部门对检测机构能力保持情况的一种有效的监督检验方法。

通过对检测机构的监督管理，了解取得综甲、桥隧专项资质认定的检测机构检测水平和维持情况。

1.2 对试验检测机构的意义

比对试验是检测质量控制和验证的一种重要手段，也可推动交通建设行业检测机构检测技术交流，促进检测水平的提高。通过比对试验可以比较各检测机构间检测数据的一致性，可以对机构自身检测质量及能力作出评价，检查其在技术或管理方面存在的问题，以便有针对性提出改进方法和纠正措施，不断提高检测机构的管理水平和检测质量。检测机构通过参加有效的比对试验活动，并获得满意结果，能够增加客户以及相关方对检测机构的信任。

2 比对试验方式

2.1 试验内容

锚具使用量大面广，广泛用于桥梁、公路、水运等土建工程建筑，其质量的好坏直接影响工程建设的安全，直接关系到人民生命和财产的安全。社会对锚具产品质量问题极为关注。

本次比对试验拟对锚具（夹片）产品进行常规洛氏硬度项目的检验，这样可以真实反映日常检测的情况。本次比对试验活动由交通运输部安全与质量监督管理司组织，由国家道路及桥梁质量监督检验中心和交通建设监理协会试验检测工作委员会共同承办。

计划比对试验项目见附表1-1。

计划比对试验项目 附表1-1

计划编号	比对试验计划名称	测试项目	备注
BD2014-J01	锚具（夹片）洛氏硬度试验	洛氏硬度（HRC）	—

2.2 试验用样品说明

2.2.1 样品

本次比对试验样品采用YM15锚具（夹片），样品有关信息见附表1-2。

样品有关信息 附表 1-2

样品名称	样品编号	型号/规格	备注
锚具(夹片)	J01-01	YM15-J	每个检测机构样品数量 1 个
	J01-02	YM15-J	

2.2.2 试验方案设计

计划选取两个批次的 YM15 锚具(夹片)作为样品。样品编号分别为 J01-01 和 J01-02，每个样品用条形码加以标识。每个检测机构样品 1 个，以专用包装盒进行包装。将参加测试的检测机构随机分成两组，分别测试 J01-01 号样品和 J01-02 号样品，样品通过特快专递或邮局分发给参加检测机构。

3 比对试验参加机构

具有公路工程综合甲级、桥梁隧道工程专项、水运工程材料甲级试验检测机构均应参加锚具(夹片)洛氏硬度比对试验。

4 实施方案

4.1 时间安排

(1)2014 年 8 月 20 日前，检测机构完成比对试验报名工作。

(2)2014 年 8 月 31 日前，完成样品编号与检测机构分组工作，比对承办单位将比对试验计划指导书和试验结果报告表邮寄至各省级交通质监机构和参加比对的检测机构。

(3)2015 年 9 月 20 日前，完成样品的制备。2014 年 9 月 30 日前，比对承办单位将比对试验样品发送至参加比对的检测机构。

(4)2014 年 10 月 30 日前，试验检测机构应按照比对试验计划指导书的要求，在规定时间内完成试验和试验结果及报告的提交工作。

(5)2014 年 12 月 15 日前，完成比对结果的统计分析，形成报告，由交通运输部安全与质量监督管理司公布比对试验结果。

4.2 样品的制备过程

计划选取两个批次的 YM15 锚具(夹片)作为样品。样品编号分别为 J01-01 和 J01-02，每支样品用条形码加以标识。每个检测机构样品 1 个，以专用包装盒进行包装。

样品制备程序如附图 1-1 所示。

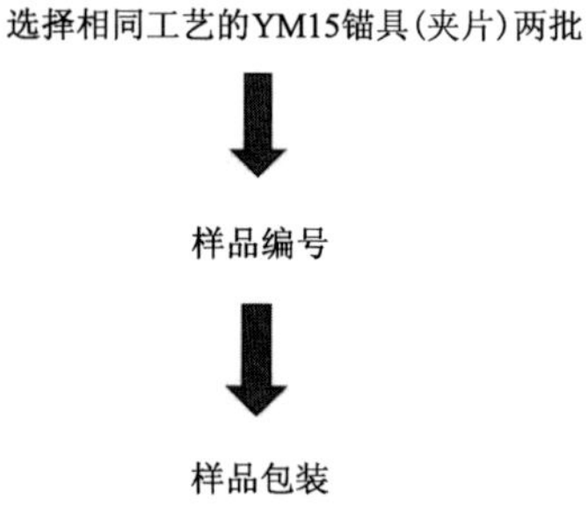

附图 1-1 样品制备程序

4.3 样品均匀性检验

(1)由国家道路及桥梁质量监督检验中心的实验室进行均匀性检验。

(2)为保证样品的均匀性,从两批 YM15 锚具(夹片)样品中分别随机抽取 g 份(个)样品,$g \geqslant 10$。

(3)每份样品重复测试次数大于等于 2 次。

(4)依据《金属材料　洛氏硬度试验　第 1 部分:试验方法(A、B、C、D、E、F、G、H、K、N、T 标尺)》(GB/T 230.1—2009)进行洛氏硬度均匀性检验,测试洛氏硬度(HRC)。

(5)依据《能力验证样品均匀性和稳定性评价指南》(CNAS-GL03:2006)中规定的单因子方差分析法进行初步评价。若样品之间无显著性差异,则表明样品是均匀的。符合要求的样品可用于本次检测机构的比对试验。

(6)均匀性评估。

依照《利用实验室间比对进行能力验证的统计方法》(GB/T 28043—2011)对样品的均匀性进行评估。比较样品间标准差 s_s 和能力评定标准差(稳健标准差)σ。当 $s_s \leqslant 0.3\sigma$ 时,可认为样品是充分均匀的。若样品间标准差 s_s 不满足小于等于 0.3σ 条件时,应考虑样品间标准差 s_s 对能力评定标准差(稳健标准差)的修正。

4.4 样品的传递及测试

4.4.1 样品的传递

由本次比对试验的承办单位将用于比对试验的样品通过特快专递或邮局分发给各参加检测机构。各检测机构在收到样品后,应按规定时间完成下列工作:

(1)于 3 日内将“被测物品接收状态确认表”填好后返回承办单位;

(2)收到样品后 5 个工作日内完成试验;

(3)收到样品后 10 个工作日内将本次比对试验的“比对试验结果报告表”及本中心的检测报告、原始数据、试验后的样品寄回承办单位。

4.4.2 样品测试要求

(1)试验遵照《金属材料　洛氏硬度试验　第 1 部分:试验方法(A、B、C、D、E、F、G、H、K、N、T 标尺)》(GB/T 230.1—2009)进行,测试洛氏硬度(HRC)。

(2)实际试验温度应在“比对试验结果报告表”中报出。

(3)样品测试过程中要始终保持被测样品的状态和特性不被改变,样品上的标记不被损坏。

(4)试验结果处理依据以下条件修约:

①洛氏硬度(HRC)单个测试结果值修约至 0.1HRC;

②洛氏硬度(HRC)试验结果平均值修约至 0.5HRC。

4.4.3 实验数据的统计分析及比对试验技术总结报告编制

1)统计分析的设计

本次比对试验对各检测机构的测定结果统计分析采用稳健分析,以所有参加者报告结果的稳健平均值作为指定值,稳健标准差作为能力评定标准差,计算各试验机构结果的 z 比分数,同时给出稳健平均值的标准不确定度。稳健平均值和稳健标准差的计算意义参见《利用实验室间比对进行能力验证的统计方法》(GB/T 28043—2011)附录C中的算法A。

本次比对试验涉及的统计量有结果总数、稳健平均值、稳健标准差、最小值、最大值和极差等,各统计量的意义及相关计算方法如下。

(1)结果总数——在统计分析中某项测定结果的总数。

(2)稳健平均值和稳健标准差的计算。

①稳健平均值 x^* 和稳健标准差 s^* 初始值的计算。

有 p 个数,按从小到大顺序排列:$x_1, x_2, \cdots\cdots, x_i, \cdots\cdots, x_p$

用 x^* 和 s^* 代表稳健平均值和稳健标准差,计算 x^* 和 s^* 的初始值:

$x^* = x_i$ 的中位值($i = 1,2,\cdots\cdots,p$)

$s^* = 1.483|x_i - x^*|$的中位值($i = 1,2,\cdots\cdots,p$)

②对 x^* 和 s^* 的修正。

计算 $\delta = 1.5s^*$,对于每个 x_i($i = 1,2,\cdots\cdots,p$)计算如下:

$$x_i^* = \begin{cases} x^* - \delta, \text{若 } x_i < x^* - \delta; \\ x^* + \delta, \text{若 } x_i > x^* + \delta; \\ x_i, \text{其他(介于两者之间)} \end{cases}$$

由下式计算 x^* 和 s^* 的新值:

$$x^* = \frac{\sum x_i^*}{p}, s^* = 1.134\sqrt{\frac{\sum (x_i^* - x^*)^2}{p-1}}$$

稳健平均值 x^* 和稳健标准差 s^* 可以通过迭代计算得出,如用校正后的数据对 x^* 和 s^* 进行多次修正,直至过程收敛。当迭代后稳健平均值 x^* 和稳健标准差 s^* 的第三位有效数字没有变化时,即可认为过程是收敛的。

(3)稳健平均值不确定度的计算。

稳健平均值 x^* 标准不确定度为:

$$u_x = 1.25 \cdot \frac{s^*}{\sqrt{p}}$$

式中:s^*——稳健标准差;

p——试验机构数。

(4)最小值——一组结果中的最小值。

(5)最大值——一组结果中的最大值。

(6)极 差——最大值与最小值之间的差值。

(7)z 值的计算。

依据《利用实验室间比对进行能力验证的统计方法》(GB/T 28043—2011)的相关要求,对检测机构的检测结果,按下式计算 z 值:

$$z = \frac{x - X}{\sigma}$$

式中:x——检测机构测试结果;

X——指定值(稳健平均值);

σ——能力评定标准差(稳健标准差)。

为了准确判定各参加检测机构能力,对检测机构结果分别进行统计。本次比对试验计划以 z 比分数评价每个参加检测机构的试验结果(能力),即:

$|z| \leq 2.0$ 为满意结果(满意值)。

$2.0 < |z| < 3.0$ 为基本满意结果(可疑值)。

$|z| \geq 3.0$ 为不满意结果(离群值)。

2)比对试验技术总结报告编制

比对试验技术总结报告包括所有试验结果数据整理以及各种示图,包括所有统计计算过程和数据、样品均匀性试验数据和统计评价数据,还包含对试验结果数据一致性的分析、对有可能影响试验结果的各种条件的分析、对异常/离群试验结果数据的分析。

4.5 比对试验计划组织者和承办者

4.5.1 比对试验计划的组织者

本次比对试验由交通运输部安全与质量监督管理司组织。

联 系 人:葛惠娟

4.5.2 比对试验的承办者

本次比对试验受交通运输部安全与质量监督管理司委托,由国家道路及桥梁质量监督检验中心和中国交通建设监理协会试验检测工作委员会共同承办。

国家道路及桥梁质量监督检验中心:

联系人:刘 静:(010)62079030

何小钰:(010)62079030

肖 雪:(010)62075862

传 真:(010)62079556

中国交通建设监理协会试验检测工作委员会:

联系人:何东霞:(010)62363039

张 芳:(010)62358971

传 真:(010)62363039

4.5.3 比对试验工作小组主要成员

李洪斌、何玉珊、高俊元、刘静、何小钰、卢达义、唐守恒、肖雪、何东霞、张芳

5 收费标准

5.1 支出预算

支出预算见附表1-3。

支出预算 附表1-3

序号	支出项目	金额(元)	备注
1	锚具(夹片)样品制作费	45000	(1)材料费:30000元(30元/付,1000付)。 (2)包装费:15000元(50元/件,300件)
2	样品均匀性实验费	33000	均匀性实验费:33000元(1000元/组,33组)
3	样品邮寄费	15000	邮寄费:15000元(单个邮寄,50元/件,300件。参考顺丰快递价格)
4	人工费	60000	按10人次计算,6000元/人次
5	会议费	30000	
6	资料邮寄费	6000	
7	文整费	6000	
8	其他	25000	
合计		220000	

5.2 参加试验项目收费

根据预算金额,拟对每个参加比对试验的检测机构收取费用1200元。

6 依据标准规范

(1)《合格评定能力验证通用要求》(ISO/IEC 17043:2010)。
(2)《利用实验室间比对的能力验证的统计方法》(ISO 13528:2005)。
(3)《能力验证结果的统计处理和能力评价指南》(CNAS-GL02:2006)。
(4)《能力验证样品均匀性和稳定性评价指南》(CNAS-GL03:2006)。
(5)《利用实验室间比对进行能力验证的统计方法》(GB/T 28043—2011)。

(6)《利用实验室间比对的能力验证 第 1 部分:能力验证计划的建立和运作》(GB/T 15438.1—1999)。

(7)《能力验证规则》(CNAS-RL 02:2007)。

(8)《金属材料 洛氏硬度试验 第 1 部分:试验方法(A、B、C、D、E、F、G、H、K、N、T 标尺)》(GB/T 230.1—2009)。

7 比对试验文件

(1)2014 年比对试验文件清单见附表 1-4。

2014 年比对试验文件清单 附表 1-4

序号	文件名称	文件编号	备注
1	2014 年度比对试验计划	WJ2014-01	该文件作为格式文件,不申报,不下发
2	比对试验计划流程	WJ2014-02	承办单位留存
3	比对试验报名表	WJ2014-03	该文件作为格式文件,不申报,不下发
4	被测样品接收状态确认表	WJ2014-04	发送检测机构及省级质量监督机构,回收
5	比对试验计划指导书	WJ2014-05	发送检测机构及省级质量监督机构
6	比对试验结果报告表	WJ2014-06	发送检测机构及省级质量监督机构,回收
7	比对试验结果通知单	WJ2014-07	上报组织单位
8	比对试验样品的制备	WJ2014-08	承办单位留存
9	2014 年度比对试验实施要点	WJ2014-09	该文件根据需要编制, 仅供承办单位参考用,在使用中完善

(2)比对试验文件。

附　录　2

“Q 法和 Q_n 法”计算程序使用说明

1　简介

本程序基于《利用实验室间比对进行能力验证的统计方法》(GB/T 28043—2019)附录 C 中 C.5(计算密集型稳健估计量:Q 方法和 Hampel 估计量)进行编制,旨在展示对数据进行稳健分析的过程,包括计算稳健标准差、稳健平均值以及标准不确定度等。

本程序仅支持在 Windows 操作系统上运行,并且依赖. net Framework 4.8。

请注意,为了运行本程序,您需要进行激活操作,我们实行的是一台设备对应一个激活码的规则。您可以在本书的“重印说明”页上找到激活码。

软件技术咨询(QQ 号):3767066190

2　使用说明

(1)**启动程序**:双击“稳健分析软件-C. 5. exe”以启动程序。如果系统提示缺少. net Framework 4.8,那么您需要双击“ndp48-x86-x64-allos-enu. exe”以安装. net Framework 4.8。完成. net Framework 4.8 的安装后,您可以再次尝试启动“稳健分析软件-C. 5. exe”。

(2)**注册**:使用本软件之前,请点击“注册”按钮,以注册本软件,否则不能进行数据处理。一机一码,即一个激活码只能用于一台计算机运行本程序。激活码可以从本书的“重印说明”页找到。

(3)**导入数据文件**:点击“选择模板文件”按钮,选择您的数据文件(. xlsx 格式)。数据将被加载并处理,数据和处理结果会显示在界面上。

(4)**数据处理**:软件支持使用《利用实验室间比对进行能力验证的统计方法》(GB/T 28043—2019)附录 C 中 C.5 给出的两种算法对数据进行处理。

(5)**导出结果**:数据处理完成后,点击“导出计算结果”按钮,您可以选择保存位置和文件名,将处理后的结果保存为 Excel 文件。

(6)**帮助**:如果您在使用过程中遇到任何问题,可以点击“帮助”按钮。

·数据输入文件格式说明·

- 本软件支持导入 Excel 文件作为数据输入，格式为 *.xlsx，不支持 *.xls 格式。
- 数据输入文件需要满足以下条件：
  - ◇ 仅支持从 Excel 文件的第一个工作表中读取数据，最多可处理三组数据。
  - ◇ Excel 文件的第一行应为表头行，该行将被忽略，不参与数据处理。从第二行开始为实际的数据行。
  - ◇ Excel 文件的第一列应为编号信息，第二、三、四列为数据列。其中，编号列（第一列）是必须的，而数据列则非必须。
  - ◇ 如果某列全为空白，则该列将被忽略，不会参与数据处理。
  - ◇ 如果某列中只有部分单元格为空白或非数字，则这些单元格的数据将被视为无效。
  - ◇ 单元格的格式可以是非数字格式。
  - ◇ 数据处理是基于有效数据列的平均值进行的。

  请确保您的 Excel 文件符合以上规则，以便数据能被正确处理。
- 数据输入文件示例见附图 2-1。

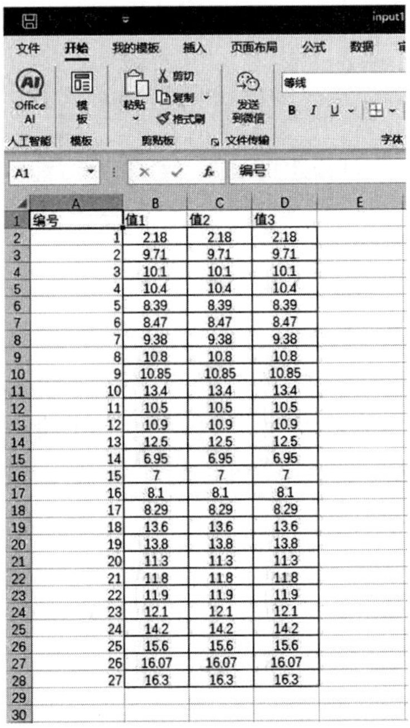

编号	值1	值2	值3
1	2.18	2.18	2.18
2	9.71	9.71	9.71
3	10.1	10.1	10.1
4	10.4	10.4	10.4
5	8.39	8.39	8.39
6	8.47	8.47	8.47
7	9.38	9.38	9.38
8	10.8	10.8	10.8
9	10.85	10.85	10.85
10	13.4	13.4	13.4
11	10.5	10.5	10.5
12	10.9	10.9	10.9
13	12.5	12.5	12.5
14	6.95	6.95	6.95
15	7	7	7
16	8.1	8.1	8.1
17	8.29	8.29	8.29
18	13.6	13.6	13.6
19	13.8	13.8	13.8
20	11.3	11.3	11.3
21	11.8	11.8	11.8
22	11.9	11.9	11.9
23	12.1	12.1	12.1
24	14.2	14.2	14.2
25	15.6	15.6	15.6
26	16.07	16.07	16.07
27	16.3	16.3	16.3

附图 2-1　数据输入文件示例